이병철에게 듣는다

삼성경영철학

Original Japanese edition published by Nippon Kyobun-sha Co., Ltd.

This Korean edition published by arrangement with Nippon Kyobun-sha Co., Ltd., Tokyo in care of Tuttle-Mori Agency, Inc., Tokyo through Bom Agency Co., Seoul.

이병철에게 듣는다

삼성경영철학

“저보다 위대한 후계자가 나타나기를 바라는 마음은 간절합니다. 그것은 저 개인의 이기적인 바람이 아닙니다. 만약 후계자가 삼성을 잘못 경영하여 몇 가지 사업을 잃는 일이 발생한다면 그 책임은 그런 후계자를 선정한 제가 져야 합니다. 몇 가지 사업의 조업이 단축되거나 중단된다면 그 사업이 사회에 제공해온 편리함을 사회로부터 빼앗는 결과를 초래할 뿐 아니라 수많은 사람들로부터 일자리를 빼앗아 그 사람들의 생계를 위협하는 결과도 초래하게 되기 때문입니다. 그리고 그것은 국민경제에서 삼성이 차지하는 비율을 낮추는 결과도 초래하게 됩니다. 그 결과는 삼성이 국가에 대해 파업을 선언하는 것과 같습니다.”

\- 이병철

Wmedia

좋은 기업을 넘어 위대한 기업으로

기업의 수명은 얼마쯤 될까? 문명의 발달로 새로운 기업들이 하루가 다르게 등장하고 있지만 '순이, 철수' 처럼 우리에게 친근하던 이름의 회사들 역시 성장, 발전을 거듭하고 있다. 아버지가 다니던 회사를 아들이 대(代)를 이어 출근하고, 어린 시절 그 귀했던 물건들이 지천으로 넘쳐나고 있는 현실은 사람이 살아가는 한 회사는 영원히 계속될 것 같이 느껴진다.

하지만 그것은 엄청난 착각이다. 일본의 〈니케이 비즈니스〉가 1896년 이후 100년간 일본 100대 기업의 변천사를 조사한 결과 기업의 평균 수명이 30년 정도라고 하며, 1970년 〈포천〉지 선정 세계 500대 기업 중 약 1/3이 겨우 13년도 지나지 않아 사라졌다고 한다. 우리나라 기업도 그와 별반 다르지 않아, 코스피 상장사 평균은 32.9년, 코스닥 기업은 16.7년이라는 조사결과가 있다. 또한 국내 중소기업의 55%가 설립한지 10년이 채 안 될 뿐 아니라 중소 제조기업의 10년 생존율은 25%에 불과하다고 한다.

이런 현실에서 한 회사에서 온전히 정년을 채우고 나와 남들에게 "나도 저 회사에서 일한 적이 있었지!" 라고 긍지를 가지고 말할 수 있는 회사가 과연 얼마나 될까? 물론 스스로 선택해 더 좋은 조건의 회사로 옮긴다든지, 자의에 의해서거나 아니면 구조조정으로 그만둘 수도 있겠지만 적어도 회사가 경영악화로 문을 닫는다거나 M&A로 사라지지 않아야 가능한 이야기이다.

자신이 현재 몸담고 있거나, 자신이 다녔던 회사를 남들에게 자신 있게 이야기할 수 있는 회사를 들라고 한다면 많은 사람들이 "삼성"이라고 말하는데 조금도 주저하지 않을 것이다. 무엇이 한 회사에 대해 이런 신뢰와 믿음을 간직하게 할까? 취업준비생들로 하여금 가장 취업하고 싶어 하는 회사 순위 조사에서 해마다 최고 수위에 자리매김하게 할까?

삼성을 창업한 이병철 회장은 사업을 시작하면 그 분야에서는 최고가 되어야만 한다는 신념 아래 일등주의와 품질제일주의를 강력히 추구했다. 그가 50년간 삼성의 최고사령탑으로 재임하면서 설립 또는 인수한 기업은 모두 37개에 달한다. 그 기업들은 현재 최고가 되어 있고, 또 최고를 지향하고 있다. 각 사업영역에서 규모와 영향력은 점점 확대되고 있다. 그 저력은 무엇일까?

짐 콜린스는 〈좋은 기업을 넘어 위대한 기업으로 Good to Great〉에서 "좋은 회사를 위대한 회사로 도약시킨 CEO들은 먼저 적합한 사람을 버스에 태우고 부적합한 사람을 버스에서 내리게 하며, 적임자를 적합한 자리에 앉히는 일부터 시작했다. 그리고 난 후에야 버스를 어디로 몰고 갈지 생각했다."고 말한다. 그리고 "좋은 회사에서 위대한 회사로 도약한 기업들은 어쩌면 일하기 빡빡한 곳처럼 느껴질 것이다. 그리고 실제로 그렇다. 당신이 만일 그곳에서 필요로 하는 것들을 갖고 있지 못할 경우에는 아마도 오래 견디지 못할 것이다. 그러나 그곳은 비정한 문화가 아니라 엄격한 문화를 갖고 있다. 그리고 그 차이는 중요하다. 비정하다는 것은 마구 자르고 난도질하며 그것도 어려운 시기에 더욱 그런다는, 다시 말해서 속 깊은 배려 없이 사람들을 제멋대로 해고한다는 뜻이다. 엄격하다는 것은 어느 때고 어느 직급이건 간에 엄격한 기준을 한결같이 적용하며 고위 관리직에게 더욱 그런다는 뜻이다. 엄격하지만 비정하지 않다는 것은 최고 인재들이 자기 관리에 대해 전혀 걱정할 필요 없이 자신의 일에 전념할 수 있다는 뜻이다."고 위대한 회사의 기업문화를 말한다.

'인재제일'의 경영이념을 추구한 이병철 역시 인재육성의 기본으로 '적재적소'를 꼽는다. "기업은 사람으로 이루어진다. 사람이 기업을 움직인다. 기업의 성패를 좌우하는 것은 사람이다. 그리고 그 사람을 만들어내는 것은 기업이다. 아무리 유능한 사원을 채용했다고 해도 입사 후에 지도가 제대로 이루어지지 않으면 그는 인재로 육성되지 않는다. 그가 가지고 있는 능력에 맞는 일터에서 일할 수 있는 기회를 주지 않으면 얼마 지나지 않아 진취적인 성품을 상실하고 무능한 사원으로 전락해버린다. 반대로, 입사할 당시에는 그다지 재능이 없는 것처럼 보인 사람도 적절한 지도와 적절한 일터를 제공해주면 우수한 인재로 육성되는 경우가 많다." 그리고 "사업은 결코 단기적인 것이 아니다. 장기적인 것이다. 장기적으로 사업을 유지하려면 신용이 제일이다. 신용을 얻는 것은 매우 어려운 일이며, 시간도 걸린다. 반대로, 그것을 잃는 것은 간단하다. 신용만큼 잃기 쉬운 것은 없다. 한 번 얻은 신용을 유지한다는 것은 그것을 얻는 것보다 훨씬 더 어려운 일일 수도 있다. 기업에는 그런 자세가 중요하다. 신용은 기업에 대한 국민의 신뢰다. 기업은 국민의 신뢰를 배신하는 행동은 절대로 하지 말아야 한다."고 말한다. 또 기업의 사회적 역할에 대해서는 "기업이 사회에 봉사할 수 있는 첫 번째 방법은 많은 사람들에게 취업의 기회를 주는 것이다. 따라서 기업이 인원삭감, 휴업 등으로 많은 실업자를 배출하게 되면 그것은 사회적 책임을 져야 하는 행위다. 이것은 이윤

추구보다 더 높은 위치에 있는 목표이고, 이 책임을 다하기 위해 기업가는 기업을 건전하게 운영해야 한다. 이윤추구는 그런 목적을 위한 부수적인 목표라고 말할 수 있다."고 말한다.

책을 우리말로 옮기면서 이병철의 기업가 정신과 삼성의 경영철학을 확인할 수 있었으며, 삼성인은 물론 비즈니스맨이라면 누구나 새겨듣고 나아갈 길을 모색하는데 지혜가 되는 말들이 들어있는 한 장의 보물지도와 같은 책이라는 느낌이 들었다. 게다가 지은이가 원고를 완성했을 때, 이병철 회장이 읽고 직접 잘못된 부분을 지적하며 보완 취재할 것을 지시했고, 이에 지은이는 삼성과 이병철 회장의 흔적을 다시 찾아 오류를 바로잡는 등 완벽을 기했다고 하니 내용의 충실함은 물론 책의 곳곳에 이병철 회장의 인간적인 체취가 물씬 풍기는 것은 당연한 귀결이다.

그럼에도 불구하고 번역을 끝냈을 때 뭔가 미진한 기운을 떨쳐버릴 수 없었다. 1987년 이병철 회장의 죽음 시점에 멈춘 내용은, 습관처럼 한쪽으로만 들고 다닌 책가방의 무게로 한쪽 어깨가 기울어진 고등학교 때의 친구를 볼 때처럼 내내 안쓰러움으로 남았다. 그런데 〈한국경제신문〉 이봉구 논설위원이 '오늘의 삼성' 에 대해 제1부를 보완함으로써 내용의 연속성을 기함은 물론 균형을 이루게 했다는 편집자의 말에 비로소 안도의 숨을 내쉴 수 있었다. 옮긴이 역시 지은이에게는 못 미치지만 독자에게 좀 더 맛깔스런 요리를 내놓기 위해 스스로를 향한 엄격함이 느슨해지는 것을 끝까지 경계하기 때문이다.

2006년 6월
이 정 환

차 례

■ 옮긴이의 말—좋은 기업을 넘어 위대한 기업으로 · 5

제1부
오늘의 삼성 - 이봉구(한국경제신문 논설위원)

1. 삼성의 국내외 위상 · 15
우리나라 경제의 20%를 좌우 17
순익 100억 달러 클럽 가입 18

2. 2대를 이어온 강력한 리더십 · 20
일등주의 문화를 정착시킨 이병철 회장 21
이건희 회장으로 이어진 인재중시 경영 23
제품을 직접 분해, 조립하는 엔지니어 회장 25
마누라와 자식 빼고는 다 바꾸라는 혁신 정신 26
세계 선두권으로 도약시킨 과감한 투자 결정 27

3. 발전 동력은 무엇인가 · 30
그룹 성장 전략을 주도한 구조조정본부 30
세계 5위의 특허 건수를 뒷받침하는 R&D 투자 32
세계인의 가슴을 파고든 마케팅 전략 35

4. 비전과 과제 · 38
세계에서 가장 존경받는 기업이 목표 38
도전에 맞설 투자와 신수종 사업 발굴이 관건 39
원활한 경영권 승계, 반삼성 정서 극복이 최대 과제 42

Contents

제2부

이병철의 경영철학 - 야지마 긴지

1. 사업가로의 결단 · 47
쌀 300섬을 자본으로 47
결손 1만5천 원 51
은행으로부터의 융자 중단 55
삼성상회를 발족하다 63
조선양조를 인수하다 69

2. 삼성물산공사 · 74
해방의 감격과 혼란 속에서 74
10월 폭동과 식량난을 거치면서 78
이승만 박사와의 만남 84
삼성물산공사의 탄생 87
일본시찰 여행에서 얻은 것 93
전쟁과 시련 96

3. 제일제당 · 103
신뢰가 사람을 부른다 103
삼성물산 발족 106
생산 공장을 세우자 110
종이, 의약품, 설탕 중에서 어떤 것을 선택해야 좋을까 113
흰 설탕이 나오지 않는다 118
아무도 믿지 않는다 120

4. 제일모직 · 126
마카오 신사 ······ 126
모직공장 건설 ······ 128
정말로 위험하다면 처음부터 손을 대지 말라 ······ 130
기술자는 우리나라에도 있다 ······ 135
이제 일본의 기술을 능가했다 ······ 140
골덴텍스가 아니면 알아주지 않는다 ······ 144
한국에서 양복을 만들자 ······ 147

5. 사람이 기업을 만든다 · 150
재벌이라는 이름에 만족하지 않는다 ······ 150
한국 최초의 사원공개모집 ······ 155
인물이란, 용모가 단정하고 건강하며 능동적인 성격을 갖춘 사람이다 ··· 159
나의 부는 이미 개인의 소유를 넘어섰다 ······ 163

6. 한국비료 · 168
국산화가 급선무 ······ 168
대통령과 면담 ······ 171
독일 크루프 제강회사 방문 ······ 174
몬테카티니와의 인연 ······ 180
파리에서 알게 된 4 · 19 ······ 182
기업가의 논리와 윤리 ······ 186
실의의 나날들 ······ 192
서류조차 행방불명 ······ 195
일본에서 알게 된 5 · 16 ······ 198
박정희 의장에게 건의한 7항목 ······ 206

Contents

한 장의 산업지도를 통하여 확인할 수 있는 공업화 …… 210
울산을 공업센터로 …… 212
한국경제인협회 발족 …… 217
시련은 아직 끝나지 않았다 …… 223
세계 최대의 비료공장을 …… 227
일본과 5,000만 달러짜리 프로젝트를 …… 231
동원인원 125만 명 …… 238
불의의 사고 …… 244
한국비료를 미련없이 헌납하고 …… 247

7. 삼성생명, 신세계백화점, 호텔신라 · 252
회사를 인수해주지 않겠습니까 …… 252
고객에게 편안함을 보장—신세계백화점 …… 257
한국 국력의 증명—호텔신라 …… 259

8. 중앙일보, 에버랜드 · 264
매스미디어에 대한 구상 …… 264
'신문' 이라는 기업의 경영 …… 268
독자와 함께 성장—창간호부터 20만 부 …… 274
용인자연농원의 경영사상은 무엇인가 …… 277
나무 없이 번영 없다 …… 282

9. 한국문화의 르네상스를 지향하며 · 291
민족문화 부흥을 위해 …… 291
가족의 찬성과 사재(私財) 제공 …… 296
삼성문화문고 창설과 육영사업 …… 302

차 례 Contents

미술에 관한 취미 …… 309
담담한 교제와 삶 …… 317

10. 새로운 발전을 위해 · 325
전자산업 분야로 …… 325
전자공업의 오늘과 내일 …… 328
삼성전자공업 …… 337
오일쇼크도 이겨내고 …… 341
소비재 제조에서 중화학 분야로 …… 344
방위산업에 착안한 이유 …… 351
삼성의 중화학공업 …… 356

11. 이병철의 기업가 정신 · 360
기업 경영은 인간 경영 …… 360
기업가 정신이란 …… 365
국가가 존재하기 때문에 …… 367
항상 선도적인 기업을 …… 369

지은이의 말—모든 비즈니스맨이 갖추어야 할 경영철학 · 376

1

오늘의 삼성

이 봉 구(한국경제신문 논설위원)

1. 삼성의 국내외 위상
   우리나라 경제의 20%를 좌우
   순익 100억 달러 클럽 가입
2. 2대를 이어온 강력한 리더십
   일등주의 문화를 정착시킨 이병철 회장
   이건희 회장으로 이어진 인재중시 경영
   제품을 직접 분해, 조립하는 엔지니어 회장
   마누라와 자식 빼고는 다 바꾸라는 혁신 정신
   세계 선두권으로 도약시킨 과감한 투자 결정
3. 발전 동력은 무엇인가
   그룹 성장 전략을 주도한 구조조정본부
   세계 5위의 특허 건수를 뒷받침하는 R&D 투자
   세계인의 가슴을 파고든 마케팅 전략
4. 비전과 과제
   세계에서 가장 존경받는 기업이 목표
   도전에 맞설 투자와 신수종 사업 발굴이 관건
   원활한 경영권 승계, 반 삼성 정서 극복이 최대 과제

1 삼성의 국내외 위상

경제개발로 가는 길이란
공정한 자유경쟁 아래에서 끊임없는 창의와 계발을 통하여
이윤을 올리고 사업을 확장하는 것이다

오늘날 우리나라에서 삼성그룹만큼 국민들의 입에 많이 오르내리는 기업은 드물 것이다. 대학생들을 대상으로 취업 희망 기업에 대한 앙케트 조사가 실시되면 조사기관이 어느 곳이든지를 막론하고 거의 예외 없이 1위에 오르는 것이 바로 삼성이다. 또한 삼성그룹을 선두에서 이끌어나가는 이건희 회장은 존경하는 기업인 랭킹 1순위를 언제나 독점하다시피 하고 있으며, 그의 경영자로서의 판단은 삼성은 물론 사회적으로도 큰 파급 영향을 미치고 있다. 그런가 하면 삼성식 경영방식을 배우려는 움직임이나 삼성 출신 임직원들을 앞다퉈 모셔 가려는 경향도 뚜렷한 하나의 사회적 저류(底流)를 형성하고 있는 것이 사실이다.

이 같은 현상들이 나타나는 것은 삼성이 이미 우리나라를 대표하는 기업으로 확고하게 자리를 잡은 데다 임직원들에 대한 대우 역시 대부분의 다른 기업들을 크게 앞서기 때문임은 의심의 여지가 없을 것이다. 한마디

로 말해 삼성과 삼성 임직원들은 다른 기업들과 샐러리맨들의 부러움의 대상이요, 벤치마킹의 대상으로 확고하게 뿌리를 내렸다고 해도 과언이 아니다.

반면 한편에서는 삼성에 대해 그 반대되는 움직임 역시 만만치 않게 나타나고 있다. 일부 시민단체 등을 중심으로 삼성의 지배구조나 경영권 승계 작업 등을 문제 삼으며 거세게 질타를 가하고 있는 것이 그것이다. 우리 사회에서 무시할 수 없을 정도의 반(反)삼성 기류가 형성돼 있는 데는 삼성이란 개별 기업 차원의 문제도 있지만 이와는 별도로 다른 나라에 비해 유별나게 강한 우리나라의 반(反)기업 정서가 재계를 대표하는 기업에 몰리고 있는 점도 상당한 영향을 미치고 있다고 봐야 할 것이다. 어쨌든 삼성은 동경을 받는 측면에서든 견제를 받는 측면에서든 우리나라에서 가장 관심이 집중되고 있는 기업임은 부인하기 어렵다.

삼성에 관심을 기울이고 있는 것은 비단 국내만의 일은 아니다. 해외기업들도 삼성의 동향에 대해선 일거수일투족에 주목하고 있다. 삼성이 이제는 세계적으로도 시장을 리드하고 기술개발을 선도하는 기업으로 자리 잡은 탓에 외국기업들은 시장 흐름을 파악하기 위해, 기술개발 동향을 체크하기 위해, 또 삼성과 손을 잡기 위해 분주히 문을 두드리고 있는 것이 현실이다.

해외 언론 역시 크게 다르지 않다. 삼성전자가 경영실적을 발표할 때만 되면 수많은 외신기자들이 이를 취재하기 위해 장사진을 이룬다. 뿐만 아니라 삼성 측엔 신문 · TV · 잡지 등 해외 언론들의 개별적 취재 요청도 줄을 잇고 있고, 삼성과 관련된 심층 분석 기사 역시 홍수를 이룰 정도다.

우리나라 경제의 20%를 좌우

삼성이 차지하고 있는 국내외적 비중과 위상이 어떠한 지는 몇 가지만 살펴봐도 쉽게 알 수 있다. 국내적 위상과 관련해서는 대한민국 국민이라면 누구나 알고 있듯 거의 어느 분야에서나 예외 없이 두각을 드러내고 있는 것이 바로 삼성계열사들이다. 제조업에서는 삼성전자 · 삼성전기 · 삼성SDI · 제일모직 등이, 금융 분야에서는 삼성생명 · 삼성증권 · 삼성카드 · 삼성화재 등이 업계를 선두에서 이끌고 있다. 또 무역과 서비스업에서는 삼성물산 · 호텔신라 · 제일기획 · 에스원 · 에버랜드 등이 발군의 실력을 발휘하고 있고, 심지어는 병원(삼성의료원)과 연구소(삼성경제연구소) 같은 분야에서도 동 업계 최고 수준을 자랑한다.

삼성그룹은 이들 기업을 중심으로 총 63개의 계열사로 구성돼 있으며 전자 7개사, 금융 6개사, 무역 13개사 등이 주력 부대를 형성하고 있다. 그룹 전체에 종사하는 임직원은 지난 2005년 말 현재 국내 14만 7000여 명, 해외 8만 3000여 명 등 모두 23만여 명에 이르고 있고, 현지사무소나 현지법인 형태의 해외거점도 67개국에 걸쳐 모두 269개에 달한다.

삼성그룹은 최근 수년간 경영실적에서도 비교적 순조로운 항해를 거듭하고 있다. 지난 2004년의 경우 매출액 135조 5000억원, 세전 순이익은 19조원을 각각 나타냈고, 2005년엔 매출액 140조원, 세전 순이익 15조원을 기록했다. 특히 2000년대 들어선 10조원대의 순이익이 정착되는 긍정적 흐름이 나타나고 있다. 수출 부문에서도 순조로운 성장세가 이어져 2004년엔 500억 달러를 넘어섰고, 2005년엔 600억 달러 수준에 이르렀다. 이 같은 경영 실적 호조에 힘입어 삼성그룹의 부채비율은 50%선까지 떨어져

초우량 재무구조를 실현하고 있다.

삼성이 우리나라 경제에서 차지하는 비중이 얼마나 큰 지는 숫자에서도 그대로 뒷받침된다. 삼성의 매출액은 우리나라 전체 국내총생산(GDP) 대비 20% 수준에 이르는 것이고, 우리나라 전체 수출액 가운데에서의 점유율도 21%에 달한다. 증권시장에서 상장회사들의 시가총액에서 차지하는 비중 역시 20%를 넘어선다.

순익 100억 달러 클럽 가입

해외시장에서의 삼성에 대한 평가도 하루가 다르게 높아지고 있는 추세다. 삼성그룹을 대표하는 기업인 삼성전자는 미국의 경제전문지 〈포천〉이 선정하는 '세계에서 가장 존경받는 기업' 2006년 랭킹 발표에서 27위를 차지했다. 2005년에 비해 무려 12계단이나 뛰어오른 것이다. 전자업체만으로 따지자면 GE · 소니 · 지멘스 등에 이어 4위 수준이다. 그런가 하면 삼성이라는 브랜드 자체에 대한 평가 역시 상승가도를 줄달음하고 있다. 세계적 브랜드 평가 기관인 인터브랜드가 발표한 '2005년 세계 100대 브랜드' 에서 삼성의 브랜드 가치는 150억 달러에 달했다. 2002년 83억 달러, 2003년 108억 달러, 2004년 125억 달러였던 점을 감안하면 평가가 얼마나 빨리 높아지고 있는지 한눈에 드러난다. 1999년도의 평가액 31억 달러에 비한다면 5배 수준에 이른 셈이다.

삼성을 이끄는 이건희 회장을 바라보는 국제적 시각도 호의적이다. 〈파이낸셜 타임즈〉가 세계 각국 최고경영자(CEO)들을 대상으로 매년 실시하는 '존경받는 기업인' 설문조사에서 이건희 회장은 최근 연속 톱 50위 안에 랭크되고 있으며, 미국과 일본 등 주요국가 언론에서 그의 경영 스타일에 대한 심층 분석 기사를 게재하는 사례가 잇따르고 있다.

삼성에 대한 평가가 이처럼 상승하고 있는 것은 국제 시장에서의 경쟁력이 눈에 띄게 높아지고, 실적 또한 뒷받침되고 있기 때문임은 두말할 필요가 없다. 삼성전자의 경우 세계시장을 좌지우지하는 D램 반도체를 비롯해 TFT-LCD, CDMA(코드분할 다중접속)휴대폰, 컴퓨터 모니터 등 수많은 월드베스트 제품을 보유하고 있다. 특히 D램 반도체의 경우는 지난 1994년 256메가D램을 세계 최초로 개발한 것을 계기로 줄곧 세계 1위를 지키면서 경쟁업체들과의 기술격차를 벌려 나가고 있다. 이는 삼성전자의 국제적 위상을 확실히 해주면서 휴대폰과 TFT-LCD 등 다른 제품의 지명도를 끌어올리는 시너지 효과까지 창출하고 있다. 삼성전자는 이를 바탕으로 세계적으로 10개 기업 정도에 불과한 순익 100억 달러 클럽에 가입하기도 했다. 순익 규모가 삼성전자를 앞서는 기업은 MCI, 엑슨모빌, 시티그룹, GE, 로열더치셸, BOA 등에 불과하다는 점을 고려하면 삼성전자가 얼마나 선전(善戰)하고 있는지 쉽게 짐작할 수 있을 것이다. 삼성전자가 순익 규모나 주식 시가총액 등에서 일본의 대표적 전자기업인 소니를 이미 크게 앞질렀다는 점을 보더라도 그러하다. 특히 그룹의 매출액을 국가 GDP와 비교할 경우 삼성은 세계 35위 수준을 기록해 싱가포르(40위)의 전체 GDP보다도 앞서고 있다. 삼성이 이제는 한국 기업에만 머무르는 것이 아니라 세계적으로도 인정받는 거대 기업으로 성장했음이 단적으로 입증된다.

2 2대를 이어온 강력한 리더십

기업이 사회에 봉사할 수 있는 첫 번째 방법은
많은 사람들에게 취업의 기회를 주는 것이다
이 책임을 다하기 위해 기업을 건전하게 운영해야 한다

삼성이 오늘날 이처럼 강력한 기업으로 떠오를 수 있었던 것은 과연 무엇 때문일까? 물론 임직원들이 열과 성을 다해 노력한 결과물로서의 측면도 있을 것이요, 우리나라가 그동안 대기업 그룹 위주의 성장 전략을 추구해왔던 데 힘입은 바도 크다는 점은 부인하기 어려울 것이다. 하지만 무엇보다 중요한 요인은 역시 오너의 강력한 리더십에 있지 않을까 싶다. 오너가 사업과 관련해 어떤 결정을 내리느냐, 어떤 인물을 중용하느냐에 따라 사업의 전체적 향방에도 결정적 영향을 미치게 되는 까닭이다.

삼성의 발전과정은 오너에 따라 제1기와 제2기로 나눌 수 있을 것이다. 제1기는 삼성을 창립한 고(故) 이병철 회장(1910-1987)이 이끌던 시기요, 제2기는 그 바통을 이어받아 지금까지 그룹을 이끌어 나가고 있는 이건희 회장의 시기다. 제1기는 삼성이 국내 최고 기업으로서의 기반을 굳힌 시기로, 제2기는 세계적 기업으로 뛰어오르는 시기로 각각 특징짓는다하더라도 큰 무리는 없을 것이다.

일등주의 문화를 정착시킨 이병철 회장

이병철 회장은 일본 와세다 대학교를 중퇴한 후 1936년 협동정미소를 세우면서 사업에 뛰어들었고, 1938년 3월 자본금 3만원으로 삼성그룹의 모태가 되는 삼성상회를 설립했다. 이후 광복과 6 · 25전쟁이란 혼란기를 거치면서 부침을 거듭하던 이 회장은 전쟁이 막바지에 이른 1953년 6월, 부산에서 제일제당을 설립해 설탕제조업을 시작했고, 이는 그를 거물 기업인으로 성장시키는 결정적 계기가 됐다. 설탕사업은 노다지가 돼 그야말로 막대한 이익을 안겨준 까닭이다. 이듬해 설립한 제일모직 역시 폭발적인 성장세를 이어가며 수년 만에 국내시장을 석권했다.

이를 바탕으로 그는 국내 경제계에서의 입지를 탄탄히 구축하면서 사업영역도 착실히 확대해 나갔다. TV(동양방송, 1964년)와 신문사(중앙일보, 1965년)를 잇따라 출범시켜 미디어 사업에도 진출했고, 1969년엔 삼성그룹을 국제적 기업으로 격상시키는 토대가 된 삼성전자를 일으켰다. 또 삼성석유화학과 삼성중공업 등을 발족시켜 중화학공업에도 뛰어들었고, 백화점(신세계), 호텔(호텔신라), 테마파크(용인자연농원/ 현재의 에버랜드) 등 서비스 산업에도 관심을 기울였다. 그야말로 광범위한 산업분야에 걸친 대그룹을 구축한 셈이다. 그가 50년간 삼성의 최고사령탑으로 재임하면서 설립 또는 인수한 기업은 모두 37개에 달한다.

이병철 회장은 사업을 시작하면 그 분야에서는 최고가 되어야만 한다는 신념 아래 일등주의와 품질제일주의를 강력히 추구했다. 경영 스타일은 대단히 치밀하고 깐깐한 편이었다. 사업 구상 단계에서부터 꼼꼼하게 모든 계획을 세운 후 꾸준히 밀고나갔다. 새로운 사업을 시작할 때면 관련 자료나 서적 등을 최대한 수집해 미리 읽어보는 것은 물론 해당 분야 전문가들을 만나 의견을 듣고, 골똘한 사색을 거쳐 자신의 판단을 정립한 후에야 일에 착수하곤 했다. 먼저 스스로부터 전문가 이상의 식견을 갖췄다는 이야기다. 따라서 그의 시야는 늘 계열사 사장들에 비해 훨씬 넓었고, 생각도 몇 걸음이나 앞서 나갔다. 그가 사업에 관한 지시를 내리거나 사업에 관한 질문을 할 때면 항상 정곡을 찌르곤 했던 것도 그런 이유 때문일 것이다.

게다가 유교적 가풍의 영향으로 예절을 중시하고 말을 대단히 아끼는 편이어서 그를 마주하는 경영진들은 쩔쩔매기 일쑤였다. 삼성에 오래 근무했던 경영진들이 한결같이 이 회장이 주재하는 사장단 회의가 열릴 때면 회의장에 찬물을 끼얹은 듯 팽팽한 긴장감이 감돌았다고 회고하고 있는 것을 보면 그들이 이 회장을 얼마나 어려워했는지 짐작하고도 남음이 있다. 그런 분위기에서 근무하다 보니 사장단들도 대단히 치밀해지지 않을 수 없었고, 이는 곧 '관리의 삼성' 이라는 세간의 평가를 얻게 되는 원동력이 됐다. 그만큼 빈틈없는 관리를 했다는 이야기이고 보면 하는 사업마다 대성공을 거둔 것도 전혀 이상할 것이 없는 셈이다.

이 회장이 특히 중요시한 것은 바로 사람이다. 그는 사람이야말로 기업의 성패(成敗)를 결정하는 가장 중요한 변수라고 믿었으며, 용인술의 귀재로 불렸다. 그래서 신입사원을 채용할 때도 자신이 직접 관여하는 등 좋은 사람을 뽑기 위해 많은 노력을 기울였다. 그리고 스스로 신뢰하는 사람에 대해선 믿고 일을 맡겼다. 회사의 큰 방향을 결정하는 것 같은 중요 사안 외에는 경영진들이 자율적으로 회사를 이끌어가도록 한 것이다. 이른바 '의인불용 용인불의(疑人不用 用人不疑; 의심되는 사람은 쓰지 않고 쓴 사람은 의심하지 않는다)' 의 인사 철학을 실천해 나갔다. 하지만 회사의 사업방향 설정이 잘못되거나 실적이 기대에 미달할 경우엔 추상 같은 불호령이 떨어졌다. 그가 누구보다도 강력한 카리스마를 발휘하며 거대기업의 기반을 구축할 수 있었던 것도 바로 이런 경영 스타일 때문일 것이다.

*〈이병철 회장에 대해선 제2부에서 자세히 다뤄지고 있는 만큼 여기선 이 정도 선에서 줄이기로 한다.〉

이건희 회장으로 이어진 인재중시 경영

삼성에는 제2기라고 할 수 있는 이건희 회장 체제에 접어든 이후에도 선대 이병철 회장이 추구하던 경영 스타일이 여전히 살아 있다. 이건희 회장은 지난 1987년 부친이 지병으로 세상을 떠나면서 그룹의 지휘권을 이어받았다. 그는 선대 이병철 회장과 마찬가지로 사람을 가장 중요시한다. '의인불용 용인불의' 의 정신을 계승해 경영진에 일을 맡겨 두는 스타일이며, 그룹 운영과 관련된 중대 사안이 아니라면 직접 관여하는 일이 드물다. 말 수가 적고 사색과 독서를 즐기는 성격도 비슷하고, 강력한 카리스마 때문에 경영진이 회장을 어려워하는 점 역시 크게 다를 게 없을 것이다.

특이한 것은 그는 눌변이면서도 동시에 달변가이기도 하다는 점이다. 삼성 관계자들의 말에 따르면 이건희 회장은 평소에 입이 대단히 무거울

뿐 아니라 말을 시작할 때도 여느 사람에 비해 시간이 오래 걸리는 편이고 어눌한 느낌을 주는 경우도 적지 않다고 한다. 하지만 사장단 회의 등에서 마음먹고 이야기할 때는 한 번 입이 열리면 몇 시간씩 이야기를 이끌어 나가며 해박한 지식으로 좌중을 압도해 참석자들이 경탄을 금치 못할 정도라고 한다.

이 회장은 특히 사람을 중시하고 인재 경영을 강조하는 측면에서는 선대 회장보다도 한 걸음 더 나아갔다고 해도 과언이 아닐 것이다. 이 회장이 즐겨 쓰는 말 중에 "한 명의 천재가 10만 명을 먹여 살린다"는 것이 있다. 뛰어난 인재 한 사람이 새로운 제품을 만들어 내거나 혁신적인 기술을 개발하면 회사 전체를 먹여 살리고도 남을 정도의 성과를 올릴 수 있다는 이야기다. 회사의 명운을 결정짓는 아이디어는 바로 사람의 머리에서 나온다는 뜻에 다름 아니다. 그래서 그는 핵심 인재의 영입에 심혈을 기울인다. 사장단회의 등을 통해 기회가 닿을 때마다 우수 인재 채용을 최대한 늘리라고 강조하곤 하는 것도 바로 그 때문이다.

그런 영향으로 삼성엔 박사급 인재가 많다. 삼성전자 한 기업만 해도 수천 명을 헤아릴 정도다. 또 얼마 전부터는 국적에 관계없이 석・박사급 핵심인재를 적극 선발하고 있으며, 2006년 들어서는 학사급 대학 졸업자들을 대상으로도 해외인력 유치에 나서기 시작했다. 물론 이들 우수 인력들에 대해서는 국내 최고수준의 대우를 해준다. 그만큼 인건비를 비롯한 각종 비용이 많이 들어가는 것은 당연한 이치이지만 국제 수준의 이들 인재들은 그 이상의 가치를 충분히 해내고 있다는 게 삼성 측의 설명이다. 대우를 잘해주니 인재가 몰리고, 인재가 몰리니 회사가 더 잘되는 식의 선순환이 나타나고 있다는 이야기다.

제품을 직접 분해, 조립하는 엔지니어 회장

이건희 회장이 중시하는 또 다른 분야는 기술개발이다. 일등 기술 없이는 일등 제품도 없고 일등 회사도 없다며 기술 개발을 독려한다. "골프에서 드라이버 샷의 비거리를 획기적으로 늘리려면 그립 잡는 법부터 스탠스 등 모든 것을 바꿔야 한다"는 예를 들면서 기술개발을 위해선 사고의 전환이 절대적으로 필요하다는 점을 강조하기도 한다. 이병철 회장이 추구하던 품질제일주의와 맥락이 닿아 있다.

이 회장은 측근들에게 자기만큼 전자 제품을 많이 구입해본 사람도 별로 없을 것이라고 말하곤 한다. 제품을 사는 이유는 간단하다. 구조와 작동 방식을 파악하기 위해서다. 제품을 사고 나면 서울 한남동 집에 틀어박혀 밤새 분해와 조립을 계속한다. 이런 과정을 통해 엔지니어에 못지않은 전문지식을 쌓았다는 것이다. 혼자 있기를 좋아하고, 관심 있는 사안에 대해서는 깊숙이 파고드는 스타일의 성격이 이 같은 작업을 가능하게 해준 요인이다.

지난 1993년 미국 출장 때는 이런 일도 있었다고 한다. 호텔에 짐을 풀자마자 이 회장이 사라져 수행원들이 의아해하고 있었더니 얼마 안 있어 인근 백화점에서 일제 도시바 VCR을 사들고 들어오더란다. 그러더니 곧장 이를 분해해 보고는 "일본 제품의 부품 수가 삼성 것보다 20% 가량이나 적은 데도 더 비싼 값에 팔린다"고 지적하며 "부품 수를 줄이는데 힘을 쏟으라"고 지시했다는 것이다.

삼성을 휴대폰 업계에서 세계적 기업으로 올려놓은 애니콜이 정상급 제품으로 자리를 굳히는 과정에도 이 회장의 이런 노력이 반영돼 있다. 애니콜은 모토로라와 맞먹는 제품을 만들어 시장 판도를 뒤엎는다는 목표 아래 심혈을 기울여 개발한 끝에 지난 1994년부터 판매를 시작했지만 이듬해인 1995년 시판중인 제품에서 불량품이 발견됐다. 이 보고를 받은 이 회장은 즉각 전 제품을 회수하라고 지시했다. 그리고 회수한 제품은 전체 공장 임직원들이 보는 앞에서 모두 소각시켜 버렸다. 무려 150억 원 어치의 물량이 연기처럼 사라져 버리고 말았지만 임직원들의 마음속에는 불량품은 결코 용서되지 않는다는 긴장감이 생겨나게 됐고, 이는 애니콜의 품질을 레벨업(Level-Up)시키는 큰 동력으로 작용했다. 이 회장은 휴대폰과 관련해 직접 디자인 아이디어를 내놓기도 했다. 이른바 '이건희 폰'으로 불리는 모델(SGH-T100)이 그것이다. 세계 최초로 고화질 초박막트랜지스터 액정표시장치(TFT-LCD)를 채용한 이 휴대폰은 판매 측면에서도 대박을 터트렸다. 그의 기술 중시 정신과 엔지니어로서의 감각을 느끼게 해주는 사례들이 아닐 수 없다.

마누라와 자식 빼고는 다 바꾸라는 혁신 정신

이건희 회장의 또 다른 특징 중 하나는 끊임없이 변화와 혁신을 강조한다는 점이다. 그는 그룹 회장직을 승계하자마자 제2의 창업을 선언하며 인식의 전환 필요성과 위기의식을 강조한 데 이어 지난 1993년엔 독일 프랑크푸르트에서 열린 사장단회의를 통해 '변해야 산다'는 화두(話頭)를 던지며 신(新)경영 체제로의 돌입을 선언했다. 세계 시장에서도 통하는 경쟁력을 확보하기 위해 양(良) 위주의 경영에서 질(質) 위주의 경영으로 전환하겠다는 선언이었다. "마누라와 자식을 빼고는 모두 다 바꿔라"라는 이야기가 나온 것도 바로 이 회의에서였다. 삼성 내부에서는 이를 '프랑크푸르트 선언'이라고 부르기도 한다.

당시 이 회장은 "그룹의 미래를 생각하면 잠도 잘 오지 않는다"면서 삼성전자를 말기 암 환자에 비유하기도 했다. 3만여 명이 제품을 만들고 6,000여 명이 애프터서비스를 하는 시스템으로 무슨 경쟁력이 있겠느냐는 질책이었다. 삼성전자는 그 때 비교적 호조의 실적을 유지하던 시절이었기 때문에 경영진들로선 의아한 생각을 감추기 어려웠다고 한다. 하지만 이 회장은 미래의 경쟁력을 생각하면서 삼성이 세계시장을 선도하는 기업으로 자리 잡기 위해선 보다 효율적인 조직 체계가 필요하다는 점을 강조하고 이의 실천을 요구한 것이었다.

신경영 선언을 기점으로 삼성에는 구조조정과 경영합리화 작업의 필요성에 대한 인식이 자연스럽게 자리 잡게 됐고, 이는 얼마 후에 닥친 외환위기를 큰 무리 없이 극복하게 되는 원동력으로 작용했다. 이와 관련 이 회장은 한 신문과의 인터뷰에서 "당시 세계경제의 축이라는 로스앤젤레스, 프랑크푸르트, 도쿄 등지에서 밤새워 위기감과 변화의 필요성을 역설했지만 스스로 변해야 한다고 느끼게 만드는 일이 쉽지 않았다"며 "새 집을 짓는 것보다 헌 집을 고치는 일이 훨씬 어렵다는 것을 실감했다"고 회고하기도 했다. 요즘 삼성그룹은 신경영이야말로 오늘날의 삼성을 있게 한 중요한 기반이 됐다는 평가를 내리고 있다.

세계 선두권으로 도약시킨 과감한 투자 결정

하지만 이건희 회장을 선대 이병철 회장과 구별시켜 주는 가장 큰 요인은 그가 삼성을 국내 최고의 기업에 머무르지 않고 세계적 기업의 수준으로까지 발돋움시킨 점에 있다고 봐야 할 것이다. 사실 삼성이 세계적 주목을 모으는 기업으로 부상한 것은 그리 오래 되지 않는다. 반도체 사업에 집중적인 투자를 실시하면서 세계시장에서 확실한 승기를 잡은 이후부터다. 반도체 사업의 성공에다 외환위기를 계기로 본격화된 구조조정의 효과가 더해지면서 삼성의 국제적 위상은 수직상승하게 됐다.

반도체 부문에서 삼성이 세계시장의 주도권을 장악한 시기는 256메가 D램을 세계 최초로 개발했다는 획기적 발표를 내놓았던 지난 1994년으로 거슬러 올라간다. 그 때까지만 해도 일본에 뒤지는 2등 기업에 불과해 열심히 좇아가기만 하던 삼성이 세계 1위로의 도약을 선언하며 한국이 일본을 앞설 수 있다는 자긍심을 국민들에게 심어준 것이었다. 이후 삼성은 경쟁기업들의 추월을 허용치 않고 기술개발 격차를 날로 늘려 나가며 세계 메모리 반도체 시장을 좌지우지하는 큰 손으로 뿌리내렸다.

여기에 힘을 더해준 것이 고강도 구조조정작업으로, 결과적으로 시너지 효과를 발휘했다. 그렇지 않아도 사업구조조정의 필요성을 절감하고 있던 삼성은 외환위기가 닥친 것을 계기로 한계사업과 비주력 사업을 과감히 정리하고 인력도 대폭 축소했다. 계열사들에 대해 비용 및 조직 30% 감축, 부채비율 축소 등의 요구 사항을 내걸었다. 주력기업인 삼성전자의 경우도 34개 사업을 정리했고, 임직원도 3명 중 1명이 회사를 떠났다.

이 같은 일들이 모두 정리되고 나자 삼성의 경영실적은 놀랄 만큼 호전됐다. 1999년을 기점으로 순이익 규모가 눈덩이처럼 팽창하면서 수조 원 규모에 이르게 됐다. 반도체 사업의 이니셔티브가 확실해진 데다 경영합리화에 힘입어 비용 지출도 대폭 효율화된 덕분이었다. 당시의 원화 약세

현상도 삼성의 경쟁력을 강화시켜주는 원군이 됐다. IT 산업의 세계적 불황 등에도 아랑곳하지 않고 삼성은 계속 큰 폭의 이익을 실현했고, 이때부터 세계 언론의 집중 조명을 받게 됐다. 삼성은 요즘도 이런 기세를 이어나가면서 연간 10조 원대의 이익을 안정적으로 기록하는 기업이 됐다.

반도체를 뺀 삼성을 생각하기는 힘들지만 이건희 회장과 반도체의 인연도 대단히 깊다. 반도체 사업을 시작한 것은 선대 이병철 회장이지만 거기에 힘을 불어넣고 반석 위에 올려놓은 것은 바로 이건희 회장이다. 삼성이 반도체 사업의 전신인 한국반도체를 인수할 당시 선대 이병철 회장은 대규모 자금이 투입돼야 하는 리스크 때문에 계속 망설이고 있었지만 이건희 회장은 전자사업엔 반도체가 필수적이라며 회사를 인수할 것을 적극 설득했다고 한다. 또 그는 반도체에 투자하기 위해 삼성전자와 삼성반도체통신을 합병하고, 위험 부담을 무릅쓰며 메모리 반도체 개발에 돈을 쏟아 부었다. 그리곤 끝내 일본 기업들을 추월해 세계 정상에 올라서는 역사(役事)를 이뤄낸 것이다.

이건희 회장의 성과가 더욱 의미를 갖는 것은 선대 회장으로부터 물려받은 기업들 중 상당 부분을 형제들 간의 계열 분리 등을 통해 떼어내고도 이런 결과를 이뤄냈다는 점 때문이다. 종전 삼성그룹에 속하던 기업들 중 신세계그룹과 한솔그룹은 1991년에, CJ그룹은 1993년에, 새한그룹은 1995년에, 중앙일보는 1999년에 각각 떨어져나가 분리 독립했다. 이들 그룹들 역시 대한민국 국민이라면 누구나 이름만 들어도 알 수 있는 유명 기업들이다. 그럼에도 불구하고 삼성은 확고부동한 국내 1위를 고수하고 있으며, 세계적으로도 이제는 소니나 모토로라 등 내로라하는 기업들을 앞지르게 된 것이다.

3 발전 동력은 무엇인가

기업가의 본령은 돈을 버는 것이 아니고,
현상을 유지하는 것도 아니다
다른 사람이 하지 않는, 할 수 없는 사업을 일으키는 것이다

오늘날의 삼성그룹을 있게 한 요인을 비단 강력한 카리스마를 보유한 오너 덕분으로만 돌리기는 어렵다. 물론 그룹을 선두에서 이끌어온 두 회장의 공로가 가장 큰 것은 틀림없는 사실이지만 이를 뒷받침해온 요인들은 수없이 많다. 특히 그 중에서도 주목해볼 만한 가치가 충분하다고 생각되는 몇 가지 사항을 짚어본다.

그룹 성장 전략을 주도한 구조조정본부

첫째는 바로 구조조정본부(구조본)의 역할이다. 구조조정본부는 이병철 회장 시대부터 명성을 날려온 옛 회장 비서실을 잇는 조직이다. 최근 이름이 전략기획실로 바뀌고 조직과 인력 기능 등이 상당 폭 축소됐지만 그룹 운영과 관련해서는 핵심적 역할을 수행해왔다. 이건희 회장을 최측

근에서 보좌하는 친위부대이며 사람으로 따지자면 머리 부분에 해당한다. 따라서 구조조정본부의 기능은 대단히 넓고 영향력 또한 막대했다. 우선 대내적으로는 그룹 전체 계열사들에 총괄적으로 필요한 일들을 기획 지휘하는 한편 계열사 간 이해충돌을 조정하는 등의 역할을 했고, 계열사 임원진에 대한 인사 평가도 주요 업무 중 하나였다. 대외적으로는 그룹 전체의 이해(利害)나 이미지와 관련된 활동 등을 관장했다. 삼성 같은 대기업 그룹은 워낙 방대한 조직인 만큼 이를 전반적으로 관리하고 조율하는 기능의 필요성은 대단히 절실하다. 물론 우리 사회에서는 아직도 구조조정본부를 문어발 경영의 대명사처럼 생각하며 부정적 시각으로 바라보는 경향도 없지 않지만 기업의 입장에서 생각한다면 절대적 필요성에 의해 생겨난 조직이라고 볼 수밖에 없을 것이다.

구조조정본부가 얼마나 중요한 역할을 해왔는지는 구조조정 사례만 살펴봐도 단적으로 알 수 있다. 외환위기가 닥친 것을 계기로 본격화된 삼성그룹의 구조조정과정을 앞장서 이끈 것이 바로 구조조정본부이다. 구조조정본부는 경영 효율을 최대한 높이지 않으면 그룹의 미래가 불안하다는 위기의식 아래 모든 계열사들을 샅샅이 뒤져 숨겨진 부실과 무수익 자산 등을 노출시켰다. 그리곤 한계사업의 정리와 자산 매각, 비용 및 인력 축소, 부채비율 200% 달성 등의 요구를 내걸었고, 이를 강력히 밀고 나갔다. 삼성전자가 가전제품 중심의 회사에서 지금의 형태로 골격이 바뀐 것도 바로 이 때였다. 구조조정본부가 나서지 않고 계열사들의 자체 판단에만 맡겨 두었다면 불가능했을 일이었다. 삼성그룹은 이 같은 대대적 구조조정이 완료되고 나서야 연간 5조원 이상의 이익을 항시 창출할 수 있는 체제를 굳힌 것으로 자체 분석한 바 있다.

삼성이 어느 기업보다도 투명한 거래 관행을 갖고 있다는 평가를 듣고 있는 데도 사실은 구조조정본부의 역할이 대단히 컸다. 구조조정본부 감사팀은 그룹 내의 검찰이나 마찬가지였다. 자체적으로 수집한 정보나 제보 등을 통해 비리 단서를 확보하게 되면 불시에 해당 사무실에 들이닥쳐 모든 서류와 컴퓨터 파일을 압수하는 등 철저한 조사를 통해 비리의 전모를 정확히 밝혀내는 것으로 정평이 났다. 감사팀이 움직이게 되면 해당 부서는 초긴장 상태에 빠져들게 마련이고, 감사팀의 조사 대상에 올랐다는 사실만 듣고도 사직서를 제출하는 사례도 적지 않았다고 한다. 그러니 삼성 임직원들은 감사팀이 무서워서라도 비리를 저지르거나 부패에 연루되는 것을 꺼릴 수밖에 없고, 그 결과 협력업체들과의 관계에서도 깨끗한 거래 관행이 뿌리내리게 된 것이다.

성과급 제도 역시 뼈대를 만든 것은 구조조정본부 재무팀이다. 경영 성과가 일정 수위에 도달했을 때 주는 성과급제(PI), 경영 목표를 초과하는 이익을 실현했을 때 이를 나눠주는 이익 배분 제도(PS) 등이 그것으로 일할 의욕을 부추기면서 업무 효율을 높이는 데 큰 기여를 한 것으로 평가되고 있다. 또 대우 면에서 삼성 임직원들과 다른 기업 임직원들 간의 격차를 확대시켜 삼성 직원들의 자존심을 크게 높여주는 역할도 했다. 이 같은 점들만 감안하더라도 삼성의 발전과정에서 구조조정본부가 핵심적 역할을 했음은 선명히 드러난다.

세계 5위의 특허 건수를 뒷받침하는 R&D 투자

둘째는 R&D(연구개발) 투자에 열심이라는 점이다. 삼성을 세계적 기업으로 밀어올린 일등 공신인 삼성전자의 경우 전체 인력의 30% 가량을 R&D 분야 인력이 차지하고 있다. 이들은 삼성의 인재제일주의를 반영, 국내외를 가리지 않고 선발한 우수 인력들로 구성돼 있을 뿐 아니라 박사급도 즐비하다. 참신한 아이디어를 가진 전문 인력들에 의해 끊임없이 새로운 기술개발과 혁신이 이뤄지고 있다는 이야기다. 게다가 투자 금액 역시 다른 기업들의 그것을 크게 앞선다. 삼성전자가 책정하는 R&D 분야 투자액은 최근 매출액의 7~10% 가량에 이르며 매년 증가하는 추세에 있다. 삼성전자의 매출액이 웬만한 국내 그룹의 전체 매출액도 훨씬 능가한다는 점을 상기해보면 R&D 분야의 투자액이 얼마나 많은 지를 쉽게 짐작할 수 있을 것이다.

이 같은 R&D 분야에의 적극적인 투자는 삼성이 기술개발을 선도하면서 세계시장을 이끌어갈 수 있는 중요한 배경이 되고 있다. 실제 삼성은 지난 1992년 64메가D램을, 1994년 256메가D램을, 1996년엔 1기가D램을 각각 세계 최초로 개발했다. 그리고 메모리 반도체 분야에선 업계 선두로 나선 이후 한 번도 경쟁업체들의 추월을 허용치 않고 있다. 반도체 기술이 빠른 속도의 진화를 거듭하며 공정단위가 나노미터(1나노미터는 10억분의 1미터) 시대로 들어섰지만 경쟁업체들과의 기술 격차를 오히려 더욱 벌리며 주도권을 한층 강화해 나가고 있는 양상이다. 메모리 반도체 분야에서 삼성과 경쟁업체들 간의 기술 격차는 1년 이상에 달한다는 것이 일반적인 평가다.

휴대폰 분야에서도 삼성의 부상 속도는 대단히 빠르다. 독일 하노버에서 열린 세계 최대 규모 국제 전자전시회인 '세빗 2006'에서 삼성은 세계 최초로 1천만 화소 카메라 폰을 선보였다. 1천만 화소라면 디지털 카메라에서도 화질 선명도가 최고 수준에 해당한다. 700만 화소, 800만 화소 카메라 폰을 업계 최초로 출시한데 이어 또 한 번 앞서가는 기술 수준을 입증한 셈이다.

삼성의 기술 수준이 세계 선두권에 위치해 있음은 미국 특허상표국에 등록된 특허 현황을 살펴봐도 쉽게 짐작할 수 있다. 삼성은 2005년 모두 1,641건의 특허를 등록해 IBM(1위/ 2,941건), 캐논(2위/ 1,828건) 등에 이어 5위에 랭크됐다. 이런 기록이 단지 한 해에 그치는 것이 아니라 지난 1999년 이후 거의 매년 빠지지 않고 특허 등록 10위권 내에 속하고 있는 만큼 기술적 우월성은 의심의 여지가 없다 할 것이다.

기술 관련 이야기를 하면서 빼놓을 수 없는 것은 삼성전자의 사업구조 자체가 기술 개발에 유리하게 짜여져 있는 점이 시너지 효과를 내는 요인으로 작용하고 있다는 사실이다. 삼성전자는 세계 각국의 여느 경쟁업체들과는 달리 반도체, 휴대폰, TFT-LCD, 컴퓨터, 가전 분야 등이 모두 한 회사 내에 포진해 있는 것이 큰 특징 중 하나다. 이들 사업 부문은 각각이 세계적 경쟁력을 보유하면서 회사 수익 확대에 큰 기여를 하고 있기도 하지만 한 부문이 부진한 경우에도 회사 전체적으로는 큰 타격을 받지 않을 수 있게끔 상호 보완해주는 역할을 하는 한편 기술개발 측면에서도 상승작용을 일으키는 효과를 가져오고 있다.

반도체와 휴대폰 부문 사이의 예를 들자면 반도체 부문은 경쟁업체에 비해 휴대폰의 시스템을 손쉽게 이해할 수 있는 데다 앞으로 필요로 하는 제품이 어떤 것인지도 원활히 파악할 수 있기 때문에 제품 개발이나 사업영역 확장이 용이하다. 또 휴대폰 부문은 이렇게 개발된 반도체를 사용해 첨단 기능의 제품을 다른 기업에 앞서 출시하면서 시장을 선도할 수 있게 된다. 누이 좋고 매부 좋은 식의 시너지 효과가 자연스럽게 생겨나게 된다는 이야기다. 가전, 디스플레이, 컴퓨터 등 다른 분야의 경우도 이런 이점이 나타나게 되는 것은 마찬가지다. 이른바 '디지털 컨버전스(디지털 기술융합)' 시대에 삼성은 다양한 사업구조로 구성된 효과를 톡톡히 보고 있는 셈이다. 이런 사업구조를 갖지 못한 경쟁업체들이 삼성을 따라잡지 못해 애를 먹고 있는 것도 충분히 납득할 만하다.

세계인의 가슴을 파고든 마케팅 전략

셋째는 일류 브랜드 구축을 위한 마케팅 전략이다. '삼성=첨단기업' 이란 이미지를 심기 위해 끈질긴 노력을 기울인 끝에 삼성이란 브랜드를 세계 소비자들의 뇌리에 각인시키는데 성공한 것이다. 사실 삼성이 세계의 소비자들에게 이름을 알린 것은 그리 오래 되는 일이 아니다. 메모리 반도체가 세계 최고의 자리에 올라선 이후 동종 업계나 언론에서는 실력을 인정받게 됐지만 반도체는 소비자를 직접 상대하는 것이 아니라 주로 메이커들에게 공급하는 제품인 까닭에 소비자들의 경우는 삼성이란 이름조차 알지 못하는 경우가 흔했다. 삼성이 만든 제품을 한 번도 보지 못한 소비자들이 많았던 까닭이다. 물론 삼성은 예전에도 가전제품 등을 세계 각지로 수출하긴 했지만 선진국 시장에서는 이류 제품으로 취급받아 싸구려로 팔려나가곤 하던 것이 솔직한 현실이었다. 따라서 소비자들은 삼성을 주목하지 않았고, 이름을 아는 경우라 하더라도 이류 메이커란 이미지를 벗어나기 힘들었다.

이런 분위기가 바뀌는데 결정적 역할을 한 것은 바로 휴대폰이다. 이동통신 시대가 빠른 속도로 전개되면서 한국이 세계 최초로 개발한 CDMA 방식의 휴대폰도 급속히 시장을 넓혀 나가게 됐다. 삼성은 그런 움직임 속에서 고급화 전략에 초점을 맞췄다. 애니콜의 제품 수준을 높이는 한편으로 판매 가격을 다른 제품에 비해 훨씬 높게 책정함으로써 여유가 있는 사람만 살 수 있는 최고급 휴대폰이란 인식을 심는 전략을 편 것이다. 그리고 이 작전은 보기 좋게 맞아떨어졌다. 애니콜은 지금 세계 어느 국가에서든 누구나가 탐내는 최고급 휴대폰 브랜드로 자리 잡았으며, 시장 점유율도 착실하게 확대해 나가고 있다. 개발도상국의 경우는 근로자들이 몇 달치 월급을 투입해서라도 꼭 갖고 싶어 하는 명품(名品) 취급을 받을 정도다. 특히 휴대폰은 소비자들이 잠시라도 떼놓지 않고 24시간 직접 사용하는 제품인 까닭에 브랜드 인지도를 높이고 고급 이미지를 심는데 결정적 기여를 한 것으로 평가된다.

올림픽을 브랜드 마케팅의 장으로 활용하는 전략도 톡톡히 재미를 봤다. 삼성이 올림픽을 이용한 스포츠 마케팅에 본격적으로 나서기 시작한 것은 지난 1996년 이건희 회장이 IOC(국제올림픽위원회) 위원이 되고부터. 1998년 나가노 동계올림픽에서 무선기기 분야의 공식스폰서로 이름을 올린 것을 스타트로 2000년 시드니 하계올림픽, 2002년 솔트레이크시티 동계올림픽, 2004년 아테네 하계올림픽, 2006년 토리노 동계올림픽 등에 계속해서 공식 후원사로 활동하고 있다. 최고의 선수들이 실력을 겨루는 인류의 축제 마당에 후원사로 참여하는 이런 전략은 삼성의 국제적 인지도를 높이는데 결정적 기여를 하고 있다. 올림픽 때만 되면 지구촌의 눈과 귀가 올림픽 대회장으로 쏠리는 까닭에 전 세계의 소비자들이 자연스럽게 삼성이란 브랜드와 로고에 익숙해지게 되는 것이다. 올림픽이 열리는 현장에서 삼성을 알리는 각종 이벤트를 개최해 효과를 배증(倍增)시키고 있음은 물론이다. 올림픽 스폰서로 참여하기 위해서는 요즘 수백억 원을 지출하지 않으면 안 되지만 그로 인한 브랜드 홍보효과는 투입 금액을 훨씬 능가한다는 것이 삼성의 자체 분석이다.

영국의 축구 명문구단 첼시를 후원하고 있는 것이나 메이저급 여성 골프대회인 미국 LPGA투어 삼성월드 챔피언십을 개최하고 있는 것 등도 이런 스포츠 마케팅의 일환임은 두말할 필요가 없다. 휴대폰을 비롯한 최종 소비재가 소비자들의 생활 한가운데로 파고들고 있는 가운데 이처럼 세계 최고 대회, 최고 팀을 이용한 스포츠 마케팅이 상승 작용을 일으키면서 삼성을 친숙한 세계 속의 브랜드로 만들고 있다는 이야기다. 세계적 브랜드 가치 평가기관인 인터브랜드에 의해 외환위기 직후인 1999년에만 해도 31억 달러로 평가됐던 삼성의 브랜드 가치가 2005년엔 무려 5배 수준인 150억 달러로 평가되면서 세계 20위에 올라선 사실만 봐도 삼성이란 브랜드에 대한 국제적 평가가 얼마나 달라졌는지 선명히 드러난다 할 것이다.

4 비전과 과제

모든 것은 국가가 기본이다
진정한 기업인은 보다 거시적인 안목으로
기업을 발전시키고 국부형성을 위해 공헌해야 한다

삼성은 원대한 비전도 갖고 있다. 오는 2010년엔 세계에서 가장 존경받는 기업이 되고, 이건희 회장은 세계에서 가장 존경받는 기업인이 된다는 것이 중장기 목표다. 물론 미국, 일본, 유럽 등지의 세계적 기업들과 치열한 경쟁을 펼치지 않으면 안 되는 목표인 까닭에 이를 달성하기는 쉬운 일이 아니겠지만 이처럼 의욕적인 도전 정신을 갖고 노력해 나간다는 점에서 높이 평가할 만하다.

세계에서 가장 존경받는 기업이 목표

삼성그룹 전체적인 경영 지표와 관련해서는 2010년에 매출 270조 원, 순익 30조 원을 각각 목표로 하고 있다. 2005년 실적에 비해 매출과 순익 모두 거의 두 배 수준이다. 또한 현재 20개 안팎인 월드 베스트 제품을 50

개 정도로 늘리고, 브랜드 가치는 2005년 말 대비 5배에 가까운 700억 달러로 끌어올린다는 계획이다. 임직원은 기업의 글로벌화 추세를 반영, 해외인력을 중심으로 크게 증가하면서 총 28만 명 수준에 이를 것으로 예상하고 있다. 그룹이 순조로운 성장을 거듭한다는 낙관적인 전망이 깔려 있는 셈이다.

하지만 삼성이 계획처럼 앞으로도 상승가도를 줄달음할 수 있을지는 장담하기 어렵다. 대내외 경영환경이 결코 우호적이라고만 보기는 힘들기 때문이다. 국제 IT 전자업계에서는 삼성의 급부상을 견제하려는 움직임이 갈수록 노골화되고 있고, 국내적으로도 반(反)삼성 기류가 만만치 않게 형성돼 있는 것이 현실이다. 삼성이 장밋빛 비전을 실현시키기 위해서는 극복해야 할 과제도 그만큼 많다는 뜻에 다름 아니다.

도전에 맞설 투자와 신수종 사업 발굴이 관건

특히 내로라하는 유명 기업들과 치열한 경쟁을 벌여야 하는 국제 경영환경은 결코 녹록치 않다. 미국, 일본, 유럽 지역의 경쟁업체들은 삼성을 따라잡기 위해 안간힘을 다하고 있는 상황이다. 오랫동안 이들을 뒤쫓는 입장이던 삼성이 이제는 쫓기는 입장으로 바뀌었다는 이야기다. 반도체 분야의 경우 일본 업체들의 공세가 가장 두드러진다. 히타치, 도시바, NEC, 마쓰시타전기 등의 반도체 메이커들은 공동으로 약 2조 원을 투자해 차세대 반도체 공장을 짓기로 2005년 말 합의했다. 업계가 힘을 합쳐서라도 삼성의 독주를 더 이상 방관하지 않겠다는 의지를 드러낸 셈이다. 개별 기업 차원에서도 적극적인 투자에 나서고 있음은 물론이다. 도시바의 경우 4조 원 이상을 투자해 오는 2008년부터는 낸드 플래시 메모리 반도체 생산량을 3배 수준 이상으로 대폭 확대할 계획이다. 이 부문에서 세계시장의 4분의 1 가량을 차지하는 점유율을 끌어올려, 절반 이상을 장악한 채 시장을 좌지우지하는 삼성과 본격적인 선두다툼을 벌여 보겠다는 의욕이다. 게다가 일본 정부 역시 반도체 왕국의 부활을 목표로 이 같은 업계의 노력을 적극 지원하고 있어, 일본의 도전은 결코 간단히 생각할 일이 아니다. 미국 업계 역시 삼성을 의식하고 있기는 마찬가지다. 비메모리 반도체 부문에서의 절대 강세를 배경으로 세계 반도체업계 1위로 군림하고 있는 인텔도 왕좌를 지키기 위해 마이크론 등 다른 업체들과의 협력을 강화하고 있는 추세다. 한마디로 삼성 반도체는 온통 적들에 둘러싸여 있다고 해도 과언이 아닌 셈이다.

휴대폰 부문의 경우도 사정은 크게 다르지 않다. 삼성 휴대폰 애니콜이 이제는 세계적 브랜드로 자리 잡았고, 노키아의 본고장인 유럽에서도 프랑스를 비롯한 일부 지역에서는 강세를 나타내고 있으나 아직도 세계 1위와는 상당히 거리가 벌어져 있는 형편이다. 최근 들어선 선두업체 노키아와의 격차 줄이기가 제자리걸음 또는 뒷걸음질 하는 양상마저 나타나고 있다. 2005년 4 · 4분기의 경우 노키아는 35%에 달하는 세계시장 점유율을 기록해 전년보다 2% 포인트를 늘리면서 2위 업체 모토로라와 3위 삼성과의 격차를 더 확대시켰다. 삼성이 본격적인 선두 다툼에 나서기 위해선 얼마나 더 많은 노력이 뒤따라야 하는지 선명히 보여주는 현상이 아닐 수 없다.

TFT-LCD와 PDP 등 디스플레이 부문에서도 대만과 일본의 추격이 매섭다. 특히 대만은 AU옵트로닉스(AUO)와 치메이옵토일렉트로닉스

(CMO)를 중심으로 2005년 4분기에 10인치 이상 대형 LCD 패널 생산량에서 한국을 따라잡는 등 턱밑까지 추격하고 있다. 아직은 삼성전자와 LG 필립스LCD 등 한국 업체가 시장을 리드하고 있지만 앞으로는 연간 생산량에서도 한국과 선두를 다툴 가능성이 적지 않다. 일본 업체들 역시 디스플레이 강국의 권토중래를 꿈꾸며 추격의 고삐를 바짝 당기고 있다. 이를 단적으로 보여주는 것이 마쓰시타가 2005년 4 · 4분기에 PDP패널 출하량에서 28%의 시장점유율을 기록하며 세계 1위로 올라선 사실이다. 연간 누계로는 아직 삼성SDI가 정상을 고수하고 있지만 시장 판도의 변화 가능성을 시사하는 것임은 부인하기 어렵다. 일본 LCD업계를 이끄는 샤프가 8세대 LCD 라인을 삼성전자 등 한국 업체보다 앞서 가동하겠다는 계획을 밝히는 등 LCD 부문에서도 시장공략을 더욱 적극화하고 있는 양상이다.

물론 삼성도 이 같은 세계 각국 업체들의 도전에 능동적으로 대응하는 모습을 보이고는 있다. 반도체는 물론 휴대폰, 디스플레이 등 각 사업 부문의 생산능력을 대폭 확충하는 한편 차세대 제품 개발에도 지속적인 노력을 기울이고 있다. 때로는 세계 1위 자리를 지키기 위해, 또 때로는 세계 1위 자리를 차지하기 위해. 나노 공정 반도체를 잇달아 내놓고 있는 것이나 충남 탕정의 LCD 생산시설을 늘리고 있는 것, 천안 공장의 PDP 라인을 증설하는 것 등이 바로 그런 노력들이다. 하지만 삼성이 앞으로도 세계를 리드하는 경쟁력을 유지할 수 있을지 여부는 결국 기술혁신과 이를 뒷받침할 과감한 투자가 계속될 수 있느냐에 달려 있다고 볼 수밖에 없다. 또한 그룹의 미래를 밝혀줄 신수종 사업을 얼마나 발굴해낼 수 있느냐 하는 점도 중요한 관건이 될 것이 틀림없다.

원활한 경영권 승계, 반삼성 정서 극복이 최대 과제

국내적으로는 경영권 승계 작업을 원활히 진행하는 한편 반(反)삼성 기류를 극복하는 것이 가장 중요한 현안일 것이다. 삼성은 이건희 회장 체제에서 장남인 이재용 삼성전자 상무에게로 경영권을 서서히 이동시키는 과정에 있다. 이재용 상무가 CB(전환사채) 인수 등을 통해 그룹 지배구조에서 핵심 역할을 하는 에버랜드의 최대주주가 된 것도 그런 작업의 일환임은 두 말할 필요가 없다. 하지만 일부 시민단체 등이 이 같은 경영권 승계 과정에서 '편법'이 있었다고 주장하며 거세게 몰아붙여 삼성 측을 곤혹스럽게 하고 있다. 이 때문에 삼성 경영진과 계열사들은 시민단체들과 장기간에 걸친 법적 공방까지 벌이고 있는 처지다. 삼성 측은 법의 테두리 내에서 한 일일 뿐이라고 이야기하지만 유달리 반기업 정서가 강한 우리나라의 사회 분위기 속에선 그대로 받아들여지지 않고 있는 셈이다. 시민단체들은 또한 삼성의 주주총회에 참여해 경영 관련 문제를 따지는 등의 방법도 동원하고 있다. 특히 지난 1998년 삼성전자 주주총회에서는 삼성자동차 지원 문제 등을 둘러싸고 벌어진 회사 측과 참여연대 측의 치열한 설전으로 인해 주주총회 시간이 무려 13시간을 넘기는 진기록을 세우기도 했다.

삼성에 대해 견제의 손길을 뻗치는 곳은 단지 시민단체만이 아니다. 정치권에서도 심심찮게 제동을 걸고 있다. 최근 여당인 열린우리당과 야당인 한나라당이 팽팽한 힘겨루기를 전개한 금산법(금융 산업의 구조개선에 관한 법률) 개정 공방이 그 좋은 예로, 이 문제도 따지고 보면 삼성과 관련된 사안이다. 대기업그룹의 금융기관은 계열회사 주식을 사실상 5%

이상 소유하지 못하게 하고 초과분에 대해서는 의결권 제한과 강제처분 등의 조치를 내리도록 한 금산법 개정안이 시행되면 그 영향을 받는 금융회사는 삼성생명과 삼성카드뿐이다. 삼성생명은 삼성전자 주식 2.2%를, 삼성카드는 에버랜드 주식 20.64%를 각각 초과 보유하고 있지만 다른 대기업그룹의 경우는 초과 보유한 금융회사가 전혀 없는 까닭이다. 삼성으로선 특히 이 개정안이 시행되면 그룹의 전체적 지배구조에도 상당한 영향을 받을 수밖에 없는 만큼 대응책 마련에 부심하고 있는 실정이다. 기업지배구조에 과연 정답이 있느냐, 산업자본의 금융 지배를 막는 금·산분리정책이 과연 합리적인 것이냐 등에 대해선 사실 많은 논란이 있을 수 있다. 하지만 어느 쪽이 옳은가 하는 문제와는 상관없이 기업들이 바라는 바와는 상당한 거리가 있는 것이 우리가 처해 있는 현실일 것이다.

삼성은 이 같은 반삼성 분위기를 극복하고 사랑받는 국민기업으로 뿌리내리기 위해 많은 노력을 기울이고 있는 것이 사실이다. 구조조정본부를 폐지키로 한 결정이 그런 노력의 좋은 예다. 구조조정본부가 재벌 총수의 황제경영을 뒷받침하고 그룹의 경영 투명성을 저해한다는 비판을 받고 있는 점을 감안해 과감하게 조직을 축소 개편한 것이다. 우선 구조조정본부의 명칭을 전략기획실로 바꾸고 1실 5팀 체제로 되어 있던 조직구조도 전략지원팀, 인사지원팀, 기획홍보팀 등 3팀 체제로 변경했다. 소속 인력도 3분의 1을 줄이고 기능도 축소했다. 계열사들에 공포감까지 심어줬던 비리 감사 기능도 없앴다. 이에 따라 계열사들의 독립경영 체제가 크게 강화되고, 전략기획실은 경영활동을 지원하는 역할을 주로 수행할 전망이다. 물론 구조조정본부가 완전 폐지된 것이 아니라 이름이 바뀌고 조직이 축소된 수준이긴 하지만 그룹 성장 과정에서 핵심적 역할을 한 것이 바로 구조조정본부라는 점을 생각하면 큰 변화임이 분명하다.

사회공헌활동과 협력업체들에 대한 지원을 강화하고 있는 것도 이런 노력과 맥락을 같이 하는 것임은 두말할 필요가 없다. 삼성은 2006년 2월 8,000억 원을 조건 없이 사회에 헌납키로 한 데 이어 각 계열사별로 구성된 사회봉사 팀의 활동을 한층 늘려나가고 있다. 개별 기업 차원에서는 처음으로 그룹 소속 변호사 100명으로 법률봉사단을 구성해 영세민과 장애인 등 사회 소외계층을 위한 무료법률상담과 변론에도 착수했다. 아울러 대외의 쓴소리를 듣기 위해 사회 각계 인사들이 포함된 '삼성을 지켜보는 모임' 을 만들어 조언과 자문을 구하고 비판적인 여론을 수용해 나가기로 한 것도 눈길을 끄는 대목이다. 협력업체 임직원들에 대한 품질교육을 강화하고 기술지원을 확대하고 있는 것 역시 중소기업과의 상생(相生) 경영을 추구하는 것이라는 점에서 사회공헌활동의 연장선상에 있다고 볼 수 있을 것이다. 반삼성 정서를 헤쳐 나가기 위해 얼마나 신경을 쓰고 있는지 뚜렷이 드러나는 셈이다. 이 같은 노력들이 반기업 정서가 넘쳐나는 우리나라에서 과연 얼마나 성과를 거둘 수 있을지는 아직 불투명하지만 삼성이 진정한 국민기업으로 확고하게 뿌리내리는 디딤돌이 될 수 있을 것인지 주목된다.

2

이병철의 경영철학

아지마 긴지(矢島鈞次)

1. 사업가로의 결단
2. 삼성물산공사
3. 제일제당
4. 제일모직
5. 사람이 기업을 만든다
6. 한국비료
7. 삼성생명 · 신세계백화점 · 호텔신라
8. 중앙일보 · 에버랜드
9. 한국문화의 르네상스를 지향하며
10. 새로운 발전을 위해
11. 이병철의 기업가 정신

1 사업가로의 결단

사람을 채용할 때
의심스런 사람은 채용하지 말라
이미 채용했다면 의심하지 말라
일단 사람을 받아들였다면 모든 것을 맡겨라

쌀 300섬을 자본으로

사업을 시작하려고 결심한 이병철에게 아버지 이찬우(李纘雨)는 쌀 300섬을 제공해 주었다. 그 날 밤 한숨도 못 자고 날을 샌 이병철이 아버지 이찬우에게 자신의 결심을 세밀하게 밝혔을 때다.

"그렇지 않아도 네 몫으로 연수(年收) 300섬 정도의 재산을 나누어줄 생각이었다. 그러니까 그 자금으로 네 생각을 실천해 보도록 해라."

훗날 이병철 자신도 자녀들을 교육시키면서 자주 느낀 점이지만 자식에 대한 부모의 기대는 누구나 끝이 없는 것인 데도 이병철의 아버지는 학교 하나 만족스럽게 마치지 못하고, 더구나 부모의 눈에는 무위도식으로 시간만 보내는 자식으로 비쳤을 이병철에게 불평 한마디 하지 않았을 뿐 아니라 자비로운 눈길로 새로운 앞날을 축하해 주었다.

아버지가 제공해 준 300섬은 당시의 시세로 약 5만 원. 1935, 6년경의 5만 원은 상당한 재산이다. '하지만 사업을 하기에는 부족해.' 이병철은 그렇게 생각했다.

"이렇게 적은 자금으로는 대도시로 나가 사업을 할 수 없어. 어떻게 해야 좋을까?"

이병철은 적당한 사업을 물색함과 동시에 사업을 전개할 근거지를 찾았다. 당시에는 서울, 부산, 평양 등이 사업의 중심지였지만 그곳들은 모두 대도시였고, 그의 자본으로는 경쟁을 할 수 없다고 판단해 고향과 가까운 마산을 선택하기로 했다.

농가 출신인 이병철이 마산에 안착한 것은 당연하다고 말할 수 있다. 경남 일대에서 생산되는 쌀은 모두 마산으로 집결되는데, 이곳에서 일본으로 반출되는 양이 꽤 많았다.

이병철은 사업에 착수하기 전에 먼저 마산으로 건너가 여러 가지 사정을 조사했다. 현재의 이른바 시장조사다. 그는 어떤 사업을 일으키는 경우에도 미리 철저한 조사를 하고 의문의 여지가 한 점도 없다는 확신이 선 뒤에야 비로소 착수하는 방식을 취했다. 이것은 마산에서 첫 사업을 일으켰을 때부터 지금까지 변함이 없다.

마산으로 가서 조사해 본 결과, 이상하게도 정미사업이 뒤떨어져 있다는 사실을 알게 되었다. 그래서 마산 전 지역을 돌아다니면서 이 잡듯이 정미사업에 관하여 조사해 보았더니 제대로 된 설비를 비롯하여 어느 정도 규모를 갖추고 있는 정미소는 하나 밖에 없었다. 그것도 일본인이 경영하는 것이었다. 나머지는 대부분 영세기업으로 도정(搗精)을 하지 않은 채 순서를 기다리는 볏가마니가 정미소 마당에 산더미처럼 쌓여 있었다.

"그래. 이거야!"

이병철은 즉시 그렇게 확신했다. 확신을 하면 그의 행동은 신기에 가까울 정도로 빠르다. 그것이 이병철의 장점이다. 가장 먼저 착수한 일은 부족한 사업자금을 충당하기 위해 동지를 모으는 것이었다.

두 명의 친구가 참가했다. 집안과 대대로 가깝게 지내고 있는 합천의 정현용(鄭鉉庸), 진주의 김정수(金正壽)가 각각 1만 원씩 출자하여 마산협동정미소를 설립한다는 계획을 세웠다. 그러나 세 사람이 투자한 자본금 3만 원만으로는 사업을 펼칠 수 없다. 이병철의 계획은 '소꼬리보다는 오히려 닭의 머리'가 되어야 한다는 것이었고, 그 결심에 근거하여 마산에서 최신예 기계를 갖춘 대규모 정미소를 만들려 한 것이다. 따라서 부족한 자금은 은행에서 융자를 받아야 했다. 생각 끝에, 식산은행(殖産銀行) 마산지점장인 히라다(平田)를 찾아가기로 했다. 사업계획이 확실한 이상 융자를 받는 것은 어려운 일이 아니라고 낙관했다. 그러나 일본인 지점장은 잇따라 어려운 문제를 제시했다. 최근의 곡물가격 변동과 그 원인, 일본 곡물시장의 동태 등 일개 정미업자는 몰라도 되는 수준 높은 질문공세를 편 것이다.

당시 대구, 부산, 평양 등의 모든 도시의 큼직한 상권은 서울과 마찬가지로 대부분 일본인이 차지하고 있었다. 마산의 경우는 어떤가. 마산에서 집하되는 곡물은 1년에 약 100만 섬이 일본으로 반출되고, 대체곡물로 만주의 콩, 수수 등이 들어오고 있었다.

여기에서 당시의 농업사정을 돌이켜 보자.

일본은 토지의 사유재산제도가 확립되어 있지 않았던 한국에 대해 1912년의 토지조사령 발표와 그 이후 8년 동안에 걸친 토지조사사업을 실시했다. 토지조사사업은 토지소유권 조사, 토지가격 조사, 지형 조사 등 세 가지 목적을 가지고 이루어졌는데, 이 조사 결과 일본인의 토지소유 및 집중현상이 급격하게 증가했다. 한국 농업은 더욱 쇠퇴하여 토지를 잃고 농민이 농촌을 떠나는 현상이 현저해져 경제적으로는 일본의 식량기지로서의 종속적 성격이 강화되었다. 즉, 1918년 일본의 쌀 소동 이후 일본에 필요한 쌀을 한국에서 재배한다는 산미증식정책(産米增殖政策)이 취해졌고, 1920년부터 15년을 1기로 삼아 이 정책이 실시된 결과, 한국 농업은 쌀을 중심으로 하는 단일품목 농작 형태로 이행되면서 쌀 생산이 증가했다. 그러나 생산이 증가하는 것 이상으로 일본으로 반출되는 양도 증가하여 한국 내부에서의 쌀 소비량은 엄청나게 줄어들었다. 부족한 식량은 만주에서 수입하는 좁쌀을 비롯한 잡곡으로 보충해야 했다. 즉, 한국인은 좁쌀을 먹으면서 일본인에게 쌀을 제공하는 일종의 기아수출(飢餓輸出) 현상이 나타났다.

그러나 26세의 이병철은 아직 그런 민족의 슬픈 역사적 현실을 깊이 추구할 정도로 성장하지는 않은 상황이었다.

이병철은 시험대에 올려졌다는 생각으로 성의를 다하여 자신이 알고 있는 모든 지식과 의견을 솔직하게 밝혔다. 이 대답에 일본인 지점장은 만족스런 표정을 지으며 다음과 같이 약속해 주었다.

"당신 말은 대체적으로 틀리지 않다고 생각합니다. 하지만 좀 더 검토한 뒤에 융자기준에 맞는다면 대출을 해드리지요."

융자 가능성이 생기면서 사업도 시작할 수 있게 된 1935년 봄, 이병철 일행은 마산 북쪽에 드넓은 부지를 구입하고 일본으로부터 주문한 최신식 기계설비가 도착하기를 기다리면서 정식으로 '협동정미소'라는 간판을 내걸었다. 상호는 서로 돕고 단결하여 사업을 성공으로 이끌자는 의미가 깃들어 있었다. 그 결심대로, 그 이후에 우여곡절은 있었지만 우정을 중시하는 동업 경영을 유지할 수 있었다. 의견이 맞지 않아 격론을 벌인 적도 있지만 마음을 터놓은 상태에서 토론을 하고 이해와 양보도 하면서, 어떤 경우에는 자신이 손해를 부담하면서도 결코 사업을 포기하지는 않았다.

결손 1만5천 원

의기투합하여 시작한 정미사업이라고 해도 단순히 정미를 통하여 돈을 버는 일은 아니었다. 현미를 구입하여 정미해서 판매하는 쌀 도매상으로서의 일이 주요 업무였다. 따라서 쌀 시세에 의해 사업이 좌우되는 정도가 극단적으로 높다. 시세를 잘못 맞추면 사업은 한순간에 나락으로 떨어진다. 그것이 마산에서 대규모 정미소가 발을 붙이지 못한 원인이기도 했다.

당시의 곡물가격 변동 추이를 살펴보자. 1926년, 한 섬에 33원67전이었던 쌀값은 하락을 거듭하여 1933년에는 20원56전으로 폭락했다. 물론, 세계적인 불황의 여파 때문이기도 했지만 지수로 보아 1926년을 100으로 치면 61에 지나지 않는 폭락이다.

한국의 미곡거래소는 마산에서 멀리 떨어져 있는 인천에 있었다. 게다가 시세는 시시각각으로 급락을 되풀이하여 초보자가 곡물 거래에 손을 댔다가는 큰 손해를 보게 될 정도로 격심한 변동을 보였다. 예상대로, 이병철 일행이 운영하는 협동정미소도 시세를 잘못 읽은 것이 원인이 되어 불과 1년 동안에 자본금의 절반을 잃어버렸다. 약 1만5천 원의 결손이다.

자본금의 2분의 1에 해당하는 결손을 보게 된 원인은 분명했다. 이병철 일행이 시작한 미곡 판매 업무는 당연히 모두 현물거래로 도정이 주요업무였는데, 다른 사람의 미곡을 인수하여 그 수수료를 버는 것만으로는 사업을 확대하기가 어렵다는 이유에서 현물 없이 미곡 시세를 이용하여 거래하는 일종의 투기, 미두(米豆)에 손을 댔기 때문이다.

사업을 시작하기 전까지 이병철 일행은 머지않아 큰 부자가 될 것이라는 안일한 생각에 젖어 성공을 믿었지만 막상 사업을 시작해보자 그것은 결코 쉬운 일이 아니었다. 생각하지 못한 곳에 뜻밖의 함정이 도사리고 있었던 것이다. 충분한 각오는 하고 있었지만 그 가혹한 생존경쟁은 상상을 초월하는 것이었다. 실제로 비정한 국면에 봉착하게 되자 놀라움과 실망 때문에 사업을 시작한 것 자체를 후회하기까지 했다. 한시라도 빨리 사업을 궤도에 올려놓고 싶다는 초조감도 작용했다. 전혀 경험이 없는 미두에 손을 댄 것도 혈기왕성한 청년의 그런 열정 때문이었다고 여겨진다.

이병철은 이 실패에서 한 가지 교훈을 얻었다.

"일반 미곡상들 사이에서는 시세를 따라 오르는 기미가 보일 때에는 쌀 매입에 몰두하고 하락할 기미가 보여 폭락이 예상되면 팔아치우는 것이 정석으로 여겨지고 있었다. 우리도 그런 상투적인 상법을 따랐기 때문에 결국에는 막대한 손실을 보고 말았다."

싼 가격에 매입하고 비싼 가격에 판다. 이것이 미두 거래의 철칙이다. 그러나 시세가 떨어지기 시작하면 더 내려갈지도 모른다는 생각에 팔고 싶어지는 심리가 작용한다. 가격이 내려가니까 오히려 적극적으로 매입해야 한다는 생각은 하지 못하게 되는 것이다. 그래서 낮은 가격에 팔아치우게 된다.

반대로, 오를 때에는 어떤가. 오르는 시세이니까 지금 매입해야 돈을 벌 수 있다는 심리가 작용하여 매입에 적극적으로 나선다. 시세가 오르니까 가지고 있는 쌀을 팔아서 이익을 챙기면 된다는 생각은 하지 못한다. 계속 보유하고 있으면 더 오를 것이고, 그 때 팔면 더 많은 이익을 거둘 수 있다는 기대를 가지게 된다. 시세가 조금 내려가도 다시 오를 것이라고 생각하여 역시 팔아버릴 기회를 잃는다. 이른바 많은 이익을 기대하다가 결국은 손해로 끝나버린다. 여기에는 초보자뿐 아니라 경험자들도 빠지기 쉬운 심리적인 함정이 존재한다.

시세가 올랐다가 내려갈 기미가 보일 때 팔고, 시세가 떨어졌다가 올라갈 기미가 보일 때 매입한다. 이것이 이상적인 거래 방식이지만 그 순간을 포착하기는 쉬운 일이 아니다. 내려가기 시작해도 그것이 시세 하락의 시작이라고는 생각하지 못하고 다시 한 번 오름세가 찾아올 것이라고 생각해 팔아버릴 타이밍을 잃는다. 마찬가지로 완전히 떨어져서 오르기 시작해도 다시 떨어지지 않을까 하는 불안 때문에 매입을 주저한다. 바로 이런 점에 시세 거래의 재미와 무서움이 동시에 존재한다.

이병철은 1년 동안의 실패를 통하여 일찌감치 시세 거래에 관한 상식과 시세의 함정에 대하여 깨달았다.

1년 동안의 결산을 끝내고 막대한 결손을 앞둔 상태에서 사업을 해산해야 한다는 이야기가 나왔다. 공동출자자 중의 한 명인 김정수가 사업에 흥미를 잃고 사업에서 물러나겠다고 선언한 것이다.

"어떤 일이든 일은 사람이 하지만 성공과 실패는 하늘에 맡기는 것입니다. 나는 뜻이 맞는 두 분과 함께 1년 동안 동업을 했다는 점에 만족합니다. 어느 정도 손해는 보았지만 깨끗하게 잊어버립시다."

그의 말에도 일리는 있었지만 이병철의 생각은 달랐다. 일단 배를 띄웠는데 약간의 풍랑을 만났다고 겁을 먹고 배를 되돌릴 수는 없는 일이었다. 또 한 사람, 정현용은 사업을 계속하자는 데에 동의해 주었다.

그래서 이병철은 이렇게 제안했다. 남은 두 사람이 사업을 그대로 지속하고 1년 후에 이익이 발생하면 자본금은 돌려준다. 만약 다시 결손이 발생한다고 해도 원금은 책임지고 돌려준다는 신사협정을 체결하고 사업 2년째로 돌입했다.

이병철, 정현용 두 사람은 새로운 각오로 사업을 재개했다. 지금까지 잘못되었던 점을 개혁하고 경영합리화를 도모했다. 세 명이 동업했을 때에는 모든 일을 협의하고 결정하는 것을 원칙으로 삼았기 때문에 논의가 길어져 기회를 놓친 경우도 있었다. 그래서 재출발을 할 때에는 이병철이 주도권을 쥐고 신속하게 판단을 내려 실행하는 방법을 취했다.

미두거래에서는 전년과는 반대로 오르는 시세에서 팔고 내리는 시세일 때에는 매입에 나서 기회를 포착하는 과감성을 발휘한 결과, 예상 이상의 수익을 올릴 수 있었다. 또, 정미소 쪽도 운영질서 재건을 도모했다. 정미소에서는 200여 명이 작업에 종사했는데 대부분 질서가 없어 매우 혼잡스러웠다. 바로 전에 계량을 하고 있던 사람이 다음 순간에는 포장, 동시에 요금 계산을 한다는, 언뜻 보면 매우 바빠서 사업이 번성하고 있는 것처럼 보이지만 사실은 업무가 분담되어 있지 않고 체계가 잡혀 있지 않아 무질서한 운영이 이루어지고 있었다.

이병철은 그런 상황을 직시하고 이대로는 생산성이 증가하지 않는다고 판단, 업무의 진행과정에 맞추어 임무를 분담해 주었다. 현미에서 정미로의 과정에서 보관, 반입, 탱크로의 이동, 기계운전, 정미작업, 쌀겨 제거,

계량, 포장, 장부 기입, 출납에서 잡일에 이르기까지 각각 분담을 정하고 업무 분량에 맞추어 인원을 배치했다.

첫 사업에 실패하여 체면도 서지 않는 데에다 이번에는 모든 일을 자신의 책임으로 실행해야 한다는 책임감까지 짊어지고 혼신의 힘을 다한 결과, 사업은 마침내 본격적인 궤도에 오를 수 있었다. 1년 후 결산 결과는 흑자, 더구나 전년도의 결손을 보충하고도 남을 정도의 이익을 올릴 수 있었다. 2만 원의 이익을 올린 것이다.

이병철과 정현용은 1년 전 김정수와의 약속을 멋지게 지켜낼 수 있었다. 그 후, 정미소 경영은 일단 궤도에 오르자 이병철이 특별히 신경을 쓰지 않아도 순조롭게 돌아가게 되었다.

은행으로부터의 융자 중단

2년 후, 협동정미소의 경영에 성공한 이병철은 운수사업을 구상하기 시작했다. 정미소를 경영하면서 뼈저리게 깨달은 점은 수송 면에서의 장애였다.

당시, 마산에는 경남 일대에서 생산되는 쌀 대부분이 집결했다. 주식인 쌀의 집산지라는 사실은 생활과 관련이 있는 물자가 진해만 북쪽에 위치한 마산에 집결한다는 의미다. 사실, 마산에는 쌀을 비롯한 많은 물자들이 집결되어 있었다. 그러나 이런 물자의 양에 비하여 수송능력이 크게 부족했다. 화물자동차를 빌리는 것조차 어려운 실정이었고, 운임도 매우 비싼 편이었다.

이병철의 날카로운 눈은 이런 수송상태를 간과하지 않았다. 이 사실에 착안한 두 사람은 즉시 운송회사 설립 계획을 세웠다. 우선, 일본인이 경영하고 있던 '히노데자동차회사(日出自動車會社)'의 매입 교섭을 시작했다. 이 자동차회사를 팔기 위해 내놓았다는 정보를 일찌감치 입수했기 때문이다. 교섭 결과 이 회사를 매수하게 되었고, 경영을 맡았다. 운영해보니, 이 회사가 소유하고 있던 약 10대의 중고차로는 수송 수요를 충당할 수 없다는 사실을 알았다. 그래서 새로 10대를 주문하고, 다시 10대를 추가 주문하여 합계 30대의 화물자동차가 회사 마당에 배치되어 장관을 연출했다.

정미소와 운수회사의 사업경영은 그야말로 순풍에 돛단 배처럼 순조로웠고, 이병철은 강한 자신감을 느꼈다. 사실, 경영은 순조롭게 번성을 누렸다. 그래서 대부분의 일을 지배인 진영주(陳永洲)에게 위임해도 사업을 경영하는 데에는 큰 지장이 없었다. 중요한 사항은 이병철이 결정하고, 거래처와의 교섭, 신규사업 구상 등 사업상 필요가 있을 때에만 신경을 썼을 뿐 나머지 문제는 모두 지배인에게 맡겼다. 그러자 시간과 금전의 여유가 생겼고, 요정 출입이 잦아졌다. 때로는 마산의 기생 6, 70명 모두를 요정에 모아놓고 유흥을 즐긴 적도 있다. 물론, 사업과 관련된 교섭 때문에 어쩔 수 없는 경우도 있었지만 이것 역시 구실에 지나지 않았다. 그는 거의 매일 밤 술자리를 가졌다. 그러나 이병철의 이런 유흥은 그야말로 유흥으로, 단순히 술상을 앞에 두고 즐거운 사람들과 함께 지내는 것 자체를 즐기는 것이었다.

당시, 한 지방의 소도시에 지나지 않았던 마산에는 요정이라고 해도 '천해관(天海館)'을 비롯한 서너 개의 한국요정과 '보게쓰(望月)'를 비롯한 6, 7개의 일본요정이 있었을 뿐이다. 사업을 순조롭게 이끌고 있는 이병철의 입장에서는 이런 유흥도 필요했기 때문에 당시 마산에 있던 한국인, 일본인 기생 전부를 한 자리에 불러놓고 거래처 사람들을 초대하는 일이 자주 있었다.

그러던 어느 날, 그 날도 마산의 기생들을 전부 부르도록 예약을 해둔 상태였다. 그런데 공교롭게도 그 날은 경상남도 경찰부장을 위해 현지 경찰서장의 주선으로 주연을 마련해야 할 상황이 발생했고, 그 접대를 위해 기생이 필요했다. 하지만 마산의 기생들은 이병철이 모두 예약해 두었기 때문에 다른 자리에는 참석할 수 없었다. 그러자 현지 경찰서장은 사람을 개입시켜 그 중에서 대여섯 명만이라도 보내달라는 부탁을 해왔다. 그러나 부탁하는 태도가 너무나 고자세여서 이병철은 일언지하에 그 요청을 거절했다.

"나는 상대가 누구이든 한 번 약속을 한 이상은 반드시 지키는 것을 생활신조로 삼고 있습니다. 나의 이런 생활신조를 모르는 사람은 없습니다. 또, 이곳 마산에서 나를 모르는 사람도 없지요. 상대가 설사 기생이라고 해도 이것은 변하지 않습니다. 만약 내가 오늘 저녁의 약속을 취소하게 된다면 나는 불성실한 사람이 되고, 또 기생들도 유감스럽게 생각하게 될 테니까 그렇게 할 수는 없습니다."

그 날 저녁에는 아무 일 없이 지나갔지만 이 사건 이후, 현지 경찰들 사이에서 소문이 나쁘게 퍼지면서 경찰서장은 이병철이 매입한 '히노데자동차회사' 의 명의변경 신청을 했을 때 쉽게 허가를 내주지 않았다.

어쨌든, 당시의 이병철은 사업이 순조롭게 진행되어 어느 정도 들떠 있는 듯한 모습을 보이기도 했지만 그렇다고 사업을 돌보지 않고 유흥에만 탐닉해 있었던 것은 아니다. 사업은 사업이고, 유흥은 유흥이었다.

이병철이 다음으로 착수한 사업은 부동산업이었다. 정미업, 운수업에서 부동산업으로 그의 사업 구상은 그칠 줄 몰랐다.

당시, 땅값은 비싼 쌀값과 비교하면 터무니없을 정도로 낮아서 쌀값과 땅값이 균형을 잃고 있었다. 무논 가격은 한 마지기(700㎡)에 50원. 한 말에 2원50전 하는 쌀이 한 마지기에서 13말이 나온다. 즉, 한 마지기에서 평균 32원50전의 수입이 나오는데, 이 한 마지기의 무논 가격이 50원이라면 너무나 싼 가격이다. 그 이유는 불경기였기 때문이다.

그 당시의 관례에 따라 절반의 소작료를 준다면 지주의 수입은 16원25전이 되어 7%의 은행이자 3원50전과 토지세 1원, 관리비 1원, 도합 5원50전을 제외해도 한 마지기당 10원75전의 순이익이 나온다. 바꾸어 말하면, 은행으로부터 융자를 내서 무논을 매입하면 5년 후에는 원리금을 완전히 상환할 수 있다는 의미다.

"이것은 농민의 희생 아래에서 얻을 수 있는 이익이었지만 사업 확장에만 열중해 있던 당시의 내 입장에서는 거기까지 생각이 미치지 못했다."

이병철은 나중에 이렇게 반성하지만 당시에는 이 계산에 근거하여 토지를 매입하기 시작했다. 사업의 손익에만 매달려 있던 그는 치밀한 수지계산서를 들고 우선 식산은행 마산지점장 히라다를 찾아가 융자를 신청했다.

"저도 땅값이 매우 낮다는 사실은 일찌감치 알고 있었지만 설마 이런 계산이 나오리라고는 상상도 하지 못했습니다. 당신이 조사해서 작성한 수지계산서이니까 틀림없을 것이라고 생각하지만 은행 쪽에서도 조사해서 그것이 사실이라면 자금을 융자해드리겠습니다."

지점장은 놀란 표정을 감추지 않고 그렇게 약속했다. 식산은행과는 3

년 동안의 거래실적이 있기 때문에 이번 융자도 큰 무리 없이 진행될 것이라고 믿기는 했지만 지점장이 최대의 찬사와 확답을 해주자 이병철은 기분이 매우 들떴다. 며칠 후, 지점장으로부터 연락이 왔는데 감정가격의 80% 정도까지 융자가 가능하다는 의견이었다.

경남부동산을 설립한 이병철은 드넓은 김해평야의 전답 중에서 경작이 가능한 토지를 한 평도 남기지 않고 닥치는 대로 매입하기로 작정했다. 가장 먼저 김해군 가락면 일대의 40만 평을 일본인 아마노(天野)로부터 평당 25전(당시 한 평의 시세는 25전 전후)으로 매입하기로 하고, 현지를 답사한 뒤에 계약금 1만 원을 지불했다.

일본인 소유의 이 무논은 연수 약 2천 섬 정도로, 즉시 은행에 잔금을 융자해달라는 요청을 했다. 열흘 정도 경과한 뒤에 은행에서 연락이 왔고, 다시 방문한 이병철은 이런 보고를 들을 수 있었다.

"이미 잔금은 전액 지불했습니다. 그리고 나머지 2만 원은 당신 구좌에 입금했습니다."

뜻밖의 보고였다. 그 내역은 이런 것이었다. 이병철이 구입한 무논은 평당 25전으로, 40만 평이니까 총액이 10만 원이다. 이미 1만 원을 지불했기 때문에 잔액 9만 원을 은행으로부터 빌릴 생각이었다. 여기에 대하여 은행의 감정가격은 27전5리였기 때문에 합계 11만 원을 대출해준다는 평가가 나왔고, 지불해야 할 토지대금 10만 원 전액을 융자금으로 지불한다고 해도 1만 원이 현금으로 남았던 것이다. 이병철도 놀라지 않을 수 없었다.

이 일이 있은 이후부터 이병철은 적당한 물건이 나타나면 즉시 매매계약을 체결하고 싶다는 뜻을 식산은행에 통지함과 동시에 융자를 신청했다. 은행은 감정과 융자를 사무적으로 진행시켜 토지대금 지불까지 대행하기 시작하더니 명의변경, 담보권설정 등 모든 수속을 대행해 주었다.

이병철은 이런 방법으로 잇따라 토지를 매입했는데 식산은행의 자금이 마치 자신의 사유재산인 듯 착각할 정도였다. 그래서 은행에 자금이 고갈되지 않는 한 무제한으로 토지를 매입할 수 있다고 믿었다. 그 결과, 1937년 가을까지의 1년 남짓한 기간에 1만 섬의 수확이 가능한 토지의 대지주가 되어 있었다.

"산하(山河)로 경계를 이룬다." 이런 말이 있듯 연수 1만 섬, 200만 평의 전답은 엄청나게 넓은 면적으로 이 산기슭에서 저 강 끝까지 눈이 닿는 한 모든 토지가 자신의 소유라고 해도 결코 과장이 아닐 정도로 이병철은 자신감의 절정을 맛보고 있었다. 가을이 되어 1년의 수확이 끝나자 자금사정도 호전되었고, 오히려 매입할 땅이 없어 문제가 될 정도였다. 그 즈음 김해, 마산 일대에서는 이병철이 벼락부자가 되었다는 소문이 퍼져나갔다.

그러나 좋은 일에는 마가 낀다는 말이 있다. 그 해 7월, 중일전쟁이 발생했는데 사업과 유흥으로 시간을 보내고 있던 이병철은 이 전쟁은 자신과 아무런 관련이 없다고 생각하고 있었다.

당시, 이병철은 농지뿐 아니라 부산, 대구 등의 주택용지에까지 사업을 확대하고 있었다. 그러던 어느 날, 그는 김해평야의 토지를 매입하기로 결정하고 은행의 대출을 기다렸는데 은행으로부터 앞으로는 모든 융자를 중단한다는 통고를 받았다. 자금을 동결하라는 명령이 떨어져 은행은 모든 대출을 중지할 수밖에 없다는 것이었다. 중일전쟁의 여파가 이병철에게도 미친 것이다. 그야말로 마른하늘의 날벼락이었다. 그런데 은행융자가 중지된 것만으로 끝이 아니었다. 땅값도 동시에 폭락하기 시작했다.

자신의 자금은 10~30% 정도였고, 나머지는 모두 은행에서 빌린 융자금으로 토지를 매입했는데, 은행 대출 중지와 함께 땅값까지 폭락하자 그 타격은 치명적이었다.

계약금을 지불했는데 계약을 한 상대에게 잔금을 지불할 수 없었다. 계약을 이행하지 못하면 계약금은 날아가 버린다. 그뿐이 아니다. 그 때까지 끌어안게 된 막대한 채무를 어떻게 변제할 것인가.

이 때 이병철은 공동경영자에게 이렇게 말했다.

"당신은 1만 원, 나도 처음에는 1만 원을 투자했고 그 이후에 조금 더 늘어나서 합계 5만 원을 이 사업에 투자했습니다. 사업에 출자한 금액으로 보면 큰돈은 아니지요. 게다가 하고 싶은 일을 마음껏 하고 유흥도 즐겼으며 신용도 얻었고 세상에 이름도 어느 정도 알려졌습니다. 그러니까 여기에서 일단 물러난다고 해도 재기할 수 있는 기회는 얼마든지 있을 것입니다."

그리고 그 때까지 구축한 모든 것을 던져서 빚을 청산했다. 그 결과, 손에 남은 것은 처분하지 못한 10만여 평의 전답과 현금 2만 원뿐이었다. 1만 섬의 대지주가 하루아침에 평범한 사람으로 돌아가 버린 것이다. 이병철은 그 돈 2만 원을 몇 년 동안 고락을 함께 한 정현용과 나누어 가졌다. 정현용은 한동안 서울로 올라가 살고 싶다는 뜻을 밝혔다. 두 사람은 밤을 새우며 고락을 함께 해온 날들을 이야기하면서 석별의 정을 나누었다. 정현용도, 장래에 무슨 일을 하더라도 깊은 자기반성 및 성찰이 있어야 한다는 귀중한 체험을 얻었다. 두 사람은 그 때까지 몇 년 동안 동지로서의 우정을 유지해 왔지만 단 한 번도 얼굴을 붉히는 언쟁을 벌인 적이 없는 만큼, 마산에서의 사업은 평생 잊을 수 없는 추억으로 간직하자면서 밤을 새워 술잔을 기울였다. 그 후, 정현용은 서울로 이사를 가 그곳에서 스포츠용품점을 운영하게 된다.

이병철은 이런 사업들을 통하여 귀중한 교훈을 얻었다.

"벼락부자의 부귀는 물거품이다."

아울러, '경영' 이라는 말의 의미를 이해하게 되었다.

" '경(經)' 은 '밧줄' , 또는 '노끈' 을 가리키는 것으로 똑바로 밧줄을 쳐 둔다는 의미이며, '영(營)' 은 그렇게 쳐 놓은 밧줄 주위를 감싼다는 의미. 즉, 경영이란 새로운 집을 세우거나 길을 닦을 때에 미리 실시하는 계측, 영역 확인, 계획이다. 경영에 가장 필요한 것은 사전조사와 계획이다."

돌이켜보면, 이병철은 사업에는 실패했지만 그 동안 거래처에는 누구에게도 빚을 남기지 않아 신용은 잃지 않았다. 1만 원으로 시작한 사업이 1만 원으로 끝났다. 그야말로 '공수래 공수거(空手來 空手去)' 였다.

이 실패는 그 후의 사업에 대한 시금석이 되었다. 첫 사업에서의 실패가 그 후 그의 사업에 귀중한 자산이 된 것이다. 사업을 일으킬 생각이 있다면 세상의 동향, 시대의 동향을 충분히 살펴야 한다는 것, 자신의 욕심을 억제하고 자신의 능력과 한계를 지켜야 한다는 것, 그리고 요행을 바라는 투기는 반드시 몸을 망친다는 철칙을 이병철은 몸소 터득했다.

"세 가지 이익이 있으면 반드시 세 가지 손해가 있다."

"교만한 자는 반드시 망한다."

이병철은 복잡한 심정으로 물 맑고 인정 풍부한 마산을 뒤로 하고 새로운 활동무대를 찾아 혼자 서울로 여행을 떠났다.

삼성상회를 발족하다

정미소, 운수회사, 그리고 토지 매입 등에서 모두 손을 떼고 사업을 청산, 사업의 동지와도 헤어졌지만 이병철의 손에는 일찍이 아버지 이찬우가 건네준 사업자금이 그대로 남아 있었다. 즉, 무일푼이 된 것은 아니었다.

이병철은 사업을 처음부터 다시 시작할 생각이었다. 그는 추억이 깃들어 있는 마산을 뒤로 하고 혼자 외롭게 서울로 여행을 떠났지만 이 여행은 실의에 빠진 의기소침한 여행이 아니었다. 새로운 사업 대상을 발견하기 위한 야망에 찬 여행이었다.

서울에 잠시 체류한 이후, 이병철은 평양, 신의주, 원산, 흥남, 그리고 거리를 더 넓혀 중국의 도문(圖們), 신경(新京; 장춘 長春), 봉천(奉天; 심양 瀋陽), 산해관(山海關), 북경(北京)으로 두 달 동안에 걸친 여행을 했다. 모든 물건들이 모이고 흩어지는 도시와 항구를 돌아보는 조사여행이었다.

중일전쟁은 이미 전면전으로 확대되어 일본의 상품이 중국의 도시에 범람하기 시작하고 있었다. 그곳에는 꿀을 향해 모여드는 개미떼처럼 이권과 폭리를 추구하는 투기업자, 사업가, 군대의 어용상인들이 중심이 되어 움직이는 무대가 펼쳐져 있었다. 자본이 적은 이병철의 입장에서는 그런 무대에 끼어들어 활약하는 것은 무리였다.

이병철을 더욱 놀라게 한 것은 이곳 상인들의 거래규모와 단위였다. 과거 몇 년 동안 마산에서 신예 사업가로서 활약을 했지만 그 거래금액은 기껏해야 7, 8만 원 정도의 어음을 발행하는 것이 고작이었다. 거기에 비하여 중국에 있는 무역업자의 거래에 의해 발행되는 어음의 액면가는 3,400만 원이라는 엄청난 거액이었다. 더구나 그들의 입장에서는 그것이 보기 드문 일이 아니었다. 물건과 금전의 두 가지 흐름은 이병철의 상상을 초월한 것으로, 거래금액과 자본금이 모두 100만 원 단위로 움직이는, 이른바 호상(豪商)에 어울리는 활동이 펼쳐지고 있었다. 취급하는 품목과 거래량도 매우 다양하고 거대해서 어느 것 하나를 보아도 그들과 어깨를 나란히 거래하려면 이병철의 자본으로는 바위로 계란치기에 지나지 않았다.

절대적으로 부족한 자금. 이병철이 사용할 수 있는 자금은 기껏해야 5만 원 전후였다. 이병철이 받은 충격은 그 뿐만이 아니었다. 신경, 봉천, 산해관, 북경, 상해로 여행을 거듭하는 도중, 그는 중국을 새롭게 실감할 수 있었고, 모든 규모가 자신이 살아온 세상과는 크게 다르다는 사실을 깨달을 수 있었다.

중국인의 풍모, 그 대인(大人)다운 모습도 그의 마음을 사로잡았다. 만리장성을 넘어 눈에 들어온 화북(華北) 사람들의 당당한 모습과 일본인의 너무나 대조적인 광경은 이병철의 인식을 새롭게 바꾸어 놓기에 부족함이 없었다. 비록 점령 하에 놓여 있다고 하지만 그 풍채와 기풍에서는 비굴함을 전혀 찾아볼 수 없었다.

시장에는 일본제품이 범람했고, 역이나 항구에는 일본으로 반출하기 위한 광물, 농산물이 산더미처럼 쌓여 있었다. 커다란 상권은 당연히 일본인이 움켜쥐고 있지만 그것은 어디까지나 표면적인 현상이었고, 언뜻 보기에 그다지 대단해보이지 않는 화상(華商)조차도 가게 뒤쪽에는 수백 대의 트럭이 항상 드나들 수 있을 정도로 커다란 창고를 가지고 있다. 산더미처럼 쌓여 있는 상품을 눈으로 직접 확인하자 그들의 저력과 국민성에 놀라지 않을 수 없었다.

새삼 놀랐던 점은 그들의 비즈니스 습관이었다. 중국인은 겉치레보다는 내실을 중시하는 민족이었다. 후일, 이병철이 그들과의 거래를 통하여 알게 된 것은 중국의 상인들이 신용을 천금처럼 귀하게 여기는 사람들이라는 점이었다. 거래를 할 때에도 계약서 따위는 쓰지 않고 "얼마짜리 물건을 보내겠다", "틀림없이 받았다. 대금은 몇 월 며칠에 지불하겠다"는 말 한마디로 모든 것이 처리된다.

따라서 언뜻 보면 중국 사람들과의 거래에는 빈틈이 매우 많아 보이지만 한 번 신용을 잃으면 두 번 다시 거래를 할 수 없기 때문에 신용을 지키기 위해 각별히 신경을 써야 했다. 이것은 두 달 동안 만주와 중국을 여행한 결과 얻게 된 커다란 수확이었다.

그 대신, 거래에는 여유가 있어서 이병철이 곤란한 상황에 놓여 있을 때에는 사정만 설명하면 곧잘 이해해 주었다. 상대방에게 손해를 끼치면서까지 자기만 이익을 올리는 행동은 찾아볼 수 없었다.

그에 비하여 일본인은 상거래가 담백하고 계약서를 작성하면 그대로 약속을 이행한다. 반면에, 이병철이 곤란한 상황에 놓여 있을 때에 여유를 가지고 대하는 자세는 중국인에게는 미치지 못했다.

여행의 부산물로는 음식이 있었다. 매우 진기한 것도 맛보았는데 원숭이의 두개골 요리, 뱀이나 개구리 요리 등은 도저히 먹을 수 없었다. 술값도 천차만별이었고, 기생을 부르는 것도 하룻밤에 30전 짜리가 있는가 하면 당시의 가격으로 커다란 집 한 채 값에 해당하는 1,500원 짜리도 있었다. 그런 관광유람을 하면서도 두 달 동안의 여행에서 그는 또 독특한 신규사업을 발견했다.

중국대륙을 순회한 결과, 이곳에서는 사과와 건어물이 부족하다는 사실을 알게 되었다. 그것들은 주요 무역 품목에는 들 수 없지만 생활필수품으로서 그야말로 유망한 품목이기 때문에 지금까지 아무도 착안하지 못했다는 점이 오히려 의문으로 느껴질 정도였다.

이런 품목을 교역하기 위해서는 국내의 경우 진남포(鎭南浦), 인천, 대구 등이 적당했다. 그 중에 진남포는 사과, 건어물이 모두 풍부하지만 이병철의 입장에서는 아는 사람이 없다. 인천은 육상과 해상 운송이 모두 편리하기는 하지만 사과 산지로부터 너무 멀리 떨어져 있다는 결점이 있다.

한편, 대구는 건어물을 포항에서 반입해야 한다는 난점은 있지만 사과의 주산지일 뿐 아니라 고향과도 가까워 집안의 이름이 알려져 있는 지방이다. 따라서 아는 사람도 많고 친구도 많아 일단 유리하다는 느낌이 들어 결국 세 군데의 후보지 중에서 대구를 선정했다. 이병철은 지리적 이점에 대해 이렇게 생각했다.

"지리적 이점은 일종의 무형자본으로, 사업을 하는 데에 있어서 재력이나 수완에 뒤지지 않을 만큼 중요한 것이다."

그래서 주저하지 않고 대구를 선정한 것이다.

삼성상회(三星商會). 1938년 봄, 아직 추위가 가시지 않은 3월에 대구 수동(壽洞)에 약 200평짜리 점포에서 출발한 이 사업이 현재의 삼성그룹의 모태가 되었다. 자본금 3만 원. 이병철의 나이 28세 때의 일이다.

'삼성(三星)' 이라는 상호는 이병철 자신이 생각해낸 것으로 '삼(三)' 은 한국인이 가장 좋아하는 숫자라는 데서 착안을 했고, '성(星)' 은 밝고 높고 영원하다는 의미와 통한다는 상징이다. 그의 입장에서는 가장 웅대한 상호를 선정한 것이다. 자본금 3만 원의 소규모 상사는 주로 대구 일원의 사과를 비롯한 그 밖의 청과류와 포항으로부터 반입되는 건어물을 만주와 중국으로 수출하는 것이 주요 업무였는데, 판매업만으로는 생산에 종사한다는 실감이 느껴지지 않아 소규모이지만 제분(製粉)과 제면(製麵)도 실시했다. 삼성상회는 4층 건물로 1층 구석에 사무실을 마련하고 1, 2, 3층은 진열대와 창고로, 4층은 제면용(製麵用) 건조실로 사용했다.

마산에서 겪은 쓴맛이 응어리가 되어 자칫 소극적이고 수동적으로 흐르기 쉬운 경향을 스스로 경계하면서 견실한 경영방식을 취한다는 것을 원칙으로 삼았다. 사람이 일을 이루는 데에 있어서 '세 가지 난제' 가 있다고 하는데 그 첫째는 '능견(能見)', 둘째는 '견이능행(見而能行)', 셋째가 '과감한 행동' 이다. 삼성상회를 발족할 때 가장 중시한 것이 첫째인 '능견' 이었다. 청과물의 작황과 어류수확고 등의 여건 변동을 끊임없이 관찰하면서 발생할 수 있는 사태에 미리 대처하는 것. 정확한 예측을 하기 위해 여건변화를 관찰하고 미리 대처한다. 이병철은 마케팅의 본질을 갖추고 있었다. 그 때문에 가격이 급격한 변동현상을 보여도 당황하지 않았고, 거래량도 그가 갖추고 있는 한도 안에서 서서히 증가해 갔다.

개점 한 달 후, 도쿄 유학시절(이병철은 와세다(早稻田)대학에 유학했지만 질병으로 학업을 단념하고 귀국했다)에 친하게 지냈던 친구 이순근(李舜根)을 지배인으로 맞이했다.

이순근은 학창시절에 과격한 학생운동에 참가했다는 이유에서 졸업을 한 이후에도 취직을 하지 못하고 유랑생활을 보내고 있었다. 이병철은 삼성상회의 지배인으로서 그를 맞이하고 모든 경영을 위임했다. 은행융자, 대량주문 등 매우 중요한 문제 이외에는 모든 일을 그에게 위탁했고, 어음 발행이나 날인 등도 그가 처리했다.

이런 방침은 이병철이 마산에서 처음 정미소를 개업했을 때부터 지켜온 것이다. 작은 회사에서 모든 업무를 지배인에게 일임하면 불상사를 초래할 수 있다는 충고도 있었지만, 이병철은 자신의 신조를 그대로 실행에 옮겼다. 그리고 이 신조를 기업경영의 기본으로 삼았다. 이 신조는 삼성그룹으로 발전한 뒤에도 변하지 않았다. 삼성그룹의 회장으로서 그가 한 일은 인재를 채용할 때에 입회하는 것 이외에 1년에 한두 번 산하 각 사장으로부터 사업계획과 결산보고를 듣는 정도였고, 그 밖의 업무는 모두 각 기업의 책임자에게 일임했다.

인재를 등용하는 원칙에 대해 이병철은 이렇게 말한다.

"의심스런 사람은 채용하지 말라. 이미 채용했다면 의심하지 말라. 일단, 그 사람을 받아들였다면 모든 것을 맡겨라."

일단, 사람을 채용했으면 모든 것을 그 사람에게 맡겨버린다. 마산에서도 그러했고, 삼성상회에서도 이 원칙은 변하지 않았다.

앞에서 설명한 것처럼 이순근은 그의 친구 중의 한 명으로 서로 상대방의 장단점을 잘 알고 있었고, 신뢰하는 사이였다. 친구는 피를 나누지 않은 형제이며 방을 함께 사용하지 않는 부부 같은 존재로, 때로는 부부나 형제에게도 말할 수 없는 이야기까지 할 수 있다.

이병철은, 삼성상회가 짧은 기간 안에 성장할 수 있었던 가장 큰 원동력은 자신과 이순근 사이의 우정에 있다는 사실을 인정한다. 이상주의자인 이순근은 8 · 15광복을 맞이할 때까지 그와 함께 업무를 담당했지만 그 후에 좌익과 행동을 함께 하게 되었고, 얼마 지나지 않아 북한으로 넘어간 이후 소식이 끊겼다.

삼성상회는 마산에서의 교훈을 살려 견실한 경영에 매진한 결과, 사업이 뜻밖일 정도로 순조롭게 진행되면서 자금에도 여유가 생기게 되었다. 그래서 이병철은 다시 신규사업을 물색했다.

"삼성상회에서 얻은 이익을 재투자하여 삼성상회의 규모를 확장하더라도 재력이 집중되어 만약의 경우가 발생하면 위험성만 커질 뿐이다. 그보다는 이익을 다른 사업에 투자하여 재산을 분산시켜야 한다."

이런 생각에서 투자대상으로 삼은 것이 양조업이었다. 투자대상으로 양조업을 선택한 가장 큰 이유는 자금 면에 여유가 있다고 해도 아직은 적은 자본에 지나지 않는 이병철의 입장에서 볼 때 양조업을 제외하고는 투자할 만한 적절한 대상을 찾을 수 없었기 때문이다. 두 번째 이유는 거의 모든 상권을 일본인이 점유하고 있던 당시의 한국인으로서는 이 분야가 가장 안전한 사업 중의 하나였기 때문이다.

조선양조를 인수하다

그런 상황에서 조선양조(朝鮮釀造) 주식회사가 매물로 나왔다는 정보를 들은 이병철은 즉시 이 회사를 매수했다. 조선양조는 연간 7천 섬 규모의, 대구에서는 두 번째로 큰 양조장이었다. 당시의 양조업은 신규 허가를 받기가 거의 불가능해서 프리미엄이 붙은 매매가 이루어지던 시대였다. 이 조선양조는 동업자 사이에 문제가 발생하여 서둘러 처리하려 했기 때문에 10만 원이라는 싼 가격에 나와 있었다.

이병철은 주저하지 않고 조선양조를 인수했다. 3만 원의 자본금으로 시작한 주식회사 삼성상회는 개업 1년째에 대구 굴지의 양조회사를 인수할 정도로 여유를 가지게 되었고, 이병철은 경영에 자신감을 가지게 되었다.

당시 대구에는 규모가 큰 양조장이 8군데가 있었으며, 운영자는 한국인과 일본인이 각각 네 명씩이었다. 사업주들은 '양우회(釀友會)' 라는 친목회를 만들어 업무를 중심으로 자주 모임을 가졌는데, 이병철을 제외한 다른 사업주들은 대부분 60세가 넘은 고령자였다.

중일전쟁은 날이 갈수록 격렬해져서 이른바 전시체제 아래에서 국가총동원령이 선포되어 산업 경기는 일부 군수산업을 제외하면 시시각각으로 침체 일로를 밟고 있었지만 양조업만은 예외였다. 시장을 적극적으로 개척할 필요도 없이 할당받은 만큼의 술을 생산하기만 하면 자동으로 소비가 이루어지는 상황이었기 때문이다. 한편, 세수 확보를 위해 밀주 단속이 엄격해짐에 따라 시장에는 품목 부족 현상이 두드러졌다. 당시, 양조업에 대한 과세액은 이익의 3분의 1에 지나지 않았기 때문에 수익도 예상 이상으로 올라 어느 틈에 이병철은 대구의 고액납세자로 등록되었다.

사업이 활황을 보이며 번영함에 따라 연회를 가질 기회도 많아졌다. 멀리서 찾아오는 친구, 처음으로 사귀게 된 친구, 거래처 인물들, 이런 사람들을 이끌고 대구의 유명한 요정은 말할 필요도 없고 멀리 서울로, 때로는 부산으로, 그리고 일본 규슈(九州)의 벳푸(別府), 교토(京都)에까지 원정 가 호탕한 유흥을 즐겼다. 1945년 8월 15일, 일본이 포츠담선언을 수락한다는 발표를 하고 태평양전쟁이 막을 내릴 때까지 이병철은 가지고 있는 돈을 물 쓰듯 사용했다고 한다.

"친구에게 큰 실수가 없다면 절대로 버리지 않는다."

"이익을 올려주는 친구는 세 종류가 있다. 솔직함, 정직함, 많은 정보. 이 세 가지를 친구로 삼으면 이익은 저절로 올라간다."

이병철은 옛 친구가 멀리서 찾아오면 흔쾌히 그를 맞이하는 식으로, 격언을 자기 나름대로 풀이해서 많은 친구들과 교류를 가졌다. 때로는 그의 이런 행위에 충고를 하는 사람도 있었다. 이병철보다 4년 연상인 선배로 당시 대구에서 면사(綿絲) 사업을 경영하고 있던 채현병(蔡鉉秉)이 대표적인 예다. 그는, 매일 무절제한 생활을 되풀이하고 있던 이병철에게 몇 번이나 엄한 충고를 했다. 그러나 이병철은 그 때마다 이렇게 말했다.

"물이 너무 맑으면 고기가 살지 못합니다. 사람이 너무 완벽하면 친구가 없습니다."

이병철은 탕아로서의 성품을 갖춘 사람은 아니다. 그가 무절제해 보이는 생활을 한 이유는 무엇일까. 그가 그런 행동을 하도록 만든 '무엇인가' 를 아는 사람은 별로 없다. "1945년 8월 15일에 해방이 될 때까지 6, 7년 동안은 내 평생에 가장 방만한 시기였다" 고 이병철은 술회한다.

중일전쟁이 마침내 태평양전쟁으로 확대되기에 이르러 양조용 미곡 배급도 현저히 줄어들었다. 그리고 1942년에는 모든 자재와 노동력이 군수산업에 집중되어 양조량도 배급량의 95%를 군수용으로 납품, 나머지 5%만이 업자의 재량에 맡겨졌다. 그러나 가격은 1939년의 공정가격으로 동결되었다.

식량난은 날이 갈수록 심각해져 마침내 만주로부터 수입한 콩조차 식량으로 삼아야 할 정도의 참상이 벌어졌고, 그 때문에 암거래, 식량적발투서, 밀고가 횡행했다. 임의로 처분할 수 있는 5%는 친족, 지기, 친구들에게 공정가격으로 나누어 주었다. 일본인 관헌의 엄격한 눈길이 두려웠기 때문이 아니라 어지러운 시대에 암거래를 통하여 폭리를 취할 마음이 전혀 없었기 때문이었다. 당시 이병철이 취급했던 밀가루의 양은 5천 섬에서 1만 섬으로, 그 5%만도 상당한 양이었다.

물자가 궁핍해지자 암거래와 물물교환에 첨가하여 전쟁 수행이라는 대의명분 아래 일본인들은 각종 구실을 붙여 '특배(特配)' 라는 부정을 공공연히 저질렀다. 반면에, 그들에게 감시를 받던 한국인 상인들은 사소한 잘못을 저질러도 공정가격을 지키지 않은 죄, 이른바 경제사범이라는 이유에서 구속을 당하는 일이 일상다반사로 이루어졌다.

전쟁이 더욱 가열되면서 종국으로 치닫자 쌀 배급은 한층 더 줄어들었고, 일상적으로 밥상에 오르는 부식인 어류와 야채류까지 줄어들었다. 이병철은 식량이 부족한 상황이 찾아오자 가난에 허덕이는 사람들을 몇 명이나 도와주었고, 그 때문에 경제사범으로 체포된 적도 있다. 그런 이유에서 그는, 일본이 태평양전쟁에서 승리하는 일은 절대로 있을 수 없다고 믿게 되었다.

태평양전쟁에서 일본은 처음에 잠깐 승리하는 양상을 보였을 뿐, 1942년 봄의 도쿄 공습을 전후하여 상황이 점차 어려워졌다. 이 사실을 깨달은 이병철은 대구를 떠나기로 결심하고 왜관(倭館) 근처의 신동(新洞)에 약 1만 평의 과수원을 구한 뒤에, 고향에서 잠시 상황을 지켜보기로 했다.

삼성상회와 양조장 관리를 이순근에게 맡긴 이병철은 그 때부터 해방이 될 때까지 2, 3년 동안을 고향과 과수원을 오가면서 시국을 조용히 지켜보았다. 신동의 과수원에서는 공을 들인 보람이 있었는지 팥, 감자, 참깨, 그 밖의 야채를 다량으로 수확할 수 있었다. 또, 가축도 사육하여 생산성이 향상되었다. 물자가 궁핍한 시대였던 만큼 그것은 많은 사람들의 식량난 해소에 도움을 주었다.

정치에는 전혀 관심이 없었던 이병철도 학도병, 징용 등에 의해 동포들이 전쟁터로 끌려가는 모습을 보고 하루라도 빨리 전쟁이 끝나기를 바랐다. 이병철은 단파 라디오를 통하여 마침내 일본의 패색이 짙어졌다는 사실을 알고 있었지만, 이 말은 아무에게도 하지 않았다. 소련이 참전하고 히로시마(廣島)와 나가사키(長崎)에 원자폭탄이 투하되더니 연합군 쪽의 방송을 통해서 8월 15일에 일본이 무조건 항복을 하게 될 것이라는 사실을 알게 된 이병철은 진심으로 해방의 기쁨을 맛보았다. 이미 주재소에서는 많은 서류가 소각되고 있었다. 이병철은 올 것이 왔다는 차분한 마음으로 변화를 맞이했다. 이웃사람들이 이병철에게 내일 15일에 중대한 방송이 있을 것이라고 알려 주었지만 그는 놀라는 표정도 짓지 않고 미소를 지으면서 이렇게 말했다.

"내일 방송을 들은 뒤에 술이나 한 잔 합시다."

그리고 다음 날 8월 15일 정오, 이병철은 고향의 생가에서 일본 천황의 라디오방송을 들었다. 마을 사람들 모두가 이 방송을 듣기 위해 그의 생가에 모여 있었다. 방송이 끝나자 독립만세 소리가 터져 나왔다. 그리고 오후에는 어디에 숨겨두고 있었는지 수많은 태극기가 마을을 가득 메웠다.

이병철은 해방의 기쁨을 함께 나누자는 마을 사람들의 만류를 뿌리치고 8월 17일에 대구를 향하여 출발했다.

2 삼성물산공사

사업은 국가가 기본이다
국가가 번영하면 모든 것이 올바르게 육성된다
진정한 기업인은 거시적인 안목으로 국부형성(國富形成)에 공헌해야 한다

해방의 감격과 혼란 속에서

이병철은 고향에서 8 · 15광복을 맞이했다. 그는 해방의 기쁨에 가득 차 있는 고향을 등지고 서둘러 대구로 향했다. 그의 가슴은 기대와 희망으로 부풀어 있었고, 새로운 사업에 대한 구도도 잡혀갔다. 그러나 대구에서 그를 기다리고 있던 것은 정치적 혼란이었다. 대구도 해방 이후의 당연한 현상으로 혼란과 무질서가 판을 쳤다. 좌우를 가리지 않고 수많은 정치단체가 우후죽순처럼 난립해 있었다. 건국준비위원회의 경북지부를 비롯하여 수많은 좌우익 정치단체가 잇달아 조직되어 어지러운 상황이 연출되고 있었다. 이병철이 경영하는 양조장에도 연일 정치자금을 제공해 달라고 방문하는 각 단체의 간부들이 줄을 이었고, 그 중에는 하루에도 몇 번씩이나 찾아오는 뻔뻔한 사람도 있었다.

물론, 바로 얼마 전까지 위세를 떨쳤던 일본 관헌은 하룻밤 사이에 모두 모습을 감추고 보이지 않았지만 그 대신 모든 기관이 해방의 환희에 들떠 있는 군중들에게 점령되었고, 모든 사람들이 새로운 역사의 태동을 피부로 느끼듯 신생 국가의 탄생을 축하하면서 감격과 홍분 속에서 들끓고 있었다. 이병철 자신도 군중들의 흥분 속에서 앞으로는 어떤 대사업도 펼칠 수 있다는 강렬한 의욕이 끓어오르는 것을 억누르지 못했다.

그러나 해방의 기쁨도 잠깐, 좌익과 우익의 투쟁이 연일 계속되었고, 미군정 당국은 정치활동의 자유를 보장한다는 원칙을 내세우며 이런 무질서한 정쟁과 혼란을 수수방관하기만 했다. 정계는 그야말로 폭력이 난무하는 아수라장으로 변했다. '적산(敵産)' 이라고 하여, 일본인 소유의 값나가는 재산 쟁탈전이 도처에서 벌어졌다.

대구뿐 아니라 도처에서 해방의 감격과 혼란이 가중되어 아수라장을 이루어가고 있음에도 미군정 당국자는 이 혼란을 어떻게 수습해야 좋을지 몰라 갈팡질팡하는 상황이었다. 그들은 대부분 행정에 대한 경험이 없었을 뿐 아니라 한국의 실정에도 매우 어두워 눈앞에서 전개되고 있는 다양한 사건에 대해서도 단순히 정치활동의 자유를 보장한다는 원칙을 금과옥조처럼 여기는 태도를 보여줄 뿐 아무런 대책도 내놓지 못했다.

어느 틈엔가 해방 직후의 감격과 희망은 사라졌고, 사람들은 사소한 일에도 즉시 폭력을 휘두르는 상황이 전개되었다. 이런 상태가 대체 언제까지 이어질 것인지 실망과 개탄의 목소리가 퍼져나갔고, 뜻있는 사람은 민족의 장래에 어두운 그림자를 느꼈다. 어두운 구름 사이에서 밝은 빛이 비친다는 의미의 '광복' 의 감격은 불안으로 변해갔다. 해방 이후의 그런 아수라장을 지켜 본 이병철은 이 때, 국가에는 질서와 안정이 필요하다는 사실을 뼈저리게 느꼈다.

해방 이후, 이병철의 경영철학은 크게 바뀌었다. 해방 이후의 혼란을 보고 듣고 경험하면서 역시 국가가 있어야 기업이 존재하며, 사회질서가 안정되어야 비로소 국민이 안심하고 생업에 종사할 수 있다는 사실을 새삼 깨달았기 때문이다.

"나도 앞으로는 국가 재건을 위해 최선을 다해서 내 신분에 맞는 일을 해야 한다."

이런 인식에 바탕을 둔 사명감을 자각하는 국가관이 탄생한 것이다. 그리고 이 사명감이야말로 현재의 삼성그룹의 존재에 의미를 부여하는 원동력이 되었다. 현재, 삼성그룹이 내걸고 있는 경영이념의 첫 번째는 '사업보국(事業報國)' 이다. 그리고 두 번째가 '인재제일(人材第一)', 세 번째가 '합리추구(合理追求)' 다.

8 · 15광복은 이병철의 시야를 확대시켜 주었다. 그의 경영철학은 그 스케일이 더욱 커졌다. 사업 이야기로 돌아가 보자.

사회는 혼란스러웠지만 이병철의 사업은 활발하게 진행되었다. 삼성상회는 중국, 만주, 북한의 판로에서는 큰 진척이 없었지만 그 대신 국내의 식료품 수요가 신장되면서 공급을 맞추지 못할 정도가 되었다. 당시의 시장은 어떤 상황이었을까?

일본의 통제경제가 하루아침에 붕괴되자 시장에는 수많은 물품이 나돌게 되었고 자유로운 거래가 활발하게 이루어지게 되었지만 이런 물자들은 곡류나 야채 등 주요 물품을 제외하면 그 대부분이 철수를 앞둔 일본인 가정으로부터 유출된 일용품 종류이거나 군수품 창고에서 유출된 옛 일본군의 피복류에 지나지 않았다. 겉에서 보기에는 시장에 상품이 풍부하게 나돌고 있는 것처럼 보였지만 그 내용은 극단적인 물자부족 현상이 계속 이어지고 있었고, 활발한 통화에 의한 악성 인플레이션 때문에 날이 갈수록 물가도 오르기만 했다. 그 당시의 사정을 살펴보자.

일본인이 한국에서 철수하기는 했지만 역으로, 일본과 만주로부터 150만~200만 명의 사람들이 조국으로 귀환했다. 일시적인 인구급증이다. 한편, 일본은 한국에서 철수하려는 일본인의 퇴거준비금을 조달하기 위해 8 · 15 직후에 통화를 활발하게 하여 해방 이후의 한국경제를 혼란에 빠뜨리면서 격렬한 인플레이션을 일으켰다. 1945년 8월 14일 현재 48억 3,900만 원이었던 통화발행고는 그로부터 15일 후인 8월 말에는 79억 8,700만 원으로 약 31억 4,800만 원이 증가, 발행되었다. 그리고 한국의 모든 산업은 해방과 함께 일대 혼란에 빠져 수많은 산업이 정지, 또는 축소되었다. 여기에 가담하여 해방 전의 '남농북공(南農北工)'의 산업구조는 해방 이후 그 기형성에 한층 더 박차를 가하여 해방 직후의 경제정책의 부재와 맞물리면서 공업의 생산을 격감시켰다.

1939년과 비교해 보아도 1946년에는 식료품이 약 83%, 화학제품은 약 76%의 감소율을 보였다. 방직, 기계, 제재를 포함한 주요제품의 감소율은 약 71%에 달했다. 기형적으로 나약한 기반에 서 있는 한국공업과 함께 농업도 극단적인 쇠퇴기미를 보였다. 비료 부족, 노동력 부족에서 해방 전과 비교하여 남한의 경지면적 232만 정보 중에서 실제로 농사를 짓는 면적은 1945년에는 89%, 1946년에는 79%, 1947년에는 71%로 각각 감소했다. 일본인들의 철수에 의해 귀속된 경영자산도 명확하지 않은 소유권과 자본 결핍, 기술 부족, 경영지식 부족 등에 의해 수많은 산업이 그 활동이 중지되었다.

정치적 혼란, 사회적인 격동에 의한 적절한 경제정책 부재, 해방 직후의 일본인에 의한 통화량 증가, 그리고 미군정 당국 및 과도정부에 의한 1946년과 1947년의 적자재정은 인플레이션을 한층 더 심각하게 만들었다.

그런 정치적 혼란, 사회적 불안, 경제적 불안정이라는 어지러운 상황에서도 삼성상회는 활발하게 움직였다. 특히 주류가 그러했다. 그 당시 시장에 범람하고 있던 것은 대부분이 불량품인 밀주로 그 중에는 메틸 성분이 섞인 청주, 소주 등 인체에 치명적 해를 끼치는 것들이 많았다. 이 결과, 믿을 수 있는 양조장에서 만들어낸 제품은 날개 돋친 듯 팔려나갔다.

10월 폭동과 식량난을 거치면서

쌀 부족 현상은 1945년 늦가을부터 심각한 사회문제가 되면서 쌀값은 날이 갈수록 폭등하여 이병철의 양조장에서도 원료인 쌀 차입이 점차 어려워졌다. 미군정 당국은 그 대책에 부심한 끝에 이런 망언까지 내놓았다.

"한국인은 왜 고기나 과일 등을 주식으로 삼지 않고 비싼 쌀에만 의존하는가!"

또, 일부에서는 쌀이 부족한 원인으로 술과 떡으로 낭비하는 습관을 꾸짖기도 했고, 다음과 같은 아무런 근거가 없는 헛소문을 퍼뜨려 선동하는 사람도 나타났다.

"미군이 몰래 일본으로 쌀을 빼돌리고 있기 때문에 쌀이 부족한 것이다."

그러나 이병철은, 화폐의 가치가 날마다 떨어지고 있기 때문에 농가가 쌀을 내다 팔지 않는 것이고, 이런 쌀 부족현상을 이용한 악덕 중간상인이 쌀을 매점매석하는 것이 근원적인 원인이라고 판단했다. 사실 그런 원인이 싹 트게 한 것은 일본 식민통치시대의 '미곡의 도외(道外) 반출입 금지령' 이었다. 해방 이후에도 이상하게 이 법률이 살아남았고, 미군정 당국은 이것을 방패삼아 쌀 부족현상이 심각해질수록 그 유통을 엄격하게 단속했다. 그야말로 군정당국의 정책 빈곤이 문제를 더욱 심각하게 만든 것이다. 해방 이후의 이런 혼란기에는 쌀의 유통을 촉진하는 과감한 정책이 채택되어야 하지만 그런 정책은 찾아보기 어려웠다.

사태를 중시한 대구의 유지 30여 명은 쌀을 비롯한 생활필수품의 유통에 대한 단속완화 등을 당시 경북 도지사였던 최희송(崔熙松)에게 건의했지만 허가를 받지 못했다. 최희송은 군정청의 명령에 따라 법령을 그대로 시행할 수밖에 없다는 취지의 회답을 해왔다.

이렇게 해서 식량사정은 극단적으로 악화되었고, 대구 사람들의 마음은 날이 갈수록 황폐화되었다. 여기에 좌익의 선동까지 겹쳐 파업과 소란이 끊이지 않았다. 이듬해 가을의 '10월 폭동' 도 그 원인을 거슬러 올라가보면 이런 식량정책 부재현상을 교묘하게 이용한 선동이 큰 작용을 한 것이라고 볼 수 있다.

이병철은 사태를 우려함과 동시에 대책을 생각했다. 이런 상황 아래에서는 법망을 피해갈 각오라도 하지 않는 한 양조업은 계속할 수 없다고 판단했다. 그래서 그는 결단을 내려 당분간 양조장을 폐쇄하기로 했다. 물론, 그 동안에 농산물 담당자와 몇 번인가 의견교환도 하고 서면으로 건의도 했지만 사태는 조금도 호전될 기미를 보이지 않았고, 다른 한편으로 좌익들은 이런 틈새를 노리고 모든 단체에 손을 뻗어 지원을 이끌어내기 위한 선동을 하고 있었다. 이런 일들이 발생한 원인도 결국은 모순투성이의 농산물 정책 때문이었다.

이듬해 10월의 '10월 폭동'은 박헌영(朴憲永)이 이끄는 남로당(南勞黨)이 일으킨 것이었지만 군정 당국은 이 폭동을 계기로 미곡의 도외반출이나 반입을 금지하고 있던 법령을 철폐했다. 이병철도 이 철폐를 계기로 양조업을 재개, 우선 공장의 규모를 확대함과 동시에 부사장으로 김재소(金在炤), 지배인으로 이창업(李昌業)을 영입했다. 이순근은 해방 직후에 정계에 몸을 던져 사업에서 물러나 있었다. 김재소는 일찍이 이순근 밑에서 다년간 실무 경험을 쌓은 인물이고, 이창업은 지금까지 대구식료품조합의 상무이사를 맡았던 인물로 두 사람 모두 이병철과는 막역한 사이였다.

이병철은 심기일전하여 작업을 재개하기 위해 바쁜 나날을 보냈다. 일본주(정종)는 해방 이전에는 이권이 상당히 컸지만 한국인에게는 허가가 떨어지지 않았기 때문에 양조를 할 수 없었다. 그것은 쌀을 원료로 한 한국의 '약주'와 큰 차이가 없고 양조방법도 거의 비슷하다. 이 점에 착안한 이병철은 당국에 일본주를 만들겠다는 신청을 했고, 그 허가가 떨어진 것은 해방 이후다. 이병철이 민족의 일원으로서 쟁취한 최초의 권리라고 말해도 지나친 표현이 아니다. 예상했던 대로, 한국인의 체질에 가장 적합한 양질의 청주가 이병철의 손에 의해 생산될 수 있게 되었다. 이병철은 즉시 상표를 '월계관(月桂冠)'이라 정하고 시장에 내보냈다. 이 '월계관'은 영남 일대는 물론이고 멀리 서울의 주류도매상으로부터도 주문이 밀려들 정도로 인기를 얻었다.

이 '월계관' 의 판매에 앞서 2년 전인 해방 직후, 해방의 감격이 아직 가시지 않았을 즈음에 대구의 실업가 몇 명에 의해 '을유회(乙酉會)' 라는 친목단체가 결성된 적이 있다. 해방을 맞이하여 조국을 되찾았으니 기업인들도 국가를 위해 무엇인가 해야 한다는 것이 설립의 취지였다. 역사의 전환기, 해방의 기쁨, 아울러 민족에 대한 봉사와 기원을 담아 설립된 이 '을유회' 는 그 명칭이 보여주듯 해방된 해의 간지(干支)를 그대로 채용한 것으로 일주일에 한 차례 정도 회합을 가져 지역사회의 발전을 위해 조금이나마 힘을 보태겠다는 뜻에서 이루어진 임의단체였다. 처음의 회원은 이병철과 함께 장인환(張仁煥), 채현병(蔡鉉秉), 여상원(呂相源), 이홍로(李興魯), 이근채(李根菜), 박용식(朴龍植), 김재소, 이창업 등 모두 아홉 명이었다. 그 후에 회원이 증가하여 총 인원 30여 명으로 증가했다.

이들은 매주 한 번씩 만나 국가의 장래와 사업가로서 해야 할 일, 지역사회 발전과 그 수단, 봉사활동 등이 토의되었고, 의견 교환도 이루어졌다. 요즘으로 비유하면 로터리클럽과 비슷한 활동을 전개한 것이다.

앞에서 설명했듯 해방 전 이병철의 경영철학은 자신의 사업 범위에만 신경을 쓰는 것이었다. 자신의 사업이 다른 사람에게 끼치는 영향 따위는 고려하지 않았고, 오직 사업의 번영과 그것에 의한 혜택, 즉 축재가 주요 관심사였다. 그러나 해방 이후의 이병철은 크게 변했다. 이 '을유회' 도 그 변화의 결과였는지 모른다. 해방의 기쁨을 맛본 이후, 이병철은 자신의 과거를 반성하고 장래에 관하여 심사숙고하고 있었다.

당시, 한국에는 헤아릴 수 없을 정도로 많은 정치 · 사회단체가 난립하여 어중이떠중이가 모두 정치가 행세를 하는 등 혼란이 극에 달했다. 이병철은 한민족이 언제부터 이런 정치광이 되었느냐고 개탄하며, 국민 전체가 모두 정치가가 된다면 국가의 경제는 어떻게 되겠느냐면서 나라의 앞날을 걱정했다. 그리고 심각한 고민 끝에 한 가지 결론을 내렸다.

국가와 민족의 번영 —국가재건을 위해 자신의 신분에 맞는 일을 선택해서 최선을 다하겠다는 인식하에 직접 정치 일선에 서는 것보다는 사업을 통하여 경제발전에 기여하는 것이야말로 국가를 위한 최선의 길이라는 확신을 갖게 되었다. 이 신념은 그가 세상을 뜰 때까지도 변하지 않았다.

인간은 저마다 다른 능력과 장점을 가지고 있으며, 그런 능력과 장점을 가장 잘 활용하는 것이 국가사회에 대한 봉사이고, 또 그것이 곧 국가와 사회를 가장 멋지게 발전시키는 길이라고 생각했다. 그는 이런 심정을 일찍이 그의 방탕한 생활을 꾸짖었던 채현병에게 솔직하게 털어놓았다.

"무엇인가 세상을 위해 봉사하고 싶다는 각오는 그 어떤 사람에게도 뒤지지 않는다고 생각합니다만 어떤 일을 하는 것이 가장 바람직한지 감을 잡을 수가 없습니다. 좀 더 일찍 이런 날이 찾아올 것이라는 예상을 할 수 있었다면 과거에 '양우회' 회원들과 그런 의미 없는 세월을 보내지는 않았을 것입니다. 아마 당신의 충고를 더 깊이 받아들이고 오늘에 대비했을 것입니다."

마침, 회원 중의 한 명인 장인환이 자신들의 손으로 언론기관을 만들 것을 제안해왔다. 그가 이런 제안을 한 이유는, 대구 을유회 멤버들의 실력과 지위를 모두 활용하여 다시 찾아오기 어려운 이 기회를 이용, 영원히 남을 수 있는 일을 하는 것이야말로 뜻 깊은 일이라는 생각에서였다. 이 제안에 이의를 제기하는 회원은 없었기 때문에 그것을 구체화하는 작업에 들어갔다.

마침 해방 전에 일본인이 발행하고 있던 '조선민보(朝鮮民報)' 가 폐간 위기에 빠져 있다는 사실을 알고 교섭한 결과, 이것을 인수하기로 결정했다. 당시, 미군의 경상북도 민정관(民政官)이었던 장인환에게 그 관리권이 맡겨졌고, 이름을 '대구민보(大邱民報)' 로 바꾸어 장인환이 사장으로 취임하고, 을유회의 멤버는 경영진으로 참가했다. 이병철은 총무국장 자리에 취임하여 재정을 담당했는데 매달의 적자를 보완하는 것이 주요 임무이며, 직접 경영에까지 개입할 생각은 가지지 않았다.

후에 '중앙일보' 등 매스컴에 관심을 가지게 되는 이병철도 이 당시에는 자신의 사업과는 별개라는 사고방식에서 벗어나 있지 않았다. 그래서 신문 경영은 이창업에게 일임하기로 하고, 이병철은 양조장 일에 전념하기로 했다. '월계관' 은 날이 갈수록 시장에서 높은 평가를 받았고, 주문은 증가일로에 있었다.

당시에는 철도에 의한 수송사정이 여의치 않아 주로 트럭을 이용하는 경우가 많았다. 지금은 경부고속도로를 비롯하여 많은 고속도로와 산업도로가 새롭게 건설되는 한편, 기존 도로의 개보수에 의해 전국이 반나절 생활권으로 바뀌었지만 당시의 수송기반은 매우 취약했다. 트럭을 이용하여 서울을 자주 오르내리게 되면서 이병철의 마음은 초조해졌다. 앞으로 어떤 사업을 시작하든 전국을 시장으로 삼아야 할 필요가 있으며, 그렇게 하려면 서울이 입지적으로 매우 유리하다는 사실을 깨달은 것이다.

"그래. 서울로 가자."

하루라도 빨리 서울로 올라가 보국사업에 매진하고 싶다. 그런 충동을 억제할 수 없었던 그는 2년 동안 대구에 머무르면서 신중하게 다음 사업에 대한 구상을 해나갔다.

이승만 박사와의 만남

'10월 폭동' 이 진압된 후 얼마 지나지 않아 이병철 일행은 이승만 박사가 대구를 방문한다는 소식을 들었다. 당시, 이승만 박사는 미국에서 귀국한 직후로 국민의 존경을 한 몸에 받고 있었다. 즉시 경북지사 관저에 모인 대구의 유지 30여 명에 의해 환영준비위원회가 구성되었고, 왜관까지 마중을 나갔다.

이승만 박사는 왜관에서 이병철을 비롯한 30여 명과 경북 각지에서 모여든 20여 명 등 50여 명과 진지하게 악수를 교환했는데, 그의 사교적 의례에는 기품과 세련미가 넘쳐흘렀다.

이병철에게는, 아버지 이찬우가 자신과 친하게 지낸 사이(서울 시대)였다는 사실을 알고 얼굴 가득 미소를 띠고 과거에 함께 지냈던 청춘시절을 회상하듯 아버지의 근황을 물었다. 또, 이병철이 경영하는 양조업에 대해서도 이런 말을 건넸다.

"서양의 술은 오래 될수록 좋은 술이라고 하는데 우리나라의 술은 그렇지 못한 것이 안타깝습니다. 우리도 좋은 술을 서양으로 수출하려면 오랜 시간 동안 보관할 수 있는 방법을 연구해야 할 것입니다."

이승만 박사의 화술은 막힘이 없고 여유와 진실이 담겨 있으며 각각의 대상에 따라 화제를 바꿀 정도로 변화가 풍부했다. 이병철의 입장에서는 처음 만나는 인물이었지만 마치 오랜 세월 동안 친분을 유지해온 듯한 느낌이 들면서 아무나 쉽게 따라갈 수 없는 큰 그릇이라는 실감과 함께 강렬한 인상을 받았다. 동석한 모든 사람들이 그 날 깊은 감명을 받았다.

이병철은 이 날의 인상이 너무 강렬했기 때문에 그 이듬해 서울로 상경했을 때, 직접 이화장(梨花莊)으로 그를 방문한 적이 있었다. 그 때까지 특별한 용무가 없는 한 다른 사람을 방문하는 일이 거의 없었던 이병철이었지만 왜관에서의 만남에서 "서울로 올라올 기회가 있으면 꼭 찾아오라"던 이승만 박사의 말을 머릿속에 떠올렸기 때문이다.

당시, 이승만 박사는 남한만이라도 단독으로 정부를 수립해야 한다고 주장해 정치적으로 매우 고립된 입장에 놓여 있었다. 이른바, '좌우합작'이나 '남북협상'을 권하고 있던 미국의 한국에 대한 정책과는 근본적으로 달랐기 때문에 미군 사령관 하지 중장이 정치활동을 삼가라고 간섭했을 정도다.

사전 연락 없이 갑자기 방문했는데도 불구하고 이승만 박사는 이병철을 방으로 불러들이고 의자를 권하며 근황을 물었다.

"아버님은 건강하시지요? 또, 당신의 사업도 순조롭게 진행되고 있습니까?"

이병철이 이승만 박사를 방문한 것은 그의 인격에 매료되었기 때문이며, 또 아버지 이찬우와 함께 청춘시절을 보낸 친구 분에 대한 존경에서이기도 했다. 거기에는 아무런 정치적 관심도 없었다. 정치에 대한 관심도 없고 지식도 없는 문외한인 이병철은 어색한 태도로 앉아 있을 수밖에 없었다.

이승만 박사는 그런 이병철에게 한 통의 국제전보를 보여주면서 다음과 같이 말했다.

"미국에 있는 임병직(林炳稷)이라는 사람에게서 온 전보인데 아무래도 신탁통치를 면하게 된 것 같다는군요. 머지않아 우리나라에도 진정한 독립의 날이 찾아올 것입니다."

얼굴 가득 번져 있는 기쁨의 미소를 이승만 박사는 감추려 하지 않았다.

이병철은 정치가와는 아무런 인연이 없을 뿐 아니라 이승만 박사와 깊은 교제가 있었던 것은 아니다. 그런데도 그런 비밀전보를 아무렇지 않게 보여주면서 기쁨을 감추지 않는 이승만 박사를 응시하면서 큰 인물은 상식으로는 측정할 수 없는 거대한 그릇이라는 생각에 이병철은 놀라울 따름이었다.

이승만 박사는 이병철에게 이런 말도 했다.

"무슨 일이 있어도 남한만이라도 선거를 하는 쪽이 좋다고 생각하지 않습니까?"

"분단된 채로 정부를 수립하는 것은 뼈를 깎는 고통이겠지만 지금 우리가 공산당과 협상하는 것에 의해 시기를 놓치게 된다면 독립할 기회를 영원히 잃게 됩니다. 국내의 혼란을 회피하고 무슨 일이 있어도 남한만이라도 민주정부를 수립해야 합니다."

청년시대를 식민지의 일개 상인으로 보낸 이병철을 향해 마치 의견을 묻듯, 또는 독백을 하듯 조국의 독립을 염원하면서 자신감에 찬 의견을 피력하는 이승만 박사.

이병철은 그 후에도 이승만 박사를 만날 기회를 가지게 되는데, 이 날 그가 보여준 독립의 의지는 잊을 수 없었다. 그리고 만날 때마다 그의 애국심과 커다란 도량에 저절로 머리가 숙여졌다.

이승만 박사는, 국가와 자신이 결코 별개가 아니라는 점을 강조하면서 이병철에게 '사업을 하더라도 국가를 먼저 생각해야 한다' 는 점을, 아버지가 아들에게 가르치듯 말했다.

조국의 해방에 의해 처음으로 국가관이 싹트고 있던 이병철에게 한층 더 구체적으로 국가와 민족을 의식하게 해준 인물이 바로 이승만 박사였다.

삼성물산공사의 탄생

1947년 5월, 이병철은 서울로 올라왔다.

"나는 아직 큰 사업을 전개할 능력이 부족해."

마산에서 이병철이 얻은 실패의 교훈은 매우 컸다. 이 교훈이 그 후의 사건들과 맞물려 그의 그릇을 크게 만들어주었다. 후에 이병철은 '사람'에 대해 이렇게 말했다.

"사람에 따라서는 작은 사업에 어울리는 사람이 있다. 작은 사업에서 성공한 사람이 큰 사업에 손을 댔다가 실패하는 경우가 있는 이유는 그 때문이다. 이것을 인간의 사업능력이라고 말할 수 있다. 그러나 아무리 능력이 있는 사람이라고 해도 여건을 잘못 판단하거나 기회를 얻지 못한다면 그 능력은 아무런 도움이 되지 않는다."

그래서 대구에서 시간과 자본과 사람의 삼박자가 갖추어질 '시기'를 초조한 마음으로 기다리고 있었던 것이다. 마산에서 맛본 쓰라린 체험과 교훈에 의해 모든 일에 신중을 기하는 태도를 갖추게 된 이병철은 '시기'를 기다리면서도 결코 생각이 앞서는 행동은 피했다. 그러나 '큰 공명을 성취하려는 자는 다른 사람과 의논하지 않는다'는 말처럼 사업의 본거지를 서울에 두겠다는 커다란 결단을 내릴 상황에 놓여 있던 이병철은 이때, 다른 사람의 의견에는 귀를 기울이지 않았다. 따라서 사내에서도 그는 서울로 상경한다는 사실을 아무에게도 말하지 않았다.

그러나 이병철은 일단 결단을 내리면 그 행동이 매우 과감하고 민첩했다. 이 계획을 하루라도 빨리 실행에 옮길 생각에 어느 날, 회사 간부를 한 자리에 모아놓고 자신의 결심을 밝혔다.

"드디어 때가 왔습니다."

이병철이 그렇게 판단한 것은 조선양조의 신제품인 청주 '월계관'이 전국적으로 보급되기 시작하면서 그 상표가 전국적인 브랜드로서 사람들에게 정착되었다고 보았기 때문이다. 사업에도 여유가 생겼다.

회사 간부를 비롯한 주위의 지기, 친구들은 모두 반대했다. 애써 구축한 현재의 기반을 버리고 굳이 본거지를 서울로 옮기는 모험을 감행하려는 이병철에게 당연히 반대할 수밖에 없었을 것이다. 그들은 순조로운 진행양상을 보이고 있는 사업을 두고 위험이 큰 사업에 착수하려는 그를 설득하려 했다. 이병철은 어쩔 수 없이 양조업의 한계성을 지적하면서 자신의 생각을 전했다.

"우리의 양조업이 이처럼 발전한 것은 여러분들의 협력 때문입니다. 그러니까 이런 협동정신이 살아 있는 한, 이쪽 분야에서는 이제 경쟁에 뒤질 일이 없을 것이라고 믿습니다. 우리에게는 상당한 자본적 여유가 있습니다. 이 여유자본을 적절하게 활용하기 위해 상경하기로 결심한 것입니다. 오늘부터 이 양조장 경영은 모두 여러분들에게 맡기겠습니다."

그리고 조선양조를 부사장 김재소와 지배인 이창업에게 맡기고 서울로 거주지를 옮겼다.

"위험이 없는 결단은 있을 수 없습니다. 양조업에서의 성공이라는 작은 성공에 만족하고 안일한 생활에 젖어 있을 수는 없습니다."

그야말로 2년 동안 갇혀 있었던 그의 왕성한 사업의욕이 단번에 분출된 것이다.

"돌이켜 보면, 그 때가 기업가로서의 나의 모든 여정을 통하여 가장 귀중한 탈피의 제일보였다."

1947년 5월, 이병철은 서울로 거주지를 옮겼지만 사업에 즉시 손을 대지는 않았다. 그는 서두르지 않았다. 가족 전원을 이끌고 이사를 한 곳은 종로구 혜화동에 있는 고급 한옥이었다. 500여 만 원의 이 저택은 당시의 환율(1달러=15원)로 30만 달러의 가치가 있는 호화로운 저택이었다. 당시의 그로서는 신분에 어울리지 않는 허세라는 느낌도 있었지만 그에게는 나름대로의 생각이 있었다.

새로운 사업을 할 때에는 생활환경을 바꾸라는 말이 있듯 어떤 주거지에서 생활하는가에 따라 사고방식 자체가 크게 바뀌는 경우도 있다는 점을 계산에 넣은 것이다. 수년 전에 세상을 떠난 오나시스(Onassis, Aristotle Socrates)가 "비록 임대주택이었다고 해도 가능하면 큰 저택에 살면서 호화로운 생활을 하는 것에 의해 많은 사람들과 교제를 할 수 있었던 것이 내가 성공하게 된 비결이었다"고 술회하고 있는 것처럼.

이병철은 서울에 기거하면서 경제 동향을 거시적으로 관찰했다. 그리고 그 눈을 국내뿐 아니라 국외의 정세로도 돌렸다.

해방 이후의 한국경제는 면방직(綿紡織)을 비롯하여 어느 정도 생산이 증가한 부분도 없지는 않았지만, 그 방면에서조차 생산은 수요와 비교할 때 매우 영세해서 생활필수품은 극단적으로 부족한 상황이었다. 한편, 인플레이션이 급속도로 진행되었다는 사실은 앞에서 설명한 대로다.

당시 우리나라의 급선무는 무역을 통해서 일상생활에 필요한 상품을 수입하는 일이었다. 시장에 나돌고 있는 물품의 대부분은 미국의 원조물자와 미군으로부터 흘러나온 것들뿐으로, 새로운 생산시설을 만들려 해도 자본이나 기술이 절대적으로 부족한 데다 전력도 극단적으로 부족하다. 국내에서 단기간에 생산이 증대될 수 있는 전망은 없었다. 당시의 실정은 무역 없이는 하루도 국민이 생활을 할 수 없을 정도로 한국경제는 밑바닥에서 허덕이고 있었다.

국민이 가장 필요로 하고 있던 일상생활 물자의 긴급수입, 이것이 이병철이 얻은 결론이었다. 그리고 언젠가는 수입에 의지하지 말고 국내에 생산시설을 가져야 한다는 점도 생각했다.

이병철에게 매우 중요한 인물이 나타났다. 서울로 이사를 온 이후, 가까운 명륜동에 살고 있던 동향의 조홍제(趙洪濟)가 바로 그였다. 언제부터인가 그와 아침저녁으로 얼굴을 마주하게 되었는데, 그의 의견도 이병철과 마찬가지로 무역을 해야만 국민경제의 부흥과 국민생활의 안정을 이룰 수 있다는 것이었다. 두 사람은 의기투합하여 공동으로 무역회사를 설립하기로 하고, 개설준비를 위해 시장조사부터 실시했다. 홍콩, 마카오, 싱가포르 등의 물가동향, 상품시황, 무역품목 선정 등 사업에 필요한 예비지식을 갖추었다.

1948년 11월, 두 사람은 종로 2가 영보빌딩(이길수 소유) 2층의 200평을 빌려 '삼성물산공사' 간판을 내걸었다. 이병철이 1억 원을 출자하여 75%의 주식을 소유하고, 나머지 25%는 조홍제, 김생기(金生基), 김일옥(金一玉) 등의 유지들이 분담했다. 발족 당시의 사원은 불과 30여 명에 지나지 않았고, 가족 같은 분위기였다.

사장 이병철은 전표 하나하나를 모두 결재하지는 않았지만 그 자신이 사원들보다 일찍 출근하여 집무에 전념하는 모습을 보였다. 그는 모든 사원의 참여의식을 높이기 위해 그들에게도 출자를 권유하면서 "언젠가 이 회사를 전국에서 가장 이익 배당률이 높은 회사로 만들겠다"고 단언했다.

그리고 발족 당시부터 사원지주제를 채택했다. 이웃 나라 일본에서는 아직 눈부신 기업 활동은 일어나지 않았다. 이른바 혼란기에 놓여 있었던 것이다. 하물며 사원지주제라는 획기적인 제도를 대대적으로 채용하고 있는 기업은 찾아보기 어려웠다.

"영업이 잘 되어 실적이 오르고 수익성이 높아지면 높아질수록 사원 개인의 이익도 많아지는 시스템을 만들면 사원들의 사기도 향상된다."

사실, 삼성물산공사 사원들의 사기는 날이 갈수록 올라갔고, 사업은 발전했다. 취급하는 품목은 철판, 미싱, 면사 등 수백 종류에 이르렀다. 해외시장을 파악하기 위해 조홍제 부사장을 홍콩으로, 김생기 상무를 동남아시아로 각각 파견하여 무역 확대를 도모했다. 그 결과, 2년이 지났을 때에는 서울에 존재하는 대기업 상사들 중에서 열 손가락 안에 들어가는 거래액(외국 매출액)을 올리게 되었다. 당시의 대기업 상사로는 천우사(天友社), 동아상사(東亞商社), 대한물산(大韓物産), 화신산업(和信產業), 경향실업(京鄉實業) 등이 있었는데, 그런 선배격의 대기업 상사에 뒤지지 않고 사업은 나날이 발전했다. 이것은 주목할 만한 사실이다.

삼성물산공사는 해가 갈수록 이례적인 성장을 보였다. 이병철은 기회가 있을 때마다 상당한 배당금을 분배했고, 회사는 화기애애한 분위기에서 운영되었다. "의식이 풍족해야 예절을 안다"는 말처럼 회사의 급료는 적어도 사원 각자가 충분한 생활을 할 수 있는 상당히 높은 수준으로 향상되었다. 이름 없는 작은 무역상사이면서 상당히 견실한 운영을 계속한 결과, 2년을 지난 시점에 빅 텐에 랭크되기까지 성장한 것이다.

이병철이 무역을 통하여 수입한 물자는 수백 가지로, 아무리 작은 상품이라고 해도 통관되자마자 즉시 매수자의 손으로 넘어갔다. 이익이 많고 적은 것과는 관계없이, 한국에서 지금 가장 필요한 물자가 무엇인가를 어떤 상사보다 빨리 간파하고 업무를 개시한 결과였다.

당시에는 상품을 발주해서 도착하기까지 약 두 달이 걸리는 것이 상식이었지만 무역업은 가능하면 이 기간을 단축해서 자금을 빨리 회전시켜야 한다. 그렇게 하려면 항상 유동적인 시장의 동태를 정확하게 파악해야 한다. 또 동시에, 관계 관청과도 원만한 관계를 유지해서 복잡한 서류라도 가급적 빨리 결재를 받아야 한다. 국내 대기업 상사와의 경쟁은 당연한 일이었고, '시간' 과의 경쟁도 필요하다. 다행히 삼성물산공사는 사원지주제를 시스템으로 도입했기 때문에 모든 사원들이 전력을 다해 움직여 주었고, '문제' 가 발생하는 경우에는 신속한 해결에 나서 주었다. 그런 필사적인 노력이 결실을 거두어 무엇인가 급하게 수입해야 할 물품이 있는 경우에는 누구나 '삼성물산공사' 를 지명하게 되었고, 언제부터인가 '삼성물산에 부탁하면 틀림없다' 는 신용을 얻게 되었다.

이런 식으로, 무역업은 양조업과는 다른 묘미가 있었다. 물론 해외거래였기 때문에 상당한 위험성도 있다. 거래량, 품목도 엄청난 수에 이르렀지만 이전의 사업과는 활기 면에서 엄청난 차이가 있다. 그리고 이병철을 더욱 사로잡았던 것은 무역업이 '기업' 이라는 점이었다. 무역업은 시시각각으로 변화하는 상황에 대응하지 않으면 안 되는 이른바 '기동력' 에 의해 승패가 결정되는 경우가 많은 일이다. 거시적, 미시적인 동향의 변화, 전문지식과 풍부한 정보가 기동성이 한정되어 있는 '시간' 안에서 집약되고 그 진가가 발휘된다.

이병철의 관심사는 이제 단순히 돈을 버는 사업에서 활동성 있는 '기업' 으로 변화해갔다. 조홍제 부사장, 김생기 상무를 해외시찰 여행 보내는 한편, 이병철 자신도 기회가 있는 대로 해외로 나갔다.

이병철은 그 이듬해, 즉 1949년 2월에 전택보(全澤珤), 설경동(薛卿東) 등 재계의 중진 11명과 함께 일본시찰 여행길에 올랐다.

일본시찰 여행에서 얻은 것

당시, 대일감정은 매우 악화되어 있었다. 하물며 정식 국교 등은 재개될 기미조차 보이지 않았다. 이병철이 포함된 한국 재계의 경제시찰단은 도쿄에 있던 연합군사령부가 초청한 것이었지만 한일 간 무역확대를 희망하고 있던 일본 재계 수뇌들의 제안에 의해 실현되었다. 이 방일시찰단이야말로 해방 후에 있은 한국기업인의 첫 일본 공식 방문이었다.

그러나 이승만 대통령이 집권하고 있던 당시 한국인들의 입장으로서는 일본과 우호적인 교역관계를 맺는 것은 꿈에도 생각할 수 없는 일이었다. 이병철은 그런 국민감정을 이해하면서도 첫 경제시찰단의 방일 목적을 그 자신만의 독특한 감각과 통찰력을 바탕으로 분명하게 정해놓았다.

"아무리 일본이 밉다고 해도 일본열도를 태평양 한가운데까지 옮겨 놓을 수는 없다. 우리의 입장에서는 현실을 무시할 수는 없다. 무역거래는 비정하다. 하물며 감정에 의해 좌우될 문제는 아니다."

"언젠가는 반드시 일본과 거래를 하게 될 때가 올 것이다. 역사적으로 보든 지리적으로 보든 한국과 일본은 매우 밀접한 관계에 놓여 있다. 한

때 양국 사이에 불상사가 있었다고 해도 앞으로 모든 면에서 긴밀한 협력 관계가 필요해질 것이다."

이렇게 확신하고 판단을 내린 이병철은 이 기회를 철저하게 활용하여 일본의 실태를 면밀하게 파악하기로 했다.

비행기에서 내려다본 도쿄는 정말 넓었다. 10여 년 동안 못 본 사이에 도쿄는 교외로까지 넓게 확장되어 있었다. 그러나 공항에 내렸을 때, 예상하기는 했지만 패전국 그 자체의 모습이 펼쳐져 있었다.

공항으로 마중을 나와 준 사람들 중에는 과거의 식산은행 마산지점장을 비롯하여 몇 명인가 낯익은 얼굴들이 보였다. 일본 재계의 수뇌 몇 사람도 공항까지 마중을 나와 주었다. 그들의 모습에서는 과거의 당당한 위풍은 찾아보기 어려웠다. 공항에서 도심으로 향하는 길에는 판잣집들이 줄지어 늘어서 있고, 교하마(京浜; 교토와 요코하마) 공업지대의 공장은 폐허로 변한 곳이 많았으며, 여기저기에 전쟁의 상처가 그대로 남아 있었다. 사람들의 표정도 어두웠고 무기력했다. 진주군이 거만한 표정으로 거리를 활보하고, 일본인은 완전히 위축되어 있는 것처럼 보였다. 적어도 표면적으로는 황실을 제외한 도쿄의 위용은 이미 사라져버렸고, 연합군 총사령부가 있는 제일생명 빌딩 옥상에는 성조기가 펄럭이고 있었다.

이병철은 5월까지 3개월 동안 일본 각지를 구석구석 시찰했는데, 전쟁에 패한 일본의 붕괴는 상상을 초월하는 것이었다. 공장은 파괴되고, 고층 건물은 거의 흔적을 찾아볼 수 없었으며, 도쿄 한복판에는 대낮에도 매춘부들이 활보하였고, 암시장이 성황을 누렸다.

"이것이 일본이었는가?"

문득, 이병철의 머릿속에 떠오른 것은 '국가' 였다.

방문한 중공업 공장. 일찍이 군함을 건조하고 중화학 무기를 생산했던 공장시설은 패전에 의한 배상을 위해 철거되어 폐허와 다름없었다. 굴지의 공작기계 공장들도 냄비나 솥을 비롯한 생활물자를 만드는 정도였다. 이곳저곳에 무모한 전쟁을 일으켰다가 패배한 일본의 비참한 모습이 보였다.

문득, 이병철의 머릿속에 떠오른 "국가가 망하면…" 이란 생각이 그의 사업보국의 의지를 보다 강화해 주었다.

"모든 것은 국가가 기본이다. 국가가 번영하고 강해지면 모든 것이 올바르게 육성된다. 무역이든 제조업이든 국가에 도움이 되는 것이 그 사업에도 도움이 되는 것이다. 그렇기 때문에 진정한 기업인은 보다 거시적인 안목으로 기업을 발전시키고 국부형성을 위해 공헌한다는 마음을 가져야 한다."

전쟁에 패한 일본의 참상을 바라보면서 이병철은 그렇게 생각했다.

일본에 체류하는 도중 일행은 일본 재계의 호의로 데이코쿠(帝國) 호텔에 묵게 되었는데, 이병철 혼자만 일본식 여관이 좋다면서 일행과 헤어져 후쿠다야(福田屋)로 숙소를 바꾸었다.

이병철은 숙소를 중심으로 도쿄 시내를 돌아보았다. 저녁놀이 폭격의 상흔을 비추고 있는 거리를 걷다가 문득, 가로등조차 제대로 밝혀져 있지 않은 긴자(銀座)의 뒷골목으로 걸음을 옮겨 이발소로 들어가 보았다. 그 이발소는 겉보기에도 매우 초라했고, 내부시설도 빈약하기 짝이 없었다. 주인은 60세가 넘어 보이는 노인이었지만 머리카락을 자르는 솜씨는 매우 뛰어났다. 이병철은 별다른 생각 없이 노인에게 말을 건넸다.

"언제부터 이곳에서 이발소를 운영하셨습니까?"

"제가 2대째입니다. 그럭저럭 40년 정도 되었군요."

그리고 노인은 옆에서 가위를 놀리고 있는 30대의 남자를 가리킨다.

"제 아들입니다. 저 녀석도 벌서 20년 동안 가위를 놀리고 있지만 실력은 아직 멀었지요. 제대로 된 기술자가 되려면 앞으로도 많은 수련을 쌓아야 합니다. 손님은 운이 좋군요. 아들이 아닌 제가 머리를 깎게 되었으니까요."

산뜻한 도쿄 말씨로 자랑스럽게 이야기하는 노인에게 이병철은 문득 소름이 끼치는 감동을 느꼈다.

"일본인들이 모두 이 정도로 철저한 직업의식을 가지고 일을 한다면 이들은 틀림없이 재기할 거야. 지금은 전쟁에 패해서 의기소침해 있지만 만약 우리가 철저하게 대비하지 않는다면 또 당하게 될지도 몰라."

이병철은 이와 비슷한 감회를 과거에도 느낀 적이 있다. 그것은 막연히 일본으로 유학을 떠나 시모노세키(下關)에서 도쿄로 가는 여정에서, 그리고 도쿄에서의 생활에서 얻은 강렬한 인상이었다.

이때의 인연으로 이병철은 일본을 방문할 때마다 항상 이 긴자 뒷골목의 모리타(森田)이발소를 찾게 된다. 노인이 아직 젊다고 소개했던 아들도 아버지의 대를 이어, 지금은 그 가게터에 6층 건물을 지어 이발소를 운영하고 있다.

전쟁과 시련

삼성물산공사는 순조롭게 발전하여 대기업 상사 중에서 열 손가락 안에 들어갈 정도로 번창했고, 이병철의 가슴에는 자신감이 끓어오르기 시작했다.

"나는 처음으로 기업경영의 묘미를 알게 되었다. 이제 무역 이외에 어떤 사업을 하더라도 실패는 하지 않을 것이다. 축재를 떠나 기업을 경영하는 즐거움을 알았기 때문이다."

해외 거래처가 증가하면서 이병철 자신도 필요에 따라 해외로 출장을 나가게 되었다. 무역업태도 바람직한 방향으로 확대되어 거래처에서도 한국을 방문하여 경제사정을 시찰하고 싶다는 의향을 전해 왔다. 그런 요청에 대응하기 위해 나름대로 향응을 준비해야 할 필요를 느꼈다. 거래처 인물을 마중하기에 적합한 승용차를 준비하는 것도 그 중의 한 가지였다.

이것은 사치가 아니라 절실한 필요성에 의해 발생한 것이다. 이병철은 서둘러 고급자동차를 물색했다. 다행히, 주한 미국 공사의 승용차인 시보레를 불하한다는 정보를 듣고 서둘러 그것을 구입하기 위해 교섭했다. 통관수속에서 뜻밖의 시간을 소비했지만 그런 대로 수속이 끝나고 자동차를 인수하라는 통고를 받은 것은 1950년 6월 23일, 전쟁이 발생하기 불과 이틀 전의 일이다.

1950년 6월 25일, 북한군은 통일을 기치로 내걸고 38선을 넘어 남하, 7월에는 한미연합군을 한반도 남단의 부산 교두보까지 압박했다.

그 날, 여느 때와 마찬가지로 아침 일찍 자리에서 일어난 이병철은 라디오를 통하여 북한군이 38선을 넘어 침공했고, 국군은 이것을 격퇴 중이라는 뉴스를 들었다. 그 당시, 38선에서는 충돌사건이 자주 발생했기 때문에 이번 뉴스도 그런 소규모 사건이라고 흘려들었지만 전황을 알리는 뉴스는 사태가 매우 심각하다는 사실을 전해주었다.

병사들을 가득 실은 트럭 행렬이 끊임없이 북쪽을 향하여 혜화동을 통과했을 뿐 아니라 국군 전체에 비상소집 명령이 전달되었다.

26일에는 이른 아침 출근하여 중역들과 대책을 협의했지만 묘안이 나오지 않아 사태를 잠시 관찰해 보기로 했다. 다음 날인 27일이 되자 근처에서 포성이 들렸고, 피난민들이 점차 증가했다. 북쪽에서 가족을 이끈 피난민 행렬이 서울로 들어왔다. 전황은 시시각각으로 다급함을 전했고, 이병철은 일단 서울을 떠나야겠다고 생각했다. 그러나 상황은 사원과 그 가족들 전원을 이끌고 피난을 떠날 정도의 시간적 여유가 없었다.

저녁 뉴스는 정부가 수원을 임시수도로 정했다는 사실을 알렸다. 포성은 점차 가까워졌고, 그 즈음에는 피난민 행렬이 혜화동 일대를 거의 메우고 있었다. 마침 여름비가 뿌려 기분을 한층 우울하게 만들었다.

이병철은 먼저 회사에 들렀다가 집으로 돌아가자마자 가족을 재촉하여 을지로에 있는 회사의 사무실로 거처를 옮겼다. 당장이라도 포탄이 머리 위로 떨어질 듯한 데다 어쩌면 격렬한 시가전이 전개될지도 모르는 상황이었기 때문에 '월계관' 판매를 위해 빌려 둔 사무실의 지하로 피난하는 것이 안전할 것이라고 생각한 것이다. 그러나 지하실로 거처를 옮긴 뒤에도 불안감은 가라앉지 않았다.

지하실에서 무심하게 잠들어 있는 어린 자식들의 얼굴을 바라보면서 가장이 이렇게 무력해서야 어떻게 할 것인가 하는 위축감을 느끼면서도 딱히 조치를 취할 수 있는 방법이 없었다. 최악의 경우에는 가족들이 뿔뿔이 흩어져 피난을 떠나야 할 것인지, 아니면 가지고 있는 돈을 나누어 들려주어 각자 자신의 운명을 개척하게 해야 할 것인지 이런저런 생각에 잠겨 있을 무렵, 사이렌 소리가 한밤중의 공기를 가르고 날카롭게 울려 퍼졌다. 바깥은 칠흑처럼 어두웠고, 기분 나쁜 정적에 싸여 있었다.

한숨도 못 자고 밤을 지새운 이병철의 눈에 비친 것은 굉음을 울리며 포탑에 붉은 깃발을 펄럭이는 전차행렬이었다. 북한군이 서울에 입성한 것이다. 외부의 기색을 살피러 나간 숙직사원의 보고를 받은 이병철은 일단 집으로 돌아가는 것이 낫다는 판단을 내렸다. 가족을 이끌고 을지로로 나온 그는 거리의 북한군 전차 포탑에 새겨져 있는 일련의 번호를 보고 큰 충격을 느꼈다. 450번에서 485번까지 30대가 넘는 전차가 거만한 모습으로 서울 시내를 배회하고 있었다. 서울로 침입한 전차는 500대 가까이로 증가했다. 국군은 반격할 엄두도 내지 못하고 후퇴하기에 바빴다. 하룻밤 사이에 세상이 바뀐 것이다. 망연자실한 이병철은 허탈감에 빠져 집에서 한 걸음도 외출하지 못했다. 만감이 교차했다. 국가의 앞날을 걱정해도 아무런 소용이 없다. 무력감만 느껴질 뿐이다.

그 다음 날부터 이병철의 저택에는 이른바 인민위원회가 열리고, 내무서(경찰)를 비롯한 수많은 기관의 사람들이 드나들면서 재산에 관한 심문이 이어졌다. 거대한 저택을 소유하고 있기 때문에 주목을 받을 것은 각오하고 있었지만 일개 사업가에게 무슨 죄가 있겠느냐는 생각에 이병철은 가족의 만류도 뿌리치고 직접 그들에게 출두하여 심문에 응하기로 했다.

창고 안의 삼성물산공사 소유의 설탕, 미싱 실, 알루미늄 등은 압수당했다. 며칠 후, 믿을 수 없는 사태가 발생했다. 당국이 압수한 물품 대금으로 약 3천만 원 정도의 현금을 가지고 온 것이다. 손이 베일 듯한 새 지폐가 트럭 짐칸의 절반을 넘을 정도의 거금이었다. 이 돈은 나중에 대구로 피난을 갈 때에 트럭을 빌리는 대금으로 이용했지만 당시의 이병철은 정체를 알 수 없는 불길함과 의문을 느꼈다. 그와 동시에, 날이 갈수록 서서히 압박해오는 신변의 위험을 느낀 그는 어쨌든 하루 빨리 몸을 피하기로 했다. 그로부터 9 · 28수복이 이루어질 때까지 90일 동안 이병철의 두더지 같은 생활이 시작되었다.

3개월 동안 계속된 공산당 지배 아래에서의 생활은 위험과 고난으로 가득 찬 나날의 연속이었다. 한 장소에 오랫동안 머무르면 위험하다는 사실을 알고 때로는 사위의 거처, 또는 친구의 거처를 전전하는 식으로 거처를 바꾸면서 위기일발의 위험한 상황을 모면한 것도 한두 번이 아니다.

또, 가족의 고통도 컸다. 게다가 원인을 알 수 없는 복통과 고열에 시달려 음식을 제대로 먹지 못하고 사경을 헤맨 적도 있다. 그러던 어느 날, 혜화동 로터리를 지나가던 이병철의 눈에 비친 것은 전쟁 이틀 전에 구입한 자신의 승용차 시보레였다. 좌석에 앉아 있는 사람은 남로당 당수인 박헌영. 이병철은 기묘한 심정으로 그저 그 광경을 지켜만 보았다.

이병철의 두더지 생활은 계속 이어졌다. 그런 지루하고 불안한 생활 속에서 유일한 즐거움은 연합군의 방송을 듣는 일이었다.

답답한 여름도 어느 틈에 지나고 시원한 가을바람이 불기 시작할 즈음, 이병철은 국군과 미군이 중심을 이루는 연합군이 인천상륙작전을 펼쳐 서울로 진격하고 있다는 뉴스를 들었다. 잔뜩 찌푸려져 있던 이맛살을 처음으로 펼 수 있었다. 그러나 이 방송이 나온 이후 9 · 28수복이 이루어질 때까지 약 보름 동안은 하루가 몇 년처럼 느껴졌다.

9월 28일, 이병철은 쇠약한 몸을 이끌고 중앙청 앞까지 걸음을 옮겼다. 중앙청 옥상에는 태극기가 가을 하늘에 펄럭였고, 국군과 연합군의 전차가 진주해 있었다. 거리의 시민들은 국군이 통과할 때마다 손을 흔들어 열광하면서 환영했다.

고통의 나날이 막을 내렸다. 하늘을 올려다보자 맑은 가을 하늘에 태극기가 눈부시게 빛나고 있다. 국가의 고마움을 뼈저리게 실감했다. 국가가 있어야 사업도 존재하는 것이며, 국가가 있어야 가정도 존재하는 것이다. 이제 더 이상 위험을 피해 몸을 숨길 필요도 없다. 이제부터는 밝은 햇살 아래에서 마음 놓고 생활할 수 있고, 사업도 할 수 있다.

서울을 탈환하자 각종 수사기관은 이른바 '부역자' 를 색출하기 시작했지만 이병철은 당연히 흑백이 분명하게 가려질 것이라 생각하고 특별히 관심을 기울이지 않았다. 그러나 당국의 조치는 이병철의 기대와는 다른 방향으로 흘러갔다. 그들은 공산당 정권 아래에서 서울에 남아 있던 시민들에게는 일단 의심의 눈길을 보냈다. 이병철의 주위에서도 부당한 대우를 받는 사람들이 적지 않다는 사실을 알게 되었다. 이병철은 크게 실망하지 않을 수 없었다. 국민을 버리고 탈출한 정부가 국민들의 고통을 위로해주기는커녕 오히려 희생을 당한 선량한 시민들을 옥석을 구분하지 못하고 한통속으로 취급한다. 한낱 상인에 지나지 않는 신분으로도 민족의 앞날을 걱정했던 이병철은 의분을 느끼지 않을 수 없었다.

수복 이후, 이병철은 피난 전에 인천과 용산의 창고에 쌓아 두었던 설탕과 미싱 실의 행방을 탐색했지만 그 재산들은 이미 사라진 지 오래였다.

북한군이 가지고 갈 시간은 없었고, 폭격의 피해도 없었다. 조사 결과, 수복 이후에 어느 유력한 인물이 가로채어 착복했다는 사실이 드러났다. 혼란기에 발생하는 물품의 손실은 어쩔 수 없는 일이라고 포기할 수 있다고 해도 그런 양심 없는 자의 행위는 지탄받아야 마땅하다는 이유에서 삼성물산공사의 중역들은 그 소행을 괘씸히 여겨 마침내 소송을 걸게 되었다. 그러나 그 후의 1 · 4후퇴 때문에 재판은 열리지 못했고, 결국은 유야무야 되어버렸다.

국군과 연합군은 파죽지세로 북진하여 통일을 눈앞에 둔 듯이 보였다. 그러나 전황은 중공군의 개입에 의해 급변했다. 정세는 낙관할 수 없는 상황이었다. 무역재개를 생각하고 있던 이병철의 희망도 덧없이 사라졌다.

이병철은 11월 말부터 모든 수단을 동원하여 일찌감치 트럭을 확보하기 위해 노력했다. 그러나 생각처럼 쉽게 구할 수 없어서 어쩔 수 없이 소유하고 있던 트럭 4대에 사원과 그 가족을 가득 태우고 12월 초에 서울을 떠났다. 피난을 가는 도중에 병력과 군수물자를 운반하는 군용차량에 몇 번인가 길을 양보하여 대구에 도착한 것은 서울을 출발한 지 사흘 뒤였다. 그 누구에게도 내일에 대한 기대가 없는 피난길이었지만 이병철 일행은 다행히 양조장이 있다는 생각에 마음속에 한 가닥 희망을 품을 수 있었다.

3 제일제당

장수는 출전을 하면 가족을 잊는다
야영을 하면 부모를 잊는다
전쟁이 벌어지면 생명을 잊는다

신뢰가 사람을 부른다

이병철이 무슨 일이 있을 때마다 인용하는 말 중에 일찍이 철강왕으로 불렸던 카네기의 묘비명인 "자기보다 현명한 사람들을 주위에 모으는 법을 알았던 자, 여기에 잠들다"가 있다. 그러나 카네기보다 더 성실하고 소박하며, 총명한 인재들의 혜택을 받은 인물이 이병철이다.

전쟁이 한창인 상황 속에서 가족, 사원들과 함께 입은 옷 그대로 무일푼과 마찬가지 상태에서 서울에서 대구로 피난을 갔을 때, 그를 따뜻하게 맞이해주고 거액의 재기자금(3억 원)을 준비해준 양조장의 두 사람, 김재소와 이창업. 그들은 전쟁 상황임에도 불구하고 양조장을 폐쇄하지 않고 사업을 계속 유지했을 뿐 아니라 3억 원이라는 믿을 수 없는 거액의 재기자금을 제공해주었다. 그 정도의 거액을 자금으로 제공해주고도 양조 사업에 아무런 지장이 미치지 않도록, 새로운 사업을 위한 자금으로 충분할 정도의 여력을 축적해두었던 부하 직원들이다. 이병철은 이렇게 말한다.

"나는 인복(人福)이 있었다. 오늘에 이르기까지 수많은 인물들이 내 주위에서 나를 도와주었다. 그 사람들의 도움이 없었다면 삼성의 지금 같은 발전은 없었을 것이다."

천하의 준재와 영재가 모여들고 그들을 적재적소에 앉혀 구상이 떠오르는 대로 사업을 경영하는 것, 이것이야말로 경영자에게 필요한 조건이다. 이 이상, 인복이 풍부한 일은 없다.

두 부하 직원이 준비해준 자금이 그대로 삼성그룹의 첫 번째 초석인 삼성물산 설립자본이 되었다. 이 자금을 바탕으로 1952년 1월, 한국 경제계의 엘리트집단으로 불리는 삼성그룹의 핵심인 삼성물산이 탄생하게 된다.

이병철은 이 자금을 받자마자 사업을 재개하기 위해 부산으로 내려갔다. 경영자, 기업가로서의 그의 우수한 소질 중의 하나는 결단력이다. 결단을 내리면 행동은 부드러우면서도 과감하다. 사업에 대한 그의 꿈에는 항상 가능성이 깃들어 있다. 그는 부산으로 내려가는 도중에 문득, 대구 양조장에 도착했을 때의 광경을 머릿속에 떠올렸다. 김재소를 비롯한 부하 직원들의 말들….

"부산에서 사업을 시작하십시오. 그렇게 하려면 당연히 자금이 필요할 것입니다. 대구의 이 양조장에는 사장님이 서울로 가 있는 동안에 3억 원의 여유자금이 모아졌습니다. 이 돈으로 재기하십시오."

"사업에 거는 사장님의 수완과 의욕은 우리의 자랑입니다. 그러니까 이 자금을 사용해 주십시오."

그야말로 인복이 많은 인물이 아닐 수 없다.

"설사 그들이 사업을 잘못 운영하여 손해를 보았다고 해도 그들을 책망할 수 없는 상황이었다. 더구나 전쟁 중이었지 않은가. 이익을 올렸다고 해도 그 동안의 이익을 한 푼도 착복하지 않고 유보해 두었으리라고는 생각지도 못했다. 기대 자체가 무리인 상황이었다. 그런데도 그들은 그렇게 해주었다. 나는 정말로 인복이 많은 사람이다."

서울에서 목숨을 걸고 피난하여 무일푼으로 대구에 도착했을 때, 대구의 양조장을 지키며 번영시켜준 것은 그야말로 '사람' 이었다. 이병철은 인복이 있었다.

삼성에는 왜 인재들이 모여드는 것일까. 즉, 이병철에게는 왜 수많은 영재와 준재들이 모여든 것일까. 이병철은 이렇게 말한다.

"세상에는 흔히 유유상종이라고 하지만 덕이 많다고 말하기 어려운 내 옆에 수많은 인재들이 모인 이유는 내가 인복이 있기 때문이다."

한편, 사람들은 그를 행운아라고 부른다. 그러나 이병철 자신이 뭐라고 말하든 그가 수많은 사람들을 끌어들인 것은 분명한 사실이다. 그의 어떤 점이 사람들을 끌어 모으는 것일까.

그것은 사람들에 대한 그의 '신뢰' 다. 이병철은 자신의 주변으로 모여든 사람들을 진심으로 신뢰했다. 예를 들면, 그들의 실패조차 용서한다. 그들에게 일단 일을 맡긴 이상 실패를 하는 자유도 맡겨버린다. 이것은 겉치레뿐인 관용이 아니다.

중역이 너무 좋은 방향으로 전망을 내놓았다가 위기를 맞이하여 사태를 보고했을 때, 이병철은 모든 책임이 자기에게 있다면서 그 중역을 위로했다고 한다.

"몇 억 원의 손실을 냈다는 것은 문제가 아니다. 책임감을 느끼는 그 마음을 나는 고맙게 생각한다."

경영자의 인격은 기업의 기풍에 직접적인 영향을 끼친다. 경영이란 일종의 환경 조성인데, 그 환경은 자연스럽게 경영자의 인격을 반영한다. 또, 기업은 경영자의 그릇 이상으로 커지지 않는다. 그릇의 크기는 그 사람의 덕으로 측정할 수 있다. 개인의 인생행로에 있어서도 비슷한 말을 할 수 있지만 기업을 운영하는 경우에는 특히 성실과 신뢰가 중요하다. 기업은 사람에 의해 이루어지기 때문이다.

"아무리 유능하고 성실한 인재를 보유하고 있다고 해도 이쪽에서 그들을 신뢰하지 않으면 그들을 하나로 결속시킬 수 없다. 그들을 하나로 결속시킬 수 있는가, 그렇지 않은가 하는 문제는 경영자의 매력에 달려 있다."

이 말대로, 그의 주위에는 신뢰하는 부하 직원들이 모여 들었고, 그들 역시 이병철을 신뢰하며 최선을 다해 일해 주었다. 또한 실패를 두려워하지 않는 과감한 사업가 정신이 그를 즉시 부산으로 달려가게 만들었다.

삼성물산 발족

1952년 1월, 새로 설립하는 형식으로 삼성물산이 발족되었다. 자본금은 양조장에서 받은 3억 원을 전액 투자했다. 경영진은 조홍제 부사장을 비롯하여 김생기, 구영회(具英會), 허정구(許鼎九) 등 대부분 삼성물산공사 시절의 얼굴들로, 그들은 재건의 의지를 불태우고 있었다. 이병철이 가족을 위해 빌린 주택은 불과 15평 정도로 서울의 호화로운 저택과는 비교도 되지 않았다. 설립사무소는 그보다 훨씬 작은 5평. 이 사무실이 현재 수많은 사원들을 거느리고 수출시장의 다각화와 수출상품의 다변화, 그리고 해외시장 개척에 전력을 기울이고 있는 한국 제일의 종합무역상사 삼성물산의 발상지이다.

"고통도 즐거움도 함께 나눈다. 모두가 하나가 되어 열심히 일한다. 반드시 이윤을 내고 삼성을 일으켜 국가에 보답한다."

서로 말은 주고받지 않았지만 창업에 참가한 모든 사람들의 마음은 이런 것이었다.

당시는, 격렬한 전쟁이 벌어지고 있어 그 중에는 일본으로 밀항을 생각했던 사람도 있었다. 그러나 이병철이 사업을 다시 시작한다는 소문을 들은 그들은 밀항을 포기하고 즉시 달려왔다. 이병철은 혼란과 핍박 속에서 전혀 흔들리지 않고 사업 구도와 방침을 제시했다.

당시의 경제사정은 어떠했을까? 낙동강 이북의 생산시설은 완전히 파괴되었고, 수입물자도 긴급한 군수품 수요로 한정되어 있었기 때문에 식량, 의료품을 비롯한 거의 모든 생활필수품이 부족한 상태였다.

물가도 전쟁수행에 따르는 지출 팽창으로 날이 갈수록 치솟아 전시의 인플레이션 양상을 보였다. 물자의 고갈 상태는 인플레이션에 박차를 가하여 정부도 물가 문제를 해결하기 위해 골머리를 앓고 있었지만 이렇다 할 대책은 내놓지 못했다. 그 때문에 정부는 민간무역을 장려하지 않을 수 없었다. 그렇지 않아도 당시의 공정 환율과 시중의 실질 환율에는 큰 격차가 있었기 때문에 무역상사들 사이에서는 일종의 변칙적인 무역이 붐을 일으켜 앞 다투어 이 분야에 몰려들었다.

이병철은 "단호한 결단을 내리고 달려가는 길을 가로막는 신은 없다"

는 결의로 창업한 삼성물산공사를 상기하고 당시보다 더 뜨거운 열의를 가지고 사업에 매진할 것을 부하직원들과 함께 맹세했다.

무역상사들의 경쟁은 자금조달능력, 기동력, 정보력이 좌우한다. 모든 사원이 최대의 기동력을 발휘하여 '업무' 에 임했다. 삼성물산이 이미 다른 회사보다 우위에 있었던 이유는 기동력과 정보력 때문이다. 미리 수십 품목의 수주 리스트를 작성했기 때문에 삼성이 다루는 대부분의 상품은 발주와 동시에 수요량이 정해져 있을 정도였다. 결과는, 1년 후의 결산에서 자산이 20배 정도로 증가하여 60여 억 원이 되어 있었다. 그러나 그는 이 숫자에 현혹되지 않았다. 당시는 전쟁 중인 초 인플레이션 시대로, 60여 억 원이라는 숫자는 단순히 장부상의 숫자에 지나지 않는다. 그 장부가액도 인플레이션에 의해 날마다 가치가 줄어든다. 어쨌든 그렇다고 해도 거대한 숫자다. 이 숫자를 접한 그는 솔직하게 "놀라움과 기쁨을 금할 수 없었다" 고 술회했는데 동시에 말로 표현하기 어려운 불안과 허탈감을 느꼈다.

"이래도 되는 것일까?"

20대의 나이에 토지사업에 손을 댔다가 불과 2, 3년 만에 1만 섬의 벼락부자가 되었을 때에 느꼈던 자만은 이 시기의 그의 마음에는 이미 존재하지 않았다. 그는 다시 자문자답을 해보았다.

"이렇게 쉽게 돈을 벌어도 되는 것일까. 쉽게 돈을 벌 수 있다는 것은 그 돈으로 얻을 수 있는 모든 것이 허망하다는 의미가 아닐까. 돈은 안일과 명성을 안겨준다. 하지만 그것들은 일시적인 것일 뿐 그 이외의 아무것도 아니다. 인간이 살아가는 데에 필요한 돈에는 한도가 있다."

1937년, 27세의 나이에 마산정미소 사업에 성공하여 사업과 방종으로 밤을 지새우고 잇달아 사업 확장에 착수했을 때의 자신감조차도 그의 표정에서는 찾아볼 수 없었다. 과거에 느꼈던 양조업의 한계 이상으로 무역업에서도 한계를 통감하게 되는 이유는 무엇일까. 60여 억 원의 숫자에 현혹되지 않게 만들고, 더구나 그에게 무역업의 한계를 느끼게 한 것은 무엇일까. 불과 5평의 사무실에서 다른 회사에 뒤지지 않는 기동력과 정보력으로 모든 사원이 최선의 노력을 기울여 얻어낸 성과에도 만족하지 못하는 이유는 무엇일까.

그는 무역업에 대해 본질적으로 실망을 느낀 것은 아니었다. 어슴푸레한 사무실 전등 아래에 놓여 있는 수십 품목의 리스트로 눈길을 주었을 때다. 무역 붐이 들끓고 있다고는 하지만 리스트에 열거되어 있는 모든 품목은 전부가 수입품이었다. 가장 절실한 생활필수품조차 다른 나라의 제품이라는 슬픈 현실. 전쟁 중이라는 최악의 조건을 도외시한다고 해도 '이래도 되는 것일까?' 하는 자성은 이병철 자신만을 위한 것은 아니었다.

한국이 국가적으로 공업화를 위한 경제개발정책을 내놓기 이전, 더구나 전쟁 상황에서 국토의 대부분이 황폐화되어 있던 시점에서 그는 그런 의문을 느꼈다.

해방 직후의 혼란기를 거쳐 정부가 수립된 것은 1948년. 경제개발의 기반을 조성하려 한 것이 1950년. 이때 직면한 6 · 25전쟁은 걸음마 단계에 들어선 근대적 산업시설 대부분을 파괴하고 수많은 인명을 살상했다. 그야말로 민족의 비극이다.

산업시설의 피해는 공업 부문에서는 방적 · 염색공업의 70%, 농기구공업의 40%, 고무공업의 10%나 되었다. 남한의 3대 공업지역—경인(서울 · 인천 지구), 삼척(중부 · 동해안 지구), 영남(대구 · 부산 지구)—중에서 경인, 삼척 지역 공업시설 대부분이 파괴되었다. 공업시설의 피해 총액은 1억 1,500만 달러이며, 광업 · 발전 · 농업시설의 피해를 합치면 3억 5,400만 달러에 이른다. 공공시설과 가옥의 피해도 막대해서 9만9천㎢의 국토가 입은 손실은 총액 30억 3,200만 달러에 달했다. 이 숫자는 1945년부터 1959년까지의 한국에 대한 외국(주로 미국)의 원조금액을 훨씬 웃돈다.

인명 피해는 1952년 3월 말 현재, 사망 23만6천 명, 납치 8만3천 명, 행방불명 29만8천 명, 부상 25만6천 명, 학살 12만3천 명에 이른다. 사랑하는 국토와 귀중한 국가재산, 같은 피를 나눈 동포들 대부분이 불과 3년 남짓한 세월 동안 사라져 버렸다. 이것이야말로 견디기 어려운 민족의 비극이 아니고 무엇이겠는가.

경제활동의 축소, 끝없이 증가해 가는 인플레이션, 이런 최악의 조건 아래에서 얻은 거대한 부(富). 이병철은 1945년 8월 15일 광복의 결의가 가슴속에서 새삼 끓어오르는 것을 느꼈다.

생산 공장을 세우자

국가는 무엇인가? 또 국토는 무엇인가?

사람은 과거의 모든 체험과 지식을 응집하여 직관적으로 방향을 선택하고 결단을 내린다. 이것이 '아이디어'다.

8 · 15광복—독립의 회복, 대한민국 건국의 기쁨과 조국재건의 희망도 잠깐, 국토는 북위 38도 선을 경계로 남북으로 분단되었고, 더구나 지금 6 · 25전쟁에 의해 동족상잔의 민족적 비극의 장소로 변하여 불과 3년 남

짓한 기간 사이에 모든 국토가 잿더미 상태가 되었다.

이병철은, 폐허와 빈곤에서 빠져 나오는 길은 공업화를 추진하는 방법밖에 없다고 보았다. 그 공업화를 어떤 수단으로 달성해야 할까. 민족자본의 축적은 전혀 이루어져 있지 않았다. 한국에 번영을 안겨줄 원동력으로서의 중심적 역할이야말로 공업 추진이다.

인플레이션 때문이라고 해도 어쨌든 60여 억 원은 거액이다. 이 자금을 어떻게 해야 효과적으로 활용할 수 있을까. 그는 이 자금을 자신의 신념에 따라, 죽어서도 세상에 남을 생산사업에 투자하기로 결심을 굳혔다. 본질적인 회의에서 벗어나자 그는 즉시 그 결심을 행동에 옮겼다. 그의 과감한 사업가 정신이 눈을 뜬 것이다.

그의 계획을 들은 삼성물산 중역진들의 반응은 냉담했다. 왜 굳이 순조로운 궤도에 올라 있는 무역업을 내버려두고 경험해본 적이 없는 생산사업 분야에 손을 대려는 것인지 의문을 제시하는 사람도 있었다. 그러나 그의 결심이 이미 확고하다는 사실을 간파한 사람들은 이렇게 물었다.

"생산 공장을 짓겠다고 말씀하셨는데 구체적으로 어떤 공장을 지을 생각이십니까?"

"그건 아직 모릅니다. 앞으로 연구해서 결정하도록 하지요."

그 말에 모든 사원들이 웃음을 터뜨렸지만 생산 공장을 세우겠다는 그의 기본적인 방침에 이의를 제기하는 사람은 아무도 없었다. 방침이 결정되면 다음에는 행동이다.

무엇을 생산할 것인가.—이 문제의 해답을 구하려고 바로 다음 날부터 모든 사원을 동원해서 앞으로 건설해야 할 생산업종을 선정하기 위해 자료 수집에 나섰다. 이병철 자신도 정부의 경제 관료와 경제 전문가의 의견을 수렴하며 돌아다녔다. 대부분 비판적이었고, 찬성보다는 반대하는 쪽이 훨씬 많았다. 격동의 상황 아래에서 거액의 자금을, 더구나 날이 갈수록 화폐가치가 폭락하고 있는 경제상황 속에서 자본잠식기간이 긴 생산 공장에 투자를 하는 것은 투기에 가까운 무모한 모험이라는 이유에서다. 압도적인 의견은, 설사 공장을 건설한다고 해도 그곳에서 생산되는 상품이 시장에 범람해 있는 외국제품과 비교할 때 가격과 품질 면에서 경쟁력을 갖출 수 있는가 하는 문제였다. 국산품에 대한 절망적인 열등감이다.

그들 중 일부는 긴 안목으로 볼 때, 국가적 견지에서의 생산투자가 필요하다는 이유에서 찬성하는 사람도 있었다.

그는 그런 사람들에게 끈질기게 질문을 던졌고, 이런 대답을 들을 수 있었다.

"어떤 물건을 생산하는 데에 투자할 것인지 분명히 해야 합니다."

"필요한 것은 수입대체 산업입니다."

"그러나 당분간 이익을 기대하기는 어려울 것입니다."

지금 수입에 의존하고 있는 필요물자를 국내에서 생산할 수 있는 체제를 갖추지 않으면 한국경제는 언제까지나 선진공업국에 의존하는 형태에서 벗어날 수 없고, 자립적인 발전을 바랄 수 없다는 의견에 그는 전면적으로 찬성했기 때문에 수익성은 제쳐두고 국가와 국민에 도움이 될 수 있고, 긍지를 느낄 수 있는 사업에 착수하겠다는 결심을 굳힌 다음에 두 번째 행동에 들어갔다.

어떤 업종을 선정해야 할 것인가. 그는 그 범위를 우선 제지 · 제약 · 제당의 세 가지 업종으로 압축하고, 즉시 집중적으로 실태조사에 나섰다.

국내의 시장조사와 동시에 외국의 자료도 구했다.

"나는 직관적 판단을 매우 중요하게 생각한다. 조사 자료의 수치만으로는 옳고 그른 결론을 내기 어려운 경우도 많다. 그럴 때에는 경영자의 직관력이 승패를 좌우한다. 물론, 그 직관력은 평소의 치밀한 경영과 풍부한 경험, 그리고 철저한 조사에 바탕을 둔 것이다. 물론, 경영자에게는 이런 직관력만이 중요한 것은 아니다. 직관에 의한 통찰과 실행에 옮기는 결단력도 필요하다."

그 직관력의 이면에는 한국이 자본주의체제 아래에서 살아갈 것을 선택한 이상 발전을 도모하려면 경제적인 합리성을 기초로 한 경쟁구조를 중시해야 한다는 경제철학이 존재했다.

종이, 의약품, 설탕 중에서 어떤 것을 선택해야 좋을까

선발된 후보는 수입물자 중에서 장래에 국민들이 반드시 필요로 하는 물품—종이, 의약품(페니실린), 설탕이었다. 이것들은 모두 막대한 설비투자가 필요했고, 기술적 문제도 있다. 어떤 것을 선정해야 할 것인가. 그 중에서 국산화 가능성이 가장 높은 물품을 선정해야 한다.

우선 제지공업. 해방 전에는 남한에 21개의 공장이 있었는데, 군산에 있는 공장을 제외하면 시설과 규모 면에서 소규모에 지나지 않는다. 대규모 공장은 대부분 북한에 있다. 그렇다고 해도 그 숫자는 14개, 대부분이 전쟁에 의해 파괴되었고, 현재는 부산에 있는 몇 개의 공장만 가동하고 있으며, 총 생산능력은 연간 3, 4톤에 불과했다. 그래서 원조물자와 재생지로 수요를 간신히 충당하고 있다.

다음은 제약업. 8 · 15 이전에는 일본 약품이 시장을 완전히 독점하여 국내 생산시설이라고 해도 기껏해야 간단한 외상약품이나 감기약을 생산하는 정도로 대규모 시설을 통한 다양한 약품 생산은 생각할 수도 없는 상태다. 페니실린 같은 항생물질은 수요가 왕성하지만 그것도 군수품에서 흘러나온 것들로 시장에서 유통되는 양을 파악할 수 없다. 페니실린의 경우에는 생산만 하면 판로를 걱정할 필요가 없지만 생산단가 문제가 있고, 고도의 기술이 필요하다.

세 번째는 제당업. 8 · 15 이전에는 평양에 일본의 대일본제당이 건설한 정당(精糖)공장이 하나 있었다. 그러나 당시 1년에 생산하는 양이 50톤 정도로 소규모였다. 그런데 8 · 15 이후에는 이것마저 없어졌다. 그래서 모든 수요를 외국으로부터의 수입에 의존하고 있다. 그 때문에 연간 200만 달러 가까운 귀중한 외화가 설탕에 의해 사라지고 있다.

이병철은 세 가지 업종을 자세히 검토한 결과, 주저하지 않고 제당업을 선택했다. 외국(미국, 일본)에 의뢰했던 자료도 입수한 상태다. 가장 먼저 도착한 것이 일본의 다나카(田中)기계로부터의 제당공장 관계 견적서다. 그것을 손에 든 이병철은 다른 기업으로부터 견적서가 도착하기를 기다리지 않고 즉시 제당공장 설계계획에 착수했다. 조사에서 착수까지의 빠른 속도는 다른 누구와도 비교할 수 없을 정도라는 점은 앞에서 설명했다.

그의 계획에 대해 정부의 경제부서에서는 대체적으로 찬성했지만, 재계 일부에서는 과거 십 수 년의 각고 끝에 쌓아올린 기업의 기반이 하루아침에 붕괴되는 것이 아닌가 하는 성의 있는 호의에서, 진지하게 반대해준 친구들도 있었다.

이병철은 1953년 4월, 삼성물산에 제당사무소를 설치했다. 회사 이름은 제일제당주식회사(1993년 7월 삼성그룹과 분리, 2002년 10월 CJ로 사명변경). 제일제당의 '제일'은 한국에서 처음으로 근대화 설비를 자랑하는 대규모 공장이라는 그의 자부심과 긍지를 나타낸 것이다. 한국경제의 '제일(첫 번째)' 주자가 되고 싶다는 그의 기개가 깃들어 있다고 말할 수 있다.

이 제일제당이 설립되기 약 한 달 전, 정부는 2월 15일에 통화의 명칭을 종래의 원(圓)에서 환(圜)으로 바꾸면서 단위를 100대 1로 절하하는, 이른바 제1차 통화개혁을 단행했다. 인플레이션 대책을 포함하여 단행한 조치였는데, 예금동결 등의 과도한 조치는 취해지지 않았기 때문에 다행히 그가 계획을 실시하는 데에는 지장이 없었다.

6월에는 발기인 총회를 열었고, 자본금은 새로운 화폐로 2천만 환, 제1회 총회에서 4분의 1의 불입을 완료했다. 설립에 참가해준 사람은 대구 시절부터의 친구인 여상원(呂相源)을 비롯하여 조홍제 등 삼성물산의 중역들이었다.

공장 부지는 부산의 전포동(田浦洞)에 있던 고무공업소 자리로, 약 1천 평이었다. 당시, 임시 수도인 부산에서는 군이 개입하고 있었기 때문에 토지 확보가 매우 어려운 일이었다. 더구나 토지의 지주는 부산고무공업사의 사장인 이동인(李東仁)으로 유명한 옹고집이라고 불리고 있었으며, 누가 아무리 많은 돈을 준다고 해도 토지를 내놓으려 하지 않았다.

하지만 이병철의 계획을 들은 그는 그 의도에 감격하여 흔쾌히 토지를 양도했다. 대구 시절에 이미 이병철을 알고 있던 그는 토지교섭을 하던 중에 이렇게 말했다.

"이 땅이 굳이 필요하다면 두 말 없이 양도하겠습니다. 단, 이것은 당신이 마음에 들어서이지 돈이 욕심나서 파는 것은 아니라는 점만은 분명히 알아주었으면 좋겠습니다."

그 이후, 이병철과 이동인은 서로 오랜 세월 동안 협력하는 관계를 형성하게 된다.

첫 번째 관문인 공장부지 문제는 이동인의 호의에 의해 막을 내렸지만, 그 밖에도 자금과 기술 등 어려운 문제들은 아직 많이 남았다.

일본으로부터 날아온 견적서에 의하면 조업을 개시할 때까지 18만 달러가 필요한데, 이것은 담당관청인 상공부에 외화 신청을 해야 했다. 당시의 외화사정으로 볼 때 상당히 어려운 문제였지만 상공부는 그의 사업취지를 충분히 이해해주고 전폭적인 협력을 아끼지 않았다. 그래도 자금은 부족해서 상공은행으로부터 1천만 환을 대출받아야 했다. 이것도, 당시의 이상실(李相實) 은행장이 흔쾌히 받아들여 자금 면에서의 문제는 일단 해결할 수 있었다.

기계 설비, 운반, 조립, 기술 등의 면에서 그는 미쓰이(三井)물산을 통하여 다나카기계에 제당기계 일체를 발주했다. 이것이 계기가 되어 삼성과 미쓰이물산은 그 후 빈번한 접촉을 가지게 된다.

하지만 이 발주는 일본의 제당업계에 파문을 던졌다. 일본의 어떤 경제지는 '일본의 설탕시장—한국은 일본 업계에 뒤지지 않는 대규모 최신식 공장을 추진 중' 이라고 보도했다. 강력한 라이벌이 나타났다는 이유에서 암암리에 제당기계 수출을 반대하는 의향을 분명히 드러낸 것이다. 일본의 입장에서 볼 때 충격적인 뉴스였지만 일본 재계는 냉정하게 받아들였다. 한국이 일본에 처음으로 기계 설비를 발주하는 것에 의해 한국과 일본의 경제협력에 새로운 국면이 열릴지도 모른다는 이유에서다.

이런 식으로 국제간 사정이 호전되었음에도 불구하고 이 수입에는 뜻밖의 난관이 대기하고 있었다. 이승만 정부의 강경한 반일정책이 그것이었다. 정부는 설사 한국의 공업발전에 필요한 기술자라 하더라도 입국을 허락할 수 없다는 것이었다. 할 수 없이 기계류를 조립하고 있는 국내 서비스회사에 문의했더니, 아무리 제당기계라 해도 설계도만 있으면 충분히 조립할 수 있다고 했다. 국내의 조립기술로도 충분히 처리할 수 있다는 판단이 섰다.

한 가지 문제가 해결되자 다음 문제가 기다리고 있었다. 이번에는 일본기계회사의 사정이었는데, 기술적 지도가 수반되지 않은 상태에서 기계설비를 구입할 경우 정상적으로 가동이 되지 않더라도 책임을 질 수 없다는 내용이었다. 한국의 기술을 신뢰하지 않았던 것이다.

그러나 이병철은 이 말에 화를 내지 않았다.

"내가 제당공장을 계획했을 때, 많은 사람들은 설탕을 만들어낼 수 있으리라고 믿지 않았다. 따라서 일본인이 우리의 능력을 믿지 않는 것도 무리는 아니다."

일본인만이 아니다. 그 후에 독일에 원심분리기를 발주했을 때 독일인들의 반응도 마찬가지였다.

공장 건설. 사정은 어찌 되었든 그의 입장에서는 공장 건설이 급선무였다. 공장장 김재명(金再明)과 함께 몇 번이나 일본을 방문하여 수많은 기계제작소와 제당공장을 시찰하면서 기계에 관한 공부와 기계 운전, 공장 운영 등 단기간에 기술을 흡수하기 위해 노력했다.

이런 고통 끝에 공장 건설이 시작되었다. 건설작업 과정에서 불분명한 점이 발생할 경우에는 국제전화를 이용해서 질문을 했다. 서신을 주고받는 방법도 생각했지만 당시의 우편사정은 양국이 매우 가까운 거리에 있었음에도 왕복 15일이 걸렸다. 그 동안 작업을 중단해야 한다는 것은 시간적으로 매우 큰 손실이었기 때문에 어쩔 수 없이 국제전화로 대체했다. 이 방법도 통화 상태가 최악인 데다가 통화 내용이 기술에 관한 전문적인 것이었기 때문에 쉬운 일은 아니었다. 이병철은 나중에, 사람끼리의 의사소통이 이렇게 어려울 수도 있다는 사실을 이때만큼 절실하게 느껴본 적은 없었다고 술회했다.

그 동안, 그는 문자 그대로 침식을 잊고 현장에 몰두했다. "장수는 출전을 하면 가족을 잊고(忘), 야영을 하면 부모를 잊고(忘), 전쟁이 벌어지면 생명을 잊는다(忘)"는 이른바 '군(軍)의 삼망훈(三忘訓)' 이다. 그의 모든 명예와 전 재산을 투자한 이 정열은 궁극적으로는 국가에 대한 봉사였고, 현장에 울려 퍼지는 망치소리는 한국경제 부흥의 여명을 알리는 노랫소리이기도 했다.

흰 설탕이 나오지 않는다

우여곡절 끝에 예정보다 두 달이 빠른 시기에 공장 체제가 정비되었다. 수입한 기계는 원심분리기 4기와 결정기(結晶機) 1기뿐으로 나머지 기계는 모두 국산 중고철판으로 조립되었다. 부산은 물론 전국의 철물업자를 찾아다니며 철판과 철관 등 중고품에 이르기까지 모두 수집했다. 궁하면 통한다는 말처럼 그렇게 열심히 노력한 덕분에 착공 6개월 후에 마침내 준공을 보게 되었다.

시운전은 1953년 10월 26일. 테스트용 원당(原糖)은 이미 삼성물산을 통하여 입수가 끝난 상태였다. 공장은 긴장과 기대와 흥분에 싸여 있었고, 시동 스위치를 누르려는 이병철의 손은 떨리고 있었다.

그는 마음을 가라앉히고 시동 스위치를 넣었다. 굉음과 함께 대만에서 구입한 원당이 투입되었다. 그러나 쏟아져 나온 제품은 새하얀 정제당이 아니라 액상(液狀) 밀당(蜜糖)이었다. 그것을 보고 이병철을 비롯한 모든 관계자들은 기가 막혔다. 전원이 달려들어 기계를 총점검하고 일본으로 전화를 걸어 사정을 설명했다. 그러나 결함을 찾을 수 없었다. 1분 동안에 1,800회나 회전하는 기계에 가까이 다가가는 것은 매우 위험한 일이었지만 이병철은 그대로 기계 옆에 주저앉아 병든 아이를 바라보는 어머니처럼 꼬박 이틀 밤낮을 보냈다. 고장이 발생하게 된 기술적인 원인을 도무지 알 수가 없다. 대체 어떻게 된 것일까.

그런데 원인은 뜻밖의 장소에서 판명되었다. 어느 날, 기계에만 눈길을 돌리고 있던 이병철에게 정신이 들게 해준 사람은 근처 철공소의 용접공이었다.

"원료를 왜 저렇게 많이 넣었습니까?"

단 한 마디. 마치 하늘에서 계시가 내려진 듯, 그는 순간 깨달았다. 문제가 해결된 것이다. 이 한 마디가 인연이 되어 충고를 해준 용접공은 제일제당에 근무하게 되었다.

이병철은 정당(精糖)이 생산된 이 날, 11월 5일을 창립기념일로 정했다.

아무도 믿지 않는다

설탕 수입가격은 당시 1근에 200환이었다. 제일제당의 최초 제품인 백설탕은 순도 90%, 1만458근을 부평동(富平洞) 신일상회(信一商會)의 김달우(金達瑀)에게 1근에 80환의 도매가격으로 넘겼다. 소비자값은 제일제당의 제품은 100환, 수입설탕이 300환으로 3분의 1 가격이었다.

너무나 싼 가격 때문에 소비자는 이것이 국산품이라는 사실을 쉽게 믿지 않았고, 구입하려 하지도 않았다. 이 불신현상은 선전을 하지 않은 데에도 이유가 있었지만 외제 콤플렉스 때문에 제일제당의 제품을 믿지 않았던 것이 원인이었다. 아무리 뒤떨어지지 않는 제품이라고 설명해도 소비자는 믿어주지 않았다.

"가격이 싼 데에는 결함이 있기 때문이다."

"외제를 섞은 것이 아니냐?"

이런 식이었다. 당시 국내의 전반적인 기술, 빈약한 생산시설을 생각하면 국산품을 불신하는 풍조는 어쩔 수 없는 비극이었다. 또, 낮은 가격도 소비자심리를 납득시키지 못하는 데에 한 역할을 했다.

판매부진현상이 계속 이어지자 참다못해 가격을 올려보자는 의견도 나왔지만 이병철은 단호하게 거부했다.

"그런 얄팍한 생각으로 장사를 할 수는 없다."

그가 가장 안타까웠던 것은 그런 구매심리가 아니라 1년 동안 국산품 1만 톤의 설탕을 소비하는 것에 의해 국가 전체의 외화절약(약 100억 환)이 가능하다는 명백한 사실을 아무도 인정하려 하지 않는 데에 있었다.

그러나 이것도 한 때의 기우에 지나지 않았다. 2, 3개월 후에는 사정이 완전히 바뀌었다. 품질이 우수하고 가격은 3분의 1밖에 되지 않는다는 매력은 어느 틈에 소비자를 끌어들이고 있었다. 그러자 순식간에 수요가 급증하여 '백설' 의 인기는 급부상했다. 결과는 4, 5개월 후에 하루 생산량 25톤을 두 배로 확장해야 하는 상황에 이르렀다.

급증하는 수요에 대응하여 시설을 확장해야 했다. 이동인이 양도해준 부지는 너무 좁았다. 공장을 증설하고 시설을 두 배로 늘려야 한다. '부지가 필요하다' 고 생각한 이병철은 다시 뜻밖의 토지를 입수하게 된다. 이전부터 경계 문제로 분쟁이 끊이지 않았던 이웃 피복 공장에 화재가 발생하면서 다시 이동인으로부터 이 부지를 양도받게 된 것이다. 이것으로 공장증설 문제가 해결되었다. 그는 즉시 구체적인 계획에 착수했다.

그 결과, 1954년에 하루 생산량 50톤이었던 것이 1956년에는 다시 설비를 두 배로 확장하여 하루 생산량 100톤을 달성하게 되었다. 그러나 그는 이 설비확장에 취해 있지 않았다.

기술을 개선하기 위해 부사장 조홍제를 독일로, 공장장 김재명을 일본으로 파견하여 단기간에 우수한 선진국 기술을 비롯한 노하우를 흡수하기 위해 노력했는데, 이 공장증설 계획에는 신예기계 발주 이외에 언젠가는 직면하게 될 국제경쟁에 대응하기 위한 준비, 국제시장으로의 진출이라는 꿈도 깃들어 있었다. 사업에 대한 그의 의욕은 엄청난 것이었다.

"처음에는 단순히 우리의 손으로 설탕을 생산하여 수입 설탕을 대체하는 것으로 거액의 외화를 절약하는 것이 목적이었다."

1954년의 생산량은 연간 2만1,300톤, 국내 수요의 25%를 차지하여 1톤당 35달러의 외화를 절약했다.

한편, 이병철과 중역들 사이에서 가격 인상 문제가 제기되었던 적이 있다. 1954년, 아직 생산능력이 수요를 따라가지 못하던 시절이다. 당시 1근당 10환의 이익이 있었다. 초년도에는 연간 30억 환, 그 다음해에는 7, 80억 환의 순익을 올려 당시로서는 한국 굴지의 대기업으로 성장했다. 더구나 상당한 금액의 순익을 올리면서 아직 공급이 따라가지 못하는 왕성한 수요가 있어서, 한 기업의 관점에서 보면 시장에서의 성과는 당초 계획을 크게 웃도는 것이었다. 반면에, 국민 경제적 관점에서 보면 한국의 경제구조가 근대화 이전의 단계에서 공업능력이 얼마나 빈약하고, 국민생활도 얼마나 가난했는지 잘 설명해준다.

그러자 이런 주장이 나왔다.

"품질은 외국제품에 뒤지지 않는다. 더구나 물건이 부족한 실정이다. 따라서 어느 정도 가격을 인상해도 되지 않겠는가."

그러나 이병철은 중역들이 제시하는 인상안을 한 마디로 거절했다. 이유는 창업 이념을 관철하기 위해서다.

"내가 미개척지인 생산사업에 뛰어들어 사람들이 생각하지도 못한 설탕 생산을 시작한 것은 국민경제에 기여하기 위해서이지 사업을 독점하거나 과점에서 한 기업의 이윤을 극대화시키기 위한 것이 아니다."

"설사 현재 다른 업자가 없어 시장을 독점하고 있다고 해도 기업은 적정이윤 이상을 추구해서는 안 된다."

그리고 그는 종업원들에게 이렇게 말했다.

"적정이윤을 무시하고 폭리를 탐하면 그만큼 소비자의 이익을 무시하는 결과를 낳는다. 소비자의 이익을 무시해서는 기업의 올바른 자세를 유지할 수 없다. 일시적인 이익에 현혹되어 한국에서 처음으로 제당공장을 세웠다는 제일제당의 긍지와 업적에 조금이라도 오점을 남겨서는 안 된다.”

그의 기업윤리관은 계속 이어진다.

“사업은 결코 단기적인 것이 아니다. 장기적인 것이다. 장기적으로 사업을 유지하려면 신용이 제일이다. 신용을 얻는 것은 매우 어려운 일이며, 시간도 걸린다. 반대로, 그것을 잃는 것은 간단하다. 신용만큼 잃기 쉬운 것은 없다. 한 번 얻은 신용을 유지한다는 것은 그것을 얻는 것보다 훨씬 더 어려운 일일 수도 있다. 기업에는 그런 자세가 중요하다. 신용은 기업에 대한 국민의 신뢰다. 기업은 국민의 신뢰를 배신하는 행동은 절대로 하지 말아야 한다.”

기업의 진실과 신뢰는 그가 말하는 대의명분을 관철시키는 데에서 탄생한다. 여기에서, 기업존립의 기반이 어떤 것인지 새삼 확인할 수 있다. 또, 기업존립은 공정한 경쟁을 전제로 한 넓은 시장경제구조를 통하여 가능해진다. 시장원리를 존중하고 바람직한 경쟁을 하는 것에 의해 개인은 물론이고 기업도 왕성한 창의와 연구를 쌓아간다.

이병철은 냉철한 시장경제의 논리를 중시한다. 이것은 그가 업종을 선정할 때에 했던 말을 살펴보면 확연히 알 수 있다.

“자본주의체제 아래에서 살아갈 것을 선택한 우리가 생산을 기초로 삼는 경제를 생각하지 않고 어떻게 발전을 바랄 수 있겠는가.”

그 말대로, 제일제당의 성공은 한국의 다른 사업가들에게 ‘콜럼버스의 달걀’ 이었다.

미개척 분야에서 기업의 성공은 다른 기업의 시장 진출을 재촉했다. 1955년부터 1956년에 걸쳐 동양(東洋), 한국(韓國), 삼양(三養)을 선두로 금성(金星), 대동(大東) 등의 기업이 앞 다투어 제당공장을 건설하기 시작했다. 이른바 제당공장의 전국시대의 출현이다. 기업이 난립한 결과는 불을 보듯 뻔하다. 생산과잉과 과당경쟁이다. 1956년 말, 국내 총 생산능력은 1년에 15만 톤, 이것은 국내 소비량의 거의 3배에 해당한다. 생산과잉은 덤핑 현상을 불러일으킨다. 이 덤핑 현상에 박차를 가한 것이 1957년 1월 설탕에 대하여 물품세를 두 배로 인상한 것이다. 수요가 격감했다.

두 차례에 걸친 증설과 함께 품질향상, 원가절감을 노력해온 제일제당은 시장점유율 49.5%에 도달했지만 당장이라도 도산할 듯한 위기에 빠졌다. 그 동안, 경영이 부실했던 기업(적자기업)은 점차 탈락을 면치 못하게 되었다.

이 경영위기를 어떻게 극복할 것인가.

제일제당의 종업원은 1957년에는 1천 명 가까이 증가해 있었다. 경영합리화로 가는 지름길은 간접비용과 인건비를 절약하는 것이다. 한 가지 방책으로서 미국식 레이오프(layoff; 일시해고)가 있었지만 이병철은 이 방법을 채택하지 않았다.

"기업이 사회에 봉사할 수 있는 첫 번째 방법은 많은 사람들에게 취업의 기회를 주는 것이다. 따라서 기업이 인원삭감, 휴업 등으로 많은 실업자를 배출하게 되면 그것은 사회적 책임을 져야 하는 행위다. 이것은 이윤추구보다 더 높은 위치에 있는 목표이고, 이 책임을 다하기 위해 기업가는 기업을 건전하게 운영해야 한다. 이윤추구는 그런 목적을 위한 부수적인 목표라고 말할 수 있다."

당시는 흔히 '삼백경기(三白景氣)' 라고 불리고 있었는데 여기에서의 '삼백(三白)' 은 밀가루, 설탕, 광목이다. 그는 직감적으로 이렇게 판단했다.

"눈앞의 손실을 고려한다면 당연히 불리하다고 말해야 하겠지만 기업이라는 이름 아래에서 지속적인 경영을 바라는 이상, 제분업을 웃도는 업종은 없다."

이병철은 제분공장을 병설하는 것에 의해 간접비용과 인건비의 분산을 도모했다. 이 적극적이고 과감한, 언뜻 무모하게도 보이는 제분업 겸업이 설탕, 밀가루, 화학조미료, 풍미조미료, 육가공, 사료, 양돈 등의 다품종을 다루는 한국 최대 식품회사의 기초가 된다.

창업 이후 현재에 이르기까지 한국경제와 고락을 함께 해온 제일제당. 이병철은 결과에 만족하지 않고 싼 가격에 좋은 품질의 제품을 공급하기 위해 장기계획에 바탕을 두고 신제품과 신기술을 개발한 결과, 국제경쟁력 강화를 위해 노력하기에 충분한 기초를 구축했다. 제일제당은 설탕으로서는 이미 1967년에 국내 최초의 KS(한국공업규격) 마크를 획득했고, '품질관리운동'을 '공장새마을운동'과 직결시켰다. 그 성과는 품질의 고급화는 물론 원가절감, 원재료 절약으로 나타났다. 동시에 근면, 자조, 협동이라는 새마을운동의 기본정신을 기업 내부에 정착시킬 정도로 이병철의 이 같은 결단은 훌륭한 결실을 맺었다.

4 제일모직

어떤 사업에도 위험은 있다
위험이 느껴지는 사업만큼 위험한 것은 없다
따라서 계획을 세울 당시에 그 싹을 하나하나 잘라버려야 한다

마카오 신사

1953년, 휴전협정이 조인되었다. 당시의 한국은 이른바 삼백경기에 들끓고 있었지만 밀수 때문에 경제는 혼란스러웠고, 특히 양복지는 더욱 심한 혼란을 보였다.

해방 이후, 한국에서는 말쑥한 양복을 입고 걸어 다니는 사람을 '마카오 신사'라고 불렀다. 산뜻해 보이는 양복지는 대부분 홍콩이나 마카오에서 수입한 외국제품이었다. 국산 양복지가 전혀 없었던 것은 아니지만 품질이 뒤떨어졌기 때문에 대량의 밀수품이 횡행했다. 당시에는 그것을 지극히 당연하다고 생각했다. 시장에 밀수품이 범람한다는 것은 사회문제이기도 했지만 정부와 행정관청은 그 사실을 알면서도 유입을 막을 방법이 없었다.

양복의 국산화. 이것이 실현된다면 국민생활 향상과 국민경제 발전에 크게 공헌할 것은 명백했지만 사람들 대부분은 불가능하다고 생각했다. 제당사업 때와 마찬가지로 모든 사람들이 양복의 국산화는 무리라고 생각했다. 방적은 막대한 자본과 고도의 기술이 필요한 사업이기 때문이다. 특히, 신사복지용 서지(serge), 우스티드(worsted)를 짜기 위해 세모(細毛)를 사용하는 소모방적(梳毛紡績)은 매우 어려운 일이라는 인식이 있었다.

역사적으로도 한국은 예로부터 마직(麻織) 의류를 착용해 왔는데, 조선시대로 접어들어 면방(綿紡) 기술을 알게 된 이후에 주로 면직의류를 착용하게 되었다. 근대 이후에도 광목은 일상생활에서 떼어 놓을 수 없을 정도였고, 당시의 방적은 면 종류 일색이었다. 국산 모직물이 전혀 없었던 것은 아니었지만 그것들은 모두 일본 식민지시대부터 사용해온 낡은 구식기계로 만들어진 제품으로 말이 모직물이지 서지, 우스티드라고 불리는 이른바 '본격복지'에 속하는 소모방적 제품과는 질이 전혀 달랐다.

생활에 절대로 빼놓을 수 없는 옷. 마카오 등에서 들어온 원단은 1천 환(약 45달러) 정도였는데, 당시의 국민소득은 불과 70달러에 불과했다 열악한 생산시설과 기술, 궁핍한 자원, 극도로 낮은 국민생활, 덧붙여 압도적인 외국제품 의존. 그것이 당시 한국경제의 실정이었다.

제일제당이 궤도에 올라 첫 번째 증설계획이 수립된 어느 날, 1천여 명에 이르는 공장 종업원들의 생산 활동에 여념이 없는 모습을 지켜보던 이병철은 새로운 구상과 의욕을 느꼈다. 양복지의 국산화.

"보다 규모가 큰, 보다 근대적인 공장을 만들어 한국인의 사업능력에 대한 국제적인 인식을 바꾸어놓자. 그리고 세계시장에 도전하자."

그렇게 결심을 굳혔을 때, 그에게는 일찍이 마산 시절에 히노데자동차회사를 경영하면서 한껏 들떠 있던 마음은 흔적도 찾아볼 수 없었고, 엄숙한 책임감만이 감돌았다. 그것은 사명감이라고도 표현할 수 있었다. 그 결의에는 마산, 대구 시절과는 완전히 달라진 이병철의 기업관, 인생관이 가득 차 있었다.

모직공장 건설

1954년 9월 15일, 이병철은 우선 1천만 환을 자본금으로 투입하여 제일모직공업주식회사를 창립했다. 설립을 할 때까지 숱한 반대와 충고, 조소가 있었던 것은 굳이 설명할 필요도 없을 것이다.

모직물 생산에 대해서는 완전히 문외한이었지만 자신의 손으로 최신 소모방적 공장을 세우겠다고 결심한 그는 이미 제일제당을 증설하기 위해 독일로 파견한 조홍제 부사장에게 모직물 공업에 관한 계획을 검토하게 한 상태였다. 예비 조사는 충분히 이루어져 있었던 것이다.

그러나 그의 이런 생각에 대해 사내의 중역들은 한결같이 반대했다. 자금에 여유가 있다는 이유에서 신규사업을 시작하는 것은 좋지만 모직물만큼은 곤란하다는 이유에서다. 신규사업을 시작하려면 긴 안목으로 볼 때 가장 안전한 면방을 선택해야 한다는 것이 그들의 주장이었다.

이병철은 그들의 의견은 충분히 경청할 필요가 있다고 생각하여 모방인가 면방인가 하는 결정을 일시적으로 보류하고 중역들과 함께 두 가지 가능성에 대해 신중하게 조사해보기로 했다.

그러던 어느 날, 이병철과 장시간 이야기를 나누고 있던 강성태(姜聲

部) 상공부 장관이 이 문제에 대해 다음과 같이 말했다.

"이 사장의 의견이 옳다고 생각합니다. 지금까지 면방 쪽이 호황을 누렸지만 긴 안목으로 보면 모방에는 미치지 못할 것입니다. 면직물을 짜는 기술은 이미 한계에 도달해서 어디에서나 볼 수 있을 정도로 진부해졌습니다. 그 정도라면 누구나 할 수 있는 업종이 아니겠습니까. 어차피 큰 사업을 해볼 생각이라면 단연코 새로운 사업에 손을 대야지요."

이 말에 힘을 얻은 이병철은 다시 신념을 굳힐 수 있었다. 강 장관은 자신이 알고 있는 모직물공업 현황에 대해 좀 더 자세히 설명해 주었다.

"한국에서는 연간 1천만 달러나 되는 소모사(梳毛絲)를 수입하고 있지만 양복지다운 양복지는 생산할 수 없는 상태입니다. 한편, 모직물 완성품은 어느 정도나 들어와 있는지 그 실태를 알 수 없을 정도입니다. 삼성 같은 기업에서 선구자로서의 역할을 담당해주시지 않겠습니까?"

이것으로 이병철은 면방계획을 파기하고 모직공장을 건설하기로 결심을 굳혔다. 그리고 이 결심을 중역들에게 알린 뒤 다음과 같이 설득했다.

"면방인가 모방인가 하는 문제를 결정하기까지 상당히 긴 진통을 겪었지만 이제는 분명한 자신감이 생겼습니다."

주위에서는 비웃는 사람도 많았다.

"삼성의 이병철이 또 무슨 일을 벌이려는 것 같아."

"모직공장이라던데."

"제당사업에서는 확실히 성공을 거두었어. 하지만 모직도 가능하다고 생각한다니, 터무니없는 발상이야."

재계의 반응도 냉담했다. 모직공장을 세워서 과연 국제시장에서 군림하고 있는 영국의 소모방적과 경쟁할 수 있을까. 일본의 모직물조차 100

년의 역사를 가지고 있다. 거기에 도전하겠다는 것 아닌가.

기술적으로는 절망이라고 말할 수 있을 정도로 한국의 기술력은 매우 낮았다. 한국에는 당시 모방적을 경험한 기술자는 거의 없었다. 균등한 품질의 서지나 우스티드를 짜려면 우선 원료의 품질을 확보해야 한다. 제품의 품질은 원료에 의해 70% 이상이 좌우된다. 더구나 원료와 기계의 상생관계도 있다. 자신의 기계에 맞는 원료를 선택하는 것만으로는 충분하지 않다. 만들려고 하는 제품의 품질에 어울리는 원료여야 한다. 원료 선택에도 전문지식과 풍부한 경험이 필요하다. 오랜 세월 동안 축적된 기술과 노하우가 필요하다. 또, 근대적 공업부문에 속하는 소모방적에는 거액의 자본이 들어가야 한다. 하물며 국제시장으로의 진출은 '꿈' 이라는 것이다. 이것은 포기와 같은 비판이다.

이병철은, 무모하다는 사람들의 의견도 충분히 이유가 있다는 생각으로 겸허하게 받아들이면서도 모직공장 건설을 단념하지는 않았다.

"이런 잡음이 많으면 많을수록 내게는 묘한 투지가 샘솟는다."

어쨌든 회사 설립이 급선무였다. 자본금은 일단 1천만 환으로 정하고, 앞뒤 생각하지 않고 제일모직을 설립해버렸다. 경영진은 삼성물산, 제일제당과 비슷한 얼굴들이었다. 운영을 담당할 전무이사로는 일찍이 대구에서 양조업을 사수한 실적을 가지고 있는 이창업을 기용했다.

정말로 위험하다면 처음부터 손을 대지 말라

제일모직의 목표는 국제수준의 제품을 생산하여 국제시장에서 그 존재를 인정받는 것이었다. 따라서 생산설비는 세계 최고 수준이어야 한다.

생산규모도 국제수준이어야 한다. 처음에는 국내시장을 상대하니까 거기에 어울리는 규모로 만들어야 한다는 의견도 있었다. 규모가 작으면 그만큼 위험부담도 줄어든다는 이유에서였지만 여기에 대해 이병철은 다음과 같이 대답했다.

"어떤 사업에든 위험부담은 있습니다. 그러나 처음부터 위험을 느끼면서 사업을 시작하는 것만큼 위험한 일은 없지요. 정말로 위험하다면 처음부터 손을 대지 않는 것이 낫습니다. 그것은 규모의 대소 문제가 아닙니다. 위험하다고 생각한다면 의문의 여지가 남지 않을 때까지 계획단계에서 전력을 기울여 위험의 싹을 하나하나 제거하는 것이 중요하지요."

그는 공장의 설계에 대해서도 장래에 국제시장으로 진출하게 되었을 때에 충분히 대응할 수 있는 시설을 설계해야 한다고 주장했다.

"어떤 공장을 설치하든 규모를 크게 하는가 아니면 작게 하는가 하는 문제에 이르렀을 때에 단기적으로 보면 작은 쪽이 유리합니다. 하지만 긴 안목으로 보면 처음부터 크게 만드는 쪽이 훨씬 유리합니다."

한국경제가 아직 본격적인 공업화로 접어들기 이전 단계에서의 이병철의 포부이며 경영철학이다. 중요한 것은 사업가의 '경영철학의 폭' 문제라고 주장하는 이병철은 '피 같은 땀으로 물건을 생산하고 높은 부가가치를 축적하여 확대재생산으로 이끌어 가는' 전형적인 산업자본가일 것이다. 대규모 산업설비가 부족하고 국민의 소비구조를 고도화시키기 위한 발전요소가 없었던 한국. 국제시장으로의 진출은커녕 국내시장도 너무 좁아서 외국제품이 시장을 거의 점유하고 있던 한국. 계열적인 우회생산과정도 없는 초보적인 생산구조로 공업발전에 있어서 매우 불안정한 요인이 존재했던 당시에 그의 청사진에는 이미 장대한 생산구조의 모델이 그려져 있었다.

휴전 이후, 급속도로 회복과 성장의 모습을 보이고 있었다고는 하지만 발전을 향한 충분한 기초가 만들어지지 않았던 1950년대 초반의 한국경제. 이병철의 경영에서는 진정한 산업자본가의 모습을 엿볼 수 있다.

공업 근대화 이전, 가뜩이나 낮은 위치에 놓여 있던 기술수준을 높이고 수출상품을 점차 고도화시켜 국제 경쟁에서 승리를 이끌어내려면 외화와 함께 적극적으로 기술을 도입하여 그것을 응용하고 개발하는 일이 가장 급선무였다.

대규모 공장을 건설하기 위한 외자도입 문제를 어떻게 처리할 것인가. 우선, 미국의 대외원조국과 상담했지만 예상한 대로 그들은 이병철의 생각이 무리라는 반응을 보였다. 이병철은 그 반응에 반론을 펴면서 불가능해 보였던 제당공장을 설립하여 성공을 거둔 예를 들었다. 그러나 상대는 모직공업과 제당사업을 동일시하는 것은 잘못된 관점이며, 자금과 기술 등에 있어서 한국의 수준으로 볼 때 실현이 불가능하다는 회답을 해왔다.

외국자본과 직접 시설을 도입하는 수밖에 없다고 판단한 이병철은 이 문제를 해결하기 위해 서둘러 일본으로 건너갔다. 업계의 조사를 겸한 일본 방문이었지만 일본 업계의 반응은 매우 냉담했다. 강력한 라이벌 출현에 두려움을 느낀 것이다. 하지만 단 한 개 회사, 대일본모직의 기술담당 중역만은 예외였다. 그는 매우 우호적인 태도를 보이며 자진해서 공장시설 설계도를 이병철에게 건네주었다. 전문가가 아닌 이병철의 눈으로 보더라도 그것은 일본 모직기계 사용을 전제로 한 것이라는 점은 확인할 수 있었다. 이 설계도에는 생산직 여직원 문제에 이르기까지 매우 세밀하게 기록된 60개 항목이 덧붙여져 있었고, 그 가운데 10개 항목이라도 결여되면 품질 좋은 제품은 기대할 수 없다는 내용까지 포함되어 있었다.

이병철은 이 계획서를 바탕으로 즉시 정부 당국에 일본 기계 도입 허가를 신청했다. 며칠 후, 경무대(당시의 대통령 관저)의 비서를 통하여 대통령의 허가는 떨어졌지만 일본 기계 대신 독일 방직기계를 사용해야 한다는 조건이 붙어 있었다.

이승만 대통령이 이런 지시를 내리게 된 배후에는 정부의 독자적인 모직물공장 건설 계획이 있었다. 정부 당국은 다량의 모직물 수입과 여기에 수반되는 외화 손실에 애가 타 독자적으로 모직사업에 손을 대서 직접 관할하는 기업으로 관리하다가 시기를 보아 민간에 불하한다는 계획을 세워놓고 이미 독일 함부르크의 스핀바우 사(社)에 5천 추(錘; 방적공장에서 방추를 세는 단위)를 발주한 상태였다. 따라서 삼성이 모직물공장을 계획하고 있다면 정부의 입장에서 보면 더할 나위 없이 반가운 일이었다. 물론, 이병철을 비롯한 중역들은 정부의 이런 계획을 꿈에도 모르고 있었다. 후일, 정부의 이런 의향을 알게 된 이병철은 한편으로 놀라면서도 영광스러움을 느꼈다.

이병철은 즉시 스핀바우 사의 기계를 구입하기로 결정하고 미국의 대외원조국을 통하여 필요한 외화 60만 달러의 신용장을 작성했다. 이것이 한국과 독일의 민간무역 제1호다.

조홍제 부사장이 서유럽 여러 나라의 모직물업계 시찰여행에서 귀국한 지 두 달 후에 독일에서 최고의 권위로 불리는 모직공장 설계자가 작성한 설계도가 도착했다. 하지만 이 최고권위자가 만든 설계도도 입지와 기상 등의 조건이 하나 같이 한국의 실정에 맞지 않았다. 이병철은 즉시 실정에 맞도록 수정하라는 지시를 내리고 스핀바우 사의 기계 이외의 부속시설은 영국, 이탈리아, 프랑스 등의 최고급 기계를 독자적으로 발주했다. 여기에서 각국의 제품을 각각 별도로 도입한 데에는 이유가 있었다.

모직공장에 대해 살펴보자. 선진공업국에서는 제사(製絲), 염색, 가공, 직물 등 각 공정이 분업화되어 있고, 공장도 각각 독립적으로 분리되어 있지만 한국에서는 이런 모든 공정을 집중적으로 한 세트로 만들어 일관성 있는 작업을 해야 할 필요가 있었다. 그래서 기계를 발주하는 것 자체가 다른 나라에 비하여 매우 까다로운 조건에 놓여 있었다. 한편, 이 당시 미국 대사관 쪽의 소개로 유명한 모직물기계 회사인 화이팅(whiting) 사의 중역이 방문한 적이 있다. 그는 이병철에게 마치 힐문하는 듯한 말투를 사용하면서 단도직입적으로 이렇게 잘라 말했다.

"당신은 미국의 달러를 사용하면서 왜 유럽의 기계를 구매하려 하는 것입니까. 우리 화이팅 사의 우수한 기계를 왜 구매하려 하지 않는 것입니까?"

그러자 이병철은 다음과 같이 대답했다.

"화이팅 사의 기계도 물론 우수합니다. 하지만 그것은 같은 디자인의 복지를 대량으로 생산하는 데에 가장 적합하지요. 우리 회사에서는 다양한 디자인과 고품질을 갖춘 소량의 제품을 만들고 싶습니다. 그 목적을 달성하려면 독일의 제품이 가장 적합하다고 생각합니다."

이병철의 다품종, 고품질 생산이라는 생각에는 한국인의 패션 지향성이 고려되어 있었다. 우아한 아름다움을 표현한 기품이 감도는 디자인으로 이루어진 수많은 공예품에서 볼 수 있듯 패션에 대한 감각은 매우 날카롭고 뛰어나다. 더구나 개성이 지나칠 정도로 '옷'에 대한 욕구가 강렬하다는 점을 이병철은 모직물 생산을 결심하는 단계에서 이미 계산하고 있었다. 그 자신도 역시 세련된 멋을 즐기는 신사였다.

제일제당의 경우와 달리, 특히 패션 성향을 중시하는 모직물 생산에 있어서는 욕구 탐구, 마케팅, 신제품 기획, 창조적 기술개발 등 세밀한 경영계획이 요구된다는 점은 말할 필요도 없다. 이병철은 거시적인 관점에서뿐 아니라 이런 미시적 경제계획도 감안하여 독일을 중심으로 각국에 기계를 발주했다.

화이팅 사의 중역은 그 후 몇 차례 더 방문하여 "모직물 생산에는 적어도 24개 부분에 이르는 많은 기술자가 필요하다"고 끈질기게 매달렸지만 이병철은 "우리 손으로 직접 건설하겠다"는 처음의 방침을 변경하지 않았다. 그러자 그는 이렇게 말했다.

"당신이 세운 모직공장은 3년 안에 제대로 된 제품을 만들어낼 수 없을 것입니다. 만약 그게 가능하다면 내가 하늘이라도 날아 보이지요."

그 정도로 당시의 한국은 선진공업국으로부터 경시를 당하고 있었다.

기술자는 우리나라에도 있다

기계 발주는 완료되었다. 다음에는 공장부지 선정이 문제였는데, 모직물공장 건설에 필요한 모든 조건—기상, 설계, 자금, 기술자 훈련, 용수(用水), 수질, 온도, 건설 등 48개 항목에 걸친 체크포인트를 메모한 내용을 중역들에게 보여주고 현황과 대책은 충분히 마련되어 있다는 취지를 설명했다.

이병철은 메모광으로, 자동차 안에서는 물론이고 자택의 서재에서도 무슨 생각이 떠오르면 즉시 메모를 해둔다. 그 메모가 모직물공장 건설

전문가인 화이팅 사의 중역 같은 인물도 감탄하게 만든 것이다.

48개 항목 중에서 가장 중요한 포인트인 부지문제를 어떻게 해결할 것인가. 수많은 후보지 중에서 선정된 대구시 북구 침산동(砧山洞)에 공장을 건설하기로 결정하고, 상당한 넓이의 공장 부지를 매입했다. 어떤 업종의 공장을 건설하더라도 전력, 동력, 교통, 용수, 기상 등의 기본적인 조건이 갖추어져야 하지만 섬유공업의 경우에는 특히 온도와 습도의 변화가 적은 토지가 선정되어야 한다. 한국의 기후는 온화하기는 하지만 대륙성과 해양성의 중간으로, 같은 위도의 다른 나라와 비교하면 대륙성 기후에 가까워 사계절의 구별이 분명하다. 그 때문에 각 계절의 기온 차이가 심하다. 이 부분에 있어서는 현대과학의 힘을 빌리는 수밖에 없었다. 또, 용수 문제도 그렇게 풍부한 편이 아니었기 때문에 별도의 수단을 강구해야 했다. 기술력을 이용한 보완이다.

검토 결과, 선정된 건설용지는 7만 평의 광대한 부지였다. 7만 평은 너무 넓다는 주위의 주장도 있었지만 그는 "얼마 지나지 않아 7만 평도 좁게 느껴질 것이다" 면서 그들을 설득했다.

당시의 침산동은 대구시 교외의 전답이었는데, 모직물공장도 그 후의 잇따른 증설에 의해 10만 평 부지를 가득 메워 그가 예상했던 대로 좁게 느껴진다. 이런 점에서 보아도 그의 통찰력이 얼마나 뛰어났는지 충분히 이해할 수 있다.

1955년 3월, 성대한 지진제(地鎭祭)가 실시되었고, 동시에 정지공사(整地工事)가 개시되었다. 공업용수는 6킬로미터나 파이프를 매설하는 것으로 해결했다. 공장 건설→가동→제품 출하까지 매우 빠른 속도로 사업은 진행되었다.

"공장을 건설하는 데에 많은 시간이 걸리면 그만큼 비용이 많아진다. 비용이 많이 들면 그만큼 제품의 단가를 높일 수밖에 없다. 공장은 가능하면 빨리 건설해야 한다."

이병철은 공장 건설을 서둘렀다. 정지공사를 개시하자마자 독일의 스핀바우 사로부터 기술책임자가 도착했다. 그는 주문받은 기계가 이미 완성되었다는 사실을 알리고, 기계가 도착하는 대로 즉시 시설공사를 시작하겠다는 뜻을 전했다. 그리고 이렇게 말했다.

"시설공사에는 각 부문에 걸쳐 독일인 기사 60명이 필요합니다. 조업을 시작할 때까지 적어도 1년은 그들이 있어야 합니다."

이병철은 순간적으로 계산을 해보았다. 1인당 한 달에 450달러를 지불한다고 하자. 1년이면 5,400달러. 60명이니까 32만4천 달러. 인건비만으로 32만4천 달러라는 막대한 금액이 든다. 거기에 관련 비용을 더하면 이 숫자는 더욱 커진다. 만약 그 돈을 지불하지 않으면 공장을 건설할 수 없다면 모르지만 자기들의 손으로 가능한 일이라면 그야말로 쓸데없는 지출이 된다. 이병철은 기술책임자에게 단정적으로 말했다.

"기계조립은 우리(국내) 기술자만으로도 할 수 있습니다. 염색, 가공, 냉방 등의 공정은 우리에게도 유능한 기술자가 있으니까요. 스핀바우 사에서는 설계도와 직물관계 공정에 대해 한 명씩 합계 세 명을 파견해주면 됩니다. 그리고 반 년 안에 준공을 해보이지요."

기술책임자는 이병철의 방침에 어이가 없다는 표정을 보이면서 설득하기 시작했다.

"우리 회사는 세계 각국에서 20년간의 실적과 경험을 쌓아왔습니다. 인도에서도, 터키에서도 삼성과 비슷한 규모의 공장건설을 맡았지만 모두

60명의 기술자를 파견했습니다. 더구나 건설에는 2년의 기간이 필요합니다."

"우리는 인도나 터키와는 사정이 약간 다르지요. 한국에는 각 방면에 걸쳐 매우 유능한 기술자들이 많기 때문에 직조부문에 대해서만 서너 명의 기술자가 와주는 것으로 충분합니다. 그리고 한국인이 조립한 기계의 기능에 대해서는 스핀바우 사는 책임을 질 필요가 없습니다."

먼저 미국의 화이팅 사도 그렇고, 독일의 스핀바우 사도 선진공업국의 엔지니어들이 한국의 기술을 얼마나 낮추어보고 있었는지 잘 알 수 있는 예다.

이병철은 이 교섭에서 외자도입, 기술도입을 다각적으로 재빨리 진행하여 의존형에서 자주개발형으로 이행해 경제력을 충실화해야겠다는 사실을 뼈저리게 느꼈다.

이병철은 착공 후, 틈이 있을 때마다 공사현장을 돌아보면서 공사 진행을 담당하고 있는 기술자에게는 물론이고 일개 작업인부에 대해서까지 모직공장을 건설하려는 자신의 의도를 설명하면서 이렇게 부탁했다.

"지금 여러분들의 손으로 국제수준에 뒤지지 않는 공장이 지어지고 있습니다. 여러분, 최선을 다해 주십시오."

또, 각 부문의 기술책임자에게는 "기술적인 문제는 전적으로 당신을 믿습니다"라고 믿음을 보이는 것으로 그들의 자주적인 해결을 기대했다. 이병철은 마음속으로 그리고 있는 이상적인 공장이 어떤 것인지 역설하면서 건설공사를 서둘렀다.

같은 의미에서, 이병철은 이상적인 공장을 실현하기 위해 생산직 여직원들이 사용할 기숙사와 정원을 만들었다. 전원공장(田園工場)의 시작이다. 노동환경도 정비했다. 이곳에 모이는 생산직 여직원은 약 1천 명. 방적공장은 스위치 하나에 의해 기계가 가동되고 제품이 출하되는 제당공장과는 달리 일손이 필요하다.

"생산직 여직원들 대부분은 시골에서 혼자 대구로 올라온 아가씨들이다. 따라서 단순히 직장만으로 끝나는 것이 아니다. 부모님들로부터 신뢰를 받을 수 있도록 그녀들을 맡고 있는 책임을 다해야 한다."

특히 1천여 명의 생산직 여직원 기숙사 건설에 있어서 아침저녁을 가리지 않고 자주 현장으로 달려가 간청했다.

"여러분의 딸이나 여동생이 살 집을 짓는 것이라고 생각하고 편리한 시설, 좋은 환경을 만들 수 있도록 배려해 주십시오."

다른 기업경영자들에게서는 볼 수 없었던 일이다. 침식을 하는 장소만으로는 충분하지 못했다. 모직공장에서의 그녀들의 작업은 단순하면서 단조롭기 때문에 자칫하면 정서가 불안정해지거나 정신적인 건강을 해치기 쉽다. 기숙사 생활을 통하여 교양이 쌓이고 심리적인 안정을 얻을 수 있는 일환으로서 기숙사 주위에 정원을 만들어 꽃과 나무를 심었다.

이병철은 이 비용으로 약 3만 환을 투입했는데, 당시에 사원기숙사에 거액의 자금을 투입하는 사업가는 없었기 때문에 주위에서는 낭비라는 비판이 나왔다. 그런 비판에 대해 이병철은 이렇게 대답했다.

"일을 하는 환경이 나쁘면 작업을 하기 싫어지고 능률이 떨어집니다. 능률이 떨어질 뿐 아니라 좋은 제품이 만들어지지도 않지요. 단, 좋은 제품을 만들기 위해서만 생산직 여직원의 생활환경을 쾌적하게 만들려는 것은 아닙니다. 세상이 아무리 혹독하다고 해도 다른 사람에게 피해를 끼치면서까지 돈을 벌려는 사람은 별로 없을 것입니다. 우리나라에는 '내

자식이 귀여우면 남의 자식도 귀한 줄 알아야 한다' 는 속담이 있는데, 바로 그런 마음으로 좋은 환경을 조성하려는 것입니다."

당시, 한국의 노동력 공급은 전반적으로 인력이 부족하다고 알려져 있었지만 제일모직의 경우에는 생산직 여직원으로 들어갈 수 있는 문이 매우 좁아 10대 1의 경쟁률을 보였다. 2천 명을 수용할 수 있는 기숙사는 일단 입사하면 그만두고 싶은 마음이 전혀 들지 않았다고 한다. '공장건설 기간이 길어지면 그만큼 제품의 단가가 올라간다' 는 그의 지론에서는 경영자로서의 냉철한 측면을 엿볼 수 있음과 동시에 자상한 아버지 같은 너그러운 마음도 깃들어 있다. 때로는 3교대로 철야작업을 강행해야 할 때도 있었지만 그의 열의가 효과를 보았는지 공사는 매우 빠르게 진행되어 불과 6개월 만에 준공을 보았다.

언뜻, 무모하게 보였던 그의 자신감에 찬 예언대로 반 년 만에 공사가 완공된 것을 확인한 독일의 기술자들은 일제히 박수를 보내며 찬사를 아끼지 않았다. 이병철은 그들의 칭찬을 고맙게 받아들였지만 이 공사를 통해서 앞으로 선진국의 어떤 우수한 기술을 도입한다고 해도 한국인의 손으로 충분히 극복할 수 있다는 자신감을 얻었다.

이제 일본의 기술을 능가했다

시운전에 들어간 것은 1956년 3월. 그 동안, 정부에서 발주한 모직기계 5천 추도 도착해서 삼성은 이것을 인수하여 도합 1만 추의 규모가 되었다. 이 기계는 이병철이 구입한 것과 비교하면 가격은 40%가 비쌌고, 규모는 작았다. 기계를 세밀하게 점검하자 수많은 부품이 결여되어 있어 만

약 이병철이 이것을 인수하지 않으면 거의 사용이 불가능할 정도였다. 그래서 정부도 이런 요청을 한 것이 아닐까 하는 생각이 들었다. 정부는 이것을 인수하게 하는 대신, 국내외의 자금을 전액 원조하겠다는 방침이었지만 그것을 실현하려면 3, 4년은 걸려야 했다. 한시라도 빨리 생산을 서두르고 있던 이병철은 모든 자금을 직접 부담해야겠다고 판단했다.

기념할 만한 조업개시일은 1956년 5월 2일. 하늘은 파랗게 물들어 제일모직의 조업을 축복하는 듯했다. 몇 개월의 과로 때문에 체중은 7kg 정도 줄었지만 그 동안, 이병철은 한 번도 피로를 느끼지 않았을 정도로 모든 신경을 집중하고 있었다.

품질은 예상을 훨씬 웃돌았다. 한국산 원단으로서 최우수 품질이라고 말할 수 있었다. 그러나 유감스럽게도 영국제와 비교하면 질이 떨어졌다. 겉보기에는 흠 잡을 데가 없을 정도로 훌륭한 복지였지만 만져보면 왠지 모르게 무른 듯한 느낌이 있었고, 들어보면 축 처지는 모습을 한 눈에 알아볼 수 있었다. 처음부터 영국제를 능가하는 제품을 기대했던 것은 아니지만 막상 만져보니 그가 생각하고 있던 복지와는 너무나 큰 차이가 있다는 사실을 인정하지 않을 수 없었다. 독일의 기술자도 고개만 숙이고 있을 뿐, 어디에 원인이 있는지 짐작조차 하지 못했다.

이병철은 제당공장의 경우와 마찬가지로 이번에도 원인은 가까운 주변에 있을 것이라고 판단했다. 점검 결과, 예상대로 원인은 압착부족이었다는 사실이 판명되었고, 그 부분을 수정하자 꽤 품질이 좋은 복지가 나오게 되었다. 원인은 모직의 최종공정인 프레스가 느슨했기 때문이었다.

이병철은 그 자리에 모인 모든 사원을 향해 각각 복지를 직접 만져보고 품평을 해보라고 재촉했다.

"아직 영국제에는 미치지 못하지만 기존의 국산품과는 전혀 다르다."

대부분의 사원들이 이렇게 말하며 기쁜 표정을 지었지만, 분명히 이런 말이 나올 것이라고 예상하고 있던 이병철은 그가 가지고 있던 양복 중에서도 가장 질이 좋은 영국제 복지로 만든 양복을 입고 그 자리에 참석해 있었다. 이 의도는 장래에 영국제품을 비롯한 선진공업국 제품과 충분히 경쟁을 할 수 있도록 품질개선에 전력을 기울여야 한다는 사실을 '현장'에서 되새기며 사원들을 교육하는 데에 있었다.

그러나 양복지의 품질개선은 하루아침에 이룰 수 있는 일이 아니었다. 우선 원료를 매입하는 것이 어려웠고, 조업도 불안정했다. 게다가 정밀기계인 만큼 실제로 고장이 자주 발생했다. 약간의 고장이 발생해도 부품은 당연히 국내에서 조달할 수 없었다. 제조 기업에 발주해도 도착할 때까지 1년 가까이 걸린다.

그리고 원료의 문제도 울톱(Wool-Top)이라는 원료를 구입했지만 해외의 상사로부터 보내어지는 소량의 샘플은 그야말로 샘플이었다. 실제로 날아오는 원료는 대부분 샘플보다 품질이 떨어졌다. 모직물의 품질은 원료에 의해 70%가 좌우된다. 양모(羊毛)를 비롯한 천연자원이 부족한 국가의 슬픔을 이병철은 뼈저리게 통감했다. 그러나 그는 이러한 곤경에도 굴하지 않았다. 규격대로의 원료를 확보하지 않으면 안 된다. 양모제품의 가격변동 정보도 신속하게 파악해야 한다. 장애는 한두 가지가 아니었다. 그는 모든 사원을 동원하여 정력적으로 그런 문제들을 하나하나 해결해 나갔다.

제조기술 향상을 위해 주저하지 않고 적극적으로 기술자를 외국에서 초빙했다. 다른 나라와 비교할 때, 한국의 경우에는 아직도 기술도입에 대해서는 많은 제약이 있었다. 우리나라에 없는 우수한 기술은 거액의 자금을 투입해서라도 과감하게 도입하고 흡수하여 개량할 점은 개량하고 향상시켜서 창조적인 자주개발 단계로까지 수준을 끌어올려야 한다. 경제발전을 저해하는 요인이 있다면 그것을 제거하기 위해 전력을 기울인다. 이병철의 이러한 신념은 그 후에 더 일관적으로 이어졌으며, 결코 변하지 않았다.

이병철은 처음, 스핀바우 사에 기술자는 세 명이면 충분하다고 말했지만 조립을 하는 도중에 다시 다섯 명을 초빙했다. 이듬해 1956년에는 염색과 소모방적 기술자, 1957년에는 가공기술자를 독일과 영국에서 초빙했다. 그리고 그 동안, 독일을 비롯한 서유럽 여러 나라에 대량의 연수자를 보냈다.

그로부터 20년 후에 이병철은 "이제 일본의 기술을 능가했다"고 말했다. 국제시장에서 일본제품의 복지보다 비싼 가격이 붙게 된 자신감의 발로였다. 집념이 결실을 맺었다고 말할 수도 있다. 물론 집념만이 아니다. 이병철이 처음부터 독일 기계를 도입한 덕분이기도 하다. 독일 기계는, 후에 부분적으로 들여온 일본 기계와 비교할 때 부품 소모율에서 현격한 차이가 있었다. 독일 제품의 부품 소모율이 0.6%, 일본제는 무려 26%로 이래서는 승부가 되지 않는다. 외국의 기계설비에 대한 정확한 식별력, 이것은 새롭게 공업을 일으키려는 국가가 기술을 도입할 때에 가장 중요한 요점이다. 그는 그것을 사원들뿐 아니라 당시 한국 경제인들에게 실제로 증명해 보였다.

항상 기술혁신의 주도권을 잡고 보다 좋은 상품을 한시라도 빨리 국내외의 시장으로 내보내 고용과 소득의 증대를 초래한다. 경영합리화를 통해서 자금을 조금이라도 더 비축하는 것으로 기업을 확장할 수 있는 자산을 만들어 국가와 국민에게 번영을 초래한다. 이것이 기업인—산업자본가의 본분이며, 사회적인 책임이다.

이병철은 근대화, 공업화의 프로젝트에 대해 규모가 크든 작든 연구를 게을리 하는 일 없이 경제성과 기술적 합리성을 추구해 갔다.

골덴텍스가 아니면 알아주지 않는다

골덴텍스. 제일모직 제품의 브랜드다. 조업 첫해의 판매고는 50만 벌. 한 벌 가격은 2만 환 이하였다.

한국의 풍습에, 결혼을 할 때 신부가 신랑과 신랑의 아버지에게 양복을 선물하는 관습이 있다. 그 때 선물하는 옷은 골덴텍스를 사용하지 않으면 신부 측이 경멸당하는 일도 있었다. 지금은 고급품으로서 사람들에게 높은 평가를 받아 친숙해진 골덴텍스도 처음 나왔을 당시에는 설탕의 경우와 마찬가지로 시장의 반응은 냉담했다.

당시, 영국제 복지는 한 벌에 7만여 환이었으나 제일모직의 그것은 3분의 1에도 미치지 못하는 가격이었다. 복지라면 영국제라는 잠재의식도 있었기 때문인지 품질 면에서 뒤지지 않는 제일모직 제품에 대한 반응은 매우 차가웠다. 한 벌에 약 6만 환의 차이라고 보면 50만 벌이면 300억 환의 외화 절약이 된다. 그런 의미에서는 수입 대체산업에 손을 대겠다는 의도는 달성했다고 말할 수 있다. 그러나 '양복은 영국제' 라는 뿌리 깊은 풍조는 골덴텍스가 등장한 이후에도 간단히 깨어지지 않았다.

그러나 이병철은 그런 풍조에 대해 설탕의 경우처럼 불안감을 느끼지 않았다. 이것은 단순히 한 기업의 문제가 아니다. 신흥공업국이 발전을 하기 위해 통과해야 하는 관문이며 '외제복지 추방→국민생활 향상' 이라는 이른바 일종의 국민운동이라는 포부가 있었기 때문이다. 하루아침에 바꿀 수는 없지만 끊임없이 품질개량을 위한 노력을 기울이는 것으로 영국제 복지라는 거대한 산맥을 충분히 공략할 수 있다는 신념은 날이 갈수록 굳어만 갔다.

몇 개월이 지나자 그 때까지 등을 돌리고 있던 유통업자와 소비자들 사이에 영국제와 비교해도 손색이 없다는 인식이 퍼지기 시작했고, 3분의 1 가격이라는 매력도 첨가되어 정당한 평가를 받게 되었다.

이병철을 비롯한 모든 사원들은 각각 PR에 열을 올렸다. 이병철 자신도 골덴텍스를 착용하고 기회가 있을 때마다 새로운 양복을 걸친 모습으로 많은 사람들을 만났다. 관료, 실업가 등 만나는 사람들은 이구동성으로 이렇게 말했다.

"멋집니다. 역시 영국제는 다르군요."

"이 사장은 직접 모직물을 생산하고 있으면서 왜 영국제 양복을 입으십니까?"

그 때마다 이병철은 옷을 뒤집어 안쪽에 새겨져 있는 'GOLDENTEX MADE IN KOREA' 라는 로고를 보여주었다.

설탕과 달리 복지는 양복으로서 소비자들에게 오랜 기간 동안 사랑을 받는다. 옷이 누더기가 되더라도 골덴텍스라는 상표는 여전히 붙어 있다. 감촉과 함께 상표는 오랜 세월 동안 남는다. 이 정도로 확실하고 효과적이며 생명이 긴 미디어는 없다.

물론, 이병철은 눈앞의 현상에 만족하지 않았다. 외국제품을 한국시장에서 완전히 몰아낼 때까지 심혈을 기울여 제일모직을 육성하기 위해 노력했다. 서유럽 선진공업국으로 연수생을 파견한 것도 그 때문이고, 외국으로부터의 소모방적 및 가공 부문의 기술자를 초빙한 것도 그 때문이다. 사원들의 기술 흡수를 위해서는 엄청난 정열을 불태웠다.

"이제 당신의 공장에서 더 이상 지도할 내용은 없습니다."

얼마 지나지 않아 외국인 기술자들로부터 이런 말이 나올 정도로 그의 노력은 단기간에 멋진 결실을 맺었다.

공장 전체에 감돌고 있던 영광과 긍지에도 이병철은 마음을 놓지 않았다. 조업을 개시한 이후 얼마 지나지 않은 상태였기 때문에 공장은 창업 단계를 벗어나지 못한 상태였다. 무슨 일이 있어도 실수가 발생해서는 안 된다. 그는 공장 구석구석까지 모든 공정에 날카로운 신경을 썼다.

제일모직 준공을 전후하여 수많은 손님을 맞이했다. 정부의 이호(李澔) 법무부장관, 김현철(金顯哲) 재무부장관, 밴 플리트(Van Fleet) 장군을 비롯한 내외 귀빈들이 공장을 시찰했다. 그 후, 1957년 10월에는 이승만 대통령 부부도 데커 연합군사령관을 이끌고 공장을 방문했다. 이 대통령 부부는 공장을 둘러보며 기술자들과 담소를 나누기도 하고, 생산직 여직원들에게 말을 건네고 어깨를 두드리기도 하면서 온정을 보였다. 아마 이 시찰은 국내 민간공장에 대한 첫 시찰이었을 것이다.

"도움이 필요한 것은 없습니까?"

대통령의 질문에 이병철이 특별히 필요한 것은 없다고 대답하자 대통령은 고개를 끄덕이며 이렇게 말했다.

"정말 훌륭합니다. 이렇게 멋진 공장을 세워 주어서 고맙습니다."

대통령은 마치 이병철이 국가를 위해 공장을 건설하고 큰 희생을 치른

애국자인 것처럼 찬사를 아끼지 않았고, 직접 붓을 들어 휘호를 남겼다.

'의피창생(衣被蒼生; 옷이 새로운 삶을 만든다)'

한국에서 양복을 만들자

제일모직은 삼성그룹의 삼성물산, 제일제당에 이은 세 번째 기업이다. 대구에서 1955년 9월에 공장건설에 착수하여 1956년 3월에 완공, 5월에는 제품이 시장에 출시되었다. 그리고 1956년 말의 결산에서는 5천만 환의 적자를 냈다. 외제를 숭배하는 풍조가 골덴텍스의 걸림돌이 된 것이다. 그러나 이것은 첫 해뿐으로 1958년에는 수입복지를 국내시장에서 완전히 몰아내고 제일모직만으로 국내 수요를 거의 보완했다고 해도 과언이 아니다.

1960년대로 접어들어 정부의 수출진흥정책에 협력해 1961년에는 홍콩에 소모사 8천 톤, 1963년에 싱가포르에 복지 6천 야드를 처음으로 수출했다. 이어 1965년에 국내 최초의 IWS(국제양모사무국)의 올 울마크 사용권을, 1970년에는 수출품 자가검사권을 획득했다. 이 영예와 권위는 짐작도 하지 못할 정도였다. 품질개량을 위해 노력한 결과, 고급화와 함께 수출도 순조롭게 신장되어 1969, 1970년의 2차에 걸친 증설, 3만2천 추를 보유한 국내 최대의 소모방적 기업의 지위를 완전히 확보했다. 수출도 30여 개 국가에 이르게 되었다. 1970년대로 접어들어 화섬산업이 급속도로 성장했기 때문에 제일모직은 기존의 소모 일변도에서 탈피하여 폴리에스테르와 레이온 방적에도 진출, 일본의 도라이(東レ), 미쓰이물산과 합작으로 제일합섬을 설립하는 것으로 폴리에스테르 · SF 생산에 진출했다.

이 밖에 다각화 전략을 도모하여 원료인 PPA의 생산을 결정했으며, 미국의 암코(AMCO) 및 일본의 미쓰이석유와의 합작을 통하여 삼성석유화학을 설립, 석유화학산업 분야에도 발전적으로 뛰어들었다.

당시, 국내 시장의 점유율은 40%, 항상 신제품 개발에 의욕적인 모습을 보이면서 당초의 복지와 모사(毛絲)에서 완전히 탈피하여 편물, 봉제의류, 스카프 및 모포, 카펫, 의자커버용 천, 커튼, 벽지 등으로 다양화했다. 그 후 이런 다품종, 고급화 지향에 첨가하여 새로운 발전방향인 어패럴(apparel)과 인테리어사업 부문으로 진출해 종합 여성의류의 판매, 인테리어제품 개발에 착수하여 착실하게 그 성과를 거두었다.

이런 에피소드가 있다. 1976년, 오스트레일리아의 의학 관계자들이 서울대학교에 모여 회의를 개최했는데 그 때, 참가자 전원이 1인당 서너 벌의 골덴텍스로 옷을 만들어 귀국했다고 한다. "한국에서 양복을 만들자"는 말은 흔히 들을 수 있었지만 울의 본고장인 오스트레일리아의 지식인들에게까지 브랜드이미지가 강렬하게 침투해 있었다는 사실을 잘 증명해준다. 이것은 숱한 에피소드 중의 하나에 지나지 않는다.

제일모직은 설립 당시에 표방한 목표에 완전히 도달했다. 제당사업에서 모방적사업으로, 그리고 양쪽 모두에서 거둔 성공은 산업자본가로서의 화려한 증거이기도 하다.

이병철은 제일모직의 취업규칙에 다음과 같은 경영원칙을 드러내고 있다.

"모든 고객과 사회 일반으로부터 신뢰를 얻을 수 있는 공정한 운영을 바탕으로 경영면에서도 제일의 모범이 되는 가장 우수한 회사를 만들자."

그는 모든 사원에게 조금이라도 이 원칙에서 벗어나서는 안 된다고 강조했다. 하지만 이 경영원칙, 경영윤리가 경제의 모든 과정에서 철저하게 준수되기는 매우 어려운 일이다.

생산자는 항상 비용절감을 위해 노력하고 적정이윤 이상을 추구해서는 안 되며, 그 차액에 의해 판매업자도 편안한 마음으로 생산자의 제품을 판매할 수 있도록 보증해야 한다는 것이 그의 생각이다. 동시에 판매자도 지나친 욕심을 내서 소비자에게 불이익을 끼쳐서는 안 된다고 역설한다. 적정이윤, 적정가격의 원칙이다. 이 원칙을 관철시키기 위해 이병철은 제당사업의 경우에 가장 먼저 판매대리점 제도를 채용했다. 모직물의 경우에도 유통과정을 원활하게 하기 위해 이 시스템을 채용했다. 제당사업이나 모직사업의 경우에 이 시스템은 당시의 한국경제에 있어서 하나의 실험이었지만 결과적으로는 유통혁명의 선구를 이루었다.

이병철의 자부심에 찬 다음과 같은 말에는 천 근의 무게가 있다.

"나는 제일모직이 공익성과 영리성의 조화를 이루며 성공한 기업 중의 하나라고 자부하고 있다. 제일모직은 외제 복지를 구축하고 국민의 의생활에 새로운 바람을 불어넣었다. 연간 250만 달러의 외화를 절약하게 했을 뿐 아니라 2,000명이 넘는 사람들에게 새로운 일자리를 주었다. 또한 제일모직은 수익성이 높은 기업으로서 발전을 거듭하고 있으며, 그 이익을 국민경제를 위해 재투자할 수 있는 여유도 내게 주었다."

이병철에게 주어진 것은 자본축적만이 아니었다. 기업과 공익을 양립, 공존시킬 수 있다는 자신감과 긍지도 주어졌다. 그것은 그야말로 국부(國富)로 가는 길이기도 하다.

5 사람이 기업을 만든다

어떻게 해야 경영을 회복시킬 수 있는가
적재적소에 인재를 배치하고 경영을 합리화한다
자본? 그것은 2차적인 문제다

재벌이라는 이름에 만족하지 않는다

제일제당과 제일모직의 성공은 이병철에게 명성을 안겨주었다. 한편, 이 시기의 삼성그룹에 대해 일찌감치 '재벌' 이라는 이름이 붙여졌지만 그는 이런 세상의 평에 전혀 귀를 기울이지 않았다.

"어느 정도 재산이 형성되었다는 점은 부정하지 않지만 가지고 있는 기업이라고 해야 고작 제당 사업체와 모직 사업체 두 개뿐이다. 그것만으로 재벌이라고 불린다는 것은 받아들이기 어렵다. 나는 이 두 공장을 묵묵히 경영할 뿐이다."

이런 그의 말에는 단순한 겸손만 포함되어 있는 것이 아니었다. 일찍이 일본 식민지 시절, 부자에 대한 호칭은 일반적으로 '재산가' 가 사용되었고, 해방 이후에도 갑작스럽게 돈을 번 사람들을 '벼락부자' 라고 불렀지만 그들을 가리켜 재벌이라고 부르는 것은 타당하지 않다.

한국에는 아직 재벌이 형성될 정도의 조건이 갖추어져 있지 않았다. 해방과 전쟁으로 이어지는 고난의 길을 걸어야 했던 한국경제는 여전히 요람기에 놓여 있었고, 자본주의가 뿌리를 내릴 시간 따위는 전혀 없었다. 그런 시기에 재벌이라고 불린다는 것은 받아들이기 어려웠던 것이다.

물론, 당시에 이미 삼성그룹은 총 세수의 2.8%를 납세하고 있었다. 만약, 이런 기업그룹이 30여 개만 있다면 국가의 세수 대부분을 충당한다는 계산이 나온다고 그는 생각했다. 또, 한국에 제너럴모터스 정도의 기업이 한 개만 있어도 한국의 국민소득은 450달러에서 단번에 1,000달러로 뛰어오를 것이다. 그는 미국의 대기업과 한국의 햇병아리 기업을 비교했을 때, 그의 기업 또는 한국의 재정 규모가 얼마나 영세한 단계에 놓여 있는지 통감했다. 그런 의미에서 당시의 한국에서는 재벌은 한 명도 없었다고 말할 수 있다. 이병철의 눈은 항상 세계로 향해져 있었고, 역사에 대한 깊은 성찰이 있었으며, 한국 경제의 신장에 강한 의욕을 느끼고 있었다. 작은 한국 경제 안에서 재벌의 이름에 만족할 정도로 이병철의 스케일이 작은 것은 아니었다.

1957년, 이병철은 은행의 주식을 취득해 금융계에도 진출했다.

전쟁 중의 악성 인플레이션 현상도 1955년을 경계로 서서히 수그러들고 있었고, 생활필수품 생산을 주체로 삼는 경공업도 전쟁 전의 수준을 웃돌게 되었다. 덧붙여, 미국의 경제원조도 본격적으로 이루어지게 되었고, 복구건설사업도 추진되고 있었다. 이런 몇 가지 기운에 편승해 한국 재계도 나름대로 새로운 구도를 형성하기 시작했다.

이즈음, 정부에서는 김현철 재무장관이 선두에 서서 경제발전의 대전제는 금융의 민주화에 있다는 점을 강조하는 정책을 펴고 있었다. 관영의 폐단을 일소하고 금융기능을 높이기 위해 은행의 민영화를 단행한 것이다.

정부 당국, 즉 금융기관을 소관으로 두고 있는 재무부에서는 몇 명의 대기업가를 은행주 공매에 참가시켜 입찰에 응하도록 만든다는 의향을 밝혔다. 은행주를 인수하려면 거액의 자본이 동원되어야 하기 때문에 공개입찰 실시에 나서는 경우 대기업가의 찬성이 없이는 정책 자체가 좌절된다는 사실을 정부는 두려워하고 있었다.

대기업가들—재계로서도 은행을 보유하지 않으면 기업을 운영하기 어렵다는 사실을 뼈저리게 실감하고 있었기 때문에 정부의 이런 방침에 들뜬 마음을 억누르지 못하고 미리 정보를 수집하기 위해 열을 올리고 있었다. 한편, 매스컴은 정부의 방침에 대해 경계경보를 울리며 의혹의 눈길을 보내고 있었다. 특정인물에게 특권을 주려는 의도가 있는 것은 아닌지, 또는 뒷거래의 흑막이 존재하는 것은 아닌가 하는 기사를 게재하는 매스컴도 있었다.

이병철에게도 입찰에 응하라는 요청이 있었다. 그는 주저하지 않고 이 입찰에 응했다.

은행을 소유하게 되면 상당한 이점이 있다. 자본주의가 발달한 국가에서는 배후에 금융기관을 소유하지 않은 대기업은 성립될 수 없다. 외국의 예를 보아도 재벌이 은행을 가지고 있지 않은 경우는 없다. 패전 이후의 일본도 재벌이 해체된 이후, 계열기업이 금융자본을 중심으로 그룹을 이루게 되었고, 사실상 재벌형태(기업계열화)로 재편되었다. 금융기관을 주축으로 삼은 기업집단이다. 금융의 후원이 없는 기업은 그 존립이 어렵다. 따라서 기업의 이런 집단화는 현대 기업의 필연적인 귀결이라고 말할 수 있다. 특히 한국처럼 조직화된 금융시장이 충분히 발달되어 있지 않고, 단기금융시장은 물론이고 증권시장이 중심을 이루는 금융자본시장이 그 기능을 충분히 발휘하고 있지 못한 국가에서는 직접금융에의 의존도가 거의 절대적이다.

삼성그룹의 경우, 금융을 필요로 했는가 하면 그렇지는 않다. 오히려 자금 사정은 윤택했다. 이병철이 은행을 소유하려 했던 이유는 단순히 금융의 민주화를 추진한다는 의도에서였다.

시중은행 네 개의 주식 공개입찰은 몇 차례로 분할되어 이루어졌다. 이병철은 후일 한일은행으로 개칭되는 당시의 흥업은행(興業銀行) 주식을 윤석준(尹奭駿), 설경동 등 18명의 응찰자와 경합한 끝에 1주에 2,866환으로 36만3,500주를 매입하겠다고 입찰했다. 그 결과는 첫 번째는 4,400환으로 이것이 최고치였지만 130주, 두 번째는 3,300환으로 50주라는 진기한 현상이 발생했다. 세 번째는 이병철이 제시한 금액. 이 경합에는 다른 사람의 입찰방해공작이 의심되었지만 그의 2,860환(당시, 흥업은행 주식은 정부감정가격으로 1주에 1,300환)보다 훨씬 비싼 금액을 써 넣은 사람들의 의도를 추측할 수 없었다.

다른 시중은행의 경우에도 같은 현상이 나타났지만 정부의 의향은 한 번에 대량으로 매각한다는 방침이었기 때문에 이병철은 몇 차례의 교섭 결과 낙찰에서 남은 잔여주식을 포함한 모든 주식을 매입한다는 조건으로 계약을 체결했다. 이때의 보유주식은 총 주식의 83%를 차지했다. 당시의 흥업은행의 공식 자본금은 15억 환으로, 많지 않은 시중은행들 중에서 가장 운영이 견실한 은행이었다.

그 밖에, 조흥은행 주식의 50%, 상업은행 주식의 30%를 인수하여 전체 시중은행이 발행하는 주식의 약 절반을 손에 넣었다. 이 경합을 둘러싸고 재계에서는 상당히 격렬한 라이벌 의식에 불타는 대기업가들이 있었지만 결과는 그 절반을 손에 넣은 이병철이 문자 그대로 금융의 중추를 장악해 버렸다. 그러나 그는 대주주로서의 인사권을 행사하지 않았다. 주주총회가 개최된 이후에도 인사문제를 둘러싸고 분쟁이 끊이지 않았다. 의혹, 억측, 오해, 잡음이 있었지만 그는 마이동풍이었다.

"자본과 경영은 완전히 분리되어야 한다."

이런 확고한 경영관을 가지고 있던 그는 모든 문제를 은행장을 비롯한 은행가에게 일임했다. 그는 관영에 의한 은행 경영이 얼마나 한국경제의 발전을 저해하고 있었는지 잘 알고 있었고, 은행이 합리화를 이루어야 할 필요성을 통감하고 있었다. 그에게는 그다운 소신과 포부가 있었다.

"내가 시중은행의 대주주가 되려 한 것은 한 가지 생각에서였다. 즉, 자본과 경영을 가능하면 분리시켜서 은행은 은행가로서 유능한 인물에게 맡긴다. 충분히 창의력을 발휘하여 경영을 합리화시키고 서비스를 개선시켜 일반 시민과 밀착된 민주적인 은행을 육성하려고 생각했다. 시중은행협회의 창립을 적극적으로 후원한 이유도 금융계가 정부의 어용기관으로 변질되는 현상을 막기 위해서였다."

그런 의도를 품고 있던 그는 시민들에게 친근감을 심어주기 위해 은행 본점과 지점 건물을 모두 밝은 현대적 양식의 건축으로 바꾸기로 결심하고 신축에 들어갔다.

그 후, 은행 경영에 새로운 바람을 불어넣으려 했던 이병철의 포부는 1961년 이른바 5 · 16군사쿠데타에 의한 부정축재처리에서의 시중은행

주식의 국고환수에 의해 물거품으로 돌아갔다.

그보다 앞서, 은행주식을 인수하면서 일반기업도 몇 개 인수했다.

1957년 동양제당(東洋製糖), 천일증권(天一證券)

1958년 삼척시멘트, 안국화재(安國火災), 제일방직(第一紡織), 한국타이어

1960년 대한산공(大韓産工)

1963년 동방생명(東邦生命), 동양화재(東洋火災), 신세계(新世界), 동남증권(東南證券)

1964년 대구대학(大邱大學)

1965년 성균관대학(成均館大學)

이들 중에는 경영이 막다른 곳에 이른 적자회사, 이른바 부실기업에 해당하는 것도 있다. 삼척시멘트, 한국타이어 등이다. 부실기업을 인수해보고, 이병철은 왜 부실기업이 발생하는 것인지 그 이유를 발견한다.

"내가 보기에 이들 부실기업은 각각 사업 전망이 꽤 밝은 업종에 속해 있다. 그런데도 경영난에 빠진 이유는 첫 번째는 불합리한 경영이고, 두 번째는 인재부족이다."

한국 최초의 사원공개모집

이병철은 우선 적재적소에 인재를 배치하고 경영을 합리화하면 그 기업들은 경영이 회복될 수 있다고 보았다. 그리고 결과는 그가 지적한 대

로 나타났다.

"사업은 어디까지나 사람이 만드는 것이다. 우수한 인재가 많을 때 사업은 발전한다. 사람이 사업의 주축을 이루기 때문이다. 우수한 인재가 없으면 사업은 쇠퇴한다. 자본? 그것은 2차적인 문제다."

삼성그룹은 한국에서 사원을 공개모집한 최초의 기업이다. 한국의 주요 기업, 특히 재벌그룹으로 불리는 기업들 중에는 혈연집단적 성격을 가진 기업이 많았다. 이것은 수천 년의 전통인 가족, 또는 혈연중심주의가 국민생활에 뿌리 깊게 침투해 있기 때문이다. 가족이나 친족 등에 의한 혈연집단의 강한 의식은 다른 나라 사람들은 이해하기 어렵지만, 혈연이라고 해도 상당히 먼 친족까지 포함한 동족 간의 강인한 단결력은 다른 나라에서는 그 예를 찾아보기 어렵다. 이것은 씨족사회를 형성하고 있던 고대시대부터 가족제도에 강한 지배를 받았고, 또 중국으로부터 도입된 유교도덕에 강한 영향을 받았기 때문이다. 친족은 10촌까지, 더 넓게는 '본관'을 공유하는 사람까지 동족의식이 매우 강하다. 동족 간에는 상부상조가 의무라고 여기는데, 이런 강한 단결은 도시에서는 서유럽의 개인주의가 지배적으로 대두하면서 어느 정도 엷어지기는 했지만 아직도 기업에는 뿌리 깊게 남아 있다.

창업자를 중심으로 그 형제, 아내의 형제라는 식으로 근친들이 경영을 독점적으로 지배하고 있는 전형적인 그룹 기업이 존립하는 상황 속에서 삼성그룹에는 그런 경향을 전혀 찾아볼 수 없다.

삼성그룹은 1956년 이후 공개시험으로 사원을 채용하여 대졸모집에는 전국의 대학에서 우수한 학생이 응모하여 모집인원의 약 10배를 넘는 지원자 중에서 고심 끝에 선발을 할 정도다. 삼성그룹의 사원들은 열심히 일한다. 그리고 엘리트 사원이 많다. 이른바 영재들의 집단이다.

제일모직을 예로 들어보자. 이곳은 삼성그룹의 인재은행이라고 불리며 이병철의 신조—신의, 성실, 근면, 절약을 모든 사원이 엄격하게 지키고 있다. 더구나 공과 사에서 모두 지켜지고 있다. 어떻게 해야 소비자를 만족시킬 수 있는지, 어떻게 해야 인재를 육성할 수 있는지, 어떻게 해야 기업을 발전시킬 수 있는지 고민한다.

경영관리 측면을 살펴보자. 제일모직의 경우, 직능별로 분화된 사업부제를 채택해 새로운 경영조건에 대응할 수 있도록 조직의 탄력성을 유지하고, 신속한 의사결정과 직무수행의 효율적인 운영을 도모한다. 또, 사원 개개인의 독창성을 중시하여 의욕적으로 직무를 수행할 수 있도록 폭넓은 권한을 부여해주고, 그 성과를 추구하는 책임경영제를 실시하고 있다.

제일제당의 경우는 어떤가. 경영방침은 적극경영과 신상필벌, 그리고 인재육성이다. 능력이 있는 인물을 기용하고, 여기에서도 역시 폭 넓은 권한과 책임을 부여해준다. 그리고 기회가 있을 때마다 사원들에게 국내외의 연수기회를 준다. 사원의 책임의식은 왕성하다. 장기계획에 근거한 신제품 개발, 신기술 개발에 착수하는 자세에서는 기업의 활력을 느끼게 한다.

1년 앞을 본다면 꽃을 심고,
10년 앞을 본다면 나무를 심고,
100년 앞을 본다면 사람을 육성하라.

삼성그룹의 경영이념, 즉 이병철의 경영이념 중의 하나로 인재육성이 있다.

"기업은 사람으로 이루어진다. 사람이 기업을 움직인다. 기업의 성패를 좌우하는 것은 사람이다. 그리고 그 사람을 만들어내는 것은 기업이다."

그는 이런 생각을 바탕으로 인재육성의 기본으로 '적재적소'를 꼽는다.

"아무리 유능한 사원을 채용했다고 해도 입사 후에 지도가 제대로 이루어지지 않으면 그는 인재로 육성되지 않는다. 그가 가지고 있는 능력에 맞는 일터에서 일할 수 있는 기회를 주지 않으면 얼마 지나지 않아 진취적인 성품을 상실하고 무능한 사원으로 전락해버린다. 반대로, 입사할 당시에는 그다지 재능이 없는 것처럼 보인 사람도 적절한 지도와 적절한 일터를 제공해주면 우수한 인재로 육성되는 경우가 많다."

이병철의 사원평가는 능력에 관한 독자적인 관점에서 나온다. 그는 인내하는 능력, 노력하는 능력을 높이 평가한다. 운을 자기 것으로 만들어가는 감각과 뿌리를 중시한다.

"서유럽에서는 사원을 평가할 때 선천적인 소질에 80%의 비중을 두고, 미국에서는 반대로 교육 등에 의해 갖추어진 후천적 능력에 80%의 비중을 둔다. 나는 선천적인 소질, 천성적으로 가지고 태어난 능력에 60%의 비중을 두고, 교육에 40%의 비중을 두고 싶다."

이런 점에서도 이병철의 독특한 사고방식을 엿볼 수 있다.

"사람은 노력하기에 따라 변한다. 능력도 향상된다. 그렇기 때문에 교육에 의해 능력도 향상되지만 누구나 노력을 통해서 능력이 향상되는 것은 아니다. 그것은 그 사람이 선천적인 소질로서 노력할 수 있는 능력을 가지고 있는가, 그렇지 않은가에 달린 문제다. 그렇기 때문에 교육의 결과보다는 선천적인 소질 쪽에 좀 더 비중을 두고 사람을 평가하는 것이다."

이병철은 노력하는 능력을 가진 사원을 높이 평가했다. 그래서 이렇게 생각했다.

"경영자는 노력을 통해서 보람을 얻을 수 있는 일을 끊임없이 찾아내어 제공해주어야 한다."

그의 이런 기업관과 인간관은 사원채용 공개모집시험에도 나타나 있다.

"사람이 기업을 만든다. 기업이 사람을 만드는 것이 아니다."

"기업의 규모가 작을 때에는 상관이 없다. 그러나 기업을 발전시키려면 다방면에서 인재를 모아 그들을 육성하는 것이 가장 우선적인 문제다. 기업에 대한 정열이나 의욕은 누구나 가지고 있다. 그것을 갈고 다듬어 충분히 빛을 발휘할 수 있도록 만들어주어야 한다."

그렇기 때문에 혈연적 집단체제가 짙은 기업사회에서 반대 의견을 무릅쓰고 굳이 공개시험을 도입한 것이다.

인물이란, 용모가 단정하고 건강하며 능동적인 성격을 갖춘 사람이다

"군계일학(群鷄一鶴)." 공개시험을 치를 때 그는 대학졸업자를 장래 기업의 최고 간부로 만든다는 관점에서 특히 엄선했다.

각 대학에서 대학의 위신과 관련이 있다는 이유에서 우수한 학생을 추천해오면 그 중에서 신중하게 엄선해야 한다. 공개시험에 들어갔을 때, 40명 모집에 약 10배가 넘는 응모자가 쇄도했다. 그 응모자 전원은 대학에서 추천을 받는다는 조건을 충족시킨 사람들이다.

친척이나 지기들이 꼭 입사시켜 달라는 의뢰도 많이 들어왔지만 그 때마다 그는 태연한 표정으로 이렇게 대답했다.

"걱정하지 마십시오. 100대 1의 격렬한 경쟁이라고 하지만 성적만 좋으면 당연히 합격할 것입니다."

청탁을 통한 입사를 완곡하게 거절한 것이다. 인사는 어디까지나 엄정해야 한다. 시험은 공정하게 실시되어야 하며, 우수한 인재가 밀려나는 상황은 절대로 발생하지 말아야 한다.

그리고 면접시험에는 반드시 참석한다. 혹시라도 유능한 인재를 놓치지 않도록 하기 위해서, 신입사원이 장래에 각각 유능한 경영자가 되기를 바라는 마음에서 직접 선발에 참석하는 것이다.

이병철은 학력에 50점, 인물에 50점이라는 비중을 두고 신입사원을 채점한다. 응모자들의 학교 성적은 90% 이상이 우등생으로, 제1차 시험에 합격한 응모자는 일정한 수준 이상의 실력을 갖추고 있다. 따라서 학력은 제쳐두고, 인물에 대해 그가 점수를 매기는 포인트는 이런 것이다.

"인물은 용모가 단정하고 건강하며 능동적인 성격을 갖춘 사람을 우선한다."

이병철은 이렇게 믿었다.

"유능한 사원이란, 미래에 사장이 될 수 있는 인재, 미래에 부장이 될 수 있는 인재다. 그런 사원의 자질은 학력으로는 결정할 수 없다. 중요한 것은 원만하면서도 성실한 품성이다. 두뇌가 아무리 우수하다고 해도 그보다는 인간다움을 우선적으로 고려한다. 인간다움은 자연스럽게 나타난다. 반드시 단정한 용모로 표면에 드러난다. 또, 명랑하고 활동적인 성격을 가진 사람이라면 진취적인 성품을 갖추고 있다. 그리고 오늘에 만족하지 않고 끊임없이 성장하려는 의욕을 불태우며 노력하기 위해서는 건강해야 한다."

그렇기 때문에 그는 최종면접에 직접 입회한다. 그는 관상술을 터득하고 있는 것은 아니었다. 관상술은커녕 이른바 운명론에 관해서도 전혀 문외한이었다.

"관상은 심상(心相)을 따르지 못한다."

또, 예로부터 한국에 전해지는 속담에도 "사람의 운명은 마음이 가르쳐준다"는 말이 있는데, 그에게 직관으로 그 심상을 읽어낼 수 있을 정도의 능력이 있는 것은 아니었다. 그의 성실한 마음, 신의를 중시하는 마음, 강한 책임감이 사람을 볼 수 있게 만든 것이다. 누구나 그 사람의 성품은 외모와 언행에 나타난다. 하지만 불과 몇 분 동안에 그것을 판단하는 것은 쉬운 일이 아니다.

이병철은, 이 몇 분 동안에 상당한 긴장감을 느낀다면서 채용시험의 어려움에 대해 다음과 같이 표현했다.

"수많은 청년들이 우리 삼성에 응모해 주는 것은 고마운 일이다. 한편으로는 정말 아깝다는 생각도 든다. 응모를 한 학생 모두가 일류대학을 우수한 성적으로 졸업한 사람들이기 때문이다. 그래서 장래에 훌륭한 사장이 될 수 있는 인재를 놓칠지도 모른다는 두려움에 젖기도 한다."

예를 들어 학력과 인물을 각각 50점 만점으로 채점해 합계 90점 이상의 인물만을 선발하여 입사시킨다고 해서 반드시 90점 이상의 성과를 거둔다는 보장은 없다. 하물며 평균 80점의 사원이 80점 이상의 결과를 올릴 것이라고는 기대하기 어렵다. 중요한 것은 신입사원 전체의 평균치가 몇 점인가 하는 것이 아니라 각 개인의 문제다. 따라서 신입사원에 대해 당연히 신중해지지 않을 수 없다.

"아무리 엄선해서 선발한다고 해도 몇 년 뒤에는 낙오하여 승진 코스에서 멀어지는 사람도 있고, 퇴사하는 사람도 있습니다."

우수한 인재를 선발하여 입사시키고 있는 만큼 만약의 경우에 임용에 불공평한 대우가 발생한다면 불만을 품게 되고, 결국 삼성에 대한 매력을 잃게 되어 천하의 영재들은 응모하지 않게 될 우려가 있다. 이병철은 인사의 공정성을 절대적인 요건으로 삼고, 정당한 평가에 의한 인재 등용을 도모했다.

이병철의 원칙에 잠시 귀를 기울여보자.

"우수한 자질이 있다고 여겨지는 청년을 불합격시켜 버렸다. 그러나 일단 불합격으로 처리한 이상 다시 채용하려 한다면 인사 원칙이 무너진다."

이병철은 인사의 엄정한 원칙을 항상 관철했다. 이 원칙을 창업 시기부터 결코 바꾼 적이 없다. 인사의 엄정함을 관철시키는 것에 의해서만 삼성그룹의 모든 사원이 사기를 유지하고 향상시킬 수 있다고 생각하는 이병철이다.

"사장이 되어야 할 인물이 사장의 자리에 앉고, 부장이 되어야 할 인물이 부장의 자리에 앉고, 과장이 되어야 할 인물이 과장의 자리에 앉는다면 당연히 사내의 사기도 올라간다. 회사의 이미지도 올바른 평가를 받는다. 만약 부당하고 불공평한 방법에 의해 인사가 이루어진다면 본래 그 자리에 앉아야 할 인재는 회사에 실망을 느끼고 사기도 잃는다. 그 결과, 충분한 능력을 발휘하지 않게 되거나 의욕을 잃거나 다른 회사로 자리를 옮겨버린다. 이것은 생산성으로 보든 기업의 이미지로 보든 상당한 손실이다. 생각해 보면, 삼성에 인재가 모여들게 된 것도 오랜 세월에 걸쳐 엄정한 인사정책을 관철시켜 왔기 때문이다."

그리고 이렇게 덧붙인다.

"욕심을 부린다면 자리가 부족할수록 우수한 인재가 많아야 한다. 자리보다 훨씬 많은 인재가 존재한다는 것은 기업이 발전할 가능성과 무한성을 나타내기 때문이다. 그 때가 되면 그 사람들이 스스로 그런 인재를 충분히 소화하기 위해 더 많은 사업 아이디어를 제시한다. 우수한 인재는 그런 일을 할 수 있는 인재를 가리킨다. 과거에는 사람을 부리는 즐거움을 느꼈지만 지금은 다르다. 인재를 육성하고 내가 생각한 대로 그 사람이 신장되는 모습을 지켜보는 것이 즐거움이다."

'100년 앞을 본다면 사람을 육성하라.' 이것은 이병철을 가리켜서 한 말이 아닐까.

나의 부는 이미 개인의 소유를 넘어섰다

1950년대 후반부터 1960년대 초반에 걸쳐서 이병철은 사명감에 사로잡혀 있었다.

"나도 앞으로는 국가의 재건을 위해 최선을 다해 내 신분에 맞는 일을 하겠다."

이런 인식을 심어준 사명감, 그리고 이 사명감이 에너지가 되어 삼성그룹을 한국경제의 중추로까지 끌어올렸고, 잇달아 사업을 확장해 왔다. 기업그룹에 내건 경영이념— 사업보국, 인재제일, 합리추구 —을 변함없이 관철시켜온 이병철. 때로는 '한국제일의 사업가', '부자 넘버 원', 그리고 '재벌'이라는 허명도 얻었다. 그런데도 불구하고 끊임없이 끓어오르는 국가적 사업에 대한 정열을 억제할 수 없었다. 그래서 마치 무엇인가에 홀린 듯 잇달아 다방면의 사업을 개척했다.

1950년대 후반부터 1960년대 초반에 걸쳐 앞에서 소개한 기업들 이외에 동양방송 설립을 비롯한 많은 사업에 손을 댔다. 그 동안 증권거래소가 발족되고, 후진적인 한국경제에 서서히 자본시장이 정비되기 시작하면서 국가적으로는 연도별 재정안정 계획이 실시되었다. 계속해서 산업개발 3개년 경제개발계획이 입안되었고, 회복에서 안정으로, 안정에서 성장으로 포석이 놓여졌다.

1961년에는 두뇌중추로서의 경제기획원이 설립되어, 중앙집권적인 기능을 발휘하면서 장기계획의 책정과 그 진행관리, 투자계획 작성 등 매우 광범위한 업무와 강력한 권한 아래에서 정부 주도에 의한 경제정책을 추진했다. 한국경제인협회(현재 전국경제인연합회)가 발족된 것도 이 해였다.

이병철은 제일제당, 제일모직을 궤도에 올려놓고 잇달아 창업을 하거나 기업을 인수하며 꿈속에서도 국가와 국민에 대한 봉사를 잊지 않았다.

"나는 하나라도 더 많은 공장을 짓는 것이 급선무라고 믿고 있었다. 그것이 국가발전과 민족번영을 위한 유일한 길이라고 믿었다."

천하의 영재를 산하 기업에 거두고 그들을 육성하고, 일개 사기업뿐 아니라 한국경제의 원동력으로서의 중심적인 역할을 완수한 이병철이었다.

그러나 이병철은 현실에 만족하지 않았다. 당시의 그의 심정을 살펴보자.

"어느 순간, 나는 한국 제일의 기업가로 불리게 되었다. 그러나 한국에는 아직 그 이름에 어울리는 대기업은 하나도 존재하지 않았다고 말해도 지나친 표현이 아니다. 외국과 비교하면 낯부끄러운 일이지만 내가 한국 제일로 불리는 것도 무리가 있었다. 당시의 실정은 국내에서도 수입 대체사업의 미개척 분야가 아직 많았다. 내가 한국 제일의 기업가라니, 터무니없는 말이었다."

당시의 한국경제는 전반적으로 개발도상국 초기 단계를 간신히 벗어났을 뿐으로 '한강의 기적' 으로 불리는 고도성장을 낳은 산업기반은 아직 충분히 갖추어진 상태가 아니었다.

잠시, 그의 이야기에 귀를 기울여보자.

"몇 개의 기업체를 가지고 있고, 중요한 문제를 대부분 독단적으로 결정하고 있던 나는 가족이나 친구와의 단란한 시간조차 가질 수 없을 정도로 바빴을 뿐 아니라 때로는 피로가 겹쳐서 몸에 열이 나는 일이 있어도 제대로 휴가 한 번 다녀올 수 없었다."

쉴 새 없이 두뇌를 활용하면서 이곳저곳을 뛰어다녀야 하는 격무. 사명감에 불타고 있던 이병철도 결코 불사신은 아니었다. 그러나 그가 발전을 서두르는 한국의 '산업자본가' 였다는 것은 모든 사람들이 인정하는 사실이었다.

그는 집무를 보면서도 회의를 느끼는 경우가 자주 있었다. 그것은 마치 서유럽, 가까이는 일본의 자본주의가 태동을 할 시기에 산업자본가들 대부분이 경험한 그야말로 비약 직전의 충동이었다.

또, 그는 이병철 개인이라는 인간으로 돌아가 '공수래 공수거(空手來 空手去)' 또는 '처세약대몽 호위로기생(處世若大夢 胡爲勞其生; 세상 살이가 큰 꿈과 같은데, 어찌하여 인생을 수고롭게 할 것인가)' 라고 읊은 이백(李白)의 시적 세계에 매료된 적도 있었다.

그의 마음에는 항상 지리산 자락에 위치한 경상남도 의령군 정곡면 중교리— 산으로 둘러싸인 고향의 한적하고 여유로운 전원풍경이 펼쳐져 있었다. 전원에서의 유유자적한 생활과 지난날 마산이나 대구에서의 고통과 희망에 가득 차 있던 생활을 회상하면서 "인생고금이 청산의구재(人生古今異 青山依舊在; 청산은 변함없이 있건만 인생은 예전과 지금이 다르도다)" 라고 중얼거리면서 일단 출근하여 집무를 시작하면 오직 일에만 몰두할 수밖에 없었던 이병철.

"어떤 사람이든 현재의 자신에게 행복을 느끼기보다는 자신과는 다른 환경에 놓여 있는 사람을 선망하는 것이 일반적이지만, 이런 선망 자체도 시시하게 느껴졌다."

"그러나 견해를 바꾸면, 나 같은 사람은 이제야 기업이 무엇인지 그 존재성을 어렴풋이 깨달았을 뿐인데, 그런 내가 아직 젊고 혈기 왕성한 상태에서 은퇴를 생각하는 것은 무슨 사고방식인가 하는 생각에 반성도 해보았다. 만약 굳이 그런 행동을 하게 된다면 내가 지금까지 숱한 아수라장을 헤치며 성장시킨 기업과 그 활동은 모두 나의 사리사욕을 충족시키기 위한 수단에 지나지 않았다는 결과를 낳게 되어 사회로부터 어떤 비난이 쏟아지더라도 고스란히 감수할 수밖에 없다는 생각도 들었다."

그렇다면 어떻게 해야 좋을까. 그는 담담히 말을 잇는다.

"나는 이미 제당사업과 모직사업을 통하여 우리나라의 외화절약과 국민생활 향상에 나름대로 공헌했다고 생각했기 때문에 앞으로도 계속해서 이 방면의 기업을 일으키는 것이 나의 사명이라는 결정을 내렸다. 특히, 우리나라처럼 모든 면에서 풍부하지 못한 나라에서 나 정도의 재산을 모은 사람이라면 자신의 부가 이미 개인의 소유물로 삼기에는 너무 거대한 것이라는, 약간은 건방진 생각조차 가지게 되었다."

"그렇다면 무엇을 해야 할까. 이번에는 제당사업이나 모직사업보다 훨씬 더 국민에게 도움이 되고, 국가에도 공헌을 할 수 있는 기업을 일으키는 것이 나의 사업이 되어야 한다는 생각에 또 다시 끓어오르는 창업에 대한 의욕을 억제할 수 없었다."

그것은 비료의 국산화였다.

"당시 전기, 철도, 석탄, 조선 등은 국가에서 운영하고 있었다. 그런 기간산업들을 제외하면 민간자본이 손을 댈 수 있는 분야는 지극히 제한되어 있었다. 그 중에서 매우 뒤처져 있던 분야가 비료산업이다. 우리나라는 60% 이상이 농민이다. 비료의 국산화는 국민의 60%를 차지하는 농민에게 직접적으로 도움을 줄 수 있고, 나아가서는 식량증산의 원동력이 된다."

한번 결정이 떨어지면 이병철은 어느 누구도 막을 수 없다. 국내시장의 수요와 공급, 농업과 공업의 불균형, 이웃 나라 일본의 부흥기에 있어서의 비료 증산정책 등에 이르기까지 충분하면서도 신중한 조사를 검토해 비료공장 건설에 매진한 것이다. 이 시기는 그야말로 삼성그룹이 시련기를 끝내고 확장기로 향하는 시기이기도 했다.

6 한국비료

기업가의 본령은
돈을 버는 것이 아니고, 현상을 유지하는 것도 아니다
다른 사람이 하지 않는, 할 수 없는 사업을 일으키는 것이다

국산화가 급선무

당시, 한국이 수입하고 있던 화학비료는 연간 7천만 달러에서 1억 달러에 이르고 있었다. 미국으로부터의 원조자금은 약 2억5천만 달러였지만 그 대부분은 한국경제 재건에는 투입되지 않고 국방비 조달과 소비재 수입에 충당되었다. 외국 원조를 자본재 구입에 집중시키지 못하자 소비성향이 이상할 정도로 상승했고, 그 때문에 인플레이션이 심해지고, 국내 산업은 축소되었다. 그 결과, 경제기반 강화를 위해 자본을 투입할 여력이 없었다. 경제적으로 본다면 인플레이션 과정에서의 강제저축을 통한 자본투입 기회가 있었음에도 불구하고 적절한 투자가 이루어지지 않아 적정한 자원배분이 이루어지지 않았기 때문에 근대적인 산업구조의 기반이 형성되지 못했다. 이런 사정은 비료 수입에서 특히 두드러졌다.

당시, 미국으로부터의 원조자금은 1961년에는 1억 9,920만 달러, 1962년에는 2억 3,230만 달러, 1964년에는 1억 4,930만 달러(미국으로부터의 경제원조는 1971년에 폐지되었다)였다. 같은 기간에 한국으로 수입된 주요 품목은 식료품, 비식용 원료(광물성 연료 제외), 원료별 제조품, 기계류 및 화학제품이었다. 화학제품 종류로는 염료, 의약품, 화학비료 등이 있었으며, 그 중에서 연간 7천만 달러에서 1억 달러에 이르는 화학비료가 수입되었다.

일본 식민지시대에는 단 한 군데 홍남(興南)에 있는 질소비료공장에 의존하고 있었지만 해방 이후에는 남북 분단에 의해 한국에는 생산시설이 전혀 없었기 때문에 모든 양을 외국에 의존할 수밖에 없는 상태였다. 더구나 때로는 수입이 중단되는 경우도 발생하여 식량사정은 더욱 압박을 당했다. 좁은 경지면적(1960년 조사에서 전답을 합하여 2,041만 7,000ha, 가구당 경지면적 86.9a, 경지비율 22.7%), 그 대부분이 천수답(天水畓)으로 실제의 경지비율은 20% 전후였다. 또한 가족적 경영, 단일경작형 구조를 비롯한 전근대적인 체질은 생산성이 매우 낮아 식량의 상당 부분을 외국에 의존하는 형태로 나타났다.

식량증산을 위해 빼놓을 수 없는 비료생산 설비가 전혀 없다는 데에서 오는 불안감. 농업, 공업 양쪽에 걸친 자본과 기술의 결여가 발전에 장애가 되고 있다는 것이 당시의 한국경제의 실상이었다.

물론, 이 때 비료공장 하나가 완성단계에 놓여 있기는 했다. 충주비료공장으로 1955년 미국의 대외원조를 얻어 건설되고 있었다. 그리고 두 번째인 나주비료공장 건설계획이 제출되었을 때에는 미국이 난색을 보였다. 이것은 정부가 보유하고 있는 달러를 갹출하여 독일에서 기계설비류를 구입한 것으로, 착공은 1958년 5월이었다. 이 두 공장은 모두 생산규모가 작아 가동한다고 해도 연간 생산량은 불과 6만 톤에 지나지 않았다. 화학비료의 수요는 1961년에 공급능력을 훨씬 웃도는 30만 톤으로, 해마다 증가하는 비율을 생각한다면 머지않아 40만 톤에 이를 것이다.

1960년의 인구는 약 4천만 명, 경제성장률은 1.9%, 1인당 GNP는 94.4달러로 매우 낮았다. 광공업 생산의 신장률도 9.1%였다.

이처럼 비료증산과 식량증산, 그리고 우리나라의 생산설비에 의한 비료의 국산화는 매우 급한 과제였다. 방법은 원조자금에 의존하거나 정부가 보유하고 있는 달러를 사용한 생산설비 증가에 의지하는 수밖에 없었다.

이병철이 계획하고 있던 연산 25만 톤의 대규모 비료공장 건설에는 외화로 4천만 달러에서 5천만 달러에 달하는 거액의 자금이 필요했다. 미국의 대외원조자금은 나주비료공장의 예에서 볼 수 있듯 기대하기 어려웠고, 정부가 보유하고 있는 달러를 사용한다 해도 당시의 국제수지는 호전되었다고 하지만 외화보유사정은 매우 불안정했다. 1962년에는 수출 5,480만 달러, 수입 4억 1,180만 달러, 경상수지는 2억 9,200만 달러의 적자였고, 외화보유고는 3,842만 2,000 달러로 줄어들었다. 이어서 1963년에는 수출 8,680만 달러, 수입 5억 6,030만 달러, 경상수지가 4억 280만 달러의 적자를 기록해 외화보유고는 3,715만 2,000 달러로 줄어들었다.

이런 악화일로의 외화보유 상황과 동시에 환율인상도 조속히 해결해야 할 상태였기 때문에 실현은 불가능에 가까웠다.

대통령과 면담

비료의 국산화가 매우 시급하지만 자금도입이 큰 문제라는 점에 대해서는 당시의 경제 관료와 경제학자, 유수한 기업가 등의 모임에서도 이상할 정도로 진지하게 검토된 적은 한 번도 없었다. 당초, 이 문제와 실정에 대해 예비지식이 결여되어 있던 이병철도 문제의 심각성을 알고 일의 중대함을 통감, 한시라도 빨리 해결해야겠다고 생각했다.

어두운 황야에 서 있는 듯한 초조감에 쫓기고 있던 1959년도 저물녘인 12월, 이병철은 혼자 미국 여행에서 돌아오는 길에 도쿄에 들러 고민에 잠긴 나날을 보내고 있었다. 특별히 귀국을 서둘러야 할 업무도 없었기 때문에 바쁜 연말연시를 도쿄에서 보낼 생각이었던 그는 우연한 기회에 어떤 힌트를 얻게 되었다. 호텔 객실에서 본 텔레비전 프로그램 '정월좌담회' 였다.

1960년의 국방, 정치, 경제에 관한 전망을 망라한 주제였는데, 정치면에서는 핵무기 사용에 관한 주제가 거론되었고, 경제면에서는 미국과 소련의 경제성장률 비교, 성장요인의 체제간 비교, 개인의 독창성 등이 참석자들에 의해 토론되고 있었다. 그 중에서 그의 예리한 주의력을 자극한 것은 미국의 대외원조와 피원조 국가의 경제발전, 개발도상국에 대한 원조 분담을 시사하는 내용으로, 이것을 위해 독일에서 개최되는 제2차 회담에 관한 뉴스였다.

회담의 취지는 미국을 중심으로 하는 국제 협력체제의 강화다. 미국의 대외원조는 제2차 세계대전 이후의 마셜 플랜에서 볼 수 있는 전후 부흥을 목적으로 한 것에서 개발 원조를 주체로 하는 정책으로 점차 전환되고 있었다. 영국을 비롯하여 독일, 프랑스, 캐나다, 스페인, 포르투갈, 오스트레일리아, 일본 등 이른바 DAC 10개국에 의해 구성된 새로운 국제 협력체제가 이 회담에서 태동되었다. 국제 경제가 앞으로 크게 바뀔 것이라고 직감한 그는 귀국을 서둘렀다. 민간(民間)이 토대를 이루는 외국으로부터의 자금도입, 즉 차관을 도입할 수 있게 된 것이다.

그가 추측한 대로 그 후의 국제 경제협력의 패턴은 정부와 민간이 모두 소비재 중심에서 산업발전을 위한 개발을 중심으로 흘러갔다. 즉, 자본원조와 기술원조로 바뀐 것이다.

사실, 한국경제를 보더라도 1970년 이후, 자본과 기술 양쪽에서의 도입 패턴이 채무부담이 큰 차관에서 직접투자 쪽으로 옮겨갔는데, 그 때까지는 본격적인 근대화의 추진력이 된 대량의 외국자본이 그 비중을 차지하고 있었다는 점을 상기하면 충분히 납득할 수 있는 부분이다.

예를 들면, 제2차 경제개발 5개년계획이 추진되고 있던 기간에는 근대화를 위한 총투자의 40%가 해외자금으로, 그 자금의 70%인 37억 달러를 차관이 차지하고 있었다. 이 차관을 이용한 공업화와 함께 공업화를 실현하기 위해 빼놓을 수 없는 사회간접자본이 형성되었다는 것은 모두가 알고 있는 사실이다.

민간이 토대를 이루는 차관이야말로 그런 문제를 타개할 수 있는 핵심이라고 판단한 이병철은 귀국하자마자 송인상(宋仁相) 재무장관을 방문하여 비료공장 건설에 관하여 외국으로부터 차관을 들여오는 방법을 상담했다. 송 재무장관은 두 말 없이 찬성의 뜻을 나타냈다.

"정말 좋은 착안을 하셨습니다. 우리나라 입장에서는 처음 있는 일이지요. 자신 있다고 말씀드릴 수는 없지만 이 사장이 경영하고 있는 삼성 정도의 대외신용도를 가지고 있는 기업이 신청을 한다면 가능할지도 모르겠습니다. 정부 입장에서도 최대의 지원을 아끼지 않겠습니다."

이병철은 그의 말에 자신감을 얻고, 이번에는 여당의 실력자인 이기붕 국회의장을 방문하여 협력을 요청했다. 그도 역시 환영하는 뜻을 보이며 격려해 주었다.

"당연히 정부가 해야 할 일을 민간사업가인 이 사장이 해주신다니 고맙군요. 충주의 공장은 준공되었지만 나주 쪽은 아직 확실하지 않은 상황입니다. 더구나 이 사장의 계획은 나주의 네 배나 되는군요."

이런 경과를 밟아 이병철은 그 다음 날, 경무대를 방문하게 되었다. 사업상의 문제로 이승만 대통령을 방문하는 것은 이것이 처음이었지만 그는 우선 평소에 가슴 속에 품고 있던 포부를 솔직하게 밝히기로 했다. 그는 진지한 태도로 마치 화산이 폭발하듯 단숨에 대통령에게 호소했다.

"지금 우리나라 경제는 간신히 안정단계로 접어들었고, 산업도 점차 발전하고 있습니다. 하지만 많은 중요한 물자는 여전히 외화를 소비하고 있는 사실에 유의하셔야 한다고 생각합니다."

대통령은 온화하고 부드러운 미소를 지으며 그를 응시했다.

"맞는 말이야."

그리고 달러를 낭비하는 것이 아까워서 견딜 수 없다는 듯 무겁게 고개를 끄덕였다.

"기업가가 지금 해야 할 일은 수입대체가 가능한 물자를 제조하는 산업을 일으켜야 하는 것이며, 저는 그 중에서 비료공장을 세우고 싶습니다. 매년 단일품목으로 가장 많은 외화를 사용하고 있는 것이 바로 비료입니다. 장래에 우리나라에서 비료를 자급자족하려면 소규모 공장으로는 그 수요를 충당할 수 없을 것입니다. 그래서 제 생각으로는 적어도 4, 5천만 달러를 들여서라도 국제 수준을 웃도는 현대적인 공장을 세워야 한다고 봅니다."

"뭐라고요? 4, 5천만 달러?"

대통령이 되물었다.

"유럽에서 차관을 도입할 계획입니다."

"이 사장이 한다고 마음먹었다면 못 할 일은 없겠지요. 그래요. 꼭 한 번 해보십시오."

대통령은 한 마디로 승낙해 주었다.

이병철은 대통령이 귀중한 외화를 단 1달러라도 소홀히 여기지 않는다는 사실을 잘 알고 있었다.

이것은 이례적인 경우였다. 당시, 한국의 외환 사정은 극단적으로 악화되어 불과 1천 달러의 외화 할당을 결정하는 데에도 대통령에게 허가를 받아야 했다. 따라서 아무리 민간차관이라고 해도 4천만 달러나 되는 외화를 차입하겠다는 신청에는 당연히 난색을 보여야 했을 텐데도 대통령은 두 말 없이 승인을 해준 것이다.

이병철은 대통령에게 깊이 감사하는 동시에 말로 표현할 수 없을 정도의 무거운 책임감을 느꼈다.

독일 크루프 제강회사 방문

차관 교섭은 난항이 예상되었다. 계획의 경제성이나 삼성의 상환능력을 입증해보여야 한다면 내세울 만한 확고한 보증이 아무 것도 없는 상태였다. 더구나 한국은 남북으로 분단되어 있고, 정치적 정황도 불안정하다. 외자도입에 대한 법적규제도 없다. '외자도입촉진법' 이 제정된 것은 1960년 1월이었고, 그 후 몇 가지 관계법령에 의해 그 기초는 서서히 구축되어 갔지만 민간이 토대를 이루는 차관은 전대미문이었다.

이병철은 연간 25만 톤의 생산능력이 있는 비료공장 건설에 필요한 경비를 세밀하게 조사했다. 과거의 제당사업, 모직사업의 경우와 마찬가지로 그 자신에게는 전문적인 지식은 전혀 없었지만 이공계 대학의 학자와 기술자를 총동원하여 이 분야의 지식과 정보 수집에 정력적으로 매달렸다. 또, 그들에게 조사와 연구를 맡겨놓기만 한 것이 아니라 자신도 직접 이 방면의 문헌을 찾아서 세밀하게 검토했다. 몇 권인가 읽는 동안에 비료생산과 관련이 있는 경제적, 기술적인 윤곽을 어느 정도 파악할 수 있었다. 여기에서도 그의 위대함을 엿볼 수 있다.

한편, 그는 차관 형식에 의한 외국의 실례를 구체적으로 조사하기로 했다. 무슨 일에 있어서든 그의 행동은 철저했다. 당시, 인도와 파키스탄은 미국에 10억 달러의 부채가 있었다. 그 외에 차관 도입 전후를 기준으로 각국의 국민소득 변화, 차관의 평균금리에 대해서도 조사했다.

그 동안 이병철은 비료생산에 관한 계획을 둘러싸고 포기할 생각도 했었지만 부정적인 부분은 모두 배제하고 일단 전인미답의 이 목적을 어떻게든 달성해보자는 쪽으로 결심을 굳혔다. 그렇게 하려면 하루라도 빨리 좀 더 합리적이라고 말할 수 있는 유럽의 경제인을 만나볼 필요가 있다는 생각이 들었다.

그는 서유럽이 자본주의를 추진시킨 능력이 무엇인지 잘 알고 있었다. 근대산업을 낳은 왕성한 사업의욕이 그런 동기를 부여해주었다는 사실을. 더구나 무슨 일을 할 때 그들은 철두철미한 합리성에 바탕을 두고 냉정하게 처리한다. 이병철은 그런 합리적인 정신을 믿고 있었다. 그들로부터, "정부사절도 아닌 단순한 일개 민간인이 차관을 신청한다니 터무니없는 소리"라고 비웃음을 당하는 것이 아닌가 하는 걱정도 들었지만, 일단 그는 이렇게 생각했다.

"일단 그들을 만나보자. 얼굴을 마주 대하고 내 계획을 전부 이야기해 보자. 허심탄회하게 이야기를 나누어 보는 거야."

그리고 즉시 유럽으로 떠났다.

앉아서 걱정하는 것보다는 행동으로 옮겨보는 것이 낫다는 말처럼, 예상과 달리 교섭은 순식간에 성립되었다.

1960년 2월, 코앞으로 다가온 대통령과 부통령 선거 때문에 바쁘게 돌아가는 조국을 뒤로 하고 유럽으로 향한 그는 우선 독일을 방문했다. 손원일(孫元一) 주독 대사는 이미 정부의 훈령을 받고 이병철이 원하는 독일 재계 요인들과의 만남을 주선해 놓은 상태였다.

이병철이 처음으로 방문한 것은 크루프(Krupp) 제강회사였다. 공교롭게도 사장은 출장 중이었다. 낙담한 그를 부사장이 대신 맞이했다.

"당신의 계획에 관해서는 사장님께서 이미 잘 알고 계십니다. 이 문제에 관한 협의 권한은 모두 제게 일임하셨습니다. 무슨 일이든 기탄없이 말씀해주십시오."

독일에서는, 유명 기업이 복수의 부사장 제도를 도입하여 그들에게 대폭적으로 권한을 위임하는 훌륭한 경영기반을 구축하고 있다는 사실은 알고 있었지만 막상 만나보자 독일인다운 솔직하고 대담한 태도에 감탄하지 않을 수 없었다. 그 솔직한 태도에 응답하듯 이병철도 역시 단도직입적으로 말했다.

"한국에 연산 25만 톤 규모의 비료공장을 세우고 싶습니다. 그래서 귀사에서 차관을 빌리고 싶습니다."

대답은 한 마디였다.

"좋습니다."

이병철은 오랜 숙원이며 비원(悲願)이기도 했던 비료공장 건설이 실현되는 시점에서 한순간 꿈을 꾸는 듯한 기분을 느끼면서 〈논어〉에 있는 '행불곡경(行不曲徑)' 이라는 말을 떠올렸다. '큰일을 해결하는 지름길은 대도(大道)를 정정당당하게 걷는 데에 있다.'

"정부의 지불보증을 얻으려면 수속이 복잡해서 많은 고생을 해야 할 것입니다. 그러니까 정부의 지불보증은 필요 없습니다. 거래은행의 보증서만 송부해 주신다면 공장을 지어드리지요."

상담이 끝난 후에 이병철은 부사장으로부터 크루프 제강회사의 전 사장인 크루프와 관련된 에피소드를 들을 수 있었다.

이 회사는, 현 사장의 5대 전 사장인 알프레드 크루프(Alfred Krupp)가 창설한 이후 끊임없는 성장을 거듭하여 독일 제일의 재벌이 되었는데, 나치 독일이 전쟁을 일으키자 히틀러에게 강제로 점거당하여 어쩔 수 없이 전쟁에 협력했다. 전쟁이 끝난 후, 전쟁에 협력했다는 이유에서 전범으로 체포된 알프레드 크루프는 연합군에게 다음과 같은 요청을 했다.

"전쟁에 협력한 모든 책임은 내가 지겠습니다. 단, 크루프 제강에서 일했던 사람들에게서 직장을 빼앗지는 말아 주십시오. 그것만 부탁하겠습니다."

그의 바람이 받아들여질 리가 없었다. 연합군은 공장을 폐쇄했고, 크루프 재벌은 해체되었다. 이런 연합군의 조치에 대해 모든 종업원들이 연일 공장을 다시 돌릴 수 있도록 해달라며 관계 당국에 호소했다. 당시의 수상 아데나워(Konrad Adenauer)도 몇 차례에 걸쳐 아이젠하워에게 공장 재개를 간청했다.

"히틀러와 크루프 재벌에 대한 감정이라면 나 자신이 당신들보다 훨씬 더 많이 가지고 있습니다. 하지만 죄 없는 수만 명의 독일인들로부터 직장을 빼앗는 것만큼은 막아 주십시오. 부디 관용을 부탁합니다."

이 회사는 몇 년 후에 한국의 6·25전쟁을 계기로 다시 본격적인 가동을 하게 되었는데, 그 때 과거의 종업원들은 공장을 재가동하게 되었다는 소식에 기쁨의 눈물을 흘리며 모여들었다. 그들의 행동은 누군가의 지시나 명령에 의한 것이 아니었다. 각자 원래의 자리로 돌아간 그들은 전쟁에 의해 80%나 파괴된 공장을 복구하는 작업에 묵묵히 착수, 단기간에 공장을 재건시켰다.

부사장이 들려준 이 에피소드에서 이병철은 적지 않은 감명을 받았다. 물론, 규모나 역사로 볼 때 크루프와 삼성은 비교할 수 없었지만 그의 이야기에는 공감할 수 있는 부분이 있었다. 민족, 전쟁, 정권, 기업…. 그 때, 이병철은 복잡한 생각을 떨쳐버릴 수 없었다. 그런 복잡한 심정으로 이병철은 이번 차관신청을 흔쾌히 허락해준 이유를 솔직하게 물어보았다.

부사장은 다음과 같이 대답해 주었다.

"독일과 한국은 국토 분단이라는 비슷한 운명에 놓여 있습니다. 민족분열의 비극을 겪고 있다는 점에서 말씀입니다. 우리의 활로는 자유를 지키는 것에 의해서만 열릴 수 있다고 믿습니다. 지금, 양국이 생존할 수 있는 길은 같은 운명에 놓여 있는 사람들끼리의 협력뿐입니다. 이 협력에 의해 경제적 번영이 이루어지는 것이지요. 더구나 자유를 지키려면 독일이나 일부 국가만이 번영하는 것으로는 도움이 되지 않습니다. 자유를 지키는 원동력은 자유국가들의 번영이지요.

다행히도 독일은 지금 80억 달러의 외화를 보유하고 있습니다. 개발도상국에 대해 연간 3억 달러 정도는 원조할 수 있는 형편이지요. 우리는 이미 몇 국가에 차관을 제공한 실적이 있습니다. 아직 약속한 대로 상환이 이루어지지는 않았지만 걱정하지 않습니다. 언젠가는 상환이 가능할 것이라고 믿기 때문입니다.

크루프의 입장에서도 여유 있는 자금을 은행에 예금해두는 것보다는 원조를 바라는 자유국가, 즉 당신의 조국에 빌려주는 것으로 도움이 될 수 있다면 그 이상의 기쁨은 없을 것입니다. 그러니까 걱정하지 말고 잘 사용해 주십시오."

이병철은 한 달 안에 차관의 구체적인 조건을 포함한 계획서를 보내기로 하고, 이 꿈만 같은 상담을 마쳤다. 손원일 대사도 마치 자기 일인 것처럼 기뻐하면서 격려해 주었다.

"이것이 계기가 되어 앞으로 한국의 기업인들도 국제사회에서 폭 넓은 활동을 할 수 있을 것입니다. 그리고 이것이 효시가 되어 조국도 발전할 것입니다."

'라인강의 기적' 을 일으킨 독일에 이은 다음 방문지는 이탈리아의 몬테카티니(Montecatini) 재벌이었다.

몬테카티니와의 인연

이병철의 첫 유럽 여행은 매일 매일이 바쁘기 짝이 없는 스케줄의 연속이었지만 여행의 피로를 씻을 틈도 없이 이탈리아로 떠났다.

몬테카티니 재벌은 유럽 각국에 100여 개의 화학공장, 비료공장, 발전소, 광산 등을 산하에 두고 있는 세계 굴지의 기업이며, 이탈리아 민족자본의 총본산이기도 하다. 그가 방문한 그룹 계열의 비료회사 사장은 인사가 끝나자마자 미소를 지으며 이렇게 말을 걸어왔다.

"한국은 매우 아름다운 나라이지요. 꼭 한 번 방문해 보고 싶습니다."

자금조달은 크루프와의 교섭으로 충분했는데 왜 몬테카티니를 방문했던 것일까. 이것은 아주 미묘한 심리적 갈등 때문이었다. '크루프에서는 확실히 지원을 해주겠다고 말했다. 하지만 상담이 너무나 간단히 성립되었다. 그 말이 사실일까?' 그의 마음속에는 복잡한 생각이 오가고 있었다.

그러나 몬테카티니의 사장을 만나는 순간 자신의 불안이 단순한 기우에 지나지 않았음을 알고 그제서야 안도했다.

"좋습니다. 가능하면 빨리 사업계획서와 수지예산서 등과 함께 은행의 지불승낙서만 송부해 주십시오."

몬테카티니의 비료회사 사장도 주저하지 않고 흔쾌히 승낙해준 것이다. 이병철은 그 이유를 물어보지 않을 수 없었다.

"우리 회사와 한국은 오랜 세월 동안 인연이 있습니다. 1930년대에 질소암모니아를 발견한 것은 바로 우리 회사의 기술진이었습니다. 하지만 그 당시에는 어느 곳에서도 이 성공을 인정해주려 하지 않았습니다. 질소의 공중 고정과 비료 추출, 이 노하우를 처음으로 구입해 준 곳이 한국의 홍남질소비료공장이었습니다. 경영자는 노구치 시타가우(野口遵)라는 일본인이었지요. 회사도 일본의 회사였습니다. 단, 소재지가 한국이었을 뿐이라는 인연이지만 몬테카티니의 입장에서는 세계 어느 회사에서도 상대해 주지 않아 매수자가 없는 특허를 당시 100만 달러라는 거금을 투자하여 매수해준 은혜를 결코 잊을 수 없습니다. 지금은 북한에 속해 있지만 그런 인연이 있는 한국이 처음으로 민간인의 손으로 비료공장을 세우겠다는데 어떻게 원조를 거부할 수 있겠습니까?"

이병철은 몬테카티니의 사장 말도 그렇고, 크루프의 부사장이 들려준 에피소드도 그렇고, 그들 서유럽 기업가들에게 합리적인 정신이 뒷받침된 윤리관을 느꼈다. 눈으로 직접 확인한 당당한 서유럽 자본주의의 진수와 함께 서유럽인과의 교섭 비결도 터득했다. 한 민간인의 바람은 빈곤과 정체에 허덕이고 있던 한국경제에 대한 희망이었다.

해방 이후부터 1968년까지 복구와 안정의 기초를 구축한 총액 41억 7천만 달러에 이르는, 무상을 포함한 원조를 통하여 경제개발을 지원한 외자도입의 불씨를 일으킨 것은 이병철의 이런 교섭에서 볼 수 있는 에너지였다. 사실 1959년 미국의 원조법 개정에 의한 DIF 차관의 첫 도입부터 1962년의 공공차관까지 외국인 투자는 단 한 건, 그 규모도 불과 500만 달러에 지나지 않았다는 점을 생각하면 이병철의 비료공장건설 계획이 얼마나 웅대한 프로젝트였는지 잘 알 수 있을 것이다. 그 후, 경제개발을 목적으로 정부가 주도한 외자도입이 급증하게 되는데 그 선구가 이병철의 비료공장 건설이었다.

파리에서 알게 된 4·19

독일을 비롯한 이탈리아 거대기업의 선도적 기업가들을 방문하면서 공감을 느끼는 과정 속에서, 공통의 목표를 가지고 있을 경우에는 국가와 민족을 초월하여 얼마든지 뜻이 통할 수 있다는 사실을 깨달은 이병철은 기우를 불식시킨 차관교섭 성립과 아낌없는 협력에 가슴이 한껏 부풀어 있었다. 그런 그의 마음을 엄청난 충격이 뒤흔들어 놓았다.

학생운동이 주체가 된 4월 혁명이었다. 이병철은 파리에서 이 소식을 들었다. 4월 말, 오를리(orly) 공항에 도착한 그를 맞이한 사람들의 우울한 표정을 그는 놓치지 않았다. 그리고 호텔로 향하는 도중, 마중을 나온 일행으로부터 들은 조국의 정세. 그는 나중에 이때만큼 조국을 멀게 느낀 적은 없었다고 말했지만, 이국에서 들은 조국의 불행한 뉴스만큼 마음을 아프게 하는 것은 없다. 그야말로 청천벽력이었다.

암담한 마음으로 '4 · 19'에 관한 보다 자세한 소식을 정일권(丁一權) 주불 대사로부터 들었을 때, 그는 문득 경무대로 이승만 대통령을 방문했을 때의 광경을 떠올렸다. 이 대통령의 온화한 표정, 그리고 격려를 아끼지 않던 그의 말. 국가를 걱정하는 마음을 포함하여 자신의 뜻을 이야기하는 이병철에게 차분한 목소리로 이렇게 격려해 주었다.

"이 사장이 한다고 마음먹었다면 못 할 일은 없겠지요. 그래요. 꼭 한번 해보십시오."

정치적 상황은 이병철이 조국을 떠날 당시에 이미 심상치 않았다. 그 후에 유럽을 돌아다니는 도중에 단편적인 정보는 들을 수 있었지만 사태가 이 정도로 위급하리라고는 상상조차 할 수 없었던 만큼, 정 대사의 말에 놀라움을 감출 수 없었다.

불과 몇 개월 전, 그에게 차관 허가를 내준 대통령이 하야하다니! 정치 부문에서 지나친 면이 없는 것은 아니겠지만 이런 비상사태를 초래하기에 이른 조국의 현실적인 상황과 장래를 생각하는 이병철의 가슴은 말과 글로는 다할 수 없는 복잡한 부분이 있었다. 그것은 인생무상과는 또 다른, 일종의 엄숙한 느낌이었다.

다만, 이 혁명의 와중에서도 이병철이 안도의 가슴을 쓸어내릴 수 있었던 것은 이승만 대통령의 하야로 유혈사태를 막을 수 있었다는 점이다. 이 대통령이 다시 일반시민으로 돌아가던 날 아침, 바로 어제까지 폭풍우처럼 들고 일어났던 학생들도 경무대를 떠나는 대통령을 눈물을 흘리며 배웅했다고 한다. 이병철은 조국에서 5만㎞나 떨어진 이국 땅 파리에서 그 광경을 상상하며 과거 프랑스혁명 때의 혼란만큼은 피할 수 있기를 빌 뿐이었다.

한시라도 빨리 귀국을 서둘러야 한다는 마음을 억누르고, 다음 대책인 세계은행으로부터의 차관 가능성을 검토하기 위해 즉시 주미 한국대사에게 그 만남을 알선해 달라는 요청을 했다. 양유찬(梁裕燦) 대사가 노력한 보람이 있어서 세계은행 총재와의 면담이 바로 실현되었다. 이병철은 크루프와 몬테카티니 때와 마찬가지로 한국에서의 비료공장 건설 필요성과 외자도입 실현을 요청했다.

"한국으로부터 차관 신청을 해온 사람은 당신이 처음입니다. 더구나 민간인 신분으로 말입니다."

총재의 매우 부드러운 반응에 거의 성공했다고 판단하고 있는 이병철에게 그는 이렇게 질문을 던졌다.

"상환 방법은 무엇입니까?"

이병철은 즉시 정부의 보증이 있다고 대답했다. 그러자 총재는 끈질기게 질문을 던졌다.

"정부는 정부이고, 당사자인 당신에게는 어떤 상환 방법이 있습니까?"

"생산한 비료를 수출하는 것으로 결재하지요."

총재는 납득하기 어렵다는 태도였다. 이병철은 인도, 파키스탄의 실례를 인용하여 차관 가능성을 타진했다.

세계은행. 정식명칭은 국제부흥개발은행. IMF의 자매금융기관으로서 1944년의 브레튼 우즈(Bretton Woods) 협정에 근거하여 설립된 국제장기투자 금융기관이다. 업무를 개시한 것은 1946년 5월, 제2차 세계대전 이후 각국의 부흥과 발전, 나아가 세계경제 발전을 위해 필요한 장기자금을 대부해주는 기관이다. 자금은 가맹국의 갹출금(주식 할당) 등으로 충당되지만 약관에는 정치적 내지는 사경제(私經濟)적인 고려에 상관하지 않고 필요도에 따라 어느 정도의 위험을 감수하고라도 투자할 수 있다고 명시되어 있다.

이병철은 우선 세계은행 설립에 있어서 한국에서도 100만 달러 이상의 출자가 있었다는 점을 지적하면서 이렇게 응수했다.

"우리나라에는 출자 의무만 있고 융자를 받을 권리는 없다고 말씀하신다면 세계은행은 특정국가 몇 개국을 위한 은행이지요."

몇 번의 응수를 반복해 보았지만 총재는 '정세 불안정'을 이유로 앞으로 검토해보겠다는 말만 할 뿐 이병철의 차관 요청에 응해주려 하지 않았다.

미국에 체류하는 도중, 워싱턴에서의 차관교섭을 위해 시간을 보내고 있는 그에게 이승만 대통령이 하와이에 은거하게 되었다는 소식이 전해졌다. 이병철은 돌아가는 길에 그 동안의 차관교섭 경위를 보고하는 한편 이승만 대통령 부부의 근황을 알아보기 위해 방문하기로 결심했다. 정부에서 떠난 지금, 이승만 전 대통령은 이제 한낱 망명자에 지나지 않는다. 하지만 설사 그렇다고 해도 국가와 민족의 장래에 대한 그의 마음은 변했을 리가 없다. 그의 재가가 있었기 때문에 한국에서의 비료 국산화 실현이 가능해진 것 아닌가.

이런저런 생각에 마음이 복잡했지만 이승만 전 대통령의 건강을 고려하여 어쩔 수 없이 단념했다. 이병철은 후일, 당시를 돌아보면서 이승만 전 대통령 부부를 방문하지 않았던 것을 후회했다.

미국을 출발하여 일본에 기착한 뒤에야 처음으로 국내 정세에 관한 자세한 소식을 알 수 있게 되었다. 이런 정국불안 상태가 계속 이어진다면 경제도 침체를 면하지 못할 것이고, 나아가서는 대외신용도도 떨어질 것이라는 사실을 도쿄에 체류하는 동안에 절실하게 느꼈다. 또, 이런 정치적 불안 상태가 계속 이어진다면 그의 포부도 물거품으로 사라져버릴 것이라는 불안감도 느꼈다.

이런저런 고민을 하면서 도쿄에 체류하고 있는 동안, 일본의 지인으로부터 "한국은 지금 '데모크라시'로 시간을 보내고 있답니다. 이런 혼란은 당분간 계속될 것입니다"라는 위로도 아닌 묘한 말을 듣게 되었다. 그런데 이 말에서 '데모크라시'라는 말이 이병철의 귀에 거슬렸다. 그 사람은 '데모'라는 영어와 '쿠라시(생활)'라는 일본어를 사용하여 '데모만 하는 생활'이라는 의미의 표현을 한 것이지만 이병철의 귀에는 이 말이 영어의 '데모크라시(democracy)'로 들려 마치 비꼬는 것처럼 받아들여

졌던 것이다. 이병철은 묘한 감정을 느꼈다.

이병철에게는 일관된 사고방식이 있었다. 정치의 요점은 도의심(道義心)에 있다. 일찍이 피히테(Johann Gottlieb Fichte)가 전쟁 이후의 퇴폐한 독일 국민을 향하여 모든 독일인의 도의(道義)에의 자각을 주장한 것을 예로 들 필요도 없이 도의가 고양되어야 비로소 국가 재건의 길이 열린다.

한편, 사회의 모든 것이 합리적, 순리적으로 이루어지지 않고 독단과 편견으로 처리되는 경우를 생각해 보았다. 상호이해, 관용이 결여된 과격한 행동이 발생하는 사회도 상상해 보았다. 단순히 자신의 사고와 이익에 위반된다는 이유만으로 사회질서나 공공에 피해를 끼치는 행동은 반드시 삼가야 한다. 문득, 크루프 공장 폐쇄에 대해 데모에 참가한 모든 종업원들의 데모와 그 마음을 떠올려 보았다.

습도가 높은 일본의 여름 밤, 호텔 창가에 말없이 서 있던 이병철은 '국익이란 무엇인가?' 하는 점에 대해 새삼 자문자답해 보지 않을 수 없었다.

기업가의 논리와 윤리

선거 직전인 7월 28일, 김포공항에 내려선 이병철을 맞이한 것은 소란스러운 데모 행렬이었다. 정국은 안정되지 않아 국가 전체가 데모의 연속이었다. 정부는 행정능력을 상실하고, 경제활동은 완전한 마비상태에 빠져 국가와 국민은 모두 방향을 잃고 헤매는 듯한 느낌이 들었다. 이런 혼란 속에서 그를 맞이한 것은 '부정축재 처리법안' 이었다.

자신의 기업은 말할 필요도 없고, 나라의 경제 전체에 있어서 획기적인 한 획을 그을지도 모르는 차관을 움켜쥐고 귀국한 그를 기다리고 있는 이 처리법안만큼 그의 의욕을 저하시킨 것은 없었다.

이른바 탈세에 대한 응징이 그 명분이었다. 삼성그룹도 지금까지 탈세를 저지른 것은 분명한 사실이었지만 이것은 당시의 불합리한 세제에 그 중요한 요인이 있으며 그런 사실은 이미 양식 있는 인물들에 의해 인정이 된 상태였다. 그러나 이것을 부정축재로 응징한다는 정부의 방침에는 순응하지 않을 수 없어서 즉시 각 기업별로 탈세금액을 조사하여 그 결과를 제출했다. 이 결과에 대해 다시 자발적인 신고 금액이 실제보다 낮게 평가되었다는 비난이 쏟아졌다. 정부는 그런 여론에 밀린 듯 검찰을 통한 직접 탈세조사에 착수했다. 그 대상기업은 전국을 통틀어 61개 기업체에 이르렀는데, 삼성그룹은 14개 기업이 그 대상에 포함되었다.

며칠 후, 이병철은 태어나서 처음으로 검찰의 심문을 받게 되었다. 출두명령서에 지시된 대로 부장검사실로 출두했다. 이병철에 대한 호기심도 있었기 때문인지 그 방에는 10여 명의 검사와 검찰서기들이 그가 도착하기를 기다리고 있었다.

부장검사는 입을 열자마자 지금까지의 부정수단에 의한 축재금액을 질문했다.

이병철은 주저하지 않고 대답했다.

"상당한 금액일 것이라고 생각하지만 아직 계산해보지 않았기 때문에 그 정확한 숫자는 대답할 수 없습니다."

그의 입장에서는 솔직하게 대답할 생각이었지만 듣기에 따라서는 검찰의 심기를 거슬리는 말투였던 듯하다. 부장검사는 어이가 없다는 표정으로 다시 질문을 던졌다.

"탈세는 왜 했습니까?"

"우리나라의 현행 세제는 전시 중의 재정자금조달을 위한, 이른바 단순한 세수증대만을 목적으로 제정된 1950년대 초기의 세제를 그대로 답습하고 있습니다. 그렇기 때문에 휴전 이후에 경제가 점차 회복되고 안정기로 접어든 현 단계에서는 현실적인 상황과 너무 동떨어져서 이런 높은 세법은 오히려 한 국가의 번영을 저해하는 요인이 되었다고 말할 수 있습니다. 당연히 세제 개혁이 필요하다고 생각합니다."

그는 현행 세제의 불합리성을 지적했다.

"예를 들어 현행세법에 의하면 법인세는 35%, 사업소득세는 15%, 섬유제품의 물품세는 약 30%이고, 그 밖에 영업세와 각종 부가세 등을 합산하면 그 총액은 무려 전체 소득금액의 120%에 이릅니다. 세법대로 납세를 하려면 소득을 모두 세금으로 지불해도 부족하다는 결과가 나옵니다."

그는 숨을 돌리고 말을 이었다.

"정부도 이런 모순을 잘 알고 있었기 때문에 그 개정안을 검토 중이라고 들었습니다. 한 마디로 말한다면 지금까지의 세제를 기준으로 삼으면 기업 자체의 유지와 존속이 불가능합니다. 그렇기 때문에 기업이 어쩔 수 없이 탈세를 저지른다는 사실은 이미 공공연한 비밀입니다. 검사님도 이 점에 대해서는 충분히 이해하고 계실 것입니다."

부장검사는 그의 말에 쓴웃음을 지으며 되물었다.

"그렇다면 당신에게는 죄가 없다는 말입니까?"

"지금 이 자리에서 제가 죄가 있는지 없는지를 말할 수 있는 상황은 아닙니다. 그러니까 그 문제 자체에 대해서 이런저런 말씀을 드리고 싶지는 않습니다. 다만, 부정축재자를 처단한다고 하면서 불합리한 세제에 대해서는 전혀 눈길을 돌리지 않고 기업가만을 부정축재자로 단죄하려는 정부의 시책은 불합리하다고 생각합니다. 부정축재자를 처벌하려면 그 전에 그런 범죄의 근거가 된 세제부터 개혁하는 것이 도리라는 말씀을 드리는 것입니다."

이병철은 허심탄회하게 평소에 자신이 품고 있던 소신을 밝혔다. 그에게는 경영자로서의 일관된 논리와 윤리가 있었고, 한국경제에 대한 이상적인 청사진이 그려져 있었다. 따라서 그 나름대로의 국가관도 있었다.

해방 직후의 경제정책 부재, 수입품의 범람, 공업생산의 감소, 전쟁에 의한 생산설비의 파괴와 국토 황폐에 의해 미국의 원조를 주축으로 삼아 간신히 재건과 회복의 기미를 보이고 있기는 하지만, 민족자본의 축적을 높이지 않으면 우리나라의 경제발전은 있을 수 없고, 그 발전요인으로서 기업가의 활력을 신조로 삼고 있던 그는 국가를 부흥하게 하는 길은 정부의 적절한 경제정책 추진과 함께 왕성한 기업가 정신에 의한 경제활동이 급선무라는 사실을 누구보다 강하게 믿고 있었다.

그의 경제논리는 다음과 같은 것이다. 공정한 자유경쟁에 의한 기업의 발전이 중요하며, 그 중심적인 핵심을 이루는 것은 기업가의 창조적인 노력이다. 또, 기업이야말로 자본주의의 핵심이며 생산, 수출, 고용의 증대를 통하여 국가와 국민을 풍요롭게 만든다. 그렇게 하기 위해 기업가와 경영자는 기업 활동을 통하여 사회에 봉사하고 창의와 계발을 통하여 이윤을 높이며 자본을 축적하여 기업을 확장한다. 신규사업을 적극적이면서 지속적으로 확대해야만 경제발전은 있을 수 있다. 그럼에도 불구하고 기업에 대해 이해하는 폭이 너무 좁거나 기업의 이윤을 때로는 죄악시하는 풍조가 있다. 경영자를 정당하게 평가하려 하지 않는 경향이야말로 우리나라의 발전을 저해하는 하나의 요인이라는 점을 그는 인식하고 있었다.

경영자가 부정한 방법으로 이윤을 추구한다면 당연히 비난의 대상이 되어야 하겠지만 적법하고 공정한 경쟁에 의해 기업이 활동하는 경우에는 장려는 하지 못할망정 비난을 받아서는 안 된다고 믿고 있었다. 기업가와 경영자의 끊임없는 기업 활동과 이윤추구 과정이 있어야 비로소 경제는 성장하며 또한 발전한다. 그는 또, 사기업과 공기업의 우열을 엄격하게 평가하기도 했다.

이병철은 투철한 자유주의 경제의 원리를 이해하고 있었기 때문에 부정축재 처리법안에 대해 두려움 없이 자신의 견해와 방책을 진술한 것이다. 이야기를 되돌려 보자.

그가 현행 세제의 불합리성을 지적했을 때, 부장검사가 즉시 이런 질문을 던졌다.

"그렇다면 당신은 대체 어떤 방법으로 기업을 경영해 왔습니까?"

이병철은 몇 가지 실례를 들어 구체적인 설명을 했다. 그 때까지 가능하면 무표정을 유지하고 있던 부장검사도 놀란 표정을 보이면서, 이병철 자신이 탈세 사실을 알고 있었느냐는 질문을 던졌다.

"물론입니다. 사원들이 어떻게 사장을 속이고 탈세를 하겠습니까?"

이처럼, 이병철은 모든 것을 있는 그대로 인정했기 때문에 부장검사의 태도도 약간은 부드러워졌고, 결국에는 심문이라기보다는 오히려 기탄없는 대화로 변해 버렸다.

부장검사는 이런 말도 했다.

"사실, 이 사장이 출두하기 전에 이미 삼성그룹 임원들을 조사하면서 사건의 경위를 모두 확인해 두었는데, 그들은 한결같이 입을 모아 모든 책임은 자기들에게 있다고 주장했습니다. 정말 훈련이 잘된 회사라고 표현할 수밖에 없군요."

그 말에 이병철은 간단히 대답했다.

"그런 행동이 훈련을 통해서 만들어질 수 있다고 생각하십니까?"

이병철도 그렇고 그의 사원들도 그렇고 그들은 한결같이 의연한 모습으로 '자기 책임' 을 주장했고, 자진해서 죄를 뒤집어쓰려 했다는 점에서는 정말 감탄하지 않을 수 없다. 도리와 의리가 땅에 떨어진 기업사회에서는 좀처럼 찾아볼 수 없는 현상이다. 경영자는 당연히 이런 자세를 갖추어야 하고, 직무를 수행하는 사원도 책임감을 가지고 일을 해야 한다. 거기에는 상호 신뢰가 존재하며, 바로 이런 점에 삼성그룹이 표방하는 경영이념이 살아 있는 것이다.

부정축재 문제는 그것이 정치 문제가 되었기 때문에 검찰당국의 심문을 받는 상황까지 이르렀지만 이병철을 비롯한 주요 임원들 모두가 실형선고를 각오하고 있었다. 그런 각오를 할 수 있었던 배경에는 모든 책임을 자기가 지겠다는 강한 책임감과 자기들은 범죄자가 아니라는 의식이 깔려 있었다.

검찰당국의 심문이 끝난 뒤에 이병철은 부정축재 문제에 대해 이렇게 말을 맺었다.

"사랑하는 우리 사원들도 일개 회사원의 입장보다는 국민의 한 사람으로서 국가를 생각하는 충정이 더 강했다고 봅니다. 이른바 부정축재가 정말로 사회적 지탄을 받을 만한 범죄라면 그들도 자진해서 죄를 뒤집어쓰려 하지는 않았을 것입니다. 이런 정책은 즉시 중지해주시기를 부탁드립니다."

실의의 나날들

삼성그룹, 아니 국가 전체를 뒤흔든 부정축재 문제는 막을 내렸다. 당초, 자진신고에 의한다는 방침에서 검찰당국의 직접 조사가 이루어져 9월에는 그 결정 방침이 통고처분이 되어 대상기업에 전달되었다. 통고처분을 받은 해당기업은 46개, 총 196억 환의 추징금을 지불해야 했는데, 그 중에서 삼성이 지불해야 하는 추징금은 7개 기업에 대한 것으로 62억 환에 이르렀다. 즉, 전국의 모든 기업체의 탈세행위의 약 3분의 1을 삼성그룹이 지불하게 된 것이다.

이병철은 이 추징금에 마음 아파하는 임원들을 한 자리에 모아놓고 자신의 심정을 밝혔다.

"정부의 요구가 설사 무리한 것이고 불합리한 것이라고 해도 그 방침에는 순응해야 합니다. 따라서 모든 비난을 배제하고 최대한 협력을 아끼지 않기를 바랍니다. 해방 이후에 자산가가 된 사람들은 많이 있습니다. 그 중에는 해방 직후의 물자부족 현상을 이용하여 벼락부자가 된 사람, 일본으로부터 귀속된 재산을 불하받는 방법으로 하루아침에 대기업가가 된 사람도 있을 것입니다. 그들은 배후에서 정치권력과 결탁하여 어떤 사람은 은행으로부터 막대한 융자를 받았을 수도 있습니다. 그러나 그 대부분은 온갖 고난을 이겨내고 기업을 성공시킨 사람들과는 달리 모든 사업에 실패했다고 해도 지나친 표현이 아닙니다. 이들과 비교하면 우리는 항상 최선을 다해 노력했고, 국가의 재건과 번영을 위해 오늘날까지 기업을 일으켜 왔습니다. 숱한 장애를 극복하고 새로운 사업을 설립, 확장해 왔으며 건전한 자금운영을 통하여 한국경제의 발전에 기여해 왔다는 사실을 긍지로 생각합니다. 정부의 방침에 따르는 것은 순리이고, 앞으로 이런 긍지를 품고 지금까지 일으켜온 기업을 지키고 유지하는 것은 도리입니다. 현재 존재하는 우리의 기업들을 앞으로도 훌륭하게 운영해 나갈 수 있다면 나 자신은 이제부터 모든 사업에서 손을 떼도 좋습니다. 지금과 같은 혼란기에 기업에 대한 애착을 보이지 못한다면 오히려 그 때문에 보다 큰 것을 잃게 될 수도 있습니다. 나는 그런 어리석은 행동은 하고 싶지 않습니다."

이렇게 해서 그는 잠시 동안 실무에서 떠나 이른바 칩거생활을 하듯 집 안에 틀어박힌 채 한가로운 시간을 보내게 되었다.

그 동안, 고민에 싸여 있는 그를 위로해준 것은 고전(古典)이었다. 어린 시절의 고향을 떠올리지 않은 것은 아니었지만 당시의 이병철의 마음은 그보다 깊고 먼 생각에 잠겨 있었다. 고전은 그것을 읽는 사람, 읽는 나이에 따라 그 때마다 의미가 바뀐다고 한다. 나이가 이미 지천명(知天命. 50세)에 이르러 곤경에 빠져 고민하고 있던 이병철에게 있어서 고전이야말로 유일한 친구였다.

초심(初心)으로 돌아가서 마음이 내키는 대로 논어를 비롯한 경서(經書)를 읽기 시작했다. 이런 식으로 새삼스럽게 고전을 다시 읽어보는 것에 의해 그는 단순히 나이뿐 아니라 현재 자신이 놓여 있는 입장에 따라서도 그런 고전에 기록되어 있는 말들의 의미가 크게 달라진다는 사실을 터득하게 되었다.

이른바, 본체(本體)와 용변(用便)이 조화를 이루지 못하면 숱한 혼란이 발생한다는 말. 정부의 정책부재도 여기에 있는 것 같은 느낌이 들었다. 설사 이상이 높은 정치를 내세운다고 해도 그 이상을 지탱할 수 있는 행정능력이 없으면 아무 것도 성취할 수 없는 것 아닐까.

이병철은 고전에 있는 광명을 이끌어내어 그 빛을 가지고 달려가 즉시 정부에 전달하고 싶은 마음을 억누르기 어려웠다. 부정축재 문제 이전부터 이미 면식이 있는 각료들에게 자신의 심정을 전하기 위해 면회를 신청했지만 부정축재 문제가 진행 중이라는 현실 때문에 경계를 하는 것인지 면회는 쉽게 이루어지지 않아 정부에 대한 건의는 사실상 불가능한 상황에 놓여 있었다.

그가 자택에서 이런 고민에 찬 나날을 보내고 있을 무렵, 세상은 여전히 소요 상태에 빠져 있었고, 일부 학생들 사이에서는 마침내 판문점으로 달려가 북한 학생들과 대화를 나누자는 슬로건 아래에 데모가 되풀이되고 있었다.

그런 격렬한 혼란상태 아래에서 간신히 법무장관을 방문할 수 있는 기회를 얻게 되었다. 이병철은 처음부터 개인적인 의도는 전혀 없었기 때문에 그 뜻을 장관에게 전함과 동시에 솔직하게 이렇게 말했다.

"정치의 요점은 오직 안정에 있습니다. 국가의 번영도 바로 그런 안정에 의해 비로소 가능해진다고 저는 생각합니다. 그런데 정부는 대체 무슨 생각으로 이런 소요까지도 방관하고 있는 것입니까?"

그러자 장관은 한숨을 내쉬며 대답했다.

"저도 같은 의견이지만 지금은 학생들도 하나의 거대한 정치세력이 되어 있기 때문에 그 힘을 무시할 수 없어 난처한 상황입니다."

"자유당 정권을 무너뜨린 원동력이 학생들의 의거에 있다는 점은 분명한 사실입니다. 그러나 현재, 정권을 움켜쥐고 있는 것은 민주당이지 학생들이 아닐 것입니다. 정부는 적어도 국민들로부터 위탁받은 직분을 수행해야 할 책임을 면하지 못할 것입니다."

이런 뜻은 당시의 국회부의장과 검찰총장에게도 비친 적이 있다.

이병철은 나라를 걱정하고 사랑하는 마음을 한시도 버린 적이 없다. 그의 절실한 호소의 배후에는 정치에 대한 특별한 관심은 털끝만큼도 없었다. 다만, 한 기업가로서의 강한 신념, 즉 정치는 진정한 정치가에 의해, 경제는 진정한 경제인에 의해 이루어져야만 국가가 번영하고 국민의 생활이 향상된다는 신념을 가지고 있었다. 정치와 경제의 조화가 결여되는 경우, 국력이 거의 축적되어 있지 않은 한국의 입장에서는 돌이킬 수 없는 파탄을 각오할 수밖에 없다고 굳게 믿고 있었기 때문에 이런 말을 했던 것이다.

서류조차 행방불명

이병철은 이처럼 삼성의 업무에 대해서조차 깊이 관여하지 않고 고민에 싸인 상태에서 한가로운 나날을 보내고 있었다. 이런 지루함 속에서도 늘 머릿속을 차지하고 있던 생각은 비료공장 건설에 대한 계획이었다.

당시, 비료는 여전히 생산설비가 부족하여 60% 이상을 외화를 낭비하면서 다른 나라에서 수입하여 사용하고 있었다. 비료는 시멘트, 정유, 합섬, 기계 종류 등과 함께 수입에 의존하지 않을 수 없는 중요한 물자였다. 외국자본에 의존해서라도 공장을 건설하고 싶다는 기업가로서의 바람은 그와 동시에, 당시 국가의 우선적 목표로서 반드시 실현시켜야 하는 문제이기도 했다. 거기에는 일개 기업가의 의도를 초월한 보다 거대한 뜻이 있었다.

이병철의 입장에서는 이미 손 안에 들어온 것이나 다름없는 차관을 그대로 놓아버리는 것이 안타까워 견딜 수 없었다. 하지만 당시의 상황을 고려할 때, 자신의 손으로 그 일을 감행할 의지는 없었다. 이미 부정축재자로 평가가 내려진 현재, 다시 새로운 기업을 계획한다는 것은 도저히 생각할 수 없었기 때문이다. 반면에 그런 심정을 가지고 있음에도 불구하고 눈앞의 국가적인 사업을 그대로 놓아버리고 수수방관한다는 것은 그의 천성적인 품성이 허락하지 않았다. 무책임이야말로 그가 가장 싫어하는 행위였기 때문이다.

그러던 어느 날, 이병철은 김영선 재무장관의 의뢰로 그를 면회하게 되었다. 김 장관이야말로 주일대사를 지낸 사람으로, 한국과 일본의 관계개선에 앞장을 섰던 인물이다. 그는 이병철이 독일 및 이탈리아에서 비료공장 건설을 위한 차관을 교섭한 경위를 빠짐없이 알고 있었다.

김 장관과의 면담에서도, 차관교섭에 나선 것은 이병철 자신이기는 하지만 그것을 이유로 자신의 손으로 공장건설을 추진할 생각은 전혀 없다는 점을 미리 알렸다. 그리고 정부가 중개에 나서 한국 농민과 국가의 장래를 생각하는 견지에서 이 중요한 사업을 반드시 전개해야 한다는 뜻을 힘주어 설명했다. 그리고 헤어질 때, 자신의 심정을 이렇게 밝혔다.

"이제 부정축재자가 된 입장에서 그런 국가적 사업을 어떻게 추진할 수 있겠습니까. 지금의 제게는 그런 자본력도 없고, 기력도 없습니다."

김 장관은 다시 만날 것을 약속해 주었다.

"제가 사장님을 만나고 싶어 한 이유는, 만나면 뜻이 통할 것이라고 생각했기 때문입니다. 이 문제에 대해서도 서로 심사숙고한 뒤에 다시 만나기로 합시다."

당시, 대부분의 요인들은 여론을 두려워하여 이병철과의 면담을 기피하고 있었다. 또 그들은 정치문제에만 정신이 팔려 경제의 중요성에 대해서는 깊은 인식을 가지고 있지 않았다. 그런 상황 속에서 김 장관만은 비료문제에 특별히 큰 관심을 품고 적극적인 행동을 취하려 했다. 이런 태도는 이병철의 입장에서는 의외였지만 한편으로는 그의 비범한 식견에 놀라움도 느꼈다.

김 장관은 이렇게 말을 이었다.

"아무리 생각해도 이 정도의 일을 맡아서 처리할 수 있는 사람은 사장님밖에 없는 것 같습니다. 그러니까 반드시 이 일을 맡아 주십시오. 이제 흥미를 잃었다는 사장님의 기분도 이해하지만 국가를 위해서라는 마음으로라도 이 일을 맡아 주시기 바랍니다."

김 장관은 그의 옹고집 같은 거절에도 화내지 않고 거듭 간청을 했다.

"추징금 문제는 앞으로 석 달 안에 결말이 맺어질 것입니다. 그러니까 조금만 더 참고 있다가 그 때가 되면 이 일을 맡아 주십시오."

그러나 추징금 문제는 김 장관 혼자만의 생각으로 처리할 수 있는 성질의 것이 아니었다. 몇 개월이 지나도 전혀 진전을 보이지 않았고, 김 장관을 통하여 정부에 제출했던 비료공장건설에 관한 모든 계획서류 반환에 대해서는 이병철의 요청에도 불구하고 정부 당국으로부터 아무런 반응이 없었다. 나중에 들은 정보에 의하면, 검토 중이라고 했던 서류는 이미 분실되어 사라지고 없었다.

이병철은 이 문제에 대해 새삼 '인간만사 새옹지마' 라며 스스로를 위로해 보았지만, 그의 입장에서 보면 당시의 상황은 정말 그 어떤 일에도 기대를 가질 수 없는, 지금까지와는 다른 고통에 찬 실의의 나날들이었다.

이 면담 이후, 실망한 마음을 치유하기 위해 즉시 외국여행을 신청했지만 탈세를 이용한 부정축재자라는 신분으로는 허가가 나지 않았다. 그러나 김 장관의 특별 배려에 의해 얼마 지나지 않아 그에게 출국허가가 떨어졌고, 그는 혼자 쓸쓸히 김포공항을 빠져나갔다. 가슴 속에는 기업에 대한 불안, 그리고 그보다 더 강렬한 조국의 장래에 대한 불안이 겹쳐 그는 비행기 안에서 애국이 무엇인지 새삼 깊이 생각해 보았다.

일본에서 알게 된 5 · 16

비행기 창문을 통해서 내려다본 조국의 산하는 그의 가슴 속에 품고 있는 이런저런 생각과 겹쳐 한층 황량하게 비쳤다. 도쿄에 도착한 이후에도 그의 복잡한 심정은 그대로 이어져 그야말로 상념에 찬 나날을 보냈다. 하루 종일 호텔 방에 틀어박혀 있는 날이 많았고, 때로는 일본 지기들의 권유를 뿌리칠 수가 없어 마지못해 골프장을 찾는 경우도 있었지만 우울한 마음은 가시지 않았다. 그 때문에 불현듯 미국으로의 여행을 생각할 정도였다. 그런 그를 갑작스럽게 엄습한 사건은 박정희 소장에 의한 '5 · 16' 군사쿠데타가 발생했다는 뉴스였다.

묘한 일이었다. 그가 인생의 기로에 서서 나라의 운명을 걱정하고 있던 1960년 초, 도쿄에 체류 중이었을 때 알게 된 미국의 정책전환 소식도 그렇고, 또 파리공항에서 4 · 19 혁명을 알게 된 것도 그렇듯 이병철의 운명에는 조국의 운명이 겹쳐져 있었다. 이번에도 역시 도쿄에 체류하는 도중에 알게 된 조국의 사건.

당시, 도쿄의 지인들은 잠시 미국으로 건너가 사태가 평온해질 때까지 지켜보라고 권했지만 어디를 가나 이국은 마찬가지다. 마침 호텔 자동차 안에서 군사쿠데타 소식을 듣고 침통한 생각에 잠겨 있던 그는 그런 지인들의 호의를 물리쳤다.

호텔로 돌아와 방안에 틀어박힌 그는 묵묵히 생각에 잠겨 몇 번씩이나 거듭되는 민족의 고난을 생각하면서 고전 한 문장을 떠올렸다.

"하늘에 뜻이 있어 사람에게 큰일을 맡길 때에는 반드시 먼저 그 마음을 고통스럽게 만들고, 그 근육을 지치게 만들며, 그 신체를 궁핍하게 하여 그가 이루려 하는 일에 마가 끼도록 한다."

쿠데타. 비상수단에 의한 정치체제의 변혁은 오랜 기간 동안 진통을 수반한다. 당연히 정치는 물론이고 경제활동도 기대할 수 없으며, 기업 활동은 거론할 필요도 없다. 깊은 상념에 잠긴 이병철은 사정없이 밀려오는 거대한 장벽을 느끼지 않을 수 없었다.

비탄, 침통, 암담한 생각으로 이틀을 보낸 뒤에 그 후의 상세한 내용을 신문을 통해서 알게 된 그는 찌푸렸던 얼굴을 어느 정도 펼 수 있었다. 우선, 이번 군사쿠데타는 강력한 반공노선을 내걸고 있다는 것, 쿠데타 세력은 아무런 유혈사태없이 정부의 각 기관을 완전히 장악했다는 것, 그리고 치안도 회복되었다는 뉴스였다.

이병철은 무엇보다 쿠데타가 반공을 내건 강력한 정권에 의해 지탱된 주체라는 점에 안도의 숨을 내쉬고, 이 상태라면 귀국도 가능하다고 판단했다. 귀국이 가능하다는 안도감과 함께 그는 민족의 운명에 한 줄기 광명이 비치는 듯한 감각을 느낀 것이다.

삼성물산 도쿄지사의 사원들은 즉시 귀국하겠다는 결심을 한 이병철에게 이구동성으로 쿠데타 정부의 경제인 체포 방침 소식을 전하면서 당분간 귀국을 연기하라고 권했다. 민주당 정권에 의해 만들어진 부정축재자들에게 다시 엄격한 응징의 조치가 내려질 것을 우려했던 것이다.

그는 다시 실의와 실망의 나락에 떨어져 불안감 속에서 며칠을 보냈다. 소문에 의하면 11명의 경제인이 구속되었고, 이병철도 부정축재자 제1호로 리스트에 올라 있으며, 그가 조국을 떠나 도쿄에 머무르면서 체포를 면하고 있는 것은 매우 불공평하다는 뉴스도 있었다.

4 · 19 이후 현재까지 민주당 정권의 지도력 결여 때문에 발생한 숱한 경제 질서 붕괴현상을 그는 잘 알고 있었다. 또, 민주당의 큰 실패를 규탄하고 사태를 수습하기 위해 발생한 쿠데타 정부의 강경조치에 대해서도 많은 생각을 해보았다.

그리고 몇 개월이 지난 6월 4일, 당시 재일거류민 단장이었던 권일(權逸)이 이병철을 방문하여 국가재건최고회의에서 그의 귀국을 재촉하는 메시지를 전해주었다. 천재일우의 기회였다. 이 기회를 이용하여 하루라도 빨리 귀국하라는 그의 충언에 이병철은 감동했다. 이어서, 쿠데타 정부에서 직접 보냈다는 두 명의 청년이 호텔에 나타나 충고인지 협박인지 모를 말을 남기고 돌아갔다. 그는 예상과 달리 체포방침이 내려진 것인지도 모른다는 생각에 마음이 초조했다. 일본의 친구들은 한결같이 미국으로 건너가 잠시 지켜보라는 충고를 해주었지만 신변의 안전을 보장할 수 없다는 점에는 변함이 없었다. 현재 상태에서는 도쿄에 남아 잠시 동안 사태의 진전을 지켜보는 수밖에 없었다.

쿠데타 정부가 이미 그를 범죄인으로 취급하고 있는 이상, 사태의 호전을 기대하기는 어려웠다. 이병철은 일단 자신의 솔직한 심정과 소신을 밝히고 정부 요인들의 반응을 기다리기로 했다. 그의 입장에서도 가족, 기업, 그리고 조국을 버릴 수 없는 한은 절대 절명의 궁지에서 활로를 개척하기 위한 최선의 방법을 찾아보겠다고 결심했다.

우선, 당시 국가재건최고회의 이주일(李周一) 의장 앞으로 이런 내용의 편지를 보냈다.

"부정축재자를 처단한다는 정부의 방침에 대해서는 아무런 이의가 없으며, 제 입장에서도 이 방침에 순응하지 않을 생각은 가지고 있지 않습니다. 그러나 국가와 민족을 위해 그대로 두어서는 백해무익하다고 여겨지는 이른바 악덕기업인과 단순히 변칙적인 세제 아래에서 어쩔 수 없이 부정축재자의 대열에 끼게 된 기업인은 엄격하게 구별해야 한다는 것이 저의 생각입니다. 그리고 제가 걱정하는 것은 오늘날 이런 혼란을 야기시킨 커다란 원인이 된 국민의 빈곤문제를 어떤 방법으로 해결하는가에 대하여 올바른 판단이 없이는 안 된다고 생각합니다. 경제적 안정이 없이 빈곤을 몰아내기는 어려운 일이며, 만약 경제인을 처벌하는 것에 의해 경제활동을 정체시키는 결과나 나온다면 처음의 의도와는 달리 오히려 바람직하지 못한 결과를 낳을 수도 있다는 생각에서 이 점을 깊이 통찰하여 정책을 펴주시기를 바랍니다. 이것은 결코 저 자신을 포함한 이 나라의 기업가들의 처벌을 면제받기 위한 궤변이 아닙니다. 저는 이미 저의 전 재산을 던지더라도 그것이 우리나라의 빈곤을 몰아내는 데에 도움이 된다면 얼마든지 그렇게 할 수 있는 각오가 되어 있기 때문에 당면한 처벌문제에 대해 이렇다 저렇다 의견을 내세울 입장은 아닙니다. 다만 제가 거듭 말씀드리고 싶은 점은 이 문제는 단순히 처벌만으로 해결할 수 있는 일이 아니라는 것입니다. 이 점을 특히 유의해 주십시오."

이 편지는 6월 11일 날짜로 부쳐졌다.

사태를 조용히 지켜보고 있던 이병철을 다시 놀라게 한 것은 '조홍제 부사장 체포' 소식이었다. 이 소식을 들은 그는 즉시 귀국을 서둘렀다.

그의 가훈에는 이런 내용이 있다.

"어떤 일이 있어도 다른 사람에게 피해를 끼치는 행동은 하지 말아야 한다."

이제 쿠데타 정부의 방식을 수수방관하면서 비판하고 있을 시기는 지났다. 하물며 다른 사람들에게 이 이상의 피해를 끼칠 수는 없다. 그렇다면 무조건 조국으로 돌아가 자신이 직접 나서는 것이 도리다. 그는, 전전긍긍하면서 하는 일 없이 도쿄에서 지낸 날들을 반성하면서 깊은 후회와 함께 입술을 힘껏 깨물었다.

이병철은 한 번 결단을 내리면 행동이 매우 빠르다. 모든 준비를 끝내고, 즉시 데이코쿠 호텔에서 AP 및 UPI 기자들과 회견을 가졌다. 6월 24일 오전의 일이다.

인터뷰 자리에 앉자마자 이병철은 기자들을 향해 다음과 같이 말하는 것으로 현재의 심정을 토로했다.

"저의 모든 재산을 국가에 헌납할 용의가 있습니다."

"귀국하면 이 수속을 끝마치고 정부가 결정하는 어떤 처벌도 달게 받겠습니다."

6월 26일, 이병철은 귀국길에 올랐다. 김포공항까지 날아가는 시간은 잠시였지만 매우 길게 느껴졌다. 이미 각오는 되어 있었지만, 그의 마음은 황량하기도 하고 적막하기도 한 묘한 감상에 휩싸여 있었다.

김포공항은 비바람이 심하게 몰아쳐 그의 쓰라린 귀국에 어울리는 분위기를 연출하고 있는 듯했다. 비행기가 착륙하자 거의 동시에 청년이 트랩을 달려 올라오더니 이병철의 이름을 불렀다. 그리고 밖에 대기하고 있던 지프에 태웠다. 연행된 장소는 명동의 메트로 호텔이었다. 대부분의 부정축재자는 덕수궁에 수용되어 있었지만, 일부는 육군형무소에도 감금되어 있었다. 그도 마찬가지 장소에 연금당할 것이라고 생각하고 있었는데, 호텔로 안내되다니 뜻밖이었다. 그는 이른바 부정축재자 제1호로서 격리 수용, 조사도 매우 심도 있게 이루어질 것이라고 각오하고 있었지만 연행된 명동의 호텔은 구금되는 입장에서 볼 때에는 결코 불쾌한 장소가 아니었다.

이 호텔에 연금된 지 이틀 째, 그의 눈앞에 청년이 다시 나타나 지프에 태우고 회현동 근처의 학교 강당 같은 건물로 연행해 갔다.

"이제 최고회의 부의장이신 박정희 장군을 만나러 갑니다."

청년은 지프에서 내리자마자 사무적인 말투로 이병철에게 말했다.

아무런 장식도 없는 방에 발을 들여놓는 순간, 반대쪽 문이 열리더니 몇 명의 장교들이 들어왔다. 그 몇 명의 장교 중에 검은 안경을 낀 장군이 박정희 부의장이라는 사실은 직감으로 알 수 있었다.

첫인상은 매우 강직한 인물이라는 것이었지만, 그런 위엄과 함께 뜻밖에도 부드러운 그의 목소리에 잔뜩 긴장하고 있던 마음이 어느 정도 풀렸던 것을 이병철은 기억한다.

박 장군은 우선 이병철에게 '쿠데타'의 동기에 관하여 간단히 설명한 뒤에 '쿠데타 정부'의 경제정책에 대한 솔직한 의견을 요구했다. 의표를 찌르는 박 장군의 말에 무슨 말을 해야 좋을지 몰라 주저하고 있는 그를 향해 박 장군은 다시 경제정책 추진과 빈곤 극복, 생활 향상을 위해 총력을 결집해야 할 필요성을 설명하면서 이병철의 솔직한 의견을 요구했다. 그러나 신병이 구금되어 있는 그의 입장에서는 그저 침묵을 지키는 수밖에 다른 방법이 없었다.

다시 이어지는 박 장군의 질문에 이병철은 자기도 모르게 이렇게 말했다.

"부정축재의 죄를 추궁당하고 있는 기업가들에게는 사실 죄가 없습니다. 그러니까 전원 석방해 주십시오."

거시적인 국민경제 문제가 질문의 핵심이었다. 박 장군도 이병철에게 구국의 방책을 기대하고 있었지만 부정축재에 대해서는 한 마디도 거론하지 않았던 만큼 그 표정은 굳어 있는 것처럼 느껴졌다.

이병철은 마치 무엇인가에 이끌리듯 말을 이어 나가지 않을 수 없었다. 이야기의 내용은 부정축재에 대한 기업가로서의 그의 일관된 입장과 평소의 소신, 국민경제의 논리이며 윤리였다. 그는 가능하면 요점을 압축하여 기탄없이 진상을 설명했다. 박 장군도 때로는 고개를 끄덕이면서 귀를 기울이고 있었다.

"경제 문제의 경우, 예를 들면 랭킹 1위에서 11위까지의 기업과 12위 이하의 기업을 늘어놓고 양쪽 사이에 양심 유무를 논할 수는 없습니다. 어떤 선을 그어놓고 그것에 의해 죄의 유무를 결정하는 것도 어려운 일이라고 생각합니다. 기업가가 되면 누구나 가능하면 많은 돈을 벌어 기업을 발전시키려 하는 것인데, 그 중에서 상위 랭킹에 속한 자만을 선발하여 부정축재라는 죄로 처벌하는 한편, 하위에 랭크되어 있는 자들은 제쳐둔다면 앞으로 어떻게 기업 간의 경쟁을 통하여 경제 발전을 초래한다는 원칙으로 돌아갈 수 있겠습니까. 부정축재자를 처벌하는 것이 정치적으로는 어떤 의미가 있는지 모르겠지만 공장을 세워 많은 사람들에게 일자리를 주고 그 가족의 생계를 안정시킨 공로도 인정해 주셨으면 합니다. 또, 마지막으로 한 가지 더 말씀드리고 싶은 것은 부정축재자를 처벌하는 것보다는 그들에게 경제건설의 일익을 담당할 수 있는 기회를 주어 그들을 활용하는 것이야말로 국가를 재건할 수 있는 지름길이라고 생각합니다."

마음을 다져먹고 가슴 속에 품고 있던 모든 생각을 토로했다. 이병철의 말을 들은 박 장군은 잠시 미소를 지으면서 다시 만나자는 약속을 해주었다.

박 장군은 돌아가면서 이병철을 향하여 그의 거처를 물었다. 메트로 호텔에 연금 중이라고 하자 그는 전혀 뜻밖이라는 기색을 보였지만 즉시 자리를 떴다.

이병철이 호텔로 돌아온 다음 날 아침, 청년이 호텔을 방문하여 석방 명령을 전했다. 이병철은 이 석방 명령이 부정축재자 전원에게 적용되는가를 물었다. 그러자 청년은, 현재 상태에서는 이병철뿐이라고 대답했다.

"부정축재자 1호로 불리고 있는 나만 먼저 방면된다는 것은 있을 수 없는 일입니다. 모두 함께 나갈 수 있을 때까지 이곳에 이대로 있겠습니다."

그 말을 들은 청년은 이병철의 말에도 일리가 있다고 생각한 듯 그대로 돌아갔다.

이 날 오후, 다른 부정축재자에게도 석방 결정이 내려졌고, 전원이 즉시 자유의 몸이 될 것이라는 소식이 들려왔다. 그리고 다음 날인 29일 아침에는 전원이 석방되었다는 것을 확인할 수 있었다.

박정희 의장에게 건의한 7항목

4 · 19 이후의 상태와 마찬가지로 메트로 호텔에서 석방되어 다시 자택으로 돌아온 이병철의 나날은 유폐 상태와 마찬가지였다. 그 동안 기관원이라고 칭하는 남자들에 의해 부정축재 조사를 명목으로 툭 하면 검문을 받았다. 그들의 그런 행동을 거부할 입장이 아니었던 이병철에게 그것은 고통이었다.

그 후 얼마 지나지 않아 쿠데타 정부는 부정축재조사 결과를 발표했다. 그 중, 삼성그룹과 관계가 있는 부분은 총액 103억 환의 거액에 이르렀다. 단기간의 조사라는 점에서 미숙하고 부족한 점이 있다고 해도 지나칠 정도로 큰 금액이었지만 금액이야 어떻든 일단 부정축재 문제에 결말이 지어졌다는 데에 그는 안도의 한숨을 내쉬었다. 단, 당국의 처분을 따르는 것은 순리라고 생각하면서도 조사 결과가 중복되어 있거나 다른 재산과 혼동되어 있는 부분에 대해서는 재조사를 요청했다.

이 부정축재 문제 이후, 쿠데타 정부는 정책의 제1 목표로 경제제일주의를 내걸었다. 국가 재건과 안정을 위해서는 경제안정이 급선무이며, 경제 재건을 위해서는 경제인 처벌은 이득이 되지 않는다는 사실을 쿠데타 정부의 중추를 장악하고 있는 사람들이 이해해준 것처럼 느껴졌다. 이 생각은, 이윽고 실시된 제1차 경제개발 5개년계획에 반영되었다. 그러나 부정축재 문제는 '4 · 19' 이후의 이른바 '민족정기(民族正氣)' 와도 관련된 문제였기 때문에 지나치다는 점을 알면서도 어쩔 수 없이 단행된 것이라는 말을 들을 수 있었다.

부정축재 처리법안에 대한 이병철의 견해는 이미 요인들에게 밝혔지만 그가 가장 우려하고 있던 점은 정부의 정책에 적극적으로 협력을 맹세하더라도 이미 그 능력을 상실한 현재, 그것 때문에 오히려 경제활동이 위축되고 결과적으로 국력이 쇠약해질지도 모른다는 것이었다. 의도야 어찌 되었든 결국은 '소의 뿔을 바로 잡으려다가 소를 죽이는' 결과도 나올 수 있는 상태였던 것이 당시의 한국경제였다.

해방 이후, 마침내 외국자본으로부터의 예속을 벗어난 민족자본, 하지만 그 민족자본의 축적은 매우 빈약해서 약간의 귀속자산과 미국의 원조자금에 의해 부흥과 안정의 길을 밟을 수밖에 없는 한국경제의 현실, 이런 현실을 생각할 때마다 이병철의 가슴에는 다른 나라와 비교할 때 너무나 현격한 차이가 있는 한국의 기업들이 어느 날엔가 힘을 비축하여 국제경제 무대에서 활동하게 될 미래상을 그리고 있었다.

그것은 실로 '수양산에 칩거해 살아가는 것' 과 같아 이 문제의 중대함과 복잡한 관련성, 그리고 그 결과가 다시 새로운 원인이 되어 파급될 수도 있다는 점에까지 생각이 이르렀다. 그런 만큼 악순환이 연속될지도 모른다는 점에서 그는 걱정하고 있었다. 그렇다고는 하지만 국내 제일의 기업가로 자타가 공인하는 그의 입장에서는 '민족중흥' 을 내건 정부의 정책에 대해 모순으로 가득 찬 심정으로 시간만 보내고 있을 수는 없었다. 당시의 그런 심정을 누가 추측할 수 있겠는가.

그렇게 번민하며 보내던 8월 중순의 어느 날, 다시 박정희 의장(7월에 의장으로 취임)에게 불려가게 되었다. 박 의장의 요청은 침체가 이어지고 있는 경기를 회복시킬 수 있는 대책과 그렇게 하기 위한 기업가의 투자활동에 대한 시책이었다.

이병철은 평소 그의 지론이며 확신이었던 기업가들의 왕성한 기업 활동을 요인들에게 다시 설명했다.

"부정축재라는 죄를 추궁당하고 있는 기업가들 대부분은 좋든 싫든 한국경제를 움직이고 있는 중추이며 원동력입니다. 그들의 기업을 육성한다는 관점에서가 아니라 그들의 경험을 살려 경제 재건에 참가할 수 있는 기회를 주는 것이 유익하다고 생각합니다. 만약 그들이 외국으로부터 차관을 도입하려는 경우에는 국민경제를 위해 필요하다고 인정되는 한 주저 없이 지불을 보증해주어야 할 것입니다. 또, 사소한 문제일 수도 있지만 정부의 외화절약 방침에 대해 한 마디 말씀드리고 싶습니다. 예를 들어, 차관을 교섭하기 위해 해외출장을 갈 때에 필요한 외화에 관한 문제입니다. 물론, 정부의 의도를 모르는 것은 아니지만 그럴 경우에 기업가에게는 여유 있는 여행 비용, 즉 외화를 인정해주시기 바랍니다. 마음 놓고 활동할 수 있도록 이 점에서 현명한 배려를 해주시기 바랍니다."

쿠데타 정부의 요인들을 앞에 두고 가식 없이 자신의 소신을 편 결과가 어떻게 나올 것인지 전혀 고려하지 않고 당당하게 생각을 이야기한 이병철은 마지막으로 이렇게 덧붙였다.

"또, 신규투자를 할 때에는 정부는 단순히 그 틀만을 결정하고, 그 범위 안에서 이루어지는 구체적인 업종 선정에 대해서는 기업가들에게 맡기는 쪽이 효과적이라고 생각합니다. 일반적으로 통틀어서 기업이라고 부르지만 각각 분야가 다르기 때문에 각자의 경험이나 관심을 살리는 것이 성과를 올리는 지름길이라고 생각하기 때문입니다."

이병철의 건의는 대체적으로 일곱 가지 항목이었는데, 예정된 30분을 훨씬 넘어서서 무려 3시간 동안 이어졌다. 그 동안 그는 평소에 말이 없는 태도와는 어울리지 않는 달변으로 자신의 소신과 방책을 설명했다. 그리고 요인들은 처음부터 끝까지 그의 이야기에 귀를 기울이는 태도를 보여주었다.

대체적으로 한 국가의 경제는 그 말이 나타내듯 '경국제민(經國濟民)'에 의한다. 이병철은 잘못된 경제주의를 배척했다. 또 그는 시장경제의 구조는 공정한 경쟁, 창의적인 기업가의 생성과 왕성한 활동이 있어야 비로소 제 기능을 다한다고 믿었고, 그 반면에 중앙 당국에 의한 관여와 통제를 달갑게 여기지 않았으며, 창의적인 기업가 정신을 결여한 채 정부의 지원이나 특혜를 기대하는 기업풍토가 조성되는 것을 싫어했다.

이병철은 제2차 세계대전 이후에 독일이 연합군의 반대에도 불구하고 당시의 에르하르트(Erhard Ludwig) 경제장관이 통제경제를 과감하게 철폐하고 자유경쟁을 보장했기 때문에 건전한 기업육성을 통한 경제 체질 강화에 성공한 예를 이미 알고 있었다.

민족의 한 사람으로서, 국민의 한 사람으로서 '민족중흥', '민족정기'를 내건 정책을 인식하고 있던 그는 그 정책을 추진하는 문제에 대해서는 어디까지나 자유경제에 의한 경제개발을 주장했다. 그는 잘못된 경제주의, 잘못된 기업풍토 조성을 경계한 것이다.

연말이 가까운 어느 날, 부정축재자에 대한 재심 결과가 발표되었다. 이것에 의해 삼성그룹은 도합 80억 환의 추징금이 확정되었는데, 실제로는 이 밖에도 호남비료(湖南肥料)에 대한 투자금액 14억 환과 그 밖의 은행주 환수를 첨가하여 150억 환 이상을 납부해야 했다.

그로부터 얼마 지나지 않아 추징된 금액을 개발자금으로 삼는다는 이른바 '투자명령' 이 발표되었는데, 해당 기업가들에게 비료 · 제철 등 기간산업을 건설하라는 ―부정축재에 의해 부과된 벌금을 공동으로 투자하는 형식을 통하여 활용을 도모하는― 명령이 내려졌다.

어쨌든, 두 번에 걸친 쿠데타 정부 요인들과의 회담에서 선보인 이병철의 소신은 그 후 얼마 지나지 않아 실시되는 경제개발 5개년계획에 참고가 되었고, 또 기업가의 외국교섭 여행과 관련된 사소한 제안도 한국경제 발전의 지렛대가 된 '외자도입법' 을 통하여 적극적인 외자도입 추진으로 이어졌다.

한 장의 산업지도를 통하여 확인할 수 있는 공업화

한국의 산업지도를 펼쳐보자. 서울에서 부산에 이르는 각종 공업지대들을 나타내는 이것은 한국경제의 경이적인 발전을 여실히 보여주는 증거다.

한국을 방문한 모든 외국인을 놀라게 하는 거대한 공장들, 마치 숲을 이루듯 우뚝 솟아 있는 화력발전소의 굴뚝, 거대한 용광로를 비롯하여 근대과학의 진수를 모아놓은 전자공장들, 수출지향형 공업화 촉진을 위한 수출산업용 공업단지, 수출자유지역의 장관들을 바라보면 그 거대한 규모에 새삼 감탄하지 않을 수 없다. 석유화학 공장들은 물론 모든 공장들이 엄격한 오염대책과 환경관리를 고려하여 설계되었으며, 그린벨트를 포함한 주택지와 오락 · 휴양지용으로 계획된 시설들이 조화를 이룬 이런 공장지대는 종합적인 경제개발계획이 낳은 산물이다. 쿠데타 정부의 입안에 의해 1962년에 시작된 제1차 경제개발 5개년계획, 이어지는 제2차, 제3차, 제4차 경제개발계획에 의해 구축된 것이다.

한국의 짧은 공업화 역사에서 모든 산업 분야에 걸쳐 강력하게 추진된 정부의 경제개발계획은 높은 평가를 받아야 할 것이다. 반면에, 수많은 기업가들의 날카로운 안목과 공업화를 위해 최선의 노력을 다한 창조적 기업가들의 노력도 잊어서는 안 된다. 그와 동시에 국력을 신장시키기 위한 장기적인 계획을 효율적으로 추진해온 기업가들의 단결력— 거시적인 관점에서 기업가들의 단결력, 그것은 경제인협회(현재의 전국경제인연합회)를 탄생시켜 꾸준한 활동을 해왔다. 물론 이런 결속에도 불구하고 발전과정에서 숱한 대립과 마찰, 곡절은 있었다. 그러나 한국경제 발전 역사상 보기 드문 공업단지의 건설이라는 발상과 실현을 위해 부정축재자라는 오명을 감수하면서도 최선의 노력을 다한 기업인의 공적도 역시 기억해야 할 일이다.

물론, 짧은 세월 동안에 실현된 '한강의 기적'이라고 말할 수 있는 고도성장의 한편에서는 공업화가 워낙 급속도로 진행된 탓에 고부가가치 생산 분야에 대한 산업구조의 전환, 에너지 자원의 장기적인 확보, 투자재원의 자립화, 산업별 투자배분과 개발성과의 공정한 분배, 수출확대 전략의 강화, 기술혁신과 축적, 고 인플레이션 수습 등 몇 가지 과제를 안게 된 부분도 있다. 단기간의 경제발전을 가능하게 한 요인을 든다면, 거시적으로는 외자도입, 경제개발 전략으로서의 생산의 극대화와 그것을 지탱해 준 풍부하면서도 질 좋은 노동력, 수준 높은 교육수준, 국민의 근로의욕과 근면성, 수출확장과 수입 대체산업의 육성, 수출의 호조와 그것에 의한 국제수지의 개선, 인플레이션 수습 등을 들 수 있다.

한편, 미시적으로는 모든 분야에 걸친 경영기획— 자금조달 · 건설계획 · 원료구입 · 인사관리 · 상품개발 · 기술개발 등— 의 실시와 이것이 중심이 되어 강력하게 추진된 수많은 기업인의 리더십 및 그 기업 활동을 잊어서는 안 된다.

다시 쿠데타 정부가 제1차 경제개발 5개년계획을 발표한 1961년의 시점으로 돌아가 보자.

울산을 공업센터로

1961년 5월에 군사쿠데타가 발생한다. 쿠데타 정부는 국가주도형 경제정책, 장기경제개발계획을 입안, 발표했다. 제1차 경제개발 5개년계획(1962-1966)이다. 이 계획은 한국 역사상 처음으로 작성된 종합적인 경제개발계획으로 1962년부터 실시되었다.

이병철을 비롯한 대부분의 기업가들은 기쁜 마음으로 정부의 이 계획(경제개발계획)에 참가하는 것에 의해 부정축재자라는 오명을 씻을 수 있는 기회가 찾아왔다고 생각했다. 그것은 그야말로 국가에 대한 봉사정신이었다.

이병철도 당연히 일시적으로 포기했던 비료공장 건설의 꿈을 되살릴 수 있게 된 것을 크게 기뻐하며, 그 사명감에 흥분을 맛보았다. 다만, 이 시점에서 마음에 걸린 문제는 정부의 '민족중흥' 이라는 기개에 불타는 계획도 실시하는 데에 있어서 정부와 기업가, 기업가 상호간에 의견 교환이 없었다는 점과 의견 대립, 불협화음에 의한 추진과정 지체현상이 나타날 수 있다는 것이었다. 그런 장애를 타개하기 위해 이병철을 비롯한 기업가들은 정부 및 기업 상호간의 중간 역할을 담당할 단체의 필요성을 통감하고 서둘러 한국경제인협회 발족을 촉진, 그 초대 회장으로 이병철이 선출되었다.

국가적으로 총력을 기울여 이루어내야 할 장기개발계획을 효율적으로 추진해야 한다. 그렇게 하려면 무엇보다 먼저 기업가들의 단결과 결속이 필요했다. 이런 도리를 뼈저리게 느끼고 있던 이병철은 이 단체의 탄생을 누구보다 기대한 사람이었고, 눈앞의 이해관계에 얽매이지 않고 거시적인 안목을 가지고 책임을 다하겠다는 기개를 가지고 있었지만, 부정축재자 제1호로 불렸던 점도 있었기 때문에 선뜻 마음이 내키지 않아 회장 자리를 몇 번이나 사양했다. 그러나 주변 정세가 있었고, 계속적인 초빙 요청이 있었기 때문에 그는 이 큰 임무를 받아들이기로 결정했다. 이것은 이병철에게 있어서 처음이자 마지막인 공직이었다.

경제인협회가 발족된 이후, 이병철이 생각해낸 경제인협회의 임무는 어디까지나 민간투자를 촉진시키는 것이었다. 이병철이 해야 할 일은, 이 임무를 성공시키기 위해 최선의 노력을 기울이는 것이다. 그는 이 중책을 완수하기 위해 삼성에서 잠시 손을 떼고 이 자리에만 전념하기로 결심하고 삼성그룹의 모든 임원을 소집하여 자신의 생각을 밝혔다.

경제인협회라는 단체는 경제 재건이라는 깃발 아래에 모든 기업가들의 결집과 결속이 이루어지는 장소이며, 모든 이해관계를 초월하여 거시적이고 능동적인 공공집단이었다. 그러나 실제로는 개별 사업 추진단계에서 뜻밖의 장애에 봉착하는 경우가 자주 있었다. 서로의 이해관계가 충돌하면서 때로는 복잡하게 얽혀 합의에 도달하기 어려운 상황도 몇 번이나 발생했다. 이런 사태에 이를 경우, 이병철은 자신의 능력이 미치는 한 최대한 조정을 하기 위해 밤낮으로 시간을 들여 뛰어다녔다.

부정축재자라는 오명을 들은 기업가들의 입장에서는 각각 그렇게 된 이유가 있었지만 4 · 19 이후의 사회 양상은 하루아침에는 도저히 불식시킬 수 없는 것이었다. 그런 여론에 의한 마음의 고통, 오명의 만회, 국가에의 헌신과 봉사라는 복잡한 심정이 겹쳐져 있었기 때문인지 기업가들은 이번이 기회라는 생각에 서로 결속하여 민족중흥으로 가는 경제적 측면에서의 사업 계획을 작성하는 데에 총력을 기울였다. 즉, 공업단지건설추진계획이 그것이다. 입지조건, 규모, 효율, 생산성, 자금계획, 원재료 확보, 고용, 환경관리에서 각 공업단지 사이의 유기적인 관련 등 선진공업국의 실질적인 예를 남김없이 조사하고 검토하여 협회 전원의 의견을 결집했다.

그러나 대규모 공장이라고 해도 몇 군데에 지나지 않았던 당시의 한국에서는 이런 거대한 구상에 대한 일반적인 이해를 얻는 것은 매우 어려운 일이었다. 공업설비가 단순히 최신기계로 갖추어질 뿐 아니라 전국 각지에 대규모 공장들을 분산시키는 한편으로 한 지역에 공업능력을 집약한다는 엄청난 발상 자체가 당시의 단계에서는 받아들여지기 어려웠다.

당시 한국의 상식을 훨씬 초월한 이 구상에 대해 경제 각료들 사이에서조차도 불만을 터뜨리는 사람이 있었다.

"어느 지역에서든 토지만 있으면 공장은 얼마든지 간단하게 건설할 수 있는데, 왜 특별히 단지를 조성하려 하는지 이해할 수 없다."

이런 불만이었다. 그럴 경우, 이병철은 이렇게 설명했다.

"한국의 현실은 여러분들도 잘 알고 계실 것입니다. 우리는 큰 공장을 많이 건설할 수 있을 정도의 축적된 자본이 없기 때문에 외국으로부터 차관을 빌리거나 직접투자를 바랄 수밖에 없습니다. 경제개발의 중점적인 목표는 수입대체산업 육성을 포함한 기간산업의 진흥이며, 이것은 매우 긴급한 문제입니다. 따라서 외국으로부터의 차관, 또는 직접투자, 더구나 이것들을 받아들일 수 있는 태세와 기반을 정비하는 작업이야말로 한시가 급한 문제입니다. 그렇게 하기 위한 첫 번째 조건은 우선 많은 공장들을 한 장소에 집중시킬 수 있는 단지조성입니다."

그러나 공업단지로 어울리는 후보지는 한정되어 있기 때문에 쉽게 찾기는 어려웠다. 원재료 및 제품의 수송이 편리한 내륙이나 임해지대가 아니면 안 되는데다가, 단지끼리의 교류와 기술이전, 부품공업, 관련 공업의 발전, 사업화, 분업화 촉진이라는 관점에서 일반 주거지와는 상당히 거리가 떨어져 있어야 했다. 더구나 상당한 면적을 확보해야만 했다. 모든 조건을 갖추고 있는 이상적인 후보지는 어디일까. 불과 9만8천㎢라는 좁은 국토에서 이런 조건을 갖춘 후보지를 짧은 시일 안에 찾는다는 것은 매우 어려운 작업이었다.

동분서주한 끝에 물금, 삼천포, 울산 등이 후보지로 떠올랐다. 즉시 예비조사를 실시한 결과 울산만이 가장 적합한 지역이라는 판단이 내려졌다. 이병철의 조사에 앞서 남궁연(南宮鍊)도 제유공장(製油工場)을 건설하기 위해 후보지를 물색하던 중에 울산이 가장 적합한 지역이라는 결론을 얻었다는 사실을 나중에 알게 되었다.

이병철은 남궁연, 정재호(鄭載護) 등과 함께 직접 울산을 답사하기로 계획하고, 그 해 저물녘인 12월 31일에 서둘러 서울을 출발했다. 도중에 경주에서 1박을 하고 다음 날 아침, 날이 밝자마자 울산에 도착했다. 마침

동해에서 떠오르는 새해의 밝은 해는 바다와 구름이 합쳐지면서 붉게 타오르는 장관을 연출하고 있었다. 동행한 남궁연은 자동차 안에서 큰 소리로 이렇게 외치며 손뼉을 쳤다.

"앞으로 틀림없이 좋은 일만 생길 것입니다!"

1962년 새해 첫날 대자연이 이병철 일행을 환영하는 듯한 길조를 보여주었다는 데에 말로 표현하기 어려운 감격과 기쁨을 느낄 뿐이었다. 그것은 경제발전을 위한 장엄한 의식이었다.

항만으로 눈길을 돌리자 바다가 펼쳐져 있고, 항구 안은 1만 톤 급의 선박 대여섯 척을 충분히 소화할 수 있을 정도로 넓었다. 이렇게 좋은 항구가 또 있을까! 언덕으로 올라간 일행의 눈에는 점차 높아만 가는 미래의 한국이 뜨겁게 불타오르고 있었다. 울산항은 기상 면에서도 매우 우수해서, 풍랑이 심하기로 유명한 동해 쪽의 항만 중에서는 가장 온화하여 태풍이 지나면서 작업이 불가능한 날도 1년에 불과 20여 일에 지나지 않는다는 사실이 확인되었다. 그 밖에 용수 등 대부분의 조건을 갖추고 있다는 사실도 그 후의 조사를 통해서 판명되었다. 그야말로 천혜의 항구였다.

이병철은 하늘을 보면서 한국에도 이렇게 훌륭한 토양을 만들어준 것에 대해 그저 감사할 뿐이었다. 서울로 돌아오자마자 즉시 이 일을 경제인협회에 보고했고, 협회 명의로 울산공업단지 지정에 관한 건의를 박정희 의장에게 제출했다.

이병철 일행이 제안한 이 방안은 즉시 채택되었고, 1962년 1월 15일에 기공식을 거행하겠다는 취지의 통지를 받았다. 그 후, 공사담당부서를 둘러싸고 약간의 우여곡절이 발생한 탓에 울산공업센터 기공식은 2월 3일에 개최하기로 정식으로 결정되었다.

한국경제인협회 발족

이병철을 비롯한 기업가들이 노력한 보람이 있어서 공업단지를 건설하는 망치소리가 항구 전체에 울려 퍼졌다. 물론 이 계획에 대해서는 찬반양론의 강한 대립이 있었고, 그 중에는 상식을 의심할 정도의 오해도 없었던 것은 아니었다. 그런데도 이병철 일행은 적어도 두 가지 측면에서 이 계획이 앞으로 한국경제 발전을 위해 담당할 역할과 효과를 생각하고 감격에 젖었다.

첫째는 부정축재자 체포와 물가동결 등에 의해 위축되어 있던 경제활동이 원래의 궤도로 돌아가 다시 왕성한 의욕이 나라 전체에 넘치게 되었다는 것, 둘째는 외국의 투자유치가 현실성을 띠게 되었다는 점과 그로 인하여 한국경제도 기형적인 패턴에서 벗어나 경제의 근대화와 공업화로 향하는 길을 걸을 수 있는 기회가 찾아왔다는 것이다.

그러나 이병철 일행의 그런 기대와 확신에도 불구하고 이 단계에서는 공업단지건설이 결정된 것에 지나지 않아 공장의 규모, 업종 선정, 자금 조달 방법 등 치밀하고 신중한 계획 검토와 실시 방법에 대해 아무런 대책도 나오지 않은 상태였다.

얼마 지나지 않아 미국, 독일, 일본 등으로부터 경제인단을 초청하여 한국의 현실 상황과 장래의 계획에 대해 설명하는 한편 차관과 투자 교섭이 개시되었다. 협회 내부에서도 누가 먼저 어떤 공장을 분담할 것인가 하는 문제 등 검토는 구체적인 단계로 접어들었다.

이병철도, 국가적 사업이라고 할 수 있는 비료공장 건설에 새삼 의욕을 가지고 관심을 기울이게 된 것은 말할 필요도 없다. 정재호, 백남일(白南

一), 이용범(李龍範) 등도 진심으로 이병철에게 동조해 주었다. 그 때문에 거의 포기했던 비료공장 건설의 꿈은 '울산비료'가 되어 눈앞에 되살아났고, 그들과 함께 설립을 한다는 데에 의견일치를 보았다. 한편, 남궁연은 당초의 계획대로 정유공장 건설을 분담하는 등 대부분의 계획이 마무리 지어졌다.

그 동안 이병철은 벌금을 납부하기 전과 후, 두 차례에 걸쳐 구미 각국을 방문했다. 울산 지역에 거대한 공업센터가 완성된다. 생각해보면 조선시대 말기부터 20세기 초에 걸쳐 민족 자본가를 주축으로 하여 한국의 근대화를 주체적으로 준비하고 있던 자본주의의 싹이 지금 이곳에서 결실을 맺게 된 것이라고 이병철은 생각했다. 오랜 고난의 세월을 거쳐 발전기로 접어들었다는 사실을 이곳에서 실감했다.

"가능하면 우리나라에 유리하게, 가능하면 빨리 차관 교섭을 성립시켜야 돼."

차관 교섭 문제는 몇 년 전에 경험을 해보았기 때문에 이번에는 어느 정도 자신감을 가지고 많은 기업체와 접촉할 수 있었다. 그는 특히 상대방과의 대화를 통하여 그들이 현재 한국의 상황에 대해 깊은 이해를 하게 되었다는 사실을 확인할 수 있었던 것이 기분 좋았다. 교섭은 유리하게 전개되었고, 모든 조건을 종합적으로 검토한 결과 그 중에서도 가장 유리하다고 여겨지는 두 차관 상대, 즉 독일의 크루프 제강 및 일본의 고베(神戶) 제강으로부터 차관을 받기로 결정하고, 둘 다 가계약 단계까지 진행되었다.

이병철은 독일과 일본의 거대기업과 가계약을 하기까지의 여정을 돌아보았다. 삼성의 모든 직무에서 떠나 공직에 취임하면서 격무에 시달린 인고의 나날이었다.

한국의 근대화, 경제개발을 주축으로 한 제1차 경제개발 5개년계획의 추진력으로서 기용된 부정축재자라는 이름의 유력한 기업가들. 국가재건을 위해 최선을 다하여 노력한 그들은 밤낮을 잊고 경제개발을 위해 몰두했다. 벌금이 결정되고 통고된 것이 8월 12일이며, 한국경제인협회가 발족되고 초대회장으로 이병철이 추천된 것이 8월 16일이니 그 사이가 불과 5일일 정도로 국가를 재건하기 위한 행보는 급속도로 진행되었다.

정부의 경제개발시책에 호응하기 위한 경제인들의 거시적인 모임이 이 협회이며, 정부와 교섭을 벌이기 위한 창구이기도 했다. 부회장으로는 조성철(趙性喆) 중앙산업 사장과 남궁연 해운공사 사장이 선임되었다.

회원은 이병철, 이정림(李庭林), 설경동(薛卿東), 박흥식(朴興植), 홍재선(洪在善), 최태섭(崔泰涉), 이한원(李漢垣), 정재호, 남궁연, 조성철, 김지태(金智泰), 이양구(李洋球), 함창희(咸昌熙) 등 13명으로 발족했다. 그 후에 송대순(宋大淳), 박선기(朴善琪), 김종희(金鐘喜), 구인회(具仁會), 우창형(禹昌亨), 서정익(徐廷翼), 김용성(金龍成) 등이 여기에 참가, 합계 20명이 되었다. 그리고 그 해 11월, 국내 경제인 20여 명을 새로 영입하여 명실 공히 한국경제인을 대표하는 단체로 발전한다.

이병철은 회장으로서 정부와 경제인들의 상호이해를 도모하는 한편 기업가끼리의 의견을 조정하기 위해 많은 시간을 소비했다. 거시적인 입장에서, 또 경제 재건이라는 깃발 아래에서 경제인들의 단결을 역설하고 그 조정을 위해 심혈을 기울였다.

경제 재건을 위한 시책에 대하여 정부 요직의 인물들을 상대로 두 차례에 걸쳐 의견을 밝힌 이병철은 그 이후에도 기회가 있을 때마다 많은 건의를 했다.

경제인협회가 경제개발전략의 중점목표 중에서 가장 긴요하고 효율적인 기간산업을 도마 위에 올려놓고 토의, 회원들의 의견일치를 보면 즉시 정부에 건의안을 제출했다. 시멘트, 제철, 비료, 인조견사, 합성수지, 전기기계류, 케이블, 나일론 등의 모든 공장 건설도 최고회의에 올렸다. 그 결과, 투자명령이 시달되었다는 것은 앞에서 설명했는데, 이병철은 정재호, 김지태와 함께 비료를 분담했고, 남궁연이 정유, 이동준과 이정림이 제철, 구인회가 케이블, 김성곤(金成坤)이 시멘트, 이한원이 전기기계라는 식으로 각각 한 분야를 담당하게 되었다.

이 해 9월, 이병철은 남궁연 부회장과 함께 샌프란시스코 국제산업회의에 참석하기 위해 미국으로 건너갔다. 이 회의는 전 세계의 기업가 500명이 한 자리에 모여 자유기업의 국제적 책임을 인식하고 상호협력을 통하여 경제발전을 토의하기 위한 것으로 이병철 회장과 남궁연 부회장의 참가 목적은 최근의 한국경제 사정을 설명하고 정유와 비료공장 건설을 위한 투자를 유치하는 것이었다.

이병철 일행은 귀국하자마자 즉시 미국을 방문했던 결과를 보고함과 동시에 적극적으로 외자도입을 건의했다. 이 건의를 둘러싼 구체적인 방책에 관하여 협회 내부에서는 의견이 크게 둘로 나뉘었다. 빠른 속도로 공업화를 실현시킨다는 점에서는 모든 사람이 동의했지만 외자도입을 통하여 경제를 발전시켜야 한다는 의견과 농업 · 공업의 심각한 불균형을 시정(격차 해소)하면서 점진적으로 발전할 수 있는 시책을 펼쳐야 한다는 의견의 대립이었다.

이병철은 당시 한국경제의 실정을 기준으로 판단하여 개발전략의 중점은 어디까지나 공업단지를 핵심으로 이루어져야 한다는 적극적인 개발론을 지지했다. 또, 많은 기업인들도 그의 의견 쪽으로 기울었기 때문에 협회는 이것을 하나로 정리하여 정부에 개발전략을 건의하는 한편 민간 외자도입교섭단을 결성해서 구미 여러 나라에 파견하기로 결정했다.

이병철은 미국, 유럽은 이정림이 단장이 되었다. 이병철은 그 해 10월, 송대순 부회장을 동반하고 미국으로 건너갔다. 그들은 워싱턴에 도착하자마자 정력적으로 경제협력 증대를 위해 관계자들을 방문하고, 자신들의 요청을 역설했다.

우선, 머지않은 장래에 한국이 아시아 굴지의 시장이 된다는 점을, 다음으로 차관과 직접투자를 가리지 않는 한국경제 발전의 잠재 요인을 유력한 민간 기업을 찾아다니며 설명했다. 이 설득은 매우 어려운 일이었지만 걸프(Gulf)를 비롯한 몇 개의 유명 재벌이 깊은 관심을 보여주었고, 그것이 계기가 되어 걸프는 후일 울산정유에 처음으로 대규모 투자를 결정하게 된다.

이 미국 여행에서는 구체적인 계약까지는 진전되지 않았지만 경제개발에 대한 한국의 빈틈없는 계획과 그 의의를 널리 해외에 알릴 수 있는 계기가 되었다는 것은 예상 이상의 수확이었다. 또, 미국 국민들 사이에 한국에의 투자에 대한 우호적인 분위기를 형성하는 데에 도움이 되었고, 그 후 급격하게 유입되는 미국으로부터의 자본도입의 발단이 되기도 했다.

일행은 정부 당국을 비롯하여 각 민간 기업을 방문하는 한편, 워싱턴의 스태틀러(statler) 호텔에서 기자회견을 가졌다. AP 통신의 스펜서 데이비드 기자는 그들의 활동을 높이 평가하여 대대적으로 보도해 주었다. 이병철은, 가까운 시일 안에 그들의 정력적인 활동이 좋은 결과를 초래하여 연간 1억 달러에서 2억 달러의 차관도입은 무난하게 이루어질 것이라는 결론을 내리고 귀국했다.

귀국한 그 해 1961년도 저물어가던 무렵, 마침내 부정축재자에 대한 재조사 결과가 발표되었고, 이병철은 그 결과를 받아들였다. 그의 마음속에는 외자 5,500만 달러, 내자 14억 환의 투자에 의하여 당시의 국제수준을 훨씬 넘는 최신, 최대의 비료공장 건설이 가까웠다는 점과 1일 생산량 780톤의 비료가 국내시장에 공급되는 날도 멀지 않았다는 점이 각인되어 있었다.

그러나 국가와 국민에 대한 봉사정신에 불타고 있던 그를 기다리고 있던 것은 이 계획의 중지명령이었다. 거기에는 여러 가지 사정이 겹친 듯했다. 그의 장대한 꿈은 다시 물거품으로 돌아가 버렸다.

모든 조건을 종합적으로 검토한 결과, 그 중에서도 조건이 가장 유리하다고 여겨지는 두 회사, 즉 독일의 크루프와 일본의 고베 제강으로부터의 차관을 받아들일 것이 결정되었고, 거의 가계약 단계에까지 이르렀던 만큼 그의 낙담과 실망은 매우 컸다.

그러나 사태가 급속도로 반전되었다. 언제까지나 낙담만 하고 있을 만큼 한국의 경제 사정이 풍요로운 것은 아니었다. 그에게는 아직 해결하지 못한 문제들이 산더미처럼 쌓여 있었다.

이 일을 계기 삼아 그 동안 쌓인 피로를 이유로, 경제인협회 회장으로서의 1년 임기가 만료됨과 동시에 사퇴하여 다시 자신의 사업에 전념하기로 한 것이다.

시련은 아직 끝나지 않았다

다시 삼성으로 돌아온 이병철을 기다리고 있었던 것은 막대한 벌금을 지불한 탓에 발생한 운영자금 문제였다. 보유하고 있던 시중은행의 주식은 모두 이미 국고에 환수되었고, 합계 150억 환의 국고 납입은 삼성그룹의 입장에서는 치명적이었다. 그 결과, 경영진도 개편해야 할 수밖에 없는 상태에 빠져 있었다.

그 동안 이병철의 심리적 고통은 표현하기 어려울 정도였지만 그는 기업가로서 4·19 이후 두 번의 '혁명'을 통하여 받은 숱한 고통을 대한민국의 한 국민으로서 군건하게 견뎌냈다는 나름대로의 긍지를 느꼈다. 그래서 그런 고통들을 민족의 시련으로 감수하고 삼성의 재편작업에 전력을 기울였다. 삼성그룹의 사원 모두가 어려운 상황에 놓이더라도 조금도 굴하지 않고 일사불란하고 화기애애한 분위기 속에서 새롭게 각오를 다지며 업무에 전념할 수 있었던 이유는 이병철의 강력한 리더십 때문이었다. 하지만 그 원동력은 애사심을 초월한 기업의 사회적 책임수행에 있었다. 이 사회적 책임의 추구야말로 삼성을 일관하는 이념이기도 했다. 거기에는 긍정적이면서 결코 어떤 어려움에도 꺾이지 않는 기업풍토가 배양되어 있었다.

"화(禍)는 하나로 끝나지 않는다(禍不單行)."

이 말처럼 이병철의 시련은 지금까지 받은 것만으로는 끝나지 않았다. 제2차 통화개혁이 선포된 것이다.

1962년 6월 10일, 정부는 종래의 단위였던 '환'을 '원'으로 바꾸는 호칭변경과 10대 1의 절하를 단행했다. 또, 예금동결조치도 동시에 단행되었다. 제1차 통화개혁은 1953년 2월 15일. 이때의 단행조치는 기존의 '원' 이라는 호칭을 '환' 으로 변경함과 동시에 단위도 100대 1로 절하하는 조치였지만, 예금동결조치는 실시되지 않았기 때문에 이병철은 특별한 지장을 받지 않고 제일제당을 설립할 수 있었다. 그러나 이번 통화개혁의 배경에는 여러 가지 이유가 있었다.

통화개혁은 일반적으로 인플레이션을 수습하기 위한 수단으로 채택된다. 이른바 디노미네이션(denomination; 화폐의 호칭, 또는 단위의 절하)에 통화봉쇄도 첨가한다. 2차 세계대전 이후, 이런 통화조치를 실행한 국가로는 유고슬라비아와 소련이 있었지만 10년 동안에 두 차례의 통화개혁을 실시해야 했을 정도로 한국의 경제는 악화일로를 걷고 있었다. 극단적으로 핍박받고 있던 외화 사정, 두 차례에 걸친 정치적 변혁을 통하여 계속 상승한 물가, 특히 도매물가 상승 등이 이유였다.

1954년부터 1961년에 이르기까지의 예를 살펴보자. 전국 도매물가는 22.1%, 수입상품 도매물가는 15.7%, 서울시의 경우에 소비자물가는 20.9% 올랐다. 1962년에는 각각 9.4%, 8.3%, 6.5%로 일시적인 하락을 보였지만 1962년과 1963년(그 이후에도)에 걸쳐 전국 도매물가는 평균 16.7%의 오름세를 보였다. 이것은 물론 원자재 수입, 급격한 경제개발전략추진에 의한 지나친 투자 수요, 국제수지의 심각한 불균형, 외환시세의 하락 등 이른바 개발수요가 배경이 된 인플레이션의 심각화 현상이었다. 이 밖에 생산비 과잉 같은 요인도 작용했는데, 개발 초기의 한국경제의 나약한 저축기반과 산업구조의 전근대성, 외화부족 등이 초래한 당연한 귀결이며, 그 자위적인 조치로서의 통화개혁이었다.

통화개혁과 동시에 단행된 예금동결조치는 유통기능을 마비시키고 생산도 정체현상을 보이게 만들었다. 정부는 7월로 접어들어 동결한 예금의 일부를 해제해주기 시작했지만 그것이 오히려 물가상승을 유발하는 요인으로 작용하여 외화사정까지 더욱 악화되었을 뿐이다. 이런 사태에 대처하기 위해 채택된 정부의 긴축정책도 오히려 혼란을 부추기는 결과를 낳았다. 단기간에 제시된 많은 금융정책은 구매력 감소, 국내 재원조달의 저해, 자원배분의 불공정, 가계생활의 압박 등 악순환만을 되풀이하게 만드는 원인이 되었다.

1963년으로 접어들어서도 이런 현상은 호전될 기미를 보이지 않았고, 외화보유 사정은 한층 더 악화되어 정부는 무역통제를 강화하는 정책을 추진했다. 하지만 결과는 원료수입할당제가 되어 자금 면에서도 극심한 제한을 받게 되었다. 게다가 원재료, 특히 1차 생산품의 국제시장 가격이 이상할 정도로 급등하는 양상을 보이면서 국내의 제당업계는 즉시 타격을 받았다. 원료를 도입하는 양은 평년의 절반 정도까지 떨어졌다. 이런 사정은 국내시장에 영향을 끼치면서 가수요까지 발생하기에 이르렀고, 여기에 유통기구가 제대로 갖추어져 있지 않다는 점까지 더해져 곳곳에서 제품 고갈 상태를 초래했다.

이런 절대량 부족에서 오는 시장의 혼란과 핍박 때문에, 부정축재환수관리위원회가 어렵게 정해놓은 생산자 가격도 시장기능을 바로 잡는데 도움을 주지 못하여 시장가격과의 격차를 더욱 크게 만들었을 뿐이다. 특히 이 해 하반기부터는 외화배분이 전면적으로 중단되어 대부분의 공장은 조업을 중단하는 처지에 놓였고, 매점매석이나 투기 등의 경향을 더욱 조장하여 설탕 가격은 하늘 높은 줄 모르고 급등하는 양상을 보였다.

이병철은 이런 시장핍박 현상과 유통기구의 부정을 방지하는 것이야말로 소비자를 보호하는 최선의 방책이라고 판단하고 즉시 서울과 부산의 주요 백화점에 직영 판매점 방식에 의한 설탕 판매를 단행했다. 이 조치는 상품 품귀현상을 완화시키는데 일시적으로 도움이 되기는 했지만 오히려 설탕 가격을 급등시키는 원인이 생산자 쪽에 있는 듯한 비난을 조장하는 결과를 낳았다. 이것이 밀가루, 시멘트와 나란히 '삼분파동(三粉波動)' 으로 불리는 특이한 현상을 초래했다. 시멘트는 개발전략의 중점목표인 물자다. 설탕과 밀가루도 모두 소비생활에 없어서는 안 되는 필수품으로 과거의 삼백경기(三白景氣)로 들끓었을 때와는 본질적으로 그 양상이 달랐다.

밀가루의 경우에는 1962년 가을의 생산이 흉작이었기 때문에 정부는 미리 이듬해의 식량난에 대처하기 위해 공공수요 물량을 900만 자루로 증가하는 한편, 민간수요 물량에서 1,300만 자루를 지방관서에 납입하도록 긴급조치를 채택했다. 밀가루의 시중가격이 공시가격의 세 배 가까이 급등하면서 품귀현상을 보이게 만든 원인은 여기에 있었는데도 불구하고 세상의 비난은 역시 제분업자에게 향해졌다. 또, 시멘트는 이병철의 기업과는 아무런 인연이 없는 업종이다. 더구나 당시의 가격변동도 설탕이나 밀가루와 비교하면 크지 않은 편이었다. 그런데도 역시 '삼분(三粉)' 의 하나로 거론되어, 제일제당은 단 한 번도 출고가격을 부당하게 인상하여 시장의 혼란을 초래하는 행동은 하지 않았는데도 삼성이 비난의 표적이 되어버렸다. 중상모략도 심각했다.

이런 사태는 삼성그룹의 입장에서는 위기였고 시련이었지만 한국의 입장에서는 발전을 위한 진통이었다.

세계 최대의 비료공장을

울산공업센터에 설립할 예정이었던 울산비료공장 건설이 어쩔 수 없는 사유에 의해 중지된 이후에도 이병철은 단 하루도 공장 건설의 꿈을 단념한 적이 없었다. 비료공장 건설이 그의 숙원사업이라는 신념은 조금도 흔들리지 않았다.

당시, 쿠데타 정부의 주요 목표는 기간산업의 진흥을 서두르는 것이었다. 소비재 산업에서 생산재 산업으로의 구조전환이 급선무였다. 한국의 공업은 원조물자를 기초로 재건되어 방적, 제당, 제분공업이 중심을 이루고 있었다. 특히 식료품과 의료품 등의 소비재 생산으로의 편중 현상이 심해서 1950년대부터 1960년대에 걸쳐 화학, 금속, 기계, 전기기기 등의 중화학공업은 제조업 생산액의 구성비에 있어서 모두 1~4% 정도로, 생산재 생산 공업 20.6%, 소비재 생산 공업 79.4%의 비율을 보여 그야말로 경공업 발전기이기는 했지만 공업의 근대화에 도달하려면 아직은 먼 단계에 놓여 있었다. 수출제일주의를 표방하면서도 전력, 석유, 석탄, 시멘트, 정유와 함께 귀중한 외화를 소비하는 황금 같은 비료를 우리나라에서 생산하여 자급자족 체제를 확립하는 것, 즉 비료공업의 건설이 급선무였다.

그런데도 당시의 기업풍토에서는 그의 긴급한 사업구상이 사람들의 이해와 공감을 얻지 못했다. 따라서 시기를 하루 빨리 앞당겨야 한다는 초조감을 느끼지 않을 수 없었다. 또, 당시의 경제기획원 장관인 장기영(張基榮)이 몇 차례에 걸쳐 이병철을 방문하여 정부가 추진하고 있는 계획을 바탕으로 제5비료공장 건설을 분담해 달라는 요청도 했다. 그는 이것이 국가의 요청이라는 사실을 알았지만 즉시 그 요청을 받아들일 수 있는 입장은 아니었다.

미국도 한국의 비료공장 건설에 큰 관심을 기울여 AID 차관 및 민간투자에 의한 제3, 제4비료공장 건설에 동의, 계획은 이미 확정단계로 접어들어 있었다. 다만 그들은 그 이상의 설립은 한국의 경제규모나 국내시장의 한계에서 볼 때 필요하지 않다는 의견을 보였다. 문제는 제3, 제4비료공장이 둘 다 복합비료 생산시설이었기 때문에 이병철이 생각하고 있던 것과는 전혀 달랐다. 이병철은 한국의 토질에 적합한 요소비료 생산이야말로 생산원가를 보다 저렴하게 낮출 수 있다고 판단하고 있었다.

정부 당국도 이병철의 생각을 충분히 인식하고 있었고, 그 사정도 이해해 주었기 때문에 가격이 낮은 비료 공급이 가능해질 수 있도록 배려를 잊지 않았다. 그런데 청와대를 예방한 이병철을 향해 박정희 대통령은 평소 그의 염원인 농약 제조공장 설립을 회피하려 하지 말고 수락할 것을 요청했다. 이병철은 그것보다는 대규모 비료공장 건설이야말로 한국의 입장에서는 매우 긴급하고 중요한 문제이지만 유감스럽게도 현재 그의 입장에서는 능력을 초월하는 문제라는 사실을 역설하고 자신의 고충을 호소했다. 박 대통령은 미소를 지으면서 조용한 어조로 이병철의 희망에 대해 모든 지원을 아끼지 않겠다고 약속해 주었다. 그러나 대통령의 이런 간청에도 불구하고 이병철은 왠지 신규사업에 대한 의욕을 불태울 정열이 끓어오르지 않아 상당 기간 동안 침묵을 지켰다.

그렇게 고민을 하면서 지내던 어느 날, 박 대통령은 다시 이병철을 청와대로 초청하여 비료공장 건설에 착수하라는 지시를 내렸다. 대통령이 자신에게 거는 기대가 매우 크다는 사실을 깨달은 이병철은 그 때까지의 고민을 모두 버리고 흔쾌히 비료공장을 건설하겠다고 수락, 착수 작업에 들어갔다.

이병철이 울산비료공장 설립을 계획했을 때, 일본 미쓰이물산의 알선으로 플랜트 도입에 관한 가계약까지 체결된 경위도 있었기 때문에 건설 진행에 있어서의 번잡한 수속은 간략하게 조정할 수 있다고 생각했다. 또, 국민경제와 깊은 관련성이 있는 비료공장을 건설하는 것인 이상, 규모와 시설은 처음부터 최신 국제수준이어야 한다는 것이 그의 지론이었다. 그뿐 아니라 제당 및 모직공장 경영을 통하여 확인된 그의 살아 있는 체험이기도 했다.

따라서 이번 건설에 대해서도 예외는 허락되지 않았다. 특히 비료의 경우에는 내수용조차 상당히 부족한 상태였고, 농민이 큰 부담을 느끼지 않는 수준으로 생산단가를 낮추려면 아무래도 거대한 단위의 공장을 건설하는 수밖에 없었다.

건설 중인 제3, 제4공장도 당시의 수준으로서는 상당히 큰 규모였지만 그것들을 포함한 네 개의 공장에서 생산되는 양은 평균 9만 톤에 지나지 않았다. 국내에 비료를 충분히 공급하려면 아무래도 세계에서 가장 큰 규모인 20만 톤을 생산할 수 있는 공장을 건설해야 한다고 판단한 그는 계획을 수립하고 차관을 교섭하기 위해 다시 여행길에 올랐다.

당시, 일본에서는 단일비료공장의 생산규모로서는 연산 18만 톤 정도가 최대 규모였다. 소문에 의하면 소련에서는 시베리아에 30만 톤 규모의 비료공장을 건설 중이며, 이것이 전 세계에 화제가 되었다고 했다.

이병철은 이 말을 듣자마자 즉시 계획을 변경해 소련을 상회하는 규모의 공장을 건설한다는 계획에 착수했다. 20만 톤 규모의 공장조차도 당시의 사정에서 보면 상상을 초월하는 것이었지만 국내 사정에 얽매여 있을 단계는 이미 넘어섰다고 판단한 이병철은 세계 최대 규모의 비료공장을 건설하기로 결심한 것이다. 주위에서는 그의 계획에 우려를 표명하며 계획을 변경하라고 진심으로 충고해주는 사람들도 있었다.

"그런 대규모 공장을 가동했는데 이번에는 공급이 수요를 웃도는 상황이 발생한다면 어떻게 할 생각입니까?"

이런 식이었다. 그러나 이병철에게는 이 계획에 확신이 있었고, 승산이 있었다. 한국경제의 모든 실정, 경제개발 5개년계획의 추이와 방향, 국제경제의 동향 등을 빠짐없이 검토했다. 그는 단순히, 그리고 오직 다른 나라와의 비료생산 경쟁을 생각할 정도로 무모하지는 않았다. 그의 경험을 통해 볼 때, 적어도 앞으로 10년 안에는 '과잉생산' 이라는 문제는 완전히 해소될 것이라는 확신이 있었다.

이 계획을 실행하는데 있어서 가장 먼저 반대한 것은 미국이었다. 제3, 제4공장 건설을 원조하고 있던 USOM(미국 해외원조실)의 키렌이었다. 그는 더 이상의 생산설비는 필요하지 않으며 과잉생산 때문에 파급되는 사태, 특히 막대한 원리금 상환에 대한 불안을 이유로 강하게 반대했다. 당시에는 미국의 원조에 의해 부흥과 건설이 추진되고 있었던 만큼 키렌의 발언은 절대적이라고 말할 수 있을 정도로 그 영향이 컸다.

이병철은 이 강경한 반대를 뒤집기 위해 몇 차례에 걸쳐 교섭을 진행했다. 관계자들 중에는 이 계획을 단념하는 사람도 있었지만 이병철은 초지일관, 끈기 있게 교섭을 진행했다.

이 교섭에서 미국은 경제기획원장관인 장기영과 당시의 주한 미국대사인 버거(Samuel D. Berger)에게 협력을 요청했고, 교섭이 난항에 부딪혔다는 사실을 알게 된 박 대통령이 "미국도 제5비료공장 건설에 반드시 협력해주기 바란다"는 메시지를 보내자 미국 쪽에서도 어쩔 수 없이 고집을 꺾었다. 결국, 정부가 제3, 제4비료공장이 생산하는 비료를 전량 소화한다는 보증을 해준다면 제5비료공장 건설에 대한 반대는 철회한다는 선에서 교섭은 타결되었다. 당시, 미국대사관의 하비브 참사관도 한국 쪽의 취지를 이해하고 키렌을 설득했다는 사실을, 이병철은 후일에야 알게 되었다.

이병철의 처음 구상은 다음과 같은 것이었다. 연산 33만 톤. 요소는 하루 생산 1천 톤. 암모니아는 하루 생산 600톤. 당시 요소비료를 하루에 1,000톤 생산할 수 있는 특허는 일본의 도요고압(東洋高壓)만이 가지고 있었다. 암모니아는 영국의 ICI사(社). 계획은 승인되었지만 기계를 구입할 예정인 일본에는 아직 하루에 1,000톤을 생산할 수 있는 생산시설이 없었다. 그러나 영국에서 제작이 가능하다면 일본에서 못할 리가 없다고 생각한 이병철은 ICI사와 절충하여 암모니아 특허를 구입, 기계는 일본에서 제작하는 방법을 채택하기로 했다. 다음에는 이것을 건설하기 위한 기술이 문제였다.

"가격이 낮은 비료를 생산하려면 가장 우수한 기계를 가장 좋은 조건으로 구입해서 가장 우수한 기술로 건설해야 한다."

이것이 이병철의 변하지 않는 사업 방침이었다.

일본과 5,000만 달러짜리 프로젝트를

이병철은 비료공장을 건설하기 위해 각국에 오퍼를 요청했다. 응찰가격은 미국이 가장 높은 6,500만 달러, 일본이 가장 낮은 5,000만 달러, 독일은 그 중간이었다. 이 응찰가격을 검토한 끝에 이병철은 주저하지 않고 5,000만 달러의 상담을 체결하기 위해 일본으로 날아가 일본 재계의 중진들에게 사업계획을 설명했다. 일본 재계는 이 계획의 전체적인 내용을 알고 깜짝 놀랐다. 우선, 일본인의 상식을 훨씬 초월하는 세계 최대 규모인 33만 톤 공장을 건설한다는 거대한 프로젝트다. 이 계획에 의문을 품는 사람도 있었을 정도로 이병철의 이 프로젝트는 일본 재계에 엄청난 충격을 주었다.

이 충격은 일찍이 이병철이 제일제당을 설립할 때 일본의 업계가 받아들인 충격보다 더 컸다. 이것은 한국시장뿐 아니라 앞으로 국제시장에서 일본의 가장 무서운 라이벌이 출현했다는 사실을 깨닫게 해주었다. 이병철의 일본 방문은 일본 재계에 커다란 파문을 던진 것이다.

일본의 비료업계를 대표하여 쇼와전공(昭和電工)의 안자이 마사오(安西正夫) 사장이 이병철을 찾아왔다.

"앞으로 한국에는 가장 가격이 낮은 비료를 영구히 공급할 테니까 이번 공장건설 계획을 다시 생각해 보는 것이 어떻겠습니까?"

안자이 사장의 정중한 말에 이병철은 고개를 저었다.

"안 됩니다. 이것은 기업가로서의 저의 가장 큰 꿈이며 의무이기도 하기 때문에 단념할 수는 없습니다."

장애는 그 이후에도 계속 이어졌다. 차관공여 반대운동이 그것이다. 연산 33만 톤이라는 이병철의 계획은 일본의 입장에서는 그야말로 청천벽력이었다. 하지만 차관저지운동도 결국 무리라는 것을 알자 이번에는 앞다투어 시장 확보를 위한 비료증산에 착수했다.

이병철이 일본을 방문한 것을 계기로, 지금까지 비료공장 증설을 허락하지 않았던 일본 정부도 예외적으로 대폭적인 증설을 허가, 은행에서도 저리로 융자를 해주었다. 그 결과, 일본의 비료업계는 시설과잉상태가 되어 가격 폭락과 가동률 저하를 초래, 이후 10년 동안 혼란을 겪게 된다.

이병철은 자신이 일본을 방문할 때마다 던진 돌멩이 하나의 여파가 너무 크다는 점을 생각하고 공정한 경쟁이야말로 국내외를 가리지 않고 산업과 사회를 진보시키는 가장 큰 요인이라는 점을 확신했다. 동시에 경제의 공정한 경쟁을 통하여 한국과 일본의 업계가 함께 발전할 수 있기를 진심으로 기원했다.

일본에서의 그의 스케줄은 정신없이 바빴다. 5,000만 달러 비료공장 프로젝트를 둘러싸고 맹렬한 인수 경쟁이 붙었기 때문이다. 이병철은 우선 평소에 친분이 두터운 야와타제철(八幡製鐵)의 이나야마 요시히로(稻山嘉寬) 사장에게 이 일을 의논했다. 재계의 중진이며 신망이 두터운 그는 기꺼이 협력할 것을 약속했다.

"일본은 한국이 세우는 비료공장 건설을 도와줄 의무가 있습니다."

그 말에 이병철이 솔직하게, "일본의 응찰가격이 가장 낮더군요"라고 말하자, 이나야마 사장은 눈시울을 적시면서 이렇게 말했다.

"그렇습니다. 당연히 가격이 낮아야지요. 비료는 대부분 농민이 사용합니다. 그런 만큼 건설비도 낮게 책정하는 것이 앞으로의 한일양국의 선린우호를 위해서도 도움이 될 것입니다."

며칠 후, 이나야마 사장의 중개로 미즈카미 다쓰조(水上達三) 미쓰이물산 사장, 후지노 츄지로(藤野忠次郞) 미쓰비시(三菱)상사 사장, 가바야마(樺山) 마루베니이다(丸紅飯田. 현재의 마루베니 丸紅) 사장, 도시마 겐키치(外島健吉) 고베 제강 사장 등 쟁쟁한 재계 인사들을 만나 프로젝트와 관련된 토의를 거듭했다.

처음에는 4개 회사가 공동으로 추진하는 방향으로 방침이 결정될 듯 했지만 예상 밖으로 회담은 난항을 겪었다. 모두 100년의 연륜을 거쳐 온 세계적 기업의 영수들이다. 회의에 참석한 이병철은 문득 깨닫는 점이 있었다.

“창구를 일원화하자.”

그러나 일원화는 쉽지 않았다. 선택과 결정이 망설여졌다. 그 기업들은 모두 자본과 기술에서 실력이 비슷했고, 조직력도 역량이 비슷했다. 그런 만큼 이병철은 ‘불가능한 선택’ 을 할 수밖에 없었고, 한층 더 고민이 되었다. 그러나 어떻게든 결정을 내려야 했다.

모든 점을 비교해 보아도 네 기업 모두 그가 기대한 대로 프로젝트를 진행해줄 것이 틀림없었다. 그러나 이병철은 냉정하고 신중하게 비교 검토한 결과 과거부터 인연이 있는 미쓰이를 선택하기로 했다.

미쓰이와는 대구에서 사업(삼성상회)을 경영하고 있던 시절부터 거래관계가 있었고, 미즈카미 사장 자신도 미쓰이물산에 입사했을 초기에 시장을 찾아 한국으로 비료를 팔러 온 경험이 있기 때문에 사업가로서의 심정을 잘 이해해줄 것이다. 두 사람은 공과 사를 가리지 않고 친분을 쌓아왔다. 미즈카미 사장이라면 성의를 다해줄 것이라는 신뢰감이 있었다.

이병철은 미즈카미 사장과의 인연에 프로젝트를 맡기기로 했다. 후지노 사장을 비롯한 다른 사람들의 성실한 자세에 미안한 마음을 느끼며 미즈카미 사장에게 모든 일을 일임하기로 했다.

창구를 미쓰이로 일원화한 이후, 다른 회사와의 조정을 어떻게 해야 할 것인가를 이나야마 사장과 의논했다.

며칠을 거쳐 이나야마 사장이 바쁘게 뛰어다닌 결과, 관계자들이 한 자리에 모였다. 그 자리에서 이나야마 사장은 흉금을 털어놓고 자신의 생각을 이야기했다.

"이제 창구는 일원화되었습니다. 앞으로는 거대한 프로젝트를 앞두고 이 사장의 구상을 실현시키는데 최선을 다했으면 좋겠습니다."

관계자들 사이에 이의는 없었다. 그들은 한 마음으로 이병철의 계획을 축복해주었다.

평소에 심한 라이벌 의식을 바탕으로 경쟁에서 이기기 위해 의욕을 불태우지만 무슨 일이 있을 때에는 서로 마음을 털어놓고 그 성취를 축복해준다. 이병철은 그들의 페어플레이 정신을 직접 확인하고 부러움을 느꼈다. 이것이 인연이 되어 그 이후에 미쓰비시 상사의 후지노 사장과 돈독한 친분을 맺게 된다.

일본 재계의 수뇌부들로부터 진심 어린 축복을 받으며 출발한 이병철의 프로젝트도 표면적으로는 순조롭게 진행되는 것처럼 보였지만 그 미래는 아직 불투명한 상황에 놓여 있었다.

그 이후, 미쓰이물산과 구체적인 상담에 들어갔다. 업무가 매우 바빠 시간을 내기 어려운 미즈카미 사장을 대신하여 직접 교섭에 나선 상대는 니시야마(西山) 해외담당 상무와 하리모토(張本) 해외본부장이었다. 특히 하리모토 본부장은 미쓰이의 최고 엘리트로, 교섭상대로서는 무척 힘든 존재였다. 첫 회의는 도쿄 지사에서 개최되었다.

"우선 질문 하나 하겠습니다. 현재 한국에서 정말로 30만 톤 규모의 요소비료공장을 건설할 수 있다고 생각하십니까?"

"물론입니다."

"어느 정도의 확률을 가지고 계십니까?"

일본의 관료 및 비즈니스 엘리트들 중에서 자주 볼 수 있는 태도다. 마치 농담을 하듯 던지는 질문은 불쾌하기 짝이 없었다. 이병철은 최대한 감정을 억제하면서 그가 의도하는 부분에 대해 이야기했다. 교섭에서의 가장 큰 포인트는 가격이었다.

"제가 듣기에 플랜트 수출은 10%에서 두 배까지 이익을 생각할 수 있다는 것으로 알고 있습니다. 이번 비료공장만은 그런 기대를 하기 어렵겠지요. 부디 적정가격으로 부탁드립니다. 각 기계회사에서 견적을 받을 때에 각 부문마다 최저가격을 설정하고, 상사의 마진은 3% 이내로 압축해 주십시오."

이병철은 솔직하게 자기가 희망하는 가격을 이야기했다.

"이 사장님. 그래서는 상담이 진행될 수 없습니다. 플랜트 수출에서 3%라는 것은 들어본 적이 없습니다. 그것은 상식 밖의 말씀입니다."

"그렇기 때문에 적정가격으로 부탁드린다고 말씀드린 것입니다."

"그러나 이런 대형 프로젝트에서는 상당한 마진이 보증되지 않을 경우, 상사의 입장에서 정말 힘든 장사입니다. 이 사장님, 농담을 하시면 곤란합니다. 이래서는 더 이상 대화를 할 수 없습니다."

교섭 진행과정으로 보아도 처음부터 미쓰이 쪽의 불손한 태도는 무례하기 짝이 없었다.

이병철은 여느 때와 달리 흥분한 모습을 보이며 이렇게 말했다.

"저는 고객입니다. 그런데 이 태도는 뭡니까. 너무 불손하지 않습니까. 좀 더 진지하게 검토해 보십시오!"

이병철의 그 말에 순간 물을 끼얹은 것처럼 정적에 휩싸였지만 이병철은 뒤도 돌아보지 않고 그 자리를 떠났다.

호텔로 돌아오자마자 미즈카미 사장으로부터 부하 직원의 무례한 태도에 대한 사과 전화가 걸려왔다. 사과를 하러 찾아오겠다는 그의 요청을 이병철은 정중하게 거절했다.

그 후, 몇 차례에 걸쳐 하리모토 본부장이 이병철을 방문했고, 결국 이병철이 제출한 조건을 수용해 미쓰이 쪽의 마진은 3%로 결정이 되었다. 이병철은, 금리와 보험료 등은 삼성이 부담한다는 조건을 고려하면 미쓰이의 3% 마진은 결코 적은 것이 아니라고 판단했다. 그러나 당시의 국제경제 사정을 바탕으로 보면 개발도상국에 공여하고 있던 플랜트 수출에서는 분명히 파격적인 수치였다. 마진 문제가 일단 해결되자 그 이후의 상담은 원활하게 진전되었다.

절충 담당자였던 하리모토 본부장은 상담이 정리된 이후에는 이 프로젝트에 최선을 다해 임해주었다. 가장 중요한 난관이 해결되자 대결을 벌일 때의 불손한 자세는 완전히 버리고 과감성과 호탕함을 발휘하여 이병철이 생각하는 대로 모든 일을 처리해 주었다. 일단 '비즈니스' 가 결정되자 그 때까지의 태도는 모두 버리고 헌신적으로 대담하게 사업을 수행하는 하리모토 본부장의 태도에 대해 이병철은 나중에 경의와 칭찬을 금할 수 없는 사람이라고 술회했다.

상담은 구체적인 절충 끝에 처음에 5,000만 달러로 어림잡았던 차관이 4,190만 달러로 최종 결정되면서 계약이 체결되었다. 한일협정 조인에 1년 앞선 1964년 8월 20일의 일이었다.

이병철이 미쓰이물산과 체결한 한국비료공장 건설에 관한 장기차관 계약은 전문 16조로 성립되었다. 그 앞부분의 내용을 소개해보자.

"한국비료는 대한민국 울산지구에 하루 생산량 1천 톤의 입상요소(粒狀尿素)를 생산할 수 있는 암모니아공장과 요소공장 및 그 밖의 관련시설로 이루어지는 하나의 완전한 비료공장을 건설하기를 희망하며, 미쓰이는 상기 공장을 위해 기계장치와 자재 및 기술 원조를 제공할 용의가 있기 때문에 여기에 전술한 사항과 뒤에 기록된 상호간의 약속을 바탕으로 다음과 같이 계약을 체결한다."

이병철은 엄숙한 마음으로 이 계약서에 서명을 하면서 조국의 계곡 사이에 펼쳐져 있는 논밭에서 열심히 일하는 농부들의 모습을 떠올렸다.

동원인원 125만 명

숙원인 비료공장이 마침내 실현될 단계에 이르렀다. 이병철은 만감이 교차하는 감격에서 미처 깨어나지 못한 상태에서 도쿄를 출발하여 서울로 돌아와 즉시 회사를 설립하기 위한 수속을 진행했다.

수권자본(授權資本) 2억 원인 한국비료공업주식회사. 사장은 이병철. 취임을 전후하여 이미 울산공업단지에 50만 평의 공장 부지를 확보했다. 몇 년 전, 경제인협회 회장으로 취임했을 시기에 선정해 두었던 자신의 공장이 세워지면 이윽고 대망의 비료를 자급자족할 수 있다.

"나무가 있으면 반드시 꽃이 피고, 꽃이 피면 반드시 열매를 맺는다."

가슴 속에서 끓어오르는 감정을 억제할 수 없었다. 그가 던진 돌멩이 하나가 일으킨 파장은 그 깊이를 알 수 없을 정도로 영향이 컸다. 단순히 자신의 공장을 건설한다는 사실보다는 외국의 차관에 의해 어떤 공장도 건설할 수 있는 가능성이 열렸다는데 거대한 시대적, 국가적 의의가 있었다.

민족자본이 전혀 없던 오랜 세월 동안 일본의 지배 아래에 놓여 자본주의의 싹을 제대로 틔워보지도 못하고, 광복 이후에도 분단과 전쟁에 의해 황폐화된 숙명적인 국토와 빈곤을 이제 마침내 극복하게 된다. 민족자본이 없으면 외자 도입에 의해서라도 부흥과 안정을 도모한다. 비록 외자 도입이라는 형식이지만 우리나라의 공업화를 실현할 수 있다.

1964년 9월 15일은 제일모직이 창립 10주년을 맞이하는 날이기도 했다. 그는 이 기념식에 참석하여 다음과 같은 기념사를 선보였다.

> "저는 지금까지 기업가로서의 생애를 통하여 한 번도 신념을 굽힌 적 없이 오직 올바른 창업의 길을 당당하게 걸어왔다고 생각합니다. 기업을 일으키는 것에 의해 국민의 고용비율을 높이고, 생산을 늘리는 것에 의해 국가사회에 봉사하고 싶다는 저의 사고방식은 지금도 조금도 변하지 않았습니다. 다만, 변화무쌍한 세상의 거친 파도는 사업보국을 신조로 삼고 있는 제게도 평범하지 않은 사회적 의무를 짊어지게 했습니다. 지난 10년을 회고하면서 현재의 저의 생활을 바라보면 저의 두 어깨에는 더할 나위 없이 중대한 책임이 지어져 있다는 사실을 느끼지 않을 수 없습니다. 특히 지금 제게는 세계 최대 규모의 비료공장을 건설해야 하는 국가적 과제가 주어져 있고, 저 자신으로서도 오랜 세월의 염원이었던 새로운 공장을 건설할 기회를 가졌기 때문에 어떤 험난한 난관이 제 앞을 가로막고 있다고 해도 그 모든 난관을 배제하고 저의 모든 지혜와 열의를 다하여 기업가로서의 정도를 곧장 걸어갈 각오가 되어 있습니다."

공장이 건설되면 비료를 자급자족할 수 있는 태세에 들어갈 수 있다는 것은 명백한 이치였지만 연단에 서서 지난 10년의 궤적을 돌아보자 이것으로 선진공업국 대열에 끼게 되었다는 자신감이 그의 야윈 몸을 감쌌고, 두 뺨은 소년처럼 활기에 넘쳐 있었다.

그가 일찍이 예측했듯 이것을 계기로 한국은 국내에 요소, 질소비료 등을 생산하는 최신 설비를 갖춘 공장 다섯 개를 보유하게 되었다. 이로써 비료의 자급자족 실현은 물론이고, 석유화학공업의 탄생과 함께 본격적인 비료수출국으로 멋진 전환을 보이게 된다. 동시에, 당시 한국경제가 놓여 있는 불안한 상황에도 불구하고 NICS(신흥공업국들)의 지도적인 입장에 설 수 있는 기초를 구축했다는 것은 높이 평가받아야 한다.

이병철의 지난 10년의 궤적은 한국경제가 새로운 발전을 하게 된 궤적이기도 했다. 지금은 제일모직 10주년 기념 축전에 취해 있을 때가 아니었다. 이 프로젝트에 대한 그의 정열은 지칠 줄 몰랐다. 문자 그대로 심혈을 기울여 공사 진척을 재촉할 뿐이다. 그 모습은 제일제당 공장을 건설할 때의 그것과 전혀 다르지 않았다.

울산지구 50만 평의 공장부지에는 현대, 대림, 제일 등 국내 굴지의 20여 개에 이르는 건설회사로부터 운반되어온 건설기계가 일제히 정지작업을 시작했다. 건설의 쇠망치 소리, 지축을 뒤흔드는 중장비의 거대한 소리는 말 그대로 상전벽해(桑田碧海)가 눈앞에 전개되고 있었다. 그것은 결코 착각이 아니었다. 울산비료 건설도 그렇지만 울산공업단지야말로 이병철이 심혈을 기울인 결정이었다.

울산공업단지는 그의 구상대로 비료를 비롯하여 정유, 석유화학, 정밀기계 등을 포함하는 한국 최대의 공업기지로 크게 변모해 갔다.

눈앞의 변화는 계속 이어졌다. 미쓰이물산과 협력하여 공장의 건설자재를 공급하기로 되어 있던 160여 개의 회사로부터 보내져온 엄청난 자재들이 도착했다. 며칠만이라도 정리를 게을리 하면 어떤 자재가 어디에 있는지 찾을 수 없을 정도로 건설자재는 산더미 같은 엄청난 양이었다.

동원된 인원도 하루 평균 수천 명, 총 125만 명에 달했다. 과거 10년 전, 제당공장과 모직공장을 건설할 때에도 주로 우리나라의 기술진에 의해 프로젝트를 실현했다. 이번 건설도 외국인 기술자는 최소한으로 제한하여 공사 진척을 도모했는데, 10년 전과는 비교도 할 수 없을 정도로 그 규모는 거대했다. 공사와 시설의 복잡성과 방대함에 더해 이병철을 놀라게 한 것은 예상치 못했던 새로운 난제들의 연속이었다.

예를 들어, 암모니아 탑(塔)처럼 중량 200톤이 넘는 거대한 시설을 어떻게 운반할 것인가. 당시, 일본에는 일본통운이 소유하고 있는 거대한 크레인 차는 있었지만 단일물체의 수송단위로서는 일본에서도 이것이 처음이라며 난색을 보였다. 어쩔 수 없이 한국으로부터 1만5,000톤 급의 화물선을 빌려 운반하게 하는 한편, 이런 거대한 화물을 육지로 인양하기 위한 임시부두를 새롭게 만들어야 했다.

이 한 가지 예를 보더라도 지난 10년 동안의 활동이 얼마나 활기를 띠었는지 이해할 수 있을 것이다. 이것은 한국경제가 마침내 후진국 단계를 벗어나 개발도상국으로 비약하는 시기에 접어들었다는 사실을 보여주는 증거이며, 삼성그룹의 입장에서도 마찬가지로 확장기에 이미 돌입했다는 사실을 대변해주는 것이었다. 그야말로 슘페터(Joseph Alois Schumpeter)가 규명하려 한 경제 궤도의 비약적인 발전을 위한 도식이었고, 이병철이 말하는 상전벽해였다.

이 상전벽해의 주역이라고 말할 수 있는 200톤의 암모니아 탑 운반에는 또 다른 문제가 기다리고 있었다. 울산이 입지적으로 혜택 받은 지역이라고 하지만 지방의 소도시에 지나지 않았다. 제1차 경제개발 5개년계획은 실시 단계에 접어들었을 뿐 중점 목표인 철도, 항만, 도로 등의 사회간접자본 확충도 진전을 보이지 않았고, 지역사회의 개발촉진은 갓 시작되었을 정도였던 만큼 당시에는 도로수송의 대형화 등은 생각도 할 수 없었다.

이런 식으로, 한 가지 난제가 해결되면 또 다른 난제가 나타났다. 국내에 있는 장비로는 육지로 인양한 뒤에 육로를 통해서 수송을 하는 것도 매우 어려운 일이라는 보고를 받았다. 사방팔방으로 수배를 해서 한 가지 묘안을 얻었다. 오래 전, 중국 동북지방(만주)에서 중량화물을 다루었던 경험자가 대한통운에 근무하고 있다는 정보였다. 즉시 사람을 보내 그에게 이 거대한 화물을 수송해 달라는 의뢰를 했다. 현장으로 안내를 받은 그는 잠시 생각하더니 아이디어 하나를 제공했다. 수백 개의 고무타이어를 연결하여 한 개의 롤러로 만들어서 그것으로 부두로부터 공장으로 반입하는 방법이었다. 지금 생각하면 웃지 않을 수 없는 엉성한 방법이다.

이 일과 병행하여, 김재명 공장장을 중심으로 연일 현장에서 숙식을 계속하며 기술자는 물론이고 현장의 작업인부들에 이르기까지 공사 진척에 대한 의견을 교환하면서 공정을 단축하는데 전력을 기울였다.

일반적으로, 33만 톤 규모의 비료공장을 건설하는데 필요한 공사기간은 약 40개월이라고 알려져 있었다. 이병철은 그것을 18개월로 단축, 완성시킨다는 계획을 제출했다. 공사기간이 짧아지면 그만큼 건설비용이 줄어든다. 계획입안을 시작으로 설계시공에서 준공까지의 과정을 단축시킨다면 '시간은 돈' 이라는 경영에서의 명백한 원칙을 그대로 살릴 수 있다. 건설비용이 그만큼 낮아지는 것이다. 건설비용이 낮아지면 결과적으로는 비료의 단가도 낮아진다. 기술적으로는 상당히 어려운 문제였다. 공사기간 단축을 둘러싸고 기술자의 수준, 공사 강행에 의한 성능 저하, 거기에 수반되어 파생되는 책임 소재 등이 논해졌다.

하지만 이병철은 그 때까지의 체험적 인식을 통하여 공사의 조직, 관리방식을 어떻게 운용하는가에 따라 단축이 결코 불가능한 것만은 아니라는 사실을 잘 알고 있었다. 거기에는 기술자와 작업인부들의 희생적인 봉사와 정신이 뒷받침되어 있었다. 그는 거기에 희망을 걸었다.

공사기간 단축 이외에도 문제가 있었다. 자금조달이다. 기자재의 선적을 독촉해야 하는 상황도 벌어졌다. 자금조달 문제는 일본정부로부터 차관을 승인 받아야 했다. 그 때문에 현지를 떠나 멀리 서울과 도쿄에 체류하는 날이 늘어났다.

차관은 미쓰이물산이 담당하지만 그 80%를 일본 수출입은행에서의 융자로 충당하게 되어 있었다. 상업차관이라고 해도 일본정부의 승인이 필요하다. 1964년 당시, 일본으로부터의 상업차관은 단 1건에 불과했으며, 금액으로는 40만 달러, 공공차관은 전무한 상황이었다. 그 이후의 상업차관은 7,080만 달러(1965), 6,710만 달러(1966), 3,620만 달러(1967), 1억 1,000만 달러(1968), 7,190만 달러(1969)로 비약적으로 증가했다는 점을 생각하면 당시의 5,000만 달러짜리 차관이 얼마나 어려운 일이었는지 충분히 짐작할 수 있다. 더구나 당시의 IDA(International Development Association; 국제개발협회)나 AID(United States Agency for International Development; 국제개발처)의 조건, 독일의 그것과 비교해도 한국의 입장에서는 훨씬 불리했다. 1964년이라고 하면 한일 국교정상화를 위한 협상이 거의 마무리 단계에 접어들었던 시기이기도 하다.

이병철은 한일회담의 향방을 주목하면서 일개 민간인의 신분으로 차관 교섭에 전력을 기울였다. 정식 국교가 맺어져 있는 상태가 아니었던 만큼 5,000만 달러 가까운 차관은 당시로서는 난항이 예상되었다. 현재와 달리 일본의 외화 사정도 결코 좋은 편은 아니었다. 또, 한국 국민들의 미묘한 감정도 존재하여 그는 매우 신중한 태도로 교섭을 진행했다.

이 시절, 이병철은 스스로 고백하듯 이미 50세를 넘어 심한 피로를 느꼈지만 주변의 격무는 그에게 편안한 휴식을 허락하지 않았다. 그렇게 바쁜 나날을 보내는 상황에서 공사는 예상 밖의 진전을 보여 처음에 3년이라고 계산했던 공사기간이 18개월이면 거의 준공까지 이를 것 같다는 전망이 나왔다. 그러나 그런 전망에도 불구하고 그의 주변에는 여전히 낙관만 할 수 없는 냉엄한 현실이 가로놓여 있었다.

불의의 사고

공사를 시작한 지 1년 안에 이미 공정의 80% 정도가 진행되었다. 순조로운 진척에 일단 안도의 숨을 내쉰 이병철은 필요한 기자재의 선적을 독려하기 위해 도쿄에 체류하고 있었다. 일본에 발주한 기계와 기자재를 포함하여 30여 만 종류, 중량으로 환산하면 18만 톤에 달했다. 대형 유조선 한 척 분의 중량이다. 도중에 설계가 변경되어 필요한 자재는 더 늘어났고, 일본의 협력회사도 그 수가 480사(社)를 넘었다. 이 협력회사들과의 연락, 조정, 공사기간 단축을 위한 선적 독려로 그는 도쿄에서 잠시도 편히 보낼 수 없었다.

그렇게 바쁜 시간을 보내고 있던 어느 날. 잊을 수도 없는 1966년 9월 16일, 그는 서울에서 긴급국제전화를 받았다. 비료생산을 위해 도입한 OTSA의 무허가 판매와, 이것에 대한 비난여론과 규탄의 목소리가 삼성에 집중되기 시작했다는 소식이었다. 그는 즉시 현품회수와 두 번 다시 이런 불상사가 발생하지 않도록 만반의 조치를 취하라는 명령을 내리고 서둘러 귀국했다.

귀국한 이병철을 기다리고 있었던 것은 그의 상상을 초월하는 사건의 심각한 양상이었다. 그는 본사로 돌아가는 도중에 자동차 안에서 신문을 펼쳐 들었다. 신문은 연일 한국 제일로 손꼽히는 재벌의 부정행위에 대한 규탄기사로 메워져 있었다. 비난의 글은 하루도 빠짐없이 지면을 메웠고, 국회의 대정부 질문에서 이 문제를 채택해야 한다는 강경한 논조를 되풀이하는 신문도 있었다. 진위도 불분명한 상태에서의 매스컴에 의한 사건보도, 비난 여론 등 사면초가에 갇힌 상황 속에서 이병철은 이것이 엄청난 사건이라는 위기감을 느끼지 않을 수 없었다. 국가를 위해 모든 어려움을 극복하고 비료공장 건설에 사력을 다하고 있다고 생각했는데 터무니없는 의심을 받아 추궁을 당하는 신세가 되자 변명을 늘어놓을 여지가 없었다. 이병철의 머릿속에는 많은 일들이 주마등처럼 스치고 지나갔다. 오랜 세월을 소비한 영광과 고통이 사소한 사건에 의해 모두 물거품으로 돌아가는 듯한 느낌이었다.

이병철은 부정축재문제 때와는 다른 사태의 심각성을 느끼고 사내에서 이런 불법행위를 저지른 책임이 어디에 있는지 조사하면서, 이 명백한 불상사에 어떻게 대처할 것인지 고민에 빠졌다.

어쨌든, 이런 불상사를 초래하기에 이른 책임은 자신에게 있다. 그 책임을 피할 방법도 없지만, 그 자신이 그 책임에서 회피할 생각은 털끝만큼도 없었다. 그의 마음은 단 하나, 순수하게 단일품목이면서 귀중한 외화의 대부분을 소비하고 있는 비료를 자급자족하는 것으로 한국경제를 발전시키는 한 요인으로 제공하고 싶다는 희망만으로 가득 차 있었다. 이것은 항상 변하지 않는 신조이기도 했다.

그러나 사태가 이런 식으로 발전한다면 이병철의 속마음은 아무도 이해하려 하지 않을 것이다. 또, 그런 이해를 바라기도 어렵다. 사면초가에 놓여 있던 이병철. 무슨 일이 있을 때마다 업계로부터 질시를 받아온 그의 입장에서 볼 때 이런 사태가 발생하기에 이른 이유는 모두 그 자신의 부덕함에 있다는 생각에 고개를 숙이지 않을 수 없었다.

그는, 이 사건을 해결하기 위해 최선의 노력을 기울였지만 사태는 계속 진전되었고, 당국은 처음의 방침과는 달리 이병철의 차남인 이창희(李昌熙)를 비롯한 서너 명의 관련자를 구속하기에 이르렀다.

이병철은 이런 비상사태에 이른 뒤에도 조금도 냉정함을 잃지 않고 대책을 강구했다. 그 자신도 참고인으로서 몇 번의 심문을 받으면서 이탈리아 영화 〈일그러진 얼굴의 천사〉를 떠올렸다. 기업가로서의 일생에 오명을 뒤집어쓴 채 마침표를 찍어야 한다는 생각을 하면 주인공의 비극이 남의 일처럼 여겨지지 않아 고뇌에 찬 모습으로 밤을 밝혔다.

이렇게 난처한 입장에 서게 된 그의 가장 큰 관심사는 그의 진퇴와 일거수일투족을 주시하고 있는 국민에게 자신의 고뇌를 어떻게 해야 조금이라도 이해시킬 수 있는가 하는 점이었다. 마침, 일본 상공회의소의 아다치(足立) 회장이 산업시찰을 위해 한국을 방문했다.

그는 기자회견장에서 한일협력을 진행하는 도중에 발생한 이른바 한국비료사건을 중대한 문제로 보고 독자적인 입장에서 조사하여 그 결과를 보고하면서, 이 사건이 대대적으로 보도될 정도의 큰 사건은 아니며, 이 사건을 중대한 사건처럼 다루어 연일 진실을 왜곡하는 보도를 하는 태도는 한국 경제발전을 위해서도 결코 도움이 되지 않는다는 점을 강조했다. 그러나 그의 이 발언도 진의가 왜곡 보도되어 잡음은 날이 갈수록 더해만 갔다.

이병철은 소란스런 상황 속에서, 문득 지난해 설날 아침 울산만에서 보았던 광경을 떠올리고 마음속으로 결심을 굳혔다.

한국비료를 미련없이 헌납하고

예상하지 못한 사건이 발생하면서 시끄럽게 이어지는 세상의 비난, 당국의 심문, 숨 돌릴 틈도 주지 않는 매스컴의 공격 등 여러 가지 우여곡절 때문에 공사가 약간 늦어지기는 했지만, 1967년 1월부터 부분적인 시동 단계에 접어들어 3월에는 모든 공정이 준공되면서 명실 공히 대망의 요소비료 생산이 가능하게 되었다.

준공식장에 참석하여 미리 준비한 기념사를 읽어 내려가는 이병철의 심정은 복잡했다. 18개월에 걸친 험난한 공정을 돌이켜보면 만감이 교차한다. 국가적인 프로젝트를 진행하는 도중 본의 아니게 세상을 시끄럽게 만든 불상사를 야기한 책임을 나름대로 느끼고 있었다. 다른 한편으로는 한국에 아직 이 정도의 비료공장이 건설된 예가 없고, 자신의 이해관계를 초월하여 대의를 존중, 사태를 수습할 수 있었던 것이 그나마 다행이라고 스스로를 위로했다.

그는 이렇게 결심했다.

"심혈을 기울여 건설한 한국비료를 국가에 헌납한다."

그래서 자신이 보유하고 있는 한국비료 주식의 51%를 정부에 헌납했다. 51%의 헌납용 주식을 매입하는 자금으로는 동양화재보험과 현재 한진빌딩이 세워져 있는 땅을 처분하여 충당했다. 하지만 다른 사람에게는 이 자금을 어떻게 조달했는지 결코 말하지 않았다. 대국적인 견지에서 보면 세상의 영욕은 뜬구름과 같아 어떤 일에 있어서도 반드시 영욕이 따라붙는다는 것을 이해하면서도 막상 그런 상황이 벌어지자 담담하게 받아들이기 어렵다는 사실을 통감하고, 자신은 여전히 소인에 지나지 않는다는 생각에 스스로가 부끄러웠다. 하지만 하나의 비료공장을 국가에 헌납하는 일은 전대미문의 일이다. 이것은 그가 평범한 기업인이 아니라는 증명이었다.

그 후, 이병철은 이렇게 술회했다.

"기업가의 본분은 돈을 버는 것이 아니라 장래성 있는 사업을 계획하고 그것을 반드시 성취하는 데에 있다. 그 본분에서 삶의 보람을 느낀다. 안일한 현상유지보다는 다른 사람이 하지 않는, 다른 사람이 하기 어려운 사업을 고난 끝에 성취하여 그것을 국제수준으로까지 고양시켜가는 기쁨이야말로 항상 나를 자극하는 생명력의 근원이 되었다."

이 생명력의 근원은 동시에 그의 신념의 근원이며, 이 신념에 근거하여 잇달아 공업을 일으키고 한국에 경제성장을 초래하는 원동력으로서의 중심적 역할을 다해 왔다. 견고한 신념이 있었기 때문에 그의 사업을 뿌리부터 뒤흔든 불상사도 견뎌낼 수 있었고, 명예나 칭찬에 얽매이지 않고 당당하게 완성을 볼 수 있었다. 한국비료 헌납도 일시적인 감정에서 내린 결론이 아니라 그의 순수한 애국정신에서 우러난 것이다.

한 가지 여기에서 밝혀두어야 할 점은 한국비료가 준공됨으로써 국내적으로는 비료의 자급자족이 처음으로 가능해졌고, 국외적으로는 세계비료제조업계에 큰 파문을 던졌다고 하는 엄연한 사실이다.

한국비료가 준공된 이후, 이병철은 도쿄로 건너가 성대한 연회를 개최했다. 한국비료는 국가에 헌납했지만 이 건설에 협력을 아끼지 않았던 일본의 재계 인사들에게 고마운 마음을 표현하고 싶었기 때문이다.

미쓰이물산은 종합상사로서 공사의 전반적인 조직관리를 맡아 주었다. 실제로 기계 제작, 설계, 건설의 실무를 담당한 것은 IHI(이시카와지마 하리마 중공업 石川島播磨重工業)로, 고베제강을 비롯한 일본의 저명한 기계회사 160개 사가 공장건설에 협력해 주었다. 그리고 하청공사를 맡은 회사들을 포함하여 그 수는 400개 이상에 이르렀다. 기계의 총 중량도 18만 톤에 달했다. 이 기계류를 일사불란하게, 더구나 단기간에 조직하고 관리한다는 것은 매우 어려운 일이었다.

데이코쿠호텔에서 개최된 연회에는 일본의 저명한 경제인 400여 명이 참석했다. 그들은 입을 모아 이병철의 위업을 칭찬해 주었다. 이병철은 감개무량한 심정으로 그들의 칭찬을 겸허하게 받아들였다. 그리고 이 연회와는 별도로 일본 재계의 중진 15명을 초대했다. 한국과 일본의 유대관계 형성이라는, 정치나 타산을 떠나 그의 기쁨을 진심으로 함께 나누고 싶다는 동기에서였다.

이 연회에는 이나야마 사장, 미즈카미 사장, 우에무라(植村)를 비롯한 일본 재계의 수뇌부들이 참석했다. 노래와 춤도 준비되었다. 한국의 국악을 선보인 공연은 그 자리에 참석한 재계 인사들에게 즐거움을 안겨주었다. 이 공연은 마침 도쿄 공연을 위해 일본을 방문해 있던 박귀희(朴貴姬) 국악단의 특별공연에 의해 실현되었다.

그 자리에 참석한 일본 재계의 수뇌들은 아름답고 우아한 한국 특유의 국악에 완전히 매료되었다. 그들 중에는 이 멋진 민속음악과 무용을 처음 본 사람도 있었는데, 참석자들 모두가 한국의 예술세계에 도취되었다. 박귀희 여사를 비롯한 국악단원 30여 명에게 참석자들은 찬사를 아끼지 않았다. 어느 틈에, 연회는 일본 재계의 수뇌들에게 한국의 국악을 소개하는 자리로 변했다. 이병철은 말로 다 표현할 수 없는 기쁨을 느꼈다.

"이것으로 됐어. 나는 민족을 초월해서 함께 고난을 겪은 일본의 재계 인사들과 하나가 된 거야."

이 연회의 의의는 매우 컸다. 정상적인 한일 경제관계가 재개되기 전에 양국이 새로운 유대관계를 구축할 수 있는 기초를 마련했다는 인식을 가질 수 있었기 때문이다.

한국비료 사건은 이병철에게 또 하나의 고통, 그러나 귀중한 경험을 맛보게 해주었다. 그것은 위기에 처했을 때 드러나는 인간의 본성이었다. 그야말로 손바닥을 뒤집듯 변하는 사람의 마음. 도저히 이해할 수 없는 배신행위와 변절이었다.

이병철은 항상 도의를 역설하면서 자기 자신도 그것을 실천해왔다. 또, 우리나라의 기업풍토와 경영윤리에 대해 날카로운 메스를 가해 왔지만, 눈앞의 중상모략과 무고 등을 보고 자신의 부덕함 때문에 이런 사건이 발생한 것이라고 반성하고 있었던 만큼 그 배신행위에는 통분을 느끼는 한편 환멸도 느꼈다. 이 경험은 이병철에게는 금전과도 바꿀 수 없는 귀중한 것이었다.

이병철은 삼성그룹이 그런 소용돌이에 휘말려 있는 사태를 가만히 앉아 구경만 하지는 않았다. 귀중한 체험은 체험이고, 사건의 진정한 원인을 규명함과 동시에 그는 단호하게 대폭적인 인사 조치를 취하여 경영쇄신을 도모했다. 유기체로서의 기업의 기능을 살리기 위해서였다. 후일, 그 자신이 너무 가혹했던 것은 아닌가 하는 생각에 어느 정도 후회도 했지만 기업의 최고경영자로서는 어쩔 수 없는 선택이었다. 그와 동시에 인사가 얼마나 어려운 것인지도 뼈저리게 깨달았다. 그는 그 때까지 나름대로 사람을 식별할 줄 아는 안목을 가지고 있으며, 적재적소에 인물을 기용하는 방법도 터득하고 있다고 생각했지만 이 사건을 계기로 그런 자만이 망상이었다는 사실도 깨달았다.

삼성이 창업된 이후, 임원으로 일하다가 퇴임한 사람은 약 80여 명에 이른다. 창업동지들 대부분이 삼성을 떠났다. 때로는 이병철의 신임이 두터운 사람이 떠나는 경우도 있었고, 삼성의 분열 위기를 초래한 사람도 있었다. 회자정리(會者定離)라고는 하지만 그런 사람들이 떠날 때에는 자신의 한쪽 팔을 자르는 듯한 고통을 느꼈다. 물론 다른 한편으로는 그 사람들이 각각 독자적인 기업을 일으켜 활약하고 있는 모습을 보고 만족감을 맛보는 경우도 있었다. 또, 그 반대의 삶을 목격하고 연민의 정을 느낀 적도 있었다.

이병철은 이 사건을 통하여, 또 자기 자신의 그 동안의 행적을 돌이켜보면서 '사람' 을 다루는 일이 얼마나 어려운 것인지 새삼 통감했다. 사람과 사람 사이에 오가는 인정이나 신의가 상실되면 그 앞날은 어두울 수밖에 없다는 사실을 절감했다.

7 삼성생명 · 신세계백화점 · 호텔신라

'국가의 체면' 을 지키려면
국제적 수준에 도달하여 그 국가의 문화와 국민성을 상징하면서
고객을 만족시킬 수 있는 서비스가 필요하다

회사를 인수해주지 않겠습니까

이병철은 1963년 봄, 우연한 기회에 동방생명(현 삼성생명)을 인수하여 이것을 경영하게 되었다.

그는 집무실에 앉아 동방생명을 인수하기까지의 여정을 돌이켜보았다. 불과 수십 년 사이에 일개 정미업자에서 한국 최고 그룹의 총수가 되기까지의 자신에 대해 심사숙고해 보았다. 그것은 순조롭게만 달려온 길은 아니다. 숱한 우여곡절이 있었고 기복이 있었으며, 험난한 산맥과 낭떠러지 같은 고비를 겪으며 오직 사업에만 매달려온 결과였다.

집무실에서 일을 볼 때에는 산하 기업체에 깊이 관여하지 않는다. 다만, 평소의 신조대로 경영의 큰 틀을 파악하고, 원칙적인 문제만 지시한다. 모든 일을 자신이 신뢰하는 부하 직원들에게 일임했고, 그들은 각 분

야에서 최선을 다해 활약해 주었다. 공직 재임기간 중에도 그들은 신임에 응하여 자신들이 맡고 있는 직분에 최선을 다했고, 그 덕분에 삼성은 유기체로서의 생명을 유지하면서 성숙기로 접어들었다. 막대한 기구, 복잡한 조직을 움직이는 치밀한 경영관리방법도 정돈되었고, 현대 기업이 필요로 하는 모든 조건을 나름대로 갖추어 어떤 시련에도 굴하지 않고 계속적으로 발전하고 있는 현재의 삼성이 완성되었다.

이병철은 지난 세월을 돌이켜보았다. 삼성은 엄청난 사회 혼란과 그에 따른 시련 속에서도 착실하게 기업발전을 이루어 왔다. 우선, 제일제당. 그 동안 효성물산(曉星物産)으로부터 인수한 구룡공장(九龍工場)을 새로 확장하여 기존에는 주로 군수용 납품에 머물러 있던 통조림생산을 민간 수요로까지 확대, 양산공급을 하는데 성공하면서 상당한 실적을 올렸다. 브랜드인 '백설' 은 전국 각지에 알려졌고, 한국인의 손으로 만든 최신예 설비인 제일제당은 문자 그대로 제당업계의 최고기업으로 자리를 잡았다. 1958년에는 부산에 제분공장을 완성했고, 1963년에는 글루타민산(화학조미료)으로까지 제품의 폭을 넓혔다.

한편, 제일모직은 어떤가. 완벽한 일관작업체제를 정돈했기 때문에 울톱 제조공장을 병설, 직접 양모를 수입하여 가공하는 방법을 통하여 외화부담을 상당 부분 감소시키기 위해 노력했다. 사내에 '외화절약추진위원회' 를 설치하고 공장, 창고, 사무실에 이르기까지 '단돈 1달러라도 외화절약을' 이라는 슬로건을 내걸고 전 직원이 외화를 줄이기 위해 창의와 연구를 거듭하며 이병철의 창업정신 아래에서 일치단결해 주었다. 이 외화절약운동의 보람이 있어서 생산원가가 상당히 절감되었고, 이것이 국제경쟁력 확보에 큰 도움이 되어 제일모직이 생산한 털실 및 복지 시장은 동남아시아뿐 아니라 멀리 구미시장으로까지 확대되었다.

회사의 눈부신 발전에도 불구하고 사업을 경영하는 자금은 여전히 여유롭지 못했다. 그런 시기에 동방생명의 한 중역이 이병철을 방문했다. 방문 목적은 전혀 뜻밖이었다. 그는 이병철의 집무실로 들어오자마자 단도직입적으로 말했다.

"우리 회사를 인수해 주십시오."

생명보험회사를 인수해달라는 간청이었다.

"현 상태에서 추측해 볼 때, 정말 부끄러운 이야기이지만 탄탄한 보험회사 하나가 파산을 면하기 어려운 상황입니다. 이 회장님, 부디 우리 회사를 인수해 주십시오."

당돌한 신청에 잠시 넋을 놓고 있던 이병철이 정신을 가다듬고 사건의 경위를 물었다. 듣자니, 동방생명은 강의수(姜義秀) 회장이 세상을 뜬 이후에 내분이 격화되고 표면화되면서 주주와 경영진 사이에 의견 대립이 발생했다고 한다. 그 결과는 경영부진으로 이어졌고, 최근에는 매우 위태로운 상황에 놓여 있다. 임원회의 결과, 경영체제를 일신하여 견식과 실력을 겸비한 업체에 회사를 매각해서 현 태세를 만회하는 방법밖에 없으며, 그 첫 번째 후보로 모든 경영진이 삼성을 지명했다는 것이었다.

동방생명은 한국 굴지의 보험회사이며, 유력한 금융기관 중의 하나이기도 하다. 더구나 생명보험회사는 다른 비은행 금융기관 중에서는 자본과 신용이라는 양면에서 나름대로의 지위와 기능을 갖추고 있다.

이병철은 삼성의 수입규모가 확대됨에 따라 일찍부터 보험업을 함께 경영해야 할 필요성을 통감하고 있었다. 이미 1958년에 안국화재(현 삼성화재)를 매입하여 그 경영에 나섰지만 당시에는 아직 생명보험 분야로까지 진출할 의도는 없었다. 그러나 이 제의를 받고 새삼 인연이란 참 묘한 것이라는 느낌을 받았다. 그래서 삼성과 이병철에게 전폭적인 신뢰를 가지고 방문해준 동방생명 대표를 겸허한 마음으로 맞이함과 동시에 이 사업에 신선한 흥미를 느꼈다.

생명보험은 원래 사회보장제도의 하나이며, 더구나 서로 돕는 상호부조정신에 입각한 사기업(私企業)이다. 말하자면 '가입자들이 안심하고 생활할 수 있기를 바라는' 기업이다. 가입자의 입장에서는 장기저축이 되고, 국가의 입장에서는 경제개발을 위한 투자재원으로서 빼놓을 수 없는 기관이다. 경제개발을 주축으로 한 5개년계획은 이제 갓 시작된 단계였기 때문에 많은 자금이 필요하다.

선진국의 예를 인용할 필요도 없이 보험업은 한 나라의 경제사정이 어떠한가에 따라 좌우된다. 국제경제가 확대되면 그 성장과 함께 손해보험은 필연적으로 업무가 확대된다. 경제 시스템이 복잡해지고 공업화가 진행되면 보험업의 양상도 거기에 따라 발전하는 한편, 공업화를 위한 자금수요도 왕성하다.

한국의 보험업이 부진한 이유는 우리나라의 경제발전이 아직 만족스럽지 않은 상태에 놓여 있다는 의미다. 당시의 보험업계는 한국경제의 실태를 그대로 투영하고 있었으며, 대부분이 부실한 경영을 하고 있었다. 그 때문에 도산을 하거나 가입자들에게 손해를 끼치는 결과를 낳는 상황이 이어져 신용을 얻지 못했다. 단적으로 말하면, 한국에는 그 때까지 국민이 안심하고 가입할 수 있는 보험회사가 없었고, 이른바 국민생활과는 무관한 상태에 놓여 있었다고 표현할 수 있다. 보험 분야에서는 장대한 개발 프로젝트를 내걸고 있었지만 한국은 아직 후진국의 영역을 벗어나지 못한 상태였다.

한편, 삼성은 시련기를 거쳐 이제 확장기로 접어들려 하고 있었다. 한국경제도 지나치게 야심적이라는 평가를 받으면서도 강력한 정부 주도에 의해 개발계획이 시작된 단계다. 수출제일주의, 공업화촉진, 수입대체기업 육성. 거시적으로든 미시적으로든 이병철은 보험업으로 진출할 수 있는 적당한 기회였고, 국민경제에 기여하는 바가 매우 크다는 것을 직감했다. 그는 즉시 동방생명의 제의를 받아들이기로 결심하고, 이 기업을 단기간에 가장 신용 있는 보험회사로 육성하기 위한 구체적인 대책을 강구했다.

그는 먼저 총 주식의 과반수를 입수한 뒤, 회장이었던 고 강의수의 상속인인 강대신(姜大信)이 소유하고 있는 나머지 주식도 모두 인수하기로 하고 생명보험업 경영에 적극적으로 착수했다. 이 인수를 계기로 업계의 재편성작업이 진행되었고, 같은 해에 보험회사의 대폭적인 통합이 단행되어 대한손해보험회사가 신설되었다. 한편, 보험에 대한 국민의 이미지도 점차 개선되어 국민소득증대와 함께 사회보장과 저축에 대한 여유가 발생하면서 보험업의 앞날에는 밝은 징후가 보이기 시작했다.

동방생명은 1976년 말에 10억 달러의 보험계약고, 1억 1,500만 달러의 자산을 보유한 한국최대의 생명보험회사로 발전하게 된다. 만약 그 때 이병철을 방문한 대표의 제의를 거절했다면 동방생명의 오늘과 같은 발전은 볼 수 없었을 것이다.

이처럼 사람과의 인연을 중시하는 이병철의 사업경영상의 윤리적 의미는 매우 크다. 더구나 다른 사람이 간청을 하는 경우에는 따뜻한 마음으로 그 뜻을 받아들이고, 그것이 국가발전의 목표에 부합되고 사업경영에 확실한 전망이 있다고 판단되는 경우에는 언제든지 주저하지 않고 결심을 굳혀 행동에 나섰다.

고객에게 편안함을 보장 — 신세계백화점

1963년. 이 해는 이병철에게 있어서 활기가 넘치는 해였다. 동방생명의 인수 외에 동양방송(東洋放送)과 중앙개발(中央開發)을 설립했고, 동양화재(東洋火災), 동남증권(東南證券)과 함께 신세계백화점을 인수했다.

신세계백화점은 당시 한국 최대의 백화점이며 옛 이름은 미쓰코시(三越)다. 서울에는 백화점이 많이 있지만 신세계백화점이야말로 이병철의 기호를 가장 잘 살린 기업이 아닐까. 직영이라는 점, 상품이 풍부하고 품질, 가격, 디자인도 가장 도시적이어서 현대적인 백화점으로서의 조건을 거의 다 갖추고 있었다. 또, 백화점의 매력은 쇼핑을 중심으로 한 쾌적함에 있다. 신세계는 그런 오락적 기능을 충분히 갖추고 있다. 특히 점원들의 매너가 좋다. '봉사정신' — 이병철의 창업정신이 그대로 살아 있는 장소다.

이병철은 신세계백화점을 인수함과 동시에 그 때까지의 경영방식을 개편하기 위해 즉시 쇄신을 단행했다. 우선, 기존의 임대방식을 직영체제로 전환했다. 고객이 안심하고 고품질의 상품을 구입할 수 있는 친절한 백화점을 경영하기로 했다. 모든 시민들에게 편의를 제공하기 위하여 박리다매의 원칙을 실천한 것이다. 이 방침은 지금도 관철되어 한국 최고의 백화점으로 군림하고 있다.

이런 에피소드가 있다. 해방 전, 마곡사(麻谷寺) 주지이며 속명 영도암

(榮道巖)으로 불리는 유명한 만공화상(滿空和尙)이 처음으로 이 신세계 백화점에 해당하는 미쓰코시를 한 차례 돌아본 뒤에 동반한 젊은 승려들을 보고 감탄한 표정으로 이렇게 말했다.

"이곳이야말로 진정한 극락이 아니겠느냐."

이 에피소드를 들었을 때, 이병철은 백화점이란 어떤 존재인가에 대해 진지하게 생각해 보았다. 수많은 선문답을 남긴 유명한 만공화상에 대해서는 잘 알고 있었지만 이 '극락' 이라는 표현은 아마 쇼 케이스 안에 진열되어 있는 상품을 가리키는 것이 아니라 백화점을 돌아다니는 선남선녀들의 즐거움에 가득 찬 표정, 황홀한 광경들을 가리키는 것이 아닐까.

이병철 자신도 소년 시절(1920년대)에 부모님과 조부모님 슬하를 떠나 멀리 서울에 유학했던 적이 있다. 어머니의 친정이 있는 가회동(嘉會洞)까지 돌아가는 도중에 혼자 종로와 시청 근처까지 나가 눈을 빛내면서 백화점을 구경했을 때의 그 꿈같은 인상을 현재의 아이들에게도 맛보게 해주고 싶었다. 그런 만큼, 이병철의 백화점 경영은 철저했다.

"백화점은 호텔, 국제공항과 함께 그 나라를 대표하는 상징적인 존재라고 말할 수 있다. 우리나라의 체면을 지키기 위해서도 국제적 수준으로 만들어야 한다. 종업원들의 규율을 바로잡고, 고객이 즐거운 쇼핑을 할 수 있는 그런 백화점이 되어야 한다."

그는 모든 직원을 한 자리에 모아놓고 철저한 고객 서비스교육을 실시했다. 전문적인 교육을 실시한 것이다. 또, 그는 이런 엄격한 방침과 교육을 이해하는 종업원을 발탁하여 중요한 자리에 앉혔다. 그의 방침을 따르지 못하는 종업원들은 냉정하게 정리했다.

"기업 운영에 있어서 노사는 사적인 감정에 절대로 사로잡히지 말아야 한다. 사적인 감정에 얽매여 공적인 사명감을 소홀히 여겨서는 안 된다. 사기업이라고 해도 고객에게 봉사한다는 점에서는 공기업과 다르지 않다는 점을 잊지 말아야 한다. 사적인 감정에 얽매이면 회사는 물론이고 종업원도 도태되어 버린다."

"모든 직원은 모든 고객에게 이곳이 극락 같은 인상을 심어줄 수 있도록 노력해야 한다."

그는 직원들에게 이렇게 역설했고, 그 자신도 이 말을 지키기 위해 최선을 다해 노력했다.

한국 국력의 증명 – 호텔신라

호텔신라. 한국의 역사 속에서 찬란하게 꽃을 피웠으며 문화적 향기가 풍부한 '신라'의 이름을 따 지은 호텔이다. '조용한 아침의 나라'의 역사를 전하는 이 호텔은 남산 기슭, 서울 시내를 한눈에 내려다보는 2만8,000평의 녹지대에 둘러싸인 한적한 곳에 위치해 있다. 옆에는 한국의 전통적 건축인 영빈관이 서 있다. 그 때문에 현대와 고전, 두 가지의 다른 건축물이 멋진 조화를 이루며 다른 호텔에서는 볼 수 없는 독특한 광경을 연출한다. 5세기부터 6세기에 걸쳐 만들어져 금속공예의 세계적 걸작으로 불리며 한국문화유산의 심벌로 불리는 신라 금관의 이미지를 모티브로 삼아 디자인된 지상 23층, 지하 3층의 이 호텔은 문자 그대로 전 세계의 귀빈들을 접대하는 호텔이다.

이병철은 해외여행의 체험을 통하여 국력이 무엇인지 뼈저리게 통감했다. 먼저, 방문한 나라의 공항에 내려섰을 때의 첫 인상. 공항은 이른바 그 나라의 현관이며, 손님을 맞이하는 관문이다. 이것만큼 그 나라의 존재와 국력을 증명해주는 것은 없다.

공항뿐 아니라 호텔도 그 나라의 국력을 증명해 보인다. 이병철은 해외여행을 나가 호텔에 머무르면서 그 나라의 수준, 그 나라의 국력을 추측한다. 호텔은 단순히 숙박을 위한 시설이 아니라 그 나라의 문화와 예술, 나아가서는 국민성 자체를 상징적으로 나타내는 장소다. 호텔 시설과 서비스의 질, 규모는 그 나라의 저력을 그대로 증명해준다. 또, 역사가 길고 문화수준이 높은 나라를 방문하는 경우, 설사 시설은 호화찬란하지 않다고 해도 품위가 있고, 모든 것이 조화를 이루고 있으며, 서비스에 종사하는 종업원들의 예의 바르고 친절한 태도가 고객을 사로잡는다. 그런 교육은 모든 종업원들을 대상으로 이루어지며 진심이 깃든 서비스에 의해 이미지가 향상된다. 시설, 기능, 조명기구에 이르기까지 모두 일류로 이루어져 있고, 그런 물건들이 배치된다. 수많은 기업을 창업한 이병철은 호텔을 경영하는데 있어서 제일모직, 제일제당, 뒤에 소개할 용인자연농원(현 에버랜드) 등과는 또 다른 느낌을 받았다.

지금은 서울뿐만 아니라 전국에 크고 작은 수많은 호텔이 건설되어 기업으로서 운영되고 있지만 당시에는 급속도로 공업화가 진행되고 있었다고는 해도 한국의 사회적 수준은 일류호텔을 만들어낼 정도는 아니었다.

국빈을 맞이하여 대접하기에 부끄럽지 않은 시설, 1천 명이 넘는 국제회의 참석자들을 수용할 수 있는 숙박시설, 1973년 당시에는 그런 서비스를 제공할 수 있는 시설은 거의 없었다. 정부가 직접 영빈관을 경영하고 있었지만 1년에 몇 차례에 지나지 않는 향응을 대접하기 위해 막대한 시설을 운영하는 것은 효율성이 떨어졌다. 그래서 여러 각도에서 검토해본 결과 고도의 전문지식과 기술이 갖추어진, 더구나 높은 문화수준이 갖추어져 있는 호텔을 경영해보라는 요청이 이병철에게 들어왔다.

세계경제는 호전기미를 보이고 있었고, 21세기는 새로운 관광여행시대를 맞이하여 세계적으로 관광수요가 증가, 풍부한 관광자원을 갖추고 있는 한국에 해외로부터 수많은 관광객이 방문할 것으로 예측되었다. 공업화가 급속도로 추진되면 다른 나라와의 다각적인 교류도 심화된다. 그 경우, 급격히 증가하는 수요를 받아들일 수 있는 태세는 매우 빈약한 상태다. 또, 관광여행에 나선 외국인에게 있어서 숙박을 한 호텔에 대한 인상은 그 나라에 대한 감정을 크게 좌우한다. 호텔은 어떤 의미에서의 민간외교다. 최고의 서비스를 제공하는 호텔 건설은 뜻 깊은 일이며, 또한 급선무이기도 하다는 것을 이병철은 통감했다.

상품 하나를 만들더라도 문화적 수준이 높은 국가와 그렇지 않은 국가 사이에는 커다란 격차를 보인다. 시설이나 기술은 자금만 있으면 얼마든지 도입할 수 있지만 문화적 수준은 하루아침에 높일 수 있는 것이 아니다. 이병철은 정부로부터 영빈관을 구입, 그것을 운영하는 한편으로 호텔 경영을 적극적으로 계획했다.

호텔의 이름은 역사와 전통의 향기를 간직하고 있는 '신라'. 이병철은 우리나라의 역사와 전통과 문화를 상기했다. 국빈은 물론이고 이 나라를 방문하는 해외의 수많은 외국인들에게 한국 문화의 전통적인 아름다움을 만끽하게 하고 싶다. 그것이 그의 평소의 절실한 바람이었다. 그래서 국가의 진수를 모아 국력을 보여줄 수 있는 초호화 호텔 건설을 구상했다. 설계는 수많은 전문가들의 의견을 수렴했고, 그 이름도 정치 · 문화면에서 분열된 국가를 통일하여 한국의 역사상 가장 찬란한 문화를 자랑하는

'신라' 로 정했다.

호텔 부지를 남산 기슭에 선택했다. 이곳에서 내려다보는 서울의 야경은 홍콩의 야경, 마닐라의 화려함, 고베나 하코다테(函館)의 야경과 비교해도 손색이 없다. 도자기에서 볼 수 있는 그윽한 풍취와 전통적인 아름다움도 갖추어야 한다. 요리, 서비스, 시설 등 모든 면에서 세계 일류호텔에 결코 뒤떨어지지 않는 호텔을 생각했다. 고객을 맞이하는 매너에서 요리사의 실력에 이르기까지 오랜 세월의 축적이 필요했다. 도쿄의 오쿠라호텔에 체류할 때마다 그 시설과 서비스가 구미의 세계 일류호텔에 비교해도 조금도 손색이 없을 뿐 아니라 일본의 전통미를 물씬 풍기는 품위 있는 시설에 부러움을 감출 수 없었다.

이병철은 오쿠라호텔의 노다(野田) 회장과 기탄없는 대화를 나누면서 한층 더 깊은 감명을 받았다.

"이 호텔의 외관과 내부시설의 일부는 서양식이기는 하지만 일단 현관으로 들어서면 어떤 사람이든 일본에 왔다는 실감을 느낄 수 있도록 일본식 분위기를 연출했습니다. 로비는 헤이안시대(平安時代; 794-1192)의 문화를 그대로 재현하여 고대 일본의 문화적 정취가 감돌 수 있도록 고심했지요."

노다 회장은 이런 충고도 해 주었다.

"한국에 호텔을 세우신다면 표면적인 아름다움을 내부로 응집시킨, 한국의 전통미와 예술이 짙게 배어 있는 그런 분위기를 연출해야 합니다. 한국에 대해 잘 모르는 외국인이라고 해도 호텔에 들어서는 순간, 고대 한국의 문화적 분위기에 흠뻑 취할 수 있도록 충분한 배려를 하십시오."

이병철은 노다 회장의 진심이 깃든 충고에 감사하면서 자신의 구상에 확신을 가질 수 있었다. 그래서 설계에 그런 점들이 포함되도록 최대의 노력과 세심한 주의를 기울였다.

지상 23층, 지하 3층의 호텔신라는 1973년 가을에 착공되었는데, 공사 과정에서 자재와 인력 문제 등 여러 가지 장애가 발생했다. 예를 들면, 철골 구조를 조립하는 도중에 차관과 관련된 교섭이 난항을 거듭하여 공사가 중단된 사건 등이다. 그러나 이병철은 이런 장애들을 극복하고 1978년 말에 완공을 보았다. 노다 회장이 감탄했을 정도로 아름답고 화려한 호텔이 남산 기슭에 나타난 것이다.

호텔신라의 매력 중의 하나는 정원에 있다. 녹색의 나무들이 계절마다 변화를 보여 정원을 산책하는 여행객들의 긴장을 풀어주고 이곳에서의 체류를 한층 더 즐겁게 만들어준다. 용인자연농원도 그렇고, 이 호텔신라를 보아도 이병철이야말로 위대한 엔터테이너라고 말할 수 있다.

8 중앙일보 · 에버랜드

정치와 사회가 안정되려면
어두운 면이 아니라 밝은 면,
명랑한 화제들이 날아다니는 언론기관이 필요하다

매스미디어에 대한 구상

이병철은 일찍이 해방 이후, 대구에서 단기간이기는 했지만 신문 사업에 참여한 적이 있었다. 당시에는 지방신문 경영에 참가해서 단순히 재정면에서의 원조를 담당했던 것뿐으로 직접 실무에 종사한 것은 아니었다. 즉, 신문이나 방송 세계에 관해서는 완전히 문외한이었다. 제당사업이나 모직사업도 처음부터 경험이 있어서 사업을 시작한 것은 아니었지만 그의 입장에서는 불안보다는 새로운 분야를 개척한다는 긍정적이고 탄력적인 정신이 넘치고 있었던 만큼 1965년에 일으킨 또 하나의 사업도 용기 있는 행위로서 칭찬받아야 할 것이다. 그것은 신문사업, 매스컴 세계로의 진출이다.

라디오와 텔레비전 방송은 정부의 강력한 추진에 의하여 인쇄물을 접할 기회가 적은 도서 산간지역 사람들에게까지 지식과 정보를 전달, 문화적 차이를 없애는 역할을 담당하고 있다. 방송국은 1976년 말 당시의 관점에서 보면 텔레비전 방송국이 12개, 중계소가 87개, 라디오는 52개의 방송국과 43개의 중계소, 6개의 단파방송국, 4개의 FM방송국이 있다. 1974년 이후에 텔레비전 중계소가 대폭적으로 증가하여 난시청 지역이 감소하면서 보다 많은 국민이 전파문화의 혜택을 받았다. 텔레비전 수상기 등록대수도 1961년에 불과 3만1,000대였던 것이 1970년대 초에는 61만 대, 1976년에는 380만 대로 급격한 증가를 보였다.

이번에는 한국 신문의 간략한 역사를 되돌아보자. 한국에서는 이미 1577년에 왕실과 중앙관청의 뉴스를 알리는 일종의 신문이 나왔는데, 이 선구적인 사업은 이후에 대기업으로 발전하지 못하고 사라져 버렸다. 신문이라는 이름에 어울리는 신문이 간행된 것은 1883년의 '한성순보(漢城旬報)' 다. 이것은 당시, 일본인 기술자를 초빙하여 한 달에 세 차례 발행한 것으로 주로 고급관료가 대상이었다. 모두 한자로 인쇄되어 지식계급이 아니면 구독할 수 없었다. 이 신문도 정부의 근대화정책 중의 하나였지만 간행 이듬해에 보수주의가 세력을 회복하면서 폐간되었다. 그로부터 3년 후인 1886년에 '한성주보(漢城週報)' 가 발간되었다. 이것은 한글과 한문을 병용한 참신한 것이었지만 반대세력에 의해 불과 2년 만에 폐쇄되는 운명을 밟았다. 한국에 근대적 의미에서의 신문이 모습을 드러낸 것은 '독립신문(獨立新聞)' 부터다. 이 신문의 발행자는 서유럽의 민주주의를 접한 서재필로 진보와 개혁을 주장, 영문과 한글을 병용한 신문기사를 실어 격일간으로 발간했다. 이 신문은 한국 최초의 근대적인 신문이었지만 반일적(反日的) 논조 때문에 이것도 2년 만에 일본의 압력에 의해 폐쇄를 당했다. 1910년 일본의 식민지로 전락할 때까지 크리스트교 계열의 일간지를 포함한 몇 종류의 신문이 발행되었는데, 그 이후 10년 동안 모든 신문은 발행이 정지되었다. 그리고 광복에 이르기까지 '대한매일신보(大韓每日申報)', '동아일보', '조선일보' 등 각 신문이 제한된 자유 속에서 발행을 계속했지만 1941년에는 모두 발행정지를 당했고, 이 상황은 광복까지 계속 이어졌다.

독립을 쟁취한 이후에는 언론출판에 대한 모든 제한이 철폐되었지만 공산당 계열의 선전전문지, 적색신문(赤色新聞), 그 밖의 흑색신문, 황색신문 등의 저속한 신문이 우후죽순처럼 나타나 신문업계는 혼란기를 맞이했다. 그리고 6 · 25전쟁, 4 · 19혁명, 5 · 16군사쿠데타로 파란은 계속 이어져 정치적 불안과 사회적 불안은 이미 설명한 대로의 양상을 띠면서 신문업계도 그런 여론을 반영하듯 매우 불안정한 모습을 보였다.

1960년대로 접어들어 비로소 신문업계도 안정 단계로 접어들었다. 1968년을 예로 들면, 정부에 등록되어 있는 정기간행물의 수는 일간지 42개 사, 통신 6개 사, 주간지 52개 사, 월간지 218개 사 등에 이르렀고, 기관지를 포함하면 무려 677개 사에 달했다.

그러나 1960년대, 이병철이 신문 사업에 대한 구상을 굳히고 1965년 9월 29일(처음에는 광복절인 8월 15일을 예정했었다)에 사옥을 준공하여 '중앙일보'를 창간했을 당시에는 신문업계와 언론계는 아직 혼돈상태에 빠져 있었다.

이병철은 항상 정치와 경제의 표리일체 관계를 생각하고 기업인, 경제인의 입장에서 정치의 안정과 사회질서유지를 도모해 왔다. 그러나 수많은 정치변화 과정에서 경제인으로서의 무력함을 통감했다. 특히 개발도상국인 한국에서는 서유럽이나 일본과는 달리 정치적 변동의 폭이 매우 넓다. 그 극심한 진폭은 선진공업국의 국민들은 이해하기 어려운 측면이 있다.

이병철은 경제를 발전시키고 빈곤을 퇴치하려면 정치가 제대로 이루어져야 한다고 생각했지만 그 자신이 정치에 참가할 의사는 털끝만큼도 없었고, 또한 그런 희망을 가지고 있다고 해도 현실적으로는 불가능했다. 우리나라의 정치풍토와 자기 자신의 성격이나 자질을 생각했을 때, 그는 정치가보다는 오히려 경제인으로서 일생을 마치는 것이 자신을 위해서도, 또 국가를 위해서도 유익하다고 판단했다. 인간에게는 각각 천성적으로 타고난 적성이 있다. 그 적성을 최고도로 발휘할 수 있는 일, 또 그것을 실현할 수 있는 사회야말로 가장 이상적인 사회일 것이다.

이병철은 경제만으로는 그런 사회를 만들기 어렵다는 사실을 점차 인식하게 되면서 방법을 모색하고 있었다. 모색과 검토를 되풀이한 결과, 언론이 떠올랐다. 직접 정치에 참가하지는 않더라도 올바른 정치가 이루어질 수 있도록 이면에서 도울 수 있는 일은 무엇일까. 입법, 사법, 행정에 더하여 언론을 제4부라고 표현할 정도로 현대정치에서의 언론의 역할은 매우 크다. 우리나라의 현실을 직시했을 때, 정치를 비롯한 사회 모든 분야의 안정과 발전을 도모하려면 건전한 언론은 빼놓을 수 없는 존재라는 생각이 들었다. 이 생각은 신념으로 변했다. 가장 공명정대한 언론기관을 만드는 것이야말로 국가적 발전을 도모하는데 있어서 그 무엇보다 중요한 일이라는 신념이다.

"나쁜 정치가 이루어지지 않도록 견제하는 것도 언론이고, 좋은 정치를 하도록 유도하는 것도 언론이다. 나는 사회의 어두운 측면에 초점을 맞추고 비판을 내세우는 신문보다는 사회의 밝은 면, 명랑한 화제를 찾아내어 이것을 독자들에게 제공하는 것으로 밝은 사회를 실현하기 위해 노력하는 신문, 어느 특정 인물을 무조건 옹호하거나 규탄하는 것이 아니라 공정한 태도로 시시비비를 논하는 신문이 필요하다고 생각한다."

이병철이 언론기관— 신문을 창간한다는 의향을 밝히자 주위에서는 말리는 사람, 기업을 옹호하는 수단으로 언론을 이용하려 한다고 질타하는 사람, 언론기관에 투자할 금액이 있으면 오히려 보조금으로 사용하는 것이 더 바람직하다고 충고하는 사람, 성공할 리가 없다고 규탄하는 사람, 나아가서는 기존 언론기관으로부터의 공격까지 발생하여 그의 주위에는 간언, 충고, 비난 등이 들끓었다. 이런 세상의 여론에 대해 이병철은 그 하나하나를 모두 검토했다. 그는 언론 사업도 하나의 기업이며 공정한 선의의 경쟁을 통해서만 상호발전이 가능하다는 점을 지금까지의 체험과 철학을 통하여 굳게 믿고 있었다.

이병철은 이런 세상의 여론에 대해 조금도 동요되지 않았고, 크게 신경쓰지도 않았다. 언론 사업도 하나의 기업이라고 생각하는 한편으로, 언론을 일반기업과 동일시하지는 않는다는 나름대로의 철칙을 가지고 있었기 때문이다.

'신문' 이라는 기업의 경영

완전히 새로운 분야에의 진출을 결심한 이병철은 즉시 1단계 준비작업에 들어갔다. 해방 직후에 대구에서 쌓은 경험이나 지식은 통하지 않는다. 이것은 거대한 분야에의 진출이며, 아직 경험한 적이 없는 시장으로의 참가다. 따라서 이 사업과 관련된 노하우는 가지고 있는 것이 전혀 없다. 단, 나름대로의 구상은 이미 완성되어 있었다. 그 설계도대로 실행만 하면 된다.

그는 새로운 언론기관을 창설하려면 일간신문 하나만으로는 이른바 '매스컴시대' 에 뒤처질 뿐이라는 생각에 라디오와 텔레비전 및 각종 잡지를 망라한 모든 미디어를 갖춘 매스컴기구를 구상했다. 모든 루트를 통하여 관련 자료를 수집해서 철저하게 연구하는 과정을 통하여 대체적인 윤곽을 정했다. 규모, 기업 활동에 필요한 자금, 조직으로부터 경영관리에 이르기까지 시장참가를 위해 필요한 조건을 모두 검토했다. 그리고 확고한 방침을 정한 뒤에 참가시기를 설정할 때까지 시장동향조사를 게을리 하지 않았다. 언론은 일반기업과 동일시해서는 안 된다는 사실을 충분히 인식한 상태에서의 준비다. 논설위원 구성, 인재 배치, 독자를 모으는 방법, 그 전략과 전술은 이 계획에 참가하는 관계자들에 의해 점차 성숙되어 갔다. 더구나 채산성을 어디에 둘 것인가 하는 문제도 잊어서는 안 되는 부분이었다. 이번 계획은 신문에 그치지 않는 종합 매스컴기구 설립이다. 그것은 거대한 점보기를 안전하게 운항하기 위해 투입되는 인간의 지혜와 기술과 노력의 결합 같은 것이었다.

이병철은 이 거대한 설계도에 도취해 있지 않았다. 한국의 언론 분야에서 합리적인 경영을 할 수 있는 기업이 육성되려면 많은 시간이 필요하다는 사실을 충분히 인식하고 있었고, 그의 구상에 맞는 모든 매체를 동시에 갖춘 언론기관은 지금까지 존재조차 하지 않았기 때문에 그는 독자적인 방법을 단행했다. 즉, 경험자나 전문지식이 있는 사람들의 의견을 중심으로 계획을 세우는 방법을 의도적으로 피하고 어느 정도 자신이 생길 때까지는 그 자신이 직접 자신의 구상을 엄밀하게 검토해나갔다. 물론, 기술적으로 도저히 이해할 수 없는 문제들에 대해서는 그 때마다 관련 분야 전문가들의 자문을 받기는 했지만 원칙적인 문제만큼은 그 자신이 직접 해결하기 위해 노력했다. 그 자유로우면서도 흔들리지 않는 원칙적인 태도는 감탄할 만한 가치가 있다.

그리고 그가 신문 사업에 진출할 계획을 세우면서 깊이 경계한 점은, 언론이 외부로부터의 모든 압력과 유혹을 물리치고 소신대로 정론을 펼치려면 경영면에서도 외부에 의존하지 말고 독립자존을 유지하는 경영체제가 정비되어 있어야 한다는 것이었다.

이병철은 단념하기를 권하는 주위 사람들을 향하여 이렇게 말했다.

"저도 언론이 다른 기업과는 다르다는 사실을 믿고 있지만 적어도 적자만은 면할 수 있도록 운영할 것입니다. 경영이 불건전한 언론이라면 그런 신문이 어떻게 그 사명을 다할 수 있겠습니까. 우리가 지금까지 생각해온 언론풍토를 일신하는 전기를 만들기 위해서도 반드시 성공시켜야 합니다."

이병철은 새로운 기업에 착수할 때마다 항상 모든 각도에서 우리나라의 풍토 쇄신을 도모해 왔다. 그러나 이번 경우에는 지금까지의 출발과 다른 점이 있다. 일단 언론기관에 착수한 이상은 기존의 그것과는 다른, 새롭고 현대적인 매스컴을 육성해야 한다는 포부를 느꼈다. 그는 지금까지의 기업 활동과는 다른 새로운 분야인 만큼 처음부터 상당한 관심과 열의를 가지고 임했다.

여기에서, 언론을 창간하기까지의 그의 활동을 되돌아보자.

그는 1963년 2월, 동양방송을 설립하고 회장으로 이재진(李載璡), 사장으로 전용우(全用雨)를 영입, 6월에는 라디오 서울을 인천에 설립했다. 이어서 같은 해 12월에는 시흥군 서면(西面)의 라디오송신탑이 준공되었고, 그로부터 얼마 지나지 않아 본사를 서울로 옮겼다. 그리고 1964년 5월 9일, 마침내 개국을 하기에 이르렀다. 이 해 가을, 앞에서 설명했듯 이병철이 '이인이체(二人異體)'로까지 표현한 홍진기가 사장으로 취임했다. 이 때, 이병철은 한국비료공장 건설에 전념하고 있었기 때문에 모든 일을 그에게 일임했다.

또, 이 해 말에는 서울과 부산에서 텔레비전 방송이 개국, 신문에 앞서서 일단 방송부터 시작했다. 1964년 초에는 '중앙일보 · 동양방송 빌딩'이 착공되었는데, 그 준공까지는 상당한 기간이 소요되었다.

중앙일보 · 동양방송(1975년, 중앙일보사와 동양방송은 합병)이 들어있는 종합 매스컴센터는 서울 중구 서소문에 있다. 그러나 1964년 설립 초기, 라디오는 태평로에 있는 동양화재 빌딩에서, 또 텔레비전은 신세계 백화점 한쪽에서, 라는 식으로 그 위치가 정확하게 정해져 있지 않았다.

텔레비전과 라디오 방송이 발족될 즈음에는 신문 경영에 관해서도 대체적인 윤곽을 파악하게 되었다. 미국, 독일, 일본제 최신윤전기의 성능은 물론이고 용지나 잉크 등의 소재에 대해서도 기본적으로는 모르는 것이 없을 정도의 경지에 이르렀기 때문에 그 방면의 전문가들도 혀를 내둘렀다. 이런 지식과 정보를 수집하기 위해 일본의 아사히(朝日), 요미우리(讀賣), 마이니치(每日) 등 3대 일간지는 물론이고 견실한 운영으로 사세를 확장하고 있던 시즈오카신문(靜岡新聞), 도호쿠신보(東北新報), 니가타일보(新瀉日報), 시나노마이니치(信濃每日), 그 밖의 지방 신문사 몇 군데를 방문하여 실태를 조사하며 노하우를 흡수하기 위해 노력했다. 또,

공작기계 회사인 이케가이(池貝)철공소를 방문하여 윤전기에 대해서도 조사하는 등 충분한 기초조사를 끝냈다.

신문의 제호를 '중앙일보' 로 결정한 것과 거의 같은 시기에 신축중인 사옥의 공정이 상당한 진척을 보였다. 총 면적 4,300여 평, 냉난방시설을 갖춘 최신식 매스컴센터로 당시 이런 초현대적인 신문사옥은 상상할 수 없었던 만큼 이번에도 역시 세상의 평판거리가 되었다. 신문과 방송이 공존하는 종합센터라고는 하지만 그 위용은 엄청났다. 또, 당시에 아시아에는 전혀 없었던 신문사의 냉난방시설 완비 등 너무 사치스럽다는 비난도 있었다. 이때도 이병철은 그런 여론에 조금도 동요하지 않았다.

그는 적어도 자신이 경영하는 신문 · 방송기업은 최고의 시설, 최고의 대우, 그리고 최고의 인재가 모여 최고의 신문을 만들어 독자들에게 최고의 서비스를 제공해야 한다고 생각했다. 그는 지금까지 자신이 손을 댄 모든 기업과 그 기업들에서 생산되는 상품에도 이런 방침을 가지고 이 원칙을 관철시켜 왔기 때문에 특별히 참신하다는 느낌은 받지 않았다. 철저한 경제적 합리주의를 실현한 것이라고 표현해야 할까.

또, 유능한 인재를 모으기 위해 당시로서는 상식을 깨는 급여체계를 도입했다. 경력 기자들을 스카우트하면서 당시 급료의 두세 배에 이르는 후대를 하는 것에 의해 기존 신문사들로부터 적지 않은 항의를 받았다.

가장 난항을 겪었던 것은 사시(社是; 회사 경영상의 주된 방침)였다. 이병철의 언론 사업에 대한 취지를 성문화하는 작업은 결코 쉬운 일이 아니었다. 사시는 하나의 형식에 지나지 않는다는 비판도 있었지만 사시에 표현되어 있는 사고방식이 장래에 언제까지나 그 지면에 반영된다는 점을 생각하면 한 글자, 한 구절을 결코 소홀히 할 수 없었다. 몇 차례의 회의와 검토를 거쳐 결정된 사시는 다음과 같은 내용이다.

1. 사회정의에 입각하여 진실을 과감 신속하게 보도하고 당파를 초월한 정론을 환기(喚起)함으로써 모든 사람이 밝은 내일에의 희망과 용기를 갖도록 고취한다.
2. 사회복지를 증진시키기 위하여 경제후생의 신장을 적극 촉구하고 온갖 불의와 퇴영(退嬰)을 배격함으로써 자유언론의 대경대도(大經大道)를 구축한다.
3. 사회 공기(公器)로서의 언론의 책임을 다함으로써 이성과 관용을 겸비한 건전하고 품위 있는 민족의 목탁이 될 것을 자기(自期)한다.

언론은 이른바 춘추시대의 필법으로 사리에 맞게 옳고 그름을 곧이곧대로 표현해야 한다는 것은 말할 필요도 없다. 또 현대 언론의 경향인 사회의 어두운 면, 나쁜 면만을 선동적으로 보도하여 이른바 판매부수를 늘리려는 태도에서 벗어나 그런 측면에 한정되는 일 없이 밝은 지면을 만들기 위한 노력을 게을리 하지 않는 것으로 모든 사람들에게 희망과 용기를 주어 거칠어진 국민의 마음을 순화하고 한국인들 모두가 희망에 찬 미래로 달려갈 수 있는 이정표를 제시한 것이다.

창간호는 약간 늦어져 1965년 9월 22일에 발간되었는데, 이병철은 사장으로서의 취임사를 통하여 이렇게 말했다.

"정신생활의 부정적인 측면이나 사회윤리의 타락이 위기적 상황을 초래하고 있는 것이 오늘의 실정입니다. 여기에 사회의 기풍을 발전의 방향으로 진작시키고 인간의 존엄성과 사회의 공정성에 대한 인식이 눈을 뜨게 함과 동시에 창조와 생산의 풍토를 형성하는 선구자로 만드는 것이 바로 중앙일보의 창간정신입니다."

독자와 함께 성장—창간호부터 20만 부

창간 체제는 모두 갖추어졌다고 말할 수 있다. 문제는 창간호의 부수를 어느 정도로 잡는가 하는 것이었다. 신문이든 잡지든 하나의 미디어가 창간되는 경우, 그 부수 결정이 그 미디어의 장래를 결정한다. 이것은 미디어가 가지고 있는 초 논리성과 초 심리성에 의한다. 독자에게 사랑을 받을 수 있는가 하는 문제, 또 그 사랑을 영원히 지속할 수 있는가 하는 문제는 부수, 편집방침, 그리고 매체의 특성이 어떤 것인가에 달려 있다. 거기에는 미디어를 창조하는 매력도 존재한다. 이것은 신문이든 잡지든 마찬가지다.

'중앙일보' 의 매체로서의 특성은 '험담을 하지 않는 것' 이었다. 정부에 대한 험담, 기업에 대한 험담, 개인에 대한 험담을 하지 않는다. 비판을 위한 비판을 하지 않는다. 국민에게, 또는 외국인들에게 올바른 정보를 전한다. 판단은 국민에게 맡긴다. 이 원칙이 그대로 '중앙일보' 의 매체 특성이 되었다. 그런 만큼 부수의 결정은 그 미디어의 운명을 좌우한다. 가령 10만 부라고 하자. 또는 15만 부라고 해도 좋다. 10만이든 15만이든 그것을 읽는 사람은 그 미디어의 첫 번째 독자다. 따라서 발행부수라는 중요한 문제는 좀처럼 결정하기 어려웠다. 당시, 회사가 각 지역마다 설치한 보급소장들로부터 제공 받은 소요부수는 모두 18만 부. 이 계산을 기초로 일단 10

만 부를 발행하고 연말까지 20만 부까지 올린다는 전략과 계획이 이병철에게 보고되었다.

1965년 당시, 전국의 일간신문은 서울에서 발행되고 있는 8개 신문사의 신문을 비롯하여 약 40여 종에 이르렀고, 그 발행부수는 최고가 26만 부, 그 다음이 20만 부 정도였다. 서울의 3대 일간지의 연간 부수 증가비율은 평균 10% 정도였던 당시로서는 이 숫자조차 매우 많은 편이라는 것이 대체적인 의견이었다. 그러나 이런 소극적인 방법으로는 '중앙일보'가 최고부수를 발행할 가능성은 먼 꿈에 지나지 않는다고 판단한 이병철은 창간호부터 20만 부를 발행하여 이것을 40일 동안 무료로 배달하고 11월 말까지 70%를 유가지(有價紙)로 만들기로 했다. 결과는, 그 중 17만5,000부가 유료독자와 연결되었다. 첫 단계에서는 유료독자가 10만이 조금 넘으면 된다고 생각하고 있었지만 예상을 훨씬 초월한 것이다.

이병철은 신문도 상품인 이상 좋은 상품을 만들어 다량 판매하는 것이 바람직하다고 생각하고, 적은 부수로는 여론을 선도하거나 대변하기 어렵다고 판단했다. 다음에는 판매점 확장인데, 이것이 순조롭게 진행되면서 부수는 증가했고, 1년 후에는 30만 부를 돌파, 국내신문의 수위를 차지하기에 이르렀다. 매출은 발족 당시의 20배로 불어났고, 인원은 3분의 1로 감소했다. 합리화를 위해 끊임없이 노력한 성과였다. 그는, 신문 사업이 사업으로서 승산이 어렵다는 통념을 깨뜨렸다. 새로운 기획과 경영기술 덕분이다. 대부분의 경우, 신문 사업은 창간 5년 이내에 기초가 굳어지면 성공한 것으로 알려져 있지만 중앙일보는 1년 만에 확고한 기반을 구축한 것이다.

이병철은 창간 직전의 간부회의에서 신문의 기업성에 대해 이렇게 강조했다.

"만약 6개월 안에 적자를 면한다면 탁월한 경영이고, 1년 안에 적자를 면한다면 평범한 경영이며, 1년이 지나도 적자가 계속 이어진다면 그 경영은 낙제다."

그러나 중앙일보에도 역시 시련은 있었다. 순조롭게 신장세를 보였던 부수가 한국비료사건의 여파에 큰 영향을 받았다. 하지만 거기에 좌절하지 않고 한층 더 부수확장을 위한 노력을 기울이는 한편으로 주간지, 월간지, 소년지, 그 밖에 다수의 단행본과 '중앙신서' 등의 출판사업을 기획하면서 착실하면서도 적극적으로 경영방침을 추진했다.

예를 들면, 창간에 앞서 2천 명의 모니터 요원을 동원하여 신문에 대한 독자들의 요망, 희망기사를 조사, 기존의 신문에 대한 불만 등을 앙케트 방식을 이용하여 모든 각도에서의 분석을 실시했고, 새로운 경영기법을 대담하게 도입하여 수익사업을 적극적으로 개발했다. 정당한 방법을 통해서 가능한 한 수익을 올려 종업원들의 대우를 향상시키고 시설을 현대화하는 것으로 사업 확장을 도모했다. 이런 이병철의 의도를 사장 홍진기는 충분히 이해하고 따라주었다.

중앙일보는 날마다 발전을 거듭하여 '중앙일보의 기적' 이라고 불리게 되었다. 15년 여가 지나자 한국의 신문으로서는 처음으로 100만 부를 돌파하면서 세계 제18위에 랭크되었다.

이병철은 언론 사업을 구상했을 때, 적어도 국민의 3분의 1에게 영향을 줄 수 있는 신문을 만들고 싶다는 염원을 품었다. 그런데 어느 틈에 그 선을 넘고 있었다.

"신문에도 과학적인 경영이 있다. 중앙일보도 아직은 개선해야 할 점이 많이 있지만 이렇게까지 신장하게 된 원인을 묻는다면 그것은 경영방법에 있었다고 대답할 수밖에 없다."

이병철은 신문도 기업으로서 성공할 수 있다는 사실을 처음으로 멋지게 입증해 보였다.

용인자연농원의 경영사상은 무엇인가

용인자연농원(현 에버랜드)은 서울에서 남쪽으로 35㎞ 떨어진 경기도 용인시 포곡면(蒲谷面)에 있다. 면적 1,500ha(450만 평), 해발 100m에서 450m까지의 불모지대가 100억 원의 자금과 5년의 세월에 이르는 개발과 이병철의 꿈과의 연출합작으로 훌륭한 낙원으로 바뀌었다. 1971년에 착공하여 1976년에 완공되었다.

그 규모는 어떤가. 가장 넓은 것이 유실수단지로 530ha의 면적을 보유한다. 밤나무가 18종 10만 그루, 호두나무가 14종 2만 그루, 살구나무가 24종 2만 그루, 은행나무가 3종 8,000 그루. 이 수확은 국내 수요를 충족시킬 뿐 아니라 수출에도 공헌하고 있다. 잣나무는 160만 그루, 오동나무는 3만3,000 그루, 이런 경제조림을 포함하여 용인자연농원 전체의 87%를 차지한다.

양돈단지는 100ha. 6종의 종자를 토대로 하여 품종을 개량, 기존보다 20%나 번식력을 높이고 수익도 27%를 향상시켰다. 이것도 훌륭한 수출상품이다. 1만5,000마리(1년에 3만 마리 증식)의 돼지 배설물은 퇴비로 이용하여 토양개량에 사용되는데, 퇴비를 자급자족하는 것이다.

66ha의 종합 묘목장은 꽃과 과수목이 합계 8,400만 그루를 갖추고 있

고, 품질개량을 도모하는 영농기술연구소가 있으며, 세계에서 보기 드문 식물 1,200종이 포함되어 있다.

양어저수지는 13ha. 이 저수지에는 잉어가 10만 마리, 붕어가 3만 마리 양식되고 있는데, 이런 식용어류의 양식과 함께 농원의 농업용수시설을 겸비하고 있다.

약 17만ha의 과수공원에는 포도, 사과, 배, 복숭아, 살구, 딸기, 땅콩, 버찌, 개암나무, 자두 등 18종 105개 품종의 유실수 5,000그루가 심어져 있다.

그리고 미술관, 민속관, 연수원 등으로 구성되는 종합문화센터가 33ha. 그리고 레저시설로서의 패밀리랜드가 있고, 사자 사파리 등을 포함하여 200종 4,500마리에 이르는 동물이 방목되고 있는 자연동물원에서 자연식물원, 롤러코스터와 회전목마 등의 각종 유희시설이 있는 유원지다.

1975년을 예로 들면 밤 20톤을 수확했고, 돼지는 3만 마리를 수출했다. 각 사업부문도 각각 수익성을 올리면서 국내외의 주목을 모을 정도로 충분한 성과를 거두었다. 용인자연농원의 이런 성과는 현대적 영농기법에 의해 이루어진 것이 많다. 또, 이 용인자연농원은 단순한 자연농원이 아니라 100만 명을 위한 자연교육장이고 장대한 야외교실이며, 산업 활동과 자연의 조화를 통한 생태계 시스템으로의 접근을 보여주는 시도다.

이병철은 용인자연농원을 경제조림과 양돈을 위한 시범단지, 산 깊고 물 맑은 국토에 대한 향수, 야외교실, 황량한 산야의 개발, 식량난 극복을 위한 농업개발의 실험장을 실현하기 위해, 또 그의 생애의 마지막 사업이라는 생각으로 남은 힘을 최대한 기울였다고 말했다.

생애 마지막 사업이 될지도 모른다고 말하는 그의 구상은 민간인이 국토를 이용할 수 있는 거대한 실험장으로 만들겠다는 뜻이며, 어떤 신화에 대한 도전이기도 했다. 착공에서 완성까지의 5년 동안은 제1차, 제2차 경제개발 5개년계획(1962-1966, 1967-1971)이 끝나고 제3차 경제개발 5개년계획이 추진되고 있던 시기다. 또, 새마을운동이 실험사업을 거쳐 본격적으로 추진되고 있는 시기이기도 했다.

공업근대화를 가장 중점적인 목표로 삼는 제1차, 제2차 경제개발 5개년계획은 그 결과, 고도성장을 가져오고 경제적으로 자립할 수 있는 기반을 구축하기는 했지만 아직도 몇 가지 해결되지 않은 과제가 남아 있었다. 주도적이면서 급속도로 공업화가 추진되면서 발생하는 농업 부문의 상대적인 낙후, 즉 농업과 공업의 격차다. 동시에, 경제개발 과정에서 보인 도시화 현상의 확대는 도시와 농어촌 사이의 사회적 격차를 심화시켰다. 이것은 정부 주도에 의한 공업기반 구축과 파급적인 도시구매력 증대에 대한 투자와 노력이 빚어낸 결과다. 이 투자와 노력이 장래의 실질적인 농촌—농업발전에 빼놓을 수 없는 요인이었다고 하더라도 여전히 농업과 공업의 격차는 해소될 수 없었다.

그 후, 근면 · 자조 · 협동이라는 세 가지 슬로건을 주축으로 삼은 새마을운동을 통하여 농업과 공업을 함께 추진하는 정책이 추진되었지만 선진공업국의 패턴을 한시라도 빨리 답습할 수밖에 없었던 한국의 입장에서는 국토가 한정되어 있다는 조건 아래에서 그 개발 결과가 정치적, 사회적, 경제적 구조, 나아가 가치관에 예측할 수 없는 요인이 양성되고 있었다.

국토가 한정되어 있다는 조건으로는 빈약한 자원, 좁은 국토, 낮은 토지이용률을 들 수 있다. 여기에 덧붙여 발전과정에서 필연적으로 파생되는 도시문제는 한국경제사회에 새로운 과제를 안겨주었다. 공업화는 국민적 자부심과 적응력, 창의적인 계획과 강렬한 의욕에서 기인한다. 예를 들면 거대공업단지에서 볼 수 있는 전원도시의 출현 등은 발전하고 있는 도시 본래의 문제를 해결하는 데에는 별 효과가 없었다. 공업화, 또는 공업화 사회의 출현은 경제적 가치를 가장 우선한다. 다른 모든 가치는 경제의 종속물로 변해버린다. 공업화 사회에서의 산업의 의사결정은 기업 이윤을 가장 우선한다. 그리고 공업화 사회에서의 산업— 모든 기업이 실행하는 과학과 기술의 개발과 이용은 그 목적을 향하여 무제한으로 확대되어 가는 것처럼 보인다. 특히 한국에서는 경제건설과 민주주의가 함께 첫째 명제로 꼽히고 있다. 공업화 사회를 향한 급속도의 접근은 경제성장과 기술혁신과 도시개발을 촉진시키기는 하지만 한편으로는 인간을 포함한 생명집단의 생활환경을 빠른 속도로 파괴하는 결과를 낳기도 한다.

이병철은 다가올 한국의 산업사회, 공업화의 미래를 이미 통찰하고 있었던 것이 아닐까. 그의 거대한 실험은 단순한 공업사회에서의 탈피가 아니었다. 혹독한 국토 조건 아래에서 좁은 거주면적에 많은 인구들이 집중하여 자원, 자본, 기술을 극한으로 집중시킨 이웃 나라 일본의 움직임에 놀라면서 한국에서 진행되고 있는 사태를 냉정하게 관찰했다. 그것은 자연지향의 결여, 또는 상실이다. 그는 식물학자, 삼림학자, 생물학자, 도시설계가로서의 안목을 가지고 모든 생명집단의 미래를 생각하고 있었던 것이 아닐까.

이병철은 자연지향의 관점에 서서 각국의 실례를 수집하고 현지답사를 하는 과정을 통하여 다음과 같은 부분들을 남김없이 검토했다.

식물에 대해서는 수종(樹種)의 적성과 품종의 선정 및 개량기술, 지질에 대해서는 우리나라의 삼림의 역사, 기후면에서의 일본과 한국의 대비를 비롯하여 산림녹화의 성공사례를 분석해, 모래로 이루어진 불모지에서도 벌채와 지하수개발을 어떻게 활용하는가에 따라 수종 선정만 잘 한다면 녹화가 가능하다는 자신감을 얻었다. 산림개발에서는 특히 일본 전문가의 의견을 참조했다.

이병철은 조사와 연구를 통하여 '인간이 생존할 수 있는 도시라는 생활형태' 가 부족한 자원을 효율성 있게 순환시키고 낭비를 줄이는 가장 우수한 생존형태라는 사실을 인식했다. 거대도시의 환경파괴가 얼마나 무서운 결과를 낳는지도 깨달았다. '인간의 생존' 과 자연환경이 얼마나 깊은 관련이 있는지 그 중요성도 인식했다. 생물 진화와 도시 진화의 순환관계를 생각했고, 그 유기적인 결합을 이해했다.

원리적으로 집락이라는 세포의 바로 바깥쪽에는 영양을 공급해주는 근원이 되는 식량(야생식물)이 인접해 있어야 한다는 사실도 알았다. 생활권 확립을 위한 환경요인에 대해서도 철저하게 연구하여 생명조건, 생존조건, 문화조건을 이해한 것이다. 각 조건에 대해서는 주요 환경요인(식량 · 물과 토양 · 대기 · 햇살과 복사열 · 교육문화 · 사회관계 등)을 파악하여 악화의 원인을 예방함과 동시에 그 대체방법을 생각했다.

식료품을 예로 들면 생산력이 높은 농지 확보와 기계 등을 이용한 일손의 생략, 용도지역 구분을 통한 기술개발을 생각했다. 그리고 생활권의 동태를 구상했다. 그는 기존의 개발과는 차원이 다른 환경보전이라는 관점에서 우리나라의 혹독한 국토조건을 감안한 자연개발을 구상한 것이다.

환경보전에서 중요한 역할을 담당하는 식물의 질서와 균형을 고려했고, 인간에게 지속적인 생존과 풍족한 생활환경을 제공할 수 있는 풍요로운 경관이나 문화를 생각했으며, 획일적이고 인공적인 수단으로는 환경 설정이 불가능한 자연의 다양성을 갖추어 자연생태계(풍토와의 관련성을 고려한)에서의 생산자에 해당하는 식물이 인간에게 제공해주는 환경을 그대로 제공할 수 있도록 배려했다. 또, 살아 있는 교재로서의 진정한 자연 등 자연생태의 질서와 순환 안에 조합된 인간 활동(나아가서는 산업 활동)의 유기적인 결합을 프로젝트로 설정했다. 그 프로젝트가 용인자연농원이라는 자연개발이다. 그러나 이병철의 입장에서 볼 때 자연과 인간의 조화를 향해 달려가는 길은 평탄하지만은 않았다.

나무 없이 번영 없다

한국은 원래 농업국가였다. 농업은 국민경제에서 중요한 지위를 차지하고 있으며, 농업인구는 전체 인구의 55%를 차지한다. 그런 한국이 1960년대 후반에는 식량을 자급자족하지 못하여 연간 10억 달러나 되는 수입에 의존할 수밖에 없었다. 연간 300만 톤, 총 식량 수요의 3분의 1을 수입에 의존했다.

한국 농업의 특징은 선진국과 다른 가족단위의 농업경영과 단일 경작, 그리고 과잉노동에 의한 농업 집중이라고 말할 수 있다. 여기에서 과잉노동에 의한 농업 집중은 제한된 경지면적, 노동력 과잉, 부족한 자본, 계절의 지배를 들 수 있는데 여기에 대처하는 농업정책으로 경지면적 확대, 종자 개량, 수리(水利) 확장, 영농기술 개량 등에 의한 생산성을 향상해 식량자급을 도모하지 않으면 안 되었다.

이병철은 이렇게 생각했다.

"우리나라는 불과 987만5,000ha의 좁은 국토를 가지고 있을 뿐이며, 그 3분의 2는 산지이다. 식량자원용 토지는 국토 전체의 22.7%에 지나지 않는다. 산지라고 해도 산림자원은 빈약하다. 조선시대에는 7억㎥나 되는 산림자원이 있어서 산 깊고 물 맑은 산림왕국이었지만 지금은 그 모습이 완전히 사라져 버리고 민둥산이 되고 말았다. 일제 강점기의 난잡한 벌목, 8 · 15광복 이후의 혼란기를 통하여 무차별적으로 이루어진 벌채와 6 · 25전쟁에 의한 산야의 황폐화로 지금은 1ha에 10㎥ 정도의 산림자원밖에 축적되어 있지 않다. 한때 게릴라들이 몸을 숨기기에 적절하다는 이유에서 치안을 위해 나무를 벌채하기도 했지만 일찍이 7억㎥나 되었던 산야는 짧은 기간 동안에 불과 7천만㎥로 급격히 감소했다. 이렇게 잃어버린 수목을 하루 빨리 되찾고 식량을 자급자족할 수 있는 길을 개척해야 한다."

그리고 완공 이후에 지난 세월을 돌이켜 보면서 이런 생각도 해보았다.

"1976년 현재, 우리나라 인구는 3,500만 명으로 인구밀도는 세계 2위다. 농경지는 현재 1인당 200평. 이것은 세계에서 인구밀도가 가장 높은 네덜란드의 1인당 3,000평과 비교해도 극단적으로 좁은 면적이다. 더구나 2000년에는 인구는 더욱 늘어날 것이고, 이대로 가면 반드시 식량위기가 찾아올 거야. 이대로 수수방관하고 있을 수만은 없어."

그럼 어떻게 해야 할까. 이병철은 유휴지를 개발하는 것 이외에는 방법이 없다는 사실을 깨달았다.

한편, 이병철은 용인자연농원 건설이 진행 중인 1975년, 일본 녹화(綠化)센터의 기관지 〈그린 에이지〉 8월호에 '녹색의 국토를 되찾자' 라는 글을 실었는데, 그 내용을 요약하면 다음과 같다.

"내가 일찍이 유럽을 여행했을 때, 스위스가 한국의 절반에도 미치지 않는 413만ha의 국토이며 더구나 산 속에 국가가 존재한다고 말해도 좋을 정도의 입지조건을 극복하고 산지를 농지와 목축용지로 활용함과 동시에 산림자원 개발을 실시하여 1ha 당 226㎥(한국의 22.6배)라는 목재자원을 축적하는 데에 성공한 예를 듣고 우리도 얼마든지 그렇게 할 수 있다고, 농업은 국방이라고 생각한 적이 있다.

스위스는 국토의 23%가 빙하지대 등 개발이 불가능한 토지다. 즉, 국토의 23%는 사장시킬 수밖에 없다. 한국에서는 국토의 23%만 경지로 이용하고 있다. 즉, 풍부한 산지를 가지고 있으면서 그것을 사장시키고 있는 것이 현실이다. 국제연합 조사단은 한국 산지의 25%가 개발이 가능하다고 지적했다. 나라 전체로 보면 160만ha(48억 평)에 이른다는 계산이다. 이것을 농지나 목축용지로 개발하거나 과수를 심는 식으로 식량자원 생산용지로 활용한다면 식량의 자급자족, 국토확장, 소득증대라는 일석삼조의 효과를 노릴 수 있다."

잦은 해외여행을 통하여 하늘에서 내려다본, 나무들이 파도치듯 연결되어 있는 나라들을 볼 때마다 조국의 황량한 산야를 머릿속에 떠올리고 암담한 기분에 젖었다.

"어떻게든 손을 써야 돼."

이런 느낌은 일본여행 때뿐 아니라 구미 여러 나라를 여행했을 때에도 그의 가슴을 뒤흔들었다. 스위스의 그린델발트(Grindelwald)에 체류했을 때, 덴마크에서 스웨덴으로 기차여행을 했을 때, 티롤(Tirol) 지방이 있는 오스트리아의 농촌을 방문했을 때, 영국의 전원, 멀리 지평선까지 이어지는 녹색의 구릉, 그리고 독일의 무성한 숲을 보았을 때에도 나무가 없이는 번영도 있을 수 없다는 사실을 강하게 인식했다.

이병철의 장대한 드라마인 시험농원은 이런 체험을 통하여 점차 조성되어 갔다. 그러나 용인자연농원은 모든 사람들의 환영과 축복을 받으며 탄생한 것은 아니었다. 일찍이 제일제당이나 제일모직의 창업이 고난에 가득 찬 상태에서 이루어진 것과 마찬가지로 자연농원이 탄생하기까지의 진통은 매우 길고 또한 컸다.

우선, 선정해야 할 적당한 산지를 좀처럼 찾을 수 없었다. 과학적인 데이터를 구사하고 전문가를 동원해서 후보지를 선정하기 위해 전력을 기울였다. 고심 끝에, 간신히 용인이 가장 잘 어울린다는 사실이 판명되어 거기에 농원을 짓기로 했다. 처음에는 순조롭게 토지 구입이 진행되는 것처럼 보였다. 그러나 토지 구입이 이병철의 계획이라는 사실이 알려지면서, 또 토지소유자가 대부분 영세한 지주였기 때문에 2천여 명의 지주의 동의를 얻는 데에 난항을 거듭해야 했다. 토지 구입에 장애가 되었던 요인으로는 후보로 떠오른 산지가 분묘로 이용된 경우가 많았다는 점도 들 수 있다.

"이 난관은 설득과 인내로 극복해야 했다."

이렇게 술회하는 이병철. 평범한 사람은 도저히 실현시킬 수 없는 프로젝트였다.

개발이라는 말은, 자칫하면 자연 파괴의 대명사처럼 받아들여지는 경우가 있지만 이병철이 실시하려는 개발은 이미 설명했듯 다목적개발이었다. 자연 파괴와는 비교도 되지 않는 매우 힘든 사업이다.

이병철은 자연개발을 이렇게 생각했다.

"자연개발의 요점은 그것을 얼마나 다각적이고 과학적으로 실행하는가에 있다. 다각적인 개발은 경제성과 수익성에 연결되며, 과학적 개발은 효율성을 높여 준다. 나는 과거의 산림개발이 중도에 좌절된 원인은 단순히 식목에 머물러 소득증대와 직결시키지 못했기 때문이라고 생각한다."

그야말로 혜안이다. 여기에서도 그의 사업가로서의 독특한 사고방식을 엿볼 수 있다. 그리고 치밀한 계획능력, 예리한 판단력, 풍부한 상상력과 함께 깊은 통찰력도 느낄 수 있다.

용인자연농원 개발은 계획단계에서 이미 경제성과 수익성이 고려되었다. 그 때문에 국내외의 학자와 전문가를 초청하여 철저한 계획과 검토가 이루어졌다. 물론, 이 자연개발에 관하여 앞에서 설명한 요인— 자연생태학적 고찰, 생명조건, 생존조건, 문화조건 등에 대한 검토도 첨가되었다. 국내외의 정보 수집과 실태조사도 함께 이루어졌다. 문화적 조건을 검토할 때에도 '자연 속에서 즐기면서 배운다'는 이병철의 구상을 바탕으로 미국의 디즈니랜드, 일본의 요미우리랜드, 영국의 사파리 등의 실태조사가 이루어졌고, 일본의 고이와이(小岩井) 농장을 비롯하여 미국의 주립(州立)공원, 국립공원 등을 철저하게 연구했다.

생존조건에 대해서는 어떤가. 토양, 용수(用水) 사정, 기후 등의 모든 조건을 분석하여 어디에 무슨 나무를 심는 것이 가장 적합한가를 찾았다. 남쪽을 향한 완만한 경사면에는 무엇을, 북쪽에는 무엇을, 이런 식으로 구체적인 검토를 하는 데에 시간을 소비했다. 산지에 대한 이런 종합적인 토질조사는 철저하게 이루어졌다. 경사가 30도 미만인 낮은 구릉지대에는 수익성과 효율성이 좋은 호두, 살구, 밤 등의 유실수가 심어졌다. 수확하기에도 편리한 장소다. 급경사지나 표고가 높은 지대에는 장기간의 육성이 필요한 목재조성용으로서 소나무, 오동나무, 은행나무 등이 심어졌다. 땅이 건조하고 메마른 장소에는 식물 대신 양돈단지를 조성했다.

이처럼 철저한 수단과 방법을 이용하지 않았다면 우리나라의 빈곤과 산업구조의 후진성을 극복하는 것은 불가능한 일이었다. 또, 발전 순서를 반대로 바꾸어 대기업에서 출발하여 중소기업을 육성하는 방식을 채용해야 한다는 사실을 이병철은 이 프로젝트에서 시범을 보였다.

이 계획은 기초검토가 끝난 1971년부터 점차 실시단계로 이행되었다. 급경사지에 대한 대책으로서 산사태를 방지한다는 목적을 포함하여 묘목단지를 만드는 것과 더불어 지하수를 개발, 약 7만 평에 이르는 저수지를 설치하여 수자원을 확보함과 동시에 이것을 양어장으로도 활용하였다. 이 밖에 도로를 설치하고 양돈단지를 조성했다.

묘목단지는 거의 15도의 경사면을 이루고 있는 산중턱 20만 평을 이용했는데, 이병철은 처음부터 이곳을 일반인에게 공개하여 개량종 수목의 전시장으로 삼을 방침이었다. 견학을 통해서 효율적인 관리방법을 가르쳐주기 위한 야외교실로 생각한 것이다. 앞에서 소개한 수종 이외에도 마늘, 후추, 당근, 토마토 등 이른바 경제작물로 불리는 채소들도 품종개량 대상에 포함시켰는데, 그 중에서 마늘은 재래종과 비교할 때 이미 두 배 이상의 수확량을 올리고 있다. 또, 조사 결과 한국에서는 좋은 품종의 유실수나 화훼의 묘목을 구할 수가 없었다. 그래서 미국, 일본, 이탈리아, 영국, 독일, 프랑스, 네덜란드, 캐나다 등 각종 식물원과 종묘원(種苗園)에서 신품종 200여 종, 1,200여 점의 새로운 품종을 들여와 끊임없이 발전시키는 것으로 미국 롱우드(Longwood) 식물원과 비교해도 손색이 없는 묘목단지를 육성하려 했다. 그 때문에 이 20만 평도 좁은 느낌이 들어 어쩔 수 없이 수원시 천천동(泉川洞)에 15만 평, 매탄동(梅灘洞)에 10만 평, 그 밖에 대구시 등에도 15만 평을 더 확보하여 60만 평의 묘목단지를 갖추기에 이르렀다.

다만 유감스러운 점은 수많은 사람들에게 용인자연농원을 알리기 위해 설치한 레저시설이 농원을 개장한 이후 일부 사람들의 비판의 대상이 되었다는 것이다.

"국가를 위한, 국민을 위한 사업을 표방해온 삼성이 왜 레저시설 따위의 불필요한 일에 손을 대는가."

"삼성은 돈을 버는 일에만 손을 댄다. 오직 국민의 소비를 부추겨서 이익을 올리는 데에만 신경을 쓴다."

그리고 언뜻 들으면 그럴 듯한 비판도 있었다.

"한국의 현실적인 상황에서 볼 때 레저시설은 시기상조다."

"레저시설 따위에 투자할 자금이 있다면 중공업에 투자해야 한다."

이병철은 이런 비판을 잠자코 흘려들었다. 그 시기에 그는 이미 중공업에도 힘을 기울이고 있었고, 나름대로 흔들리지 않는 신념이 있었기 때문이다.

국가가 아무리 경제성장을 위해 총력을 기울이고 있다고 해도 적어도 국민이 휴식을 즐길 수 있는 장소 정도는 있어도 괜찮지 않은가. 하물며 이 레저시설은 이른바 용인자연농원을 한 사람이라도 더 많은 국민들에게 보여주어 산림개발에 대한 의욕을 심어주는 동기를 제공한다는 의미도 가지고 있다. 그는 공업입국 만능풍조와 거기에서 파생되는 나쁜 여파를 메우기 위해 다각적인 국토조성의 전위사업인 이 자연농원사업에 착수한 것이다.

그리고 더 중요한 점은, 날마다 심각한 문제가 되고 있는 식량난 극복이다.

"이대로 가면 10년, 20년 후에 우리의 자손은 굶어죽을 것이다."

그런 위기감이 이병철을 초조하게 만들었다. 그래서 이렇게 하면 된다는 모델을 용인에 실제로 증명해보인 것이다.

과수 한 그루, 돼지 한 마리에도 이병철의 집념이 이식되어 있다. 단순히 기존에 존재했던 과수나 돼지를 육성하기만 하는 것이 아니라 어떻게 해야 불모의 산야에서 튼튼하게 자라게 할 수 있는지 생존조건을 간파하기 위해 연구와 품종개량에 힘썼다.

은행나무를 예로 들어보자. 10여 종의 은행을 모아 조생(早生), 중생(中生), 만생(晩生)으로 분류하여 수확기에 균형을 맞추게 했다. 접목 묘목을 개발하여 어린 나무에도 열매가 맺히게 했다. 열매가 맺히는 시기를 기존의 20년에서 3분의 1인 6년으로 단축시켰다. 이런 노력의 결과, 수확을 기존의 13배로까지 향상시켰다.

돼지의 경우에는 어떤가. 해외로부터 수입한 여섯 종류의 종자를 3세대에 걸친 교배를 통하여 새로운 교배종을 만들어냈다. 그러자 사육기간을 5개월 단축했고, 사료를 3분의 1로 절감했으며, 더구나 한 차례에 평균 14마리의 새끼를 낳는 결과를 낳았다. 한 차례의 출산에서 낳는 새끼 돼지의 양은 재래종보다 25%가 증가한 것이다.

"현재 전국에서 재래종 돼지가 120만 마리 사육되고 있는데, 이것을 자연농원에서 개발한 개량돼지로 바꾼다면 이후에 탄생하는 새끼 돼지를 키워 판매하는 것만으로도 한 번의 출산 때마다 50억 원의 수익을 더 기대할 수 있다. 돼지는 1년에 두 차례 번식하기 때문에 1년을 기준으로 보면 100억 원이다."

중국, 일본을 비롯한 다른 나라의 사례를 비교 검토하면서 한국의 현실적인 상황과 장래를 생각하여 3,500만 인구인 한국에서는 적어도 '1천만 마리는 사육이 가능하다' 고 판단했다.

양돈뿐 아니라 그의 농원사업 전체가 모두 가능한 내용들이다. 유기적으로 각 요인이 서로 관련되면서 현대적 영농법을 전국적으로 보급하는 것에 의해 48억 평에 이르는 유휴지가 모두 개발된다면 1년에 320만 톤의 식량증산이 가능해지고, 이것만으로도 1천만 명의 식량을 충족시킬 수 있다. 이것이 식량 자급자족으로 향하는 길이라는 사실은 부정할 수 없다. 이것이야말로 이병철의 바람이며 기원이다.

용인자연농원은 그런 길로 향하는 교육과 실천의 장소— 온 국민의 자연교육장으로서 역할을 담당하고 있다. 용인자연농원이 국민에게 실천적 교육의 장소로 효과를 발휘하게 되기를 이병철은 기대했다.

9 한국문화의 르네상스를 지향하며

지나치게 많은 재산은 바람직하지 않다
그 부의 원천인 사회로 환원하여 유용한 부문에 기여해야 한다

민족문화 부흥을 위해

1965년. 이 해만큼 이병철이 정신없이 바쁘게 보낸 1년은 없었다. 최종 단계에서 뜻밖의 불상사가 발생한 한국비료의 건설에 착수한 것도 1965년으로, 그의 입장에서는 평생 잊을 수 없는 한 해였다. 그리고 가장 빛을 발한 것은 삼성문화재단 설립, 〈중앙일보〉 창간, 삼성장학회 설립, 성균관대학 인수 등의 교육 · 문화 사업에 손을 댄 것이다. 이 밖의 사업으로는 전주제지를 설립했다. 그의 마음은 그야말로 지칠 줄 몰랐고, 휴식을 몰랐다.

삼성문화재단은 정식 명칭이 '삼성미술문화재단' 이다. 설립은 2월 4일, 이병철의 55회 생일을 맞이하여 설립되었다. 설립 취지는 도의(道義)를 근간으로 삼는 민족문화의 발전을 적극적으로 도모하고 사회발전과

인간정신개발의 균형유지를 목적으로 삼는다는 것이다. 사업내용은 설립목적에 명확하게 밝혀져 있듯 도의의 앙양(昂揚)과 민족문화 발전을 중심으로 이루어져 있다.

이병철은 1953년에 제일제당, 이듬해인 1954년에 제일모직을 창설, 그 이후 많은 기업을 일으켜 기반을 굳혀 왔다. 그러자 주위 사람들이나 경제인들의 모임에서 이런 권유가 자주 나왔다.

"돈을 버는 데에만 전념하지 말고 유익한 사업을 경영하는 데에도 신경을 쓰는 게 어떻겠습니까?"

이런 충고나 권유에 대해 그 마음을 이해하지 못하는 것은 아니었다. 그 후의에 감사하면서도 아직은 시기상조라고 판단, 확실한 응답은 하지 않았다.

그의 재력이나 지위로 볼 때, 세상에서 흔히 볼 수 있는 사회사업이나 문화사업에 손을 대는 것은 불가능한 일은 아니었지만 그런 동기에서 문화사업에 착수한다는 것은 그의 신조가 허락하지 않았다. 그의 입장에서는 아직 그 기회가 찾아오지 않았으며, 큰 의의가 있고 규모 면에서도 최대의 사업을 일으킬 기회는 앞으로 자주 있을 것이라고 생각했다. 무엇보다 그가 마음이 내키지 않았던 이유는 몇 푼의 재산을 희사하는 것에 의해 허명이나 미명을 얻으려 하는 천박한 행위였다. 게다가 그는 자신의 결점을 잘 알고 있었다.

이병철은 한 가지 사업에 착수하면 다른 모든 것들을 잊고 거기에만 몰두하는 일종의 집착증이 있었다. 이것은 그의 장점이기도 했지만, 예를 들어 육영사업이나 문화사업에 착수할 경우에는 그 사업에 몰두하여 어쩔 수 없이 지금까지 공들여온 사업을 등한시하게 될 우려가 있었다. 그는 그런 점을 두려워했다.

물론, 개인적으로 풍요로운 생활을 즐기고도 남을 충분한 자산을 가지고 있지만 기업가로서의 의욕을 억제할 수는 없다. 제당사업이나 모직사업만 놓고 볼 때 발전의 기반은 이미 확고하게 굳혀져 있고, 다른 관련기업을 포함하여 삼성은 확장 단계에 놓여 있다. 항상 새로운 축을 요구하면서 공업입국이라는 슬로건 아래에서 끊임없는 연구가 이루어졌으며, 사업을 일으켜 국가에 보답하겠다는 마음은 투지로 가득 차 있다. 그런 책임감은 모든 일이 벽에 부딪히는 현상을 보였던 자유당 정권 말기에는 장기간에 걸쳐 슬럼프에 빠졌고, 그 울적함과 실의는 단순한 기업가의 영역을 초월한 데에 있었다.

당시, 사회적으로 들끓었던 불안은 데모의 횡행, 사이비신문의 난무, 범죄 증가, 학원의 혼란 등에 의해 더욱 심해졌고, 정치적 불안은 전국을 뒤덮었다. 눈을 돌리면, 거기에는 어두운 구름만이 가득 차 있는 매우 복잡한 사회적 양상을 띠고 있었다. 이병철은 4 · 19혁명, 5 · 16군사쿠데타를 경험하는 과정에서 경제인으로서의 무력감을 맛보았다. 5 · 16군사쿠데타 이후, 국가재건최고회의가 중심이 되어 추진한 일련의 강력한 시책에 의해 사회악 제거, 부패정치가 일소, 국민정신 진흥, 반공체제 확립 등 몇 가지 중요한 시책이 실시되었지만 결코 충분한 것이 아니었다. 또, 제3공화국 탄생 이후 실시한 제2차 경제개발 5개년계획도 걸음마 단계에 놓여 있었을 뿐이었기 때문에 경제적으로 완전히 자립하려면 아직도 먼 여정이 필요했다.

국가와 사회의 안정이 있어야 비로소 기업의 성장도 가능하다. 하지만 반대로 기업의 건전한 발전이 없이는 국력신장은 바랄 수 없었다. 이런 의미에서 양쪽의 관계는 표리관계에 놓여 있었다. 이병철은 평범하지 않은 당시의 양상에 무력감을 느끼면서도 진정한 기업가로서의 책임을 통감했다. 해방 이후, 그는 국가와 민족에 대한 의식이 이전과 달리 매우 깊어졌다. 특히 10월 폭동을 목격하면서 정치와 경제의 관계를 더욱 중시하지 않을 수 없었다. 그리고 서울로 상경하여 무역업에 종사하게 되면서 생산이 없는 경제가 얼마나 나약한 것인지 자각하고, 이 때 비로소 진정한 기업가로서 눈을 뜨게 되었다.

다시 한 번 설명하지만 민족자본의 축적이 전무한 상태에서 출발한 이상, 순환이 없는 상태에서 비약적으로 발전할 수 있는 요인을 형성할 수 있는 것은 왕성한 기업가 정신이었다. 절대적 빈곤에서 빠져나올 수 있는 유일한 길은 급속도로 진행되는 공업화를 통한 성장뿐이었다. 이병철은 선진공업국들을 목표로 삼아 새로운 발전에 적응하는 정신풍토의 배양, 외자 도입과 기술 도입, 그와 관련하여 요청되는 과학적 경영관리 기술 도입과 개발 보급, 대등한 입장에서의 새로운 노사관계의 근대화 등에 주력했다. 기업이 주체가 되어 개별생산기술 영역에서 풍부한 노하우와 자본 축적, 기업 내부에서의 강인한 경쟁의식, 국제시장에 대응할 수 있는 체제를 강화해야 할 필요성 등도 절감했다. 이병철은 한국비료 사건을 전후하여 이웃 나라 일본의 공업능력의 배후에 존재하는 새로운 시대의 태동을 확실하게 느끼고 있었던 만큼 민족중흥의 첫 번째 명제로 굳이 경제제일주의를 내걸었던 것이다.

우리나라에 어울리는 산업사회를 하루 빨리 실현시킬 최대의 능력을 가지고 있는 것은 바로 기업이며, 기업의 사회적 존립과 번영은 고용 확대로 이어질 뿐 아니라 국가재정에도 기여한다. 이병철 자신은 한국경제성장의 중심적 역할을 해왔다는 자만은 털끝만큼도 없었다. 제당사업과 모직사업을 하면서 오명과 중상을 당하기도 했지만 삼성의 많은 기업을 창업해가는 과정에서 한국경제의 발전에 조금이라도 기여하기 위해 노력하는 모습을 관철하는 것으로 한국의 모든 기업가들에게 용기를 고무시켜 주었다.

그런 심리를 가지고 있었기 때문에 친구인 전택보가 문화사업에 대한 충고를 했을 때조차도 다음과 같은 말로 사양했다.

"내게도 머지않아 훌륭한 계획을 실행에 옮겨야겠다는 생각이 있다는 점을 약속할 테니, 그 때까지는 두 번 다시 이 계획에 대해서는 꺼내지 말아 주게."

물론, 이 시점에서 그에게 이렇다 할 구체적인 계획이 있었던 것은 아니다. 그러나 인생은 '공수래 공수거(空手來 空手去), 생자필멸(生者必滅)'이라는 생각은 항상 그의 마음 속 한 구석에 자리 잡고 있었고, 재물로 인생을 꾸려나가는 데에는 한도가 있다는 사실을 누구보다 통감하고 있었던 만큼 언젠가는 자신의 재산을 사회에 환원한다는 부분에 대해 진지하게 생각하고 있었다. 당면한 사업 확장에 혼신의 노력을 기울이고 있던 당시의 이병철은 물심양면으로 아직 그 정도의 여유가 없었다. 그래서 적어도 '지천명' 의 나이에 도달할 때까지는 결단을 내리지 않겠다고 마음 속으로 결심했다. 그런 결심은 잇따른 정치적 변화에 의해 꼬리를 물고 연장되면서 몇 년의 세월을 정신없이 바쁘게 보냈다.

그러나 아직 자금사정이 호전되었다고 말하기는 어려웠지만 55세의 생일을 맞이하여 문득 깨닫는 바가 있어 일단 삼성재단을 창립하기로 결심한 것이다. '삼성미술문화재단' 은 문자 그대로 가난한 사람들의 등불이 되었는데, 이 지구상에서 가장 오랜 역사를 가지고 있으며 우수한 문화집단인 한민족이 '활기에 넘치고 진취적 기상' 이라는 특성과 '예절을 존중' 하는 아름다운 자질을 바탕으로 독자적인 문화를 형성해온 잠재능력을 믿고 문화사업에 착수한 것이다.

이병철의 문화재단 설립 취지와 그 내용은 그야말로 그의 도덕의 계보이며 잠언이기도 했다. 그것은 또, 아담 스미스가 말하는 '미래 산업사회의 새로운 덕목이며 가치기준' 이었다.

가족의 찬성과 사재(私財) 제공

이병철은 기본재산을 출연하기에 앞서 노벨 재단, 록펠러 재단, 포드 재단 등 세계적으로 유명한 문화재단의 구성과 그 운영방식을 조사하고 검토한 결과 다음과 같은 결론을 얻었다.

"재단의 목적사업이 중도에 좌절되는 일 없이 영원히 지속되도록 하려면 우선 그 기금 자체가 인플레이션의 영향에 의해 감자되는 일이 없도록 해야 한다. 따라서 출연자금은 부동산과 주식으로 충당해야 한다."

그는 결론을 내리자마자 자신의 명의로 되어 있는 제일제당과 제일모직, 동방생명, 신세계백화점 등의 주식에서 약 10억 원 상당분과 자신의 명의로 되어 있는 부산시 용두동(龍頭洞) 소재의 임야 10만여 평, 당시 그가 거주하고 있던 장충동의 가옥을 출연자금으로 내놓았다. 그리고 후일, 그 자산들이 사적이익을 위해 이용되거나 사장되는 일이 없도록 미리 '재단 해산시의 잔여재산은 국가에 귀속한다' 는 취지의 조항을 정관에 첨가했다. 그리고 1965년 2월 4일, 재단 설립을 공식적으로 발표했다.

“저는 이번에 개인의 소유재산을 제공하여 다년간의 바람이었던 육영 및 문화 복지사업을 위해 삼성문화재단을 설립하기로 했습니다.

학교를 졸업하고 경제계에 투신한 이후 30여 년에 걸친 오랜 세월, 저는 오직 기업을 창설, 개척, 확장하는 데에만 전력을 기울여 왔습니다. 그런 이유에서 볼 때, 제가 육성한 기업체 하나하나는 그 규모가 크든 작든 모두 저의 꿈과 피와 땀이 밴 그야말로 각고의 노력 끝에 탄생한 결정체들이라고 말할 수 있습니다. 제가 오늘날까지 쌓아 올린 재산은 결코 안일한 탐욕행위나 우연한 이득에 의해 손에 넣은 것이 아니라 일시적인 영욕과 성패를 도외시하고 장기간에 걸친 인내와 경영을 합리화하기 위해 끊임없이 연구한 결과, 그리고 어떤 풍파에도 굴하지 않고 모든 고통을 극복하면서 일관성 있게 노력한 결과라고 말할 수 있습니다.

동시에 저의 이런 노력의 배후에는, 가능하면 많은 기업체를 창설하고 육성하여 우리나라의 고용을 증대시키고 값싸고 우수한 제품을 국민에게 공급하여 산업부흥에 기여하는 것이야말로 기업이 사회적으로 존립해야 할 의의라는, 저의 흔들리지 않는 신념이 존재했다는 점을 말씀드립니다.

그런 의미에서, 제 손에 의해 이루어진 수많은 기업의 창설, 발전, 자본축적의 목적은 결코 저 자신이나 저의 자손들의 풍부한 생활을 가능하게 하기 위한 재화획득이 아니었다는 점을 단언할 수 있습니다. 만약 그것이 목적이었다면 저의 지금까지의 기업 활동은 현재 규모의 10분의 1 단계에서 멈추었다고 해도 결코 부족하지 않았을 것입니다.

이런 관점에서, 개인생활을 영위하는 데에 필요한 범위를 초월한 저의 재산은 그것을 그대로 저 개인의 사유물로 사장시키는 것보다는 국가와 사회를 위해 좀 더 유용한 부문에 기여할 수 있도록 전환하여 널리 활용하는 것이 정도라고 믿게 되었습니다. 이것은 지난 몇 년 동안 저의 변하지 않는 신념이었기 때문에 저의 이런 신념을 실행에 옮길 수 있는 모든 조건이 어느 정도 성숙된 이 시기에 저는 우선 양도가 가능한 저 자신의 주택을 포함한 소유 부동산 및 주식 등, 저 개인의 재산을 삼성문화재단의 기금으로 제공하기로 했습니다. 그와 동시에, 지금 수속이 진행 중인 그 밖의 재산에 관해서도 아울러 이 재단에 추가로 제공할 것을 가족 전체의 동의를 얻어 만 55세의 생일을 맞이한 오늘 날짜로 결정했습니다. 이런 결정을 하는 데에 있어서 깊이를 헤아릴 수 없을 정도의 감회와 함께 끝없는 영광을 느끼는 본인 및 본인의 가족들은 지난 오랜 세월 동안, 모든 고통을 함께 하면서 삼성을 육성하기 위해 수많은 기여를 해주신 수천, 수만 명의 종업원들에게 진심으로 감사를 표하며 이 영광을 함께 나누고자 합니다.

마지막으로, 이 결정에 의해 앞으로 영원히 본인의 소유에서 벗어나 두 번 다시 돌아오지 않을 이 재산이 새로운 공익재단이 이루려 하는 사업 활동의 원동력이 되어 재단이 목적으로 삼고 있는 각 분야의 사회공익의 증진에 다대한 기여를 할 수 있도록 국민 여러분이 성원해주시기를 거듭 기대해 마지않습니다."

근면과 노력에 의해 구축한 재산을 자신의 손에서 떼어놓는다는 것은 마치 나이 든 딸을 시집보내는 부모의 마음과 비슷하다. 이병철은 그런 자산이 사회 발전을 위해 유익하게 활용되기를 기대했다.

이병철은 일찍이 젊은 시절, 재산과 부를 축적하기 위해 최선을 다해 뛰어다녔지만 중년 이후부터는 이상하게도 부에는 집착하지 않았다. 제당사업을 시작한 지 얼마 지나지 않아 이미 한국 제일의 부자, 또는 재벌이라는 말을 들었지만 그런 말은 마이동풍으로 흘려들었다. 이병철의 관심은 오직 국가적 견지에서의 기업 창건에 집중되었다. 한 점 실수 없는 조사와 정확한 직관, 그리고 냉엄한 결단과 불굴의 노력과 성의. 그가 일으킨 사업은 그야말로 예술적 창조였다. 언론사업, 육영사업, 용인자연농원의 창설이 모두 그렇다. 호텔신라 건설이나 전자공업 부문으로의 진출 등 왕성한 기업의욕은 그의 정신을 실제로 증명해보인 결정체이기도 하다. 그 실적은 영원히 기록될 것이다.

그런 반면에 이병철은 기업을 결코 적당히 경영하지 않았다. 부실기업을 만들어내는 것은 기업가의 치욕이라고 생각했다. 단, 그와 가까운 사람들의 말에 의하면 그는 자신의 재산을 관리하는 데에는 그다지 신경을 쓰지 않았다고 한다. 금전대차에 있어서도 40대까지는 변제받을 생각으로 사람들에게 돈을 빌려 주었지만 그 이후에는 빌려준 돈을 거두어들일 재능이 자신에게 없다는 생각에 포기해버렸다. 몇 번인가 금전대차를 통하여 인간의 추악함을 인식하게 된 그는 누군가가 돈을 빌려달라고 하면 처음부터 돌려받을 생각을 하지 않고 융통해 주었다.

그렇다고 함부로 빌려준 것은 아니다. 친족이나 고향 사람들이 몇 번인가 그런 기대를 품고 다가왔지만 빌려주지 않은 경우도 많았다. 한국인은 의리와 인정이 두텁고 특히 혈연, 지연의식이 강하여 상부상조를 의무시하는 경향을 볼 수 있지만 그는 그런 동족의식을 배척해 왔고, 기업경영에 있어서도 동족지배 타입의 경영을 혐오했기 때문이다.

이병철은 금전을 빌려주는 것보다는 스스로의 노력을 통해서 자신의 문제를 해결할 수 있도록 돈이 아닌 일자리를 주었다. 직장도 적성에 맞지 않으면 오히려 짐으로 느낄 수 있다는 점을 우려하여 그 사람의 능력과 성실성에 어울리는 일을 선별해서 제공했다. 그 방법이 그 사람을 올바르게 이끌어주는 지름길이라고 믿었다. 삼성의 인재교육 역시 그의 독특한 철학에 의해 관철되었다.

이병철은 문화재단에 사재를 제공한다는 발표를 하기에 앞서서 가족 전원이 모이는 자리를 마련하고 그 자리에서 문화재단을 설립하기로 결심했다는 뜻을 밝히면서, 너무 많은 재산을 남기면 자손이 나태해져 좋은 결과를 얻을 수 없다는 점을 설명하고 가족들의 동의를 구했다.

재단을 창설하면서 금융기관에 자산총액의 평가를 의뢰했는데, 그 결과는 당시 금액으로 약 150억 원이라고 판명이 났다. 이 150억 원의 사재는 심사숙고한 끝에 3등분하기로 결정했다. 50억 원은 삼성문화재단에, 70억 원은 직계 가족에 대한 상속분 및 사내유공자의 기금으로, 나머지 30억 원 중에서 10억 원은 사원공제조합(공식명칭은 삼성공제회)에, 그리고 20억 원은 이병철 자신이 일시적으로 보관하고 있다가 나중에 적절한 대상과 시기를 선정하여 처리하기로 방침을 정했다.

문자 그대로 근면과 성실, 그리고 끊임없는 노력을 통해서 축적한 거대한 부를 사회에 환원하게 된 동기는 삼성문화재단을 창설할 때 밝혔듯 일정한 범위를 초월한 개인의 부는 그 부를 안겨준 원천인 사회에 되돌리는 것이 옳다는 이병철의 도덕철학에 있으며, 이것은 그 자신이 마음속에 품고 있던 본래의 경제관이기도 했다. 이런 점에서 한국 국부론을 실천한 인물의 모습을 엿볼 수 있다.

이병철은 이런 사재 처분 방침을 1961년, 삼성 산하 주주총회가 끝난 뒤에 새롭게 선임된 대표이사들이 모인 첫 회의 때 밝혔는데, 이것이 사회에 던진 반향은 사내외를 가리지 않고 매우 컸다. 그러나 그는 그런 반향에 초연해 있었다. 그의 아버지 이찬우의 훈계인 '사필귀정(事必歸正)'을 굳게 믿고 있었기 때문이다. 그는 굳은 신념을 바탕으로, 일부 오해가 있더라도 언젠가는 자신의 참뜻을 이해할 때가 반드시 올 것이라고 믿고 침묵을 지켰다.

다행히 가족들은 이병철의 뜻을 충분히 이해하고, 적극적으로 협력해주었다.

한편, 사재의 일부가 기금(기금은 1978년 15억6,982만 원으로 증자)으로 제공된 삼성공제회에 대해 부가 설명을 해두자. 삼성공제회는 1971년 9월 6일에 설립된 복지재단이다.

이것은 해방 이후의 혼란과 6 · 25전쟁의 수난 등 한국적인 역경 속에서 오늘의 삼성을 성립, 발전시킨 것이야말로 삼성의 종업원들이고, 그들의 노력의 소산이라고 생각하는 이병철의 작은 감사의 보답이기도 하다.

지금까지 이병철은, '기업은 사람' 이라는 변하지 않는 사업적 신념을 몸소 실천해왔다. 제일제당, 제일모직, 그리고 한국비료 등 많은 공장을 건설하면서 생산설비도 그렇지만 종업원들의 의식주와 관련된 복지시설에 많은 신경을 써서 종업원들의 사기와 의욕을 진작시키는 것으로 생산성을 향상시켜 왔다. 이것은 혜택 받은 근로조건 구비, 종업원 및 그 가족을 위한 복지시설 확충이야말로 국가와 기업이 발전할 수 있는 기초라는 그의 소신의 실질적 증거이기도 했다. 바로 여기에, 이병철 산하의 기업들이 한국의 대표적 기업으로 불리는 이유가 있다. 이상적인 노사관계의 근대화, 복지증진에 근거한 노사협력 자세의 확립, 복지의 질적인 충실은 후에(1978년 4월) 삼성공제회가 공익법인이 되어 삼성과 관련된 기업뿐 아니라 일반근로자에게까지 그 대상을 확대발전시키는 요인이 되었다.

삼성공제회가 목적으로 삼는 사업은 장학, 부조(扶助), 교양, 후생, 그 밖의 사업에까지 이르렀는데, 출생지, 출신학교, 성별, 그 밖의 사회적 지위 등에 의한 차별을 두지 않고 모든 종업원이 대등한 원칙에 근거하고 있다.

공제회를 통한 활동 역시 뿌리 깊은 한국적 인습과 인간적 관성의 흐름에 저항하여 새로운 국민생활의 진로를 개척하려는 이병철의 새로운 시대를 향한 도전이기도 했다.

삼성문화문고 창설과 육영사업

이병철은 앞에서 설명한 문화재단의 창설을 전후하여 예술적 창조라고 말할 수 있는 미디어의 창설, 문고 설립, 교육사업 인수를 실시했다.

이런 사업들은 이른바 그의 사회사업으로, 국가를 위한 초석을 구축하여 영원히 지속시키기 위한 운동 중의 하나이기도 했다.

이병철은 자신의 기업에 대한 정열과는 별도로 사회적 불안, 정치의 불안정, 도의의 퇴폐를 좌시할 수 없었다. 국가의 안정적인 발전과 평안한 사회 환경을 실현하려면 가치관의 안정과 도의의 앙양이 무엇보다 시급하다고 판단을 내린 이후의 이병철의 행동은 보통 사람의 영역을 초월하는 것이었다.

이병철은 일찌감치 국가의 규율을 바로 세우고 세상의 질서를 유지하는 데에는 법만으로는 불가능하다는 사실을 알고 있었다. 역사적으로도 도의가 땅에 떨어진 국가는 멸망하지 않은 예가 없다.

조상 대대로 전해져 내려오는 미풍양속이 경제발전과 함께 빠른 속도로 소실되어 가는 것은 엄청난 불안이다. 한국비료사건을 처리하는 과정에서 경험한 가슴 아프기 짝이 없는 배신행위를 목격한 이후부터는 그런 생각은 더욱 강렬해졌다. 그것은 결코 한 개인에 속한 문제가 아니라 국가의 백년대계를 생각하고 본격적으로 도의운동을 전개해야 한다고 결심했다.

이병철은 같은 해에 창간한 〈중앙일보〉를 시작으로 신문, 잡지, 방송 등 모든 미디어를 동원하여 일주일에 한 번은 반드시 도의심을 앙양하는 캠페인을 개시했다. 그리고 문화재단 사업의 중점도 여기에 두었다. 도의문화의 진흥과 관련된 논문과 소설을 일반으로부터 널리 공모하여 상을 주는 한편, 도의 문제와 관계가 깊은 양서를 선택하여 이것을 '삼성문화문고' 라는 이름으로 발간하기로 했다. 발간에 있어서 해외의 역사 깊은 각 문고에서 장점을 채택했다.

삼성문화문고는 수지타산에 신경을 쓰지 않았다. 가격 면에서는 실비로 배포하고 장정, 규격에 있어서도 모든 사람들이 편하게 읽을 수 있는 문고로서의 모든 조건을 충족시키기 위해 노력했다. 수록하는 내용에 대해서는 엄선주의를 채택, 영원히 지속적으로 발전시켜 삼성문화문고의 사명을 유감없이 완수할 수 있도록 신경을 썼다. 파격적인 염가로 배포했기 때문에 양서 보급에도 크게 기여했다. 일부 출판업자는 오해와 위협을 느끼기도 했지만 그들도 이병철의 참뜻을 이해하게 되면서 자진하여 협력을 아끼지 않았다.

제1권은 1971년에 첫 발간됐으며, 초판 3천 부는 2, 3일 만에 모두 팔려 나갔다. 그 후, 몇 번인가 판을 거듭한 결과, 5만 부를 돌파했다. 연이어 간행된 것은 112종, 총 판매부수는 600만 부를 웃도는 인기를 보였다. 그 충실한 내용과 권위가 인정됨에 따라 학교와 단체 등이 이 문고를 교양강좌 교재로 채택하는 경우가 많아졌다. 신간이 발행될 때마다 빨리 구입하기 위해 장사진을 이루는 학생들의 모습을 보면서 이병철은 큰 만족을 느끼는 한편으로 이런 청년들을 보유하고 있는 국가의 장래에 기대를 느끼며 삶의 보람을 맛보았다.

1972년부터는 몇몇 학술연구단체와 학자들에게 매년 연구비를 보조하는 제도를 만들었다. 여유자금이 적절하게 활용된다는 점에 그는 더할 나위 없는 기쁨을 느꼈다. 또, 1969년에는 아산 현충사를 재건하는 사업에 7천만 원의 자금을 지원했다.

이병철은 이처럼 도의문화진흥에 나름대로 총력을 기울이면서 현대사회의 활동의 기본단위에 관심을 가지게 되었다. 그리고 그는 개인과 가정, 개인과 사회가 조화를 잃는 것에 의해 발생하는 질서 붕괴를 우려하여 진부하다는 비난을 느끼면서도 유교를 지도원리로 삼았던 전통사회에서 가장 존중받는 '효'의 정신을 재검토할 기회가 찾아왔다고 통감, 1975년부터는 도의운동의 일환으로서 '효행상'을 제정했다. 과학과 물질이 지배하는 현대사회라고는 하지만 인간성을 회복하는 데에는 인륜의 기본인 효행이라는 덕을 무시해서는 불가능하다고 생각하고, 이것을 장려하기 위해 노력했다.

진정한 효행이란 무엇인가. 이론이 아니라 실천에 의해 이 일을 추진하기로 하고, 숨어있는 효자, 효녀, 효부를 전국적으로 널리 발굴하여 포상을 하는 것으로 현대사회에 효에 대한 의의를 인식시키려고 노력했다.

이병철이 자란 가정이 유교적인 가정이었다는 점도 깊은 영향을 끼쳤지만 효가 진부해 보이면서도 모든 행동의 근원이라고 설명하는 유교의 주장은 아무리 과학을 존중하는 시대라고 해도 변하지 않는 진리이며 가르침이다. 고루한 봉건사상이라고 한 마디로 무시해버리는 세상의 풍조야말로 경박하고 위험하다는 생각을 그는 결코 바꾸지 않았다. 그렇기 때문에 그는 도의운동의 일환으로서 굳이 '효행상' 을 제정하고 실천에 옮긴 것이다.

이런 일이 한 개인의 능력으로, 더구나 단시일 안에 효과를 올릴 수 있다고는 생각하지 않았지만 이런 운동이 어느 날엔가 반드시 국민들 사이에 밝은 불꽃을 피우게 될 것이라고 그는 믿었다. 크게는 학문의 수준 향상에서, 작게는 국민의 독서운동에 이르기까지 이병철을 비롯한 삼성문화재단에 종사하는 사람들은 사회도덕 기반을 확고하게 구축하기 위한 사업을 묵묵히 추진해오고 있다.

몇 년 전, 이병철은 어떤 모임의 초대를 받아 기업에 관한 강연을 하게 된 적이 있다. 그 자리에서 그의 경영철학이라고 말할 수 있는 인재론에 대하여 다음과 같이 이야기했다.

"요즈음 세상에는 돈이 돈을 번다거나 권력으로 돈을 번다는 식으로 말하는 사람도 있는 것 같은데, 돈을 벌게 해주는 것은 돈도 권력도 아닌 사람입니다. 기업인으로서 40년에 걸친 저의 일생을 통하여 얻은 것이 있다면 그것은 이 세상의 모든 일은 사람이 어떻게 하는가에 달려 있다는 지극히 평범한 사실이 불변의 진리라는 점을 다시 한 번 발견했다는 것입니다. 성현들은 일찍부터 '국가를 흥하게 하는 것도 사람이고 망하게 하는 것도 역시 사람'이라고 말씀하셨는데, 이것은 기업에도 그대로 적용할 수 있습니다.

1956년에 한국의 기업 중에서 처음으로 공개시험을 통한 사원채용 제도를 도입한 이후 20여 년 동안 저는 한 번도 빼놓지 않고 그들의 면접시험에 참석했습니다. 일류대학을 우수한 성적으로 졸업한 응시자들 중에서도 채용되는 인원은 불과 10%에 지나지 않았는데, 제 입장에서는 많은 응시자들에게 고마운 마음을 전하는 한편으로 장래에 삼성의 모든 기업체를 움직이게 될지도 모르는 유능한 젊은이들을 한 명이라도 놓쳐서는 안 된다는 바람이 있었기 때문입니다."

인재제일, 교육을 통하여 인재를 양성하는 것이 국가의 백년대계이고 기업의 장래에도 매우 중요한 문제라고 그는 생각했다. 그런 이상을 실현하기 위해 우선 문화재단의 기금으로 이미 인수를 끝낸 대구대학의 충실화를 도모하기로 했다.

당시, 한국의 고등교육은 주로 2년제 단기대학, 4년제 일반대학, 2년제 대학원으로 이루어져 있었다. 2년제 단기대학은 실업고등학교의 연장선에 놓여 있는 것으로 특별한 분야의 학문적 지식보다는 실업에 필요한 전문지식이나 기술을 가르치는 시설로 그 수는 22개 교였다. 4년제 단과대학이나 종합대학은 교육제도의 최종단계에 해당하며, 이른바 엘리트를 교육시키는 기관으로 그 수는 67개 교. 대학원은 대부분의 대학에 병설되어 있었고, 이곳에서는 석사 과정이나 박사 과정의 연구가 이루어졌는데 그 수는 56개 교. 그 밖에 초급교육대학, 공업전문학교 등의 교육기관이 있었다.

광복 당시 불과 19개 교에 학생 7,819명, 교수 1,490명에 지나지 않았던 대학의 수는 1968년에는 각종 교육기관을 아울러 222개 대학교가 설립되었으며, 학생 17만2000여 명에 교수는 8,898명에 달했다. 이처럼 한국의 고등교육은 눈부신 발전을 이루어왔다.

굳이 공업발전의 역사를 되짚어볼 필요도 없이 그 발전은 공업, 기술의 경험이 풍부한 다양한 인재에 있다. 공업화를 급속도로 추진하려면 풍부한 인재를 하루 빨리 육성해야 한다. 예로부터, 한국의 교육열은 정평이 나 있다. 이런 교육열 전통은 지금도 우리 사회에 그대로 이어져 교육수준이 매우 높은데, 고등학교 진학률을 보아도 경제적으로 매우 어려웠던 시기인 1960년대부터 올라가고 있다(1965년의 고등학교 진학률은 69.1%, 1970년은 70.1%, 1975년은 74.7%, 1977년은 75.2%). 더구나 공업발전을 우선한다는 방침이 나온 이후부터는 글을 중시하고 실업과 과학기술을 경시했던 전통이 급속도로 시정되는 경향이 강하게 나타났다. 한국경제가 급속도로 발전하게 된 배경에는 이런 높은 교육수준이 존재했다.

이병철은 국민운동으로서의 도의 앙양과 함께 장기간에 걸친 자주적 기술개발을 바탕으로 하는 경제발전을 중시했던 만큼 그 핵심을 이루는 젊고 유능한 중견지도자 양성에도 신경을 써 왔다. 그런 마음에서 운영이 위기에 빠져 있던 대구대학을 인수했다. 운영이 아무리 어렵다고 해도 대학의 문을 닫는다는 것은 문화민족으로서의 치욕이라고 생각하여 거액의 자금을 지원하여 대학운영의 정상화를 도모했다. 그가 지원한 금액은 지방이 아니더라도 상당한 규모의 대학을 새롭게 창립할 수 있었지만 한국의 실정(도시집중, 문화의 지역편중)을 고려하여 서울을 피한 것이다. 후일, 이 대구대학은 청구대학과 합병하여 영남대학으로 승격하기에 이른다. 말하자면 그의 원조는 종합대학으로 가는 기반을 구축하기 위해 큰 도움이 되었으며, 그것은 대지에 뿌려진 한 알의 씨앗이었다.

이병철은 또, 삼성문화재단의 사업 중의 하나인 장학회도 확충했다. 한 그루의 나무를 심으면 그 열매를 1백 사람이 나누어 가진다는 말이 있듯, 그도 자신의 기업 활동을 통하여 절실하게 느낀 것이 모든 일은 사람에 의해 좌우된다는 사실이었다. 그는 학생뿐 아니라 학술연구기관이나 학자의 연구 활동에도 도움을 줄 수 있는 방법을 검토했다. 당시 학술연구자의 연구 활동을 돕기 위한 정부의 지출은 1억2천만 원, 전년도의 세 배로 연구비가 증가되기는 했지만 왕성한 공업발전의 원동력이 되어야 할 과학기술의 진흥에는 아직 부족한 느낌이 있었다.

시기를 거슬러 올라가 1965년 가을, 학교법인 성균관대학에 운영기금을 출연하여 우선 당면한 재정난 해소를 도모했다. 이 대학은 종합대학으로서는 학과가 문과계열에 편중된 경향이 있었기 때문에 이 대학의 전통을 살리면서 새롭게 과학관을 설립해 이공계 계통의 교육도 강화하기로 했다. 이 과학관은 1967년 11월에 준공되어 대학의 과학관으로서는 다른 대학에 비교하여 결코 손색이 없다는 높은 평가를 받았다. 그가 이 과학관을 설립한 목적은 우리나라의 높은 기술수준 향상이었지만 외국의 명문대학에서 받은 감명도 동기로 작용했다.

몇 년 전에 방문했던 외국 명문대학들의 캠퍼스에는 설립기증자의 이름이 남아 있는 기념관이 꽤 많았다. 그런 기념관 앞에 서서 수많은 영재를 배출한 그 위업에 감명을 받는 순간, 육영사업에 관한 그들의 정신에서 강렬한 인상을 받았다.

1977년 여름, 재단 운영을 정부에 이관하기까지 10년 동안 성균관대학의 교세는 비약적으로 발전했다. 학생 수가 3,600명에서 7,000명으로 증가했을 뿐 아니라 산하 단과대학은 4개에서 8개로, 학과 수는 25개에서 40개로, 학교의 건평은 1만 평에서 2만7,000평으로 각각 증가했다.

이런 교세의 급신장에 맞추어 수원시 천천동(泉川洞)에 제2캠퍼스를 건설하기 위해 새로운 부지 15만 평을 구입, 우선 이과대학으로 이용할 교사(校舍) 6천 평을 완성하여 대학의 전반적인 확장을 추진했다. 그러나 일부 학생들은 수원으로 이전하는 데에 반대했고, 이 반대운동을 제지하려 하는 교수에게 모욕적인 언사를 퍼붓는 등 강력한 학내활동을 펼쳤다. 이병철은 그런 모습을 보고 허무함을 느끼고 대학경영에서 손을 뗐다. 그는 이 성균관대학 사건을 계기로 한국비료사건과는 또 다른 '인간경영의 난해함'을 통감했다.

이병철은 교육사업에 많은 시간과 거액의 비용을 투자했지만 이런 육영활동의 결과는 결코 달콤하지 않았다. 이병철은 이런 육영활동을 통해서 사람은 절대 만능일 수 없으며 자신의 성격에 맞는 일에만 몰두하는 것이 개인을 위해서든 사회를 위해서든 유익하다는 귀중한 결론을 얻었다.

미술에 관한 취미

이병철의 미술에 관한 취미에 대해서는 1976년 초, 〈일본경제신문〉 지상에 다음과 같은 문장을 기고한 적이 있다.

"일본의 미술애호가는 한국을 방문하면 대부분 서울에 있는 박물관을 관람하거나 경주 등을 방문하여 불상을 감상하는 것이 일반적이다. 그런 분들 중에는 자신만의 컬렉션을 가지고 있으며, 고미술품을 즐기는 사람도 있을 수 있다. 이런 미술애호는 동양이든 서양이든 바람직하게 받아들여질 것이다. 나도 한국에서는 그런 미술애호가 중의 한 명이다. 글에서 시작하여 그림에 매료되고, 신라의 토기를 모은 것이 어느 틈에 고려청자에까지 손을 대게 되는— 이런 순서로 이 길을 걸어온 지 어언 30여 년이 된다.

한국에 전해지고 있는 처세훈 중의 하나로 '완물상지(玩物喪志)'라는 말이 있다. 즉, 물건에 얽매여 뜻을 잃지 말라는 가르침이다. '견물생심(見物生心)', 즉 물건을 보는 순간 마음이 움직이는 모습을 보여서는 안 된다는 말도 있을 정도인데, 하물며 뜻을 잃을 정도로까지 집착해서는 안 된다는 의미가 깃들어 있다. 왕궁에서조차 너무 사치스런 물품은 금물로 여겨졌기 때문에 서민이 골동품이나 미술에 열중해서는 안 된다는 의미로 해석할 수도 있다. 그런 이유에서 학자들이 골동품에 취미를 가지고 있다고 해도 그 대부분은 이른바 문방사우에만 한정되어 있었다. 그렇다면 내가 이런 처세훈을 함부로 입에 담는 것은 불손한 행동인지도 모른다. 단, 내 입장에서는 여기에서 절제를 중시한 유교와 모든 사람에게 탈속을 설법한 불교의 가르침이 어느 틈엔가 나의 습성이 되어버린 경위를 일단 설명해 두고 싶다.

대부분의 한국 가정에서는 제사 때에 사용하는 술병을 매우 중요하게 여긴다. 조상의 제사를 모실 때에 사용하는 술병이다. 집에서 술을 만들 수 있었던 시대에는 각 가정마다 정성을 들여 만든 술을 이 병에 담아 보관했다가 제사를 지내는 날에 조상에게 바치는 관습이 있다. 한국의 가정에서의 제사는 4대조까지의 조상을 모시는 것이 관습이기 때문에 이런 술병을 매우 소중하게 생각하는 것은 지극히 당연한 일이었다. 이 술병은 큰아들에게 전승되고, 그 밖의 제기와 함께 각 가족의 재산목록 중에서 첫 번째를 차지했다. 일반가정의 술병은 그 대부분이 이른바 조선 후기의 백자다. 그런 이유에서, 도자기에 대한 일반 한국인의 안목은 이 술병에 의해 배양되었다고 말할 수 있다.

서울에 골동품상이 나타나기 시작한 것은 금세기 초라고 알려져 있다. 이것이 1930년대에 이르러 한 달에 한 번 정도의 경매가 이루어질 정도로 골동품에 관한 열기도 높아졌다. 이런 붐은 물론 일본인들에 의해 조성된 것으로, 원래 한국인의 심리는 고분을 파헤쳐 그 안에 있는 유물을 꺼낸다는 것은 용서할 수 없는 행위였다. 그런데도 불구하고 주로 일본인들에 의한 골동품시장은 성황을 누렸을 뿐 아니라 당연히 그 골동품에 대한 평가 자체가 일본인과 한국인은 전혀 달랐다.

예를 들면, 한국인이 최고의 가치를 매기는 문방구 등에 대해 일본인은 특별히 큰 관심을 보이지 않았다. 명품 연적을 찾아다니는 한국인을 보고 일본인들이 '연적광' 이라는 이름을 붙여 경멸했던 것도 그런 점에서 보면 이상할 것이 없다. 그 반면에 일본인은 분장청자(粉裝青磁), 약칭하여 '분청(粉青)' 을 매우 좋아했는데, 마찬가지로 이른바 고려차완(高麗茶碗)이라고 불리는 이도찻종(井戸茶碗) 등에 그들의 기호가 집중되어 있는 것을 보면서 골동품에 대한 기호의 차이는 주머니 사정에 의해서라기보다는 오히려 전통적인 차이에서 발생한다고 생각하게 되었다. 그러나 지금 설명한 내용은 단순히 일반적인 경향이 그렇다는 이야기일 뿐 전통이나 환경의 차이를 초월하여 좋은 물건을 구분할 수 있는 혜안을 가진 사람인 경우에는 해당하지 않는다.

처음으로 한국 도자기의 아름다움을 발견한 사람이 바로 일본인 야나기 무네요시(柳宗悅)였던 것도 그런 사실을 대변해준다. 야나기는 1920년경, 이미 조선백자의 정수(精髓)를 꿰뚫어보고 있었다. 그는 처음으로 한국을 여행했을 때에 우연히 발견한 그 아름다움에 매료되었고, 그 순간 이미 통찰력을 가지고 조선자기의 진수를 간파했다. 야나기가 자란 일본이라는 나라의 전통이나 환경은 한국인의 그것과는 전혀 달랐음에도 불구하고 그런 전통이나 환경을 초월하여 아름다운 물건을 간파할 줄 아는 혜안을 그는 가지고 있었기 때문이다.

한국의 도자기, 민예품에 관해서는 최근 50년에 걸쳐 다양한 연구가 이루어졌지만 아직도 야나기의 수준을 능가할 정도의 인물이 나오지 못하고 있다.

나는 고미술평론가도 아니고 학자도 아니다. 어린 시절부터 옛 문방구를 자주 접한 덕분에 자연스럽게 한국적인 처세훈을 익히면서 살아왔을 뿐이다. 이런저런 수집을 시작한 것은 이미 오래 전의 일이지만 그 동기를 묻는다면 한 마디로 대답하기 어렵다. 정신없이 돌아가는 사업에서 잠시나마 눈길을 돌려 삶의 즐거움을 맛볼 수 있었기 때문이라고 대답할 수도 있고, 노후의 위안을 삼기 위해서라고 대답할 수도 있다.

사람들은 흔히 나의 수집품에는 명품이 포함되어 있다고 말한다. 평가는 자유이지만 나는 수집 자체보다는 그런 골동품으로부터 마음의 '기쁨' 과 정신의 '조화' 를 찾는다. 그런 이유에서 폭 넓은 수집보다는 오히려 내 기호에 맞는 물건만을 선택한 것이 나의 소장품들이다.

나의 소장품 중에서 가장 마음에 드는 것은 청자상감의 운학모란국화문매병(雲鶴牡丹菊花紋梅甁)이나 청자진사연화문표형주자(靑磁辰砂蓮華文瓢形注子) 등이다. 이것들은 가장 초기에 입수한 것인데, 이 중의 매병(梅甁)은 상감 문양이나 유약이 발라진 정도가 다른 예를 찾아볼 수 없을 정도로 밝고 산뜻하며 안정감을 가지고 있다. 자랑하기는 그렇지만 고려청자 중에서도 최고에 속하는 명품이라고 나 스스로 인정할 정도다. 또, 표형주자(瓢形注子)는 거기에 그려져 있는 동자(童子)와 연꽃잎의 정교함이 매우 아름답고 기품 있는 진사(辰砂)의 채유(彩釉), 그리고 말로 표현하기 어려운 조화 등이 하나가 되어 달리 예를 찾아볼 수 없는 걸작이라고 생각한다.

몇 년 전, 국립박물관이 주최한 특별초대전에는 나의 소장품 대부분을 공개해서 예상 밖의 호평을 얻은 적이 있다. 내 소장품 중에서 지금까지 '국보' 와 '보물' 로 지정된 것은 11점이지만 그것들은 앞에서 소개한 두 점과 그 밖에 용두보당(龍頭寶幢), 청동검(靑銅劍), 금관백동은입사합(金冠白銅銀入絲盒), 평저주형토기(平底舟型土器), 토리(土履) 등이다. 이런 지정문화재들 중에는 금속류가 적지 않지만, 특히 금속류는 경솔한 평가를 하기 힘든 경지에 있다고 말해도 지나친 표현이 아닐 것이다.

올 봄에는 일본에서 한국의 미술품전람회가 열린다고 한다. 이런 계획은 양국의 문화교류증진을 위해 깊은 의의가 있다. 아름다운 것을 보고 아름답다고 감탄할 줄 아는 양국 국민의 마음과 정신이 상통하게 된다면 진정한 상호이해도 가능해질 것이다.

이 전람회에는 내가 소장하고 있는 물건 중에서 약 30점 정도가 출품될 예정인데, 이것을 기회로 미술관을 설립해보고 싶다는 내 구상을 실천에 옮길 생각이다. 그래서 최근 들어 미술관 설립을 위한 이런 저런 설계를 짜고 있는 중이다."

이 문장은 1976년 봄, 일본경제신문사가 주최한 한국미술전을 기념하여 기고한 이병철의 우리나라 미술에 대한 이해와 관심을 보여주는 것으로, 이 문장 안에서 미술관 창설 계획을 밝히고 있다. 이 계획은 이미 1965년에 설립된 삼성미술문화재단 사업의 일환으로서 구성되었고, 한국미술전을 계기로 이제 기회가 되었다고 판단했다. 미술관 설립에 숨겨진 또 하나의 동기를 엿볼 수 있다.

이병철의 소장품은 당시에 국보, 보물로 지정된 10여 점을 포함하여 수백 점에 이른다. 그것만으로는 종합박물관을 개설하기에는 충분하지 않다는 걱정도 있었지만 마침 박병래(朴秉來) 박사가 평생을 통하여 수집한 백자 수백 점을 국립박물관에 기증했다는 사실을 알고 깊은 감명을 받았다.

박병래 박사가 기증을 하게 된 동기는 소장품인 백자 수백 점을 개인이 보관하면서 계속 방치해 두면 가치가 떨어질 우려가 있다고 판단했기 때문이다. 이 동기를 전해들은 이병철은 자신의 소장품을 영구히 보존할 수 있는 미술관을 반드시 설립하겠다는 결심을 굳히고 건설 작업을 서둘렀다.

그러나 이런 것만이 미술관을 설립하게 된 주요 동기는 아니었다. 자신의 소장품뿐 아니라 조상들의 손에 의해 탄생한 찬란한 명품, 일품(逸品), 가품(佳品)들이 정당한 평가를 받지 못하고 그대로 묻혀 있거나 이곳저곳으로 흩어지는 것은 물론이고, 그런 미술공예품이 해외로 유출될 수도 있다는 점을 우려했기 때문이다.

이병철이 가장 정력적으로 성의를 기울여 많은 골동품을 수집한 것은 4·19혁명이 발생하기 4, 5년 전의 일이었다. 당시에는 요즘처럼 문화재보호법이 없었고, 문화재수집에 대한 일반인의 인식도 매우 약하여 수많은 문화재가 일본을 비롯한 그 밖의 다른 나라로 유출되었다. 이런 점을 우려한 이병철은 어떻게든 문화재 유출을 방지해야겠다고 생각하여 수량보다는 우수한 명품에 초점을 맞추고 40년 동안에 걸쳐 중요미술품 100여 점을 비롯한 그 밖의 미술품을 포함, 1,000여 점을 계획적으로 수집했다.

이병철이 소장한 명품 중에서 표주박 모양의 주전자는 한 차례 일본으로 밀반출되었다가 호가(呼價)가 너무 높아 다시 국내로 돌아왔을 정도의 걸작인데, 당시로서는 터무니없이 비싼 돈을 주고 이병철이 직접 매입한 것이다. 주전자와 함께 출토된 최충헌(崔忠獻)의 글이 씌어 있는 묘석을 바탕으로 그것이 고려 말기의 권력가인 최충헌의 소장품이었다는 사실이 해명되었다. 당시, 일본에서는 이 주전자의 가치가 100만 달러로 평가되었다는 에피소드가 있다. 그리고 이 주전자 이외의 또 하나의 명품은 아니카(安宅) 컬렉션에서 매입했다. 이병철이 매우 애석하게 생각하는 명품이다.

이병철은 소장하고 있는 1천여 점의 문화재의 보존을 위해 미술관 설립을 계획했다. 이 문화재들은 모두 그의 수집품이라고는 하지만 이미 개인이 소장할 수 있는 한계를 넘어선 것이며, 또한 민족공동의 문화재로서 사회에 환원되어야 한다고 판단했다. 이 계획은 1975년 2월에 열린 삼성문화재단의 이사회에서 밝혔다. 이사회뿐 아니라 가족과 친구들에게도 의견을 구하여 찬성을 얻은 것이다. 또, 미술관의 전시품은 금석(金石), 도자기, 고서화뿐 아니라 현대 국내 작가의 걸작품도 함께 전시하고, 또 민속품도 수집하여 전시할 수 있도록 별도의 민속관을 병설한다는 것도 계획에 포함시켰다.

미술관 건설 설계에는 이병철 특유의 사고방식이 도입되어 매우 흥미롭다. 우선, 그 규모다. 일단 건설하겠다고 결심을 한 이상 그는 세계 최대의 개인미술관을 계획하고 규모를 조사했다. 조사 결과, 일본의 이데미쓰(出光) 미술관이 700여 평에 이르는 최대 규모를 자랑했고, 유명한 워싱턴의 브리지스톤(bridge stone) 미술관도 그 규모가 500평 정도라는 사실이 판명되었다. 그는 이보다 훨씬 규모가 크면서 한국식 건축의 특색을 잘 살린 건물 설계를 공개모집하기로 했다.

다음으로 공사기간이다. 생산 공장을 건설할 때에는 가능하면 조기준공을 원칙으로 삼았지만 미술관만은 예외로 설정, 정성이 깃든 신중한 건설을 생각했다. 또, 병설하는 민속관에 대해서도 라이트(Frank Lloyd Wright; 미국의 건축가, 기능주의 건축에 대해 자연과의 조화를 중시하면서 기하학적인 형태와 문양을 사용한 유기적 건축을 주장. 일본의 호텔 데이코쿠를 설계했다)의 설계사상과 그 작품인 뉴욕의 구겐하임(Guggenheim) 미술관(건물 그 자체가 건축박물관)을 모범으로 삼아 한국 고유의 건축미를 유감없이 발휘할 수 있는 한국식 가옥을 건설하기 위해 최선을 다했다. 그리고 나무 한 그루, 풀 한 포기에 이르기까지 세심한 주의를 기울였다.

미술관의 명칭은 이병철의 아호를 딴 호암미술관(湖巖美術館).

호암미술관 공사가 조경을 포함하여 거의 종결 단계로 접어든 1978년 말, 이병철은 1,000여 점의 개인문화재를 모두 정식으로 기증하는 수속을 밟았다.

담담한 교제와 삶

남자는 한 번 이 세상에 태어났으면 자신의 신념에 근거하여 행동하고 우여곡절을 경험하면서 사업에 전력을 기울여 사명을 다한다. 그 사명을 다하면서 행복을 느끼는 사람도 있고, 부나 입신출세, 명성을 행복의 척도로 삼는 사람도 있다. 사람의 행복의 척도는 각 개인에 따라 다르지만 이병철만큼 평생을 통하여 '인복(人福)'의 혜택을 받은 사람은 드물다.

"저승으로 들어갈 때, 자진해서 관을 짊어지겠다고 자청하는 사람이 있다면 그 사람은 보람 있는 인생을 보냈다고 말할 수 있을 것이다."

이 말은, 진정한 의미에서의 친구를 두고 있는 사람이 많지 않다는 사실을 시사한 것인데, 이병철은 고희를 맞이하여 집무실에서 한담을 즐기게 되었을 때, 이 말을 조용히 음미하는 모습을 보였다.

그는 담담한 어조로 이렇게 말한다.

"사실, 나도 교우관계는 적은 편이라고 생각합니다. 머릿속으로는 뜻이 맞는 친구들과 함께 무슨 일에 대해서는 마음을 털어놓고 조용히 환담을 나누는 시간을 가지는 것이야말로 인생 최대의 행복한 시간이라는 사실을 잘 알고 있지만 솔직히 말해서 내게는 그런 기회가 거의 없었습니다."

"사람은 누구나 젊은 시절에는 연상의 친구와 사귀고, 나이를 먹은 뒤에는 반대로 연하의 친구와 사귀는 것이 일반적이라고 합니다. 하지만 내 경우를 예로 들어보면 젊은 시절에는 연상의 친구가 많았지만 지금은 연하의 친구가 별로 없습니다. 회사 안에도 친구로 사귀고 싶은 사람이 있지만 상대방은 회장인 내 앞에 서면 나름대로 예의에 얽매이게 되기 때문에 대등한 관계가 되기 어렵습니다. 이것은 내 입장에서 볼 때 불행이지요."

고희의 나이에 이르러 자연인으로서의 권리도 되찾아야겠다고 생각하는 이병철. 공과 사를 혼동하지 않기 위해 엄격하게 그 기준을 지켜온 그였다.

이병철은 이런 생각을 표현한 적도 있다.

"군자의 교제는 물처럼 담담해야 한다고 하는데, 요즘과 같이 주로 이해관계에 따라 모이고 흩어지는 것이 일반적인 시대에서의 우정은 마치 손바닥을 뒤집으면 구름이 되고 다시 뒤집으면 비가 되는 것처럼 무상함을 느끼게 합니다. 어제까지 그 무엇과도 바꿀 수 없는 친구였던 사람이 오늘은 완전히 변하여 가장 증오하는 원수가 되는 사례는 흔히 있지요. 이른바 관포지교(管鮑之交) 같은 우정은 책에나 실려 있는 미담에 지나지 않는 듯한 느낌마저 듭니다. 나 자신의 경우를 예로 들어도 설사 친구라고까지는 말할 수 없다고 해도 사실상 거의 매일 얼굴을 대했던 사람들 중에도 지금은 매우 서먹한 관계가 되어버린 사람이 없지 않습니다. 기업간 경쟁이 극심한 시대를 살면서 지나친 라이벌 의식이 우정을 손상시키고 있는 것인지도 모르지만 서로 이런 라이벌 의식과 우정을 확실하게 구별하는 양식을 갖추고 있다면 그야말로 담담한 교제를 계속 유지할 수 있을 것이라고 생각합니다."

이것이야말로 고희의 나이에 이르러, 더구나 파란만장한 시대에 탁월한 인간의 향기를 느끼게 하는 말이 아닐까.

부하 직원의 실수를 용서, 아니 실수를 할 자유조차도 그들에게 완전히 맡겨버리는 이병철이라는 사람에 대한 신뢰와 사랑. 서로 상반되는 인간의 심정이 겹쳐지면서 눈앞에 전개되는 다양한 인간 군상들의 모습.

담교(淡交)는 변하지 않는 인생의 덕목이다. 사람은 물과 같다고 한다. 관용에 둘러싸인 고고한 담교의 마음. 여기에서 지혜를 중시하는 서구 사상과 마음을 중시하는 동양 사상의 차이를 느낄 수 있다. 사람과 사람 사이에 오가는 인정, 신의를 소중하게 여겨온 이병철이었다. 그런 모습에서, 내재되어 있는 도덕률을 다시 한 번 확인할 수 있다면 지나친 찬사일까.

군자는 담담해야 한다. 그야말로 미루어 짐작할 수 있는 마음이 있어야 한다. 이병철은 고희의 나이에 이르러 그런 느낌을 내보였다.

이제 이병철의 일상생활을 살펴보자.

이병철의 수면시간은 최소한 8시간이다. 아침 6시에는 일어나 세수를 마치면 그 날 해야 할 일을 하나하나 메모한다.

메모를 하는 것은 그의 오랜 세월 동안의 습관이다. 그는 무슨 일에 대해서든 깊이 생각하는 경향이 있고, 이것저것 검토해보아 도저히 이해할 수 없는 일이 있거나 확인이 필요한 일, 또는 갑자기 좋은 아이디어가 떠올랐을 때에 반드시 그 내용을 메모한다. 마치 과학자처럼 세밀하게 메모한다. 그리고 그 모든 메모는 다음 날 정리하여 체계화한다. 이병철이 메모를 하는 습관은 단순한 메모광의 그것이 아니다. 나이를 먹으면서 기억도 젊었을 때와 달라 메모가 없으면 불편하다고 말하지만, 그의 메모는 그가 시작하거나 벌여놓은 모든 사업의 계기로 작용한다는 것은 틀림없는 사실이다. 나이가 많다고 하지만 그의 기억력은 뛰어났다.

아침식사는 소량으로 가볍게 마친다. 커피만으로 마치는 경우도 있다. 식사 양을 일정하게 정해두고 아무리 식욕이 넘치더라도 그 이상은 섭취하지 않는다. 일본을 방문했을 때에도 점심식사는 가벼운 메밀국수 정도로 마친다. 저녁식사는 자기가 좋아하는 음식을 섭취하지만 이 역시 절식을 굳게 지킨다.

9시 전에는 반드시 중앙일보 · 동양방송이 있는 매스컴센터에 출근한다. 회장인 이병철에게 지각을 했다고 잔소리를 하는 부하는 없지만 그는 자신의 출근 시간을 정해두고 반드시 지킨다.

9시에 출근을 하면 즉시 스케줄에 따라 관련기업, 담당부서, 담당자에게 각각 지시를 내린다. 점심은 12시 30분. 이 때는 관련기업의 인물이나 외부 거래처 인물과 환담을 하는 경우도 있다. 관련기업의 인물과 식사를 할 때에는 그 자리에서 경영상의 모든 문제에 대해 질문을 한다. 관련기업의 사장은 식사를 하는 자리에서 이병철의 질문을 받으면 식사도 제대로 할 수 없다고 말한다. 회장실에서의 점심식사는 '마(魔)의 오찬 모임'이라고 불린다. 이병철은 그 자리에 참석한 사장들의 보고는 세밀하게 듣지 않는다. 그 자신의 결론을 미리 준비해두고 각 관련기업 사장들이 보고하는 사항의 요점만 파악한다.

점심식사 후에는 다시 일에 몰두한다. 서류 결재는 하지 않지만 삼성 산하의 기업 임원들을 불러 보고를 받는 것과 동시에 직접 사업 활동을 확인한다. 숫자에 관한 기억력은 매우 좋아 중요한 숫자는 한 번 들으면 절대로 잊지 않았다.

이병철은 모든 기회를 이용하여 가능하면 많은 사람들로부터 이야기를 들으려 했다. 그러나 회장이라는 지위 때문에 그에게 솔직하게 자신의 뜻을 이야기해주는 사람은 없다는 것이 그가 아쉬워하는 점이었다.

저녁에는 특별한 사정이 없으면 6시쯤에 귀가한다. 때로, 가족들과 함께 저녁식사를 하면서 단란한 시간을 보내는 경우도 있다.

부인은 달성군(達城郡) 사동(沙洞) 순천박씨 가문의 넷째다. 한국의 풍습대로 사모관대를 쓰고 결혼을 한 지 이미 50여 년의 세월이 지났고, 그동안 3남3녀를 두면서 금슬을 유지하며 살아 왔다. 자녀들은 각각 결혼하여 따로 살고 있기 때문에 온 가족이 한 자리에 모이기는 어렵다. 가족의 결혼 문제에 대해서는 집안과 교육, 건강, 연령 등을 고려하여 가족회의를 거쳐 결정한다.

특별한 일이 없으면 곧장 집으로 귀가하여 텔레비전을 보면서 저녁 식사를 한다.

이병철은 할 일 없이 뒹구는 것을 싫어한다. 텔레비전은 세 대를 갖추어두고 텔레비전을 보면서 잡지나 신문을 읽는다. 가장 좋아하는 프로그램은 국악과 복싱 중계. 국악은 오래 전부터의 취미이고, 복싱은 투지가 넘치는 복서들의 진검승부에 공감을 느끼기 때문에 좋아한다고 한다.

취미는 민요, 무용, 고미술, 건축, 분재, 원예 등 다방면에 걸쳐 있다. 한때는 수집에 열중하여 라이터, 파이프, 넥타이, 만년필을 닥치는 대로 수집한 적도 있었다. 골프는 약 30년의 경력에 핸디는 10이다. 이 밖에 여행을 좋아한다. 그는 단조로운 일상생활에 지루함을 느끼면 여행을 자주 떠난다. 환경과 인물이 바뀌면 기분전환이 되고, 머리도 신선해지기 때문이라고 한다. 독서는 어떤가. 학교에서의 성적은 매우 우수한 편은 아니었지만 어린 시절부터 독서를 즐겼다. 소설에서 역사책에 이르기까지 다독(多讀)이라기보다 오히려 난독(亂讀)에 가까웠다. 그런 버릇은 말년까지 이어졌는데, 신문의 신간서적 광고는 반드시 보고 집무실에는 서가를 설치해 놓았다. 장식용 호화판 전집을 두는 일은 없고, 반드시 읽고 싶다고 생각하는 책을 정력적으로 탐독한다.

해마다 저명한 학자들로부터 앙케트를 받는다. 그 해 가장 감명 깊었던 책이 무엇이었는지 각 전문분야의 학자들로부터 감상을 듣는 것이다. 그러나 이병철의 입장에서 유감스러웠던 점은 이런 앙케트에서 〈논어〉를 거론하는 사람이 거의 없다는 것이다.

이병철은 일찍이 실의에 빠져 있었을 때(부정축재 문제) 〈논어〉를 비롯한 경서를 닥치는 대로 다시 읽으면서 무료함을 달랜 적이 있었다. 그를 형성하는 데에 가장 큰 영향을 끼친 것이 다름 아닌 〈논어〉였다. 2천년 전의 고전을 요즘 같은 시기에 거론하는 것은 진부하다는 느낌을 줄 수도 있지만, 인간의 기본적인 사상이나 규범이 그 후에 과연 어느 정도나 발전했는지 다시 검토해볼 필요성은 있다고 생각한다. 물론, 한국의 경우에는 유교사상에서 완전히 벗어날 수 없었기 때문에 근대화에 뒤처진 것은 틀림없는 역사적 사실이지만 물질만능인 현대 사회의 바람직하지 못한 풍습을 시정하기 위해서도 〈논어〉를 재검토해볼 필요성이 있다고 생각한 사람이 이병철이다.

이병철은 기업경영에 관한 서적은 거의 읽지 않았다. 여기에 이병철의 독특한 사고방식이 숨어 있다. 그는 경영학의 새로운 이론에 대해서도 냉정한 판단을 내린다. 경영학 이론을 이상이라기보다 오히려 기술로 보는 경향이 있다.

"나는 반드시 무엇인가를 얻으려는 생각에 책을 읽지는 않습니다. 분명한 목적을 가지고 읽으면 재미가 없거든요. 따라서 책을 계통에 따라 읽는 경우도 없고, 깊이 숙독하는 경우도 없습니다. 그 대신 폭 넓은 분야의 책을 읽습니다. 물론 소설도 읽지요."

이병철은 또한 전기문학을 탐독한다. 그가 전기문학에서 얻는 것은 내면적인 갈등과 모순을 짊어지고 살아가는 인간의 모습이라고 한다.

"인간은 아무리 정상이라고 해도 선과 악, 합리와 불합리, 광기(狂氣)와 정기(正氣), 본능과 이성을 겸비하고 살아갑니다. 아무리 선량한 사람이라고 해도 어느 순간에 악의 유혹에 무릎을 꿇을 수 있고, 아무리 사악한 사람이라도 선량해질 수 있다는 식으로, 소설은 우리가 인간을 이해할 수 있게 해줍니다."

이병철은 주인공이 성자이든 영웅이든 마찬가지로 공감을 느낀다. 벌거벗은 인간성에 공감을 느끼는 것이다. 그들에게서 평범한 사람들과 크게 다르지 않다는 느낌을 받을 때, 그는 한층 더 친밀감을 느낀다.

이병철은 기회가 있을 때마다 산하 경영자들을 비롯한 임원들에게 폭 넓은 독서, 특히 소설을 많이 읽으라고 권하는데, 거기에서 얻을 수 있는 인간에 대한 올바른 이해야말로 인사관리의 기본이라고 생각한다. 하지만 독서는 즐거움의 하나일 뿐 인간을 이해하는 것은 어디까지나 소설을 읽는 즐거움을 지속한 결과라고 말할 수 있다. 그는 그런 의미에서 독서의 참된 묘미를 이해하고 있다.

이병철은 자신의 인생을 조용히 되돌아보면서 이렇게 말한다.

"인생은 연마하는 것이다."

"보보시도량(步步是道場; 한 걸음 한 걸음이 도량이라는 뜻), 일일시호일(日日是好日; 하루하루가 다 좋은 날이라는 뜻)."

"사람은 늙어서 죽는 것이 아니라 한 걸음 한 걸음, 사람으로서의 길을 연마하고 갈고 닦는 행동을 포기했을 때에 죽는 것이다."

그리고 자신의 생각을 이렇게 표현했다.

"나는 아직 일을 완수했다거나 완성했다고는 생각하지 않는다. 일을 남긴 채 내 인생이 끝날지도 모른다. 완수하지 못한 일을 나의 유일한 유산으로 후대에 남기고 여백(餘白)의 삶을 조용히 보낼 수 있다면—일을 남긴 채 여생을 보낼 수 있다면— 이것이야말로 여백의 아름다움이라고 말할 수 있지 않을까. 나는 그보다 행복한 인생은 없다고 생각한다."

10 새로운 발전을 위해

사장이 되는 조건은
치밀한 계획능력, 통솔력, 판단력, 구상능력, 포용력,
결단력, 통찰력, 현상인식능력, 실행력이다

전자산업 분야로

한 나라의 경제가 1차 산업에서 2차 산업으로, 경공업의 소비재 부문에서 중화학공업의 생산재 부문으로 산업구조가 전환되어가는 것은 경제사가 잘 보여주고 있으며, 수많은 학자들에 의해 해명된 사실이다. 그것은 생산성 향상을 추구한 결과로 발생하는 산업 활동의 당연한 귀결이기도 하다. 그리고 이런 구조전환 과정은 충분한 자본 축적, 수준 높은 기술의 집적, 우수한 경제학자와 수많은 기술자들의 존재와 활동, 나아가 시장 등의 모든 조건이 성숙됨에 따라 단계적으로 이루어지는 것이다.

그러나 제2차 경제개발 5개년계획이 진행 중이던 당시의 한국경제의 실정은 고도경제성장을 실현하기 위한 산업기반이 충분히 정비되어 있지 않았다. 1948년, 대한민국이 수립되고 숱한 고난을 거쳐 마침내 1950년대

에 소비재 중심의 경공업 발전 시기를 맞이하게 되었다. 이어서 1960년대로 접어들면서 눈부신 공업발전이 실현되었고, 1950년대와는 전혀 다르게 수출주도형 정책이 추진되었다. 그러나 공업발전 과정에서 볼 때, 한국경제에 공업화 기반을 조성하기 위해 급했던 문제는 수입대체 촉진과 수출지향성 경공업 육성과 충실, 그리고 사회간접자본의 확충이었다. 이것을 공업기술이라는 측면에서 본다면 1950년대부터 1960년대에 걸쳐 한국경제는 과학화의 기반 구축, 공업의 근대화를 위한 외국기술의 도입을 중심으로 하는 과학기술의 개발전략 추진이 우선적인 문제였다.

그 성과는, 수출을 통하여 급격한 발전을 보였다. 그 배후에는 공업단지를 핵으로 삼은 집중적인 발전과 정부주도에 의한 연구개발이 있었다. 입지적으로 보면 공업단지의 대부분이 남동부의 임해지역이나 인접한 내륙부에 집중되었다는 단점은 있지만 한국의 공업이 단지에 집약되었다는 것은 매우 효율적인 공업발전을 촉진하는 강력한 원동력으로 작용했다. 한편, 정부 주도에 의한 집약적인 기술개발은 공업화의 역사가 짧은 국가로서는 성장 과정에서 기업 간 격차를 낳았고, 기업의 자주적 개발의욕을 상실하게 만드는 결과도 낳았다. 이런 집약적인 기술개발은 경쟁원리의 결여로 나타난다. 경쟁에 대한 의욕 상실은 성장에 변형을 초래하여 국민경제에 심각한 영향을 끼친다.

한국경제에 끊임없이 주어지고 있는 과제는 국가안보를 전제로 하는 국력 배양, 경제력 향상, 국민생활의 양적이고 질적인 면에서의 향상에 있다. 더구나 경제발전에는 항상 성장과 균형과 효율이 요구된다. 그리고 제약된 악조건 아래에서의 키포인트는 탁월한 기업경영자의 철저한 시장원리에 바탕을 둔 합리성에 있다.

한국경제가 가지고 있는 특수성에서 볼 때, 소비재 중심의 경공업에서 중화학공업의 단계로 바로 들어가는 것이 아니라 점진적으로 들어간다고 했을 경우 특유의 국민성, 사회습관, 자연조건, 생활, 교육 수준 등의 측면에서 선택하고 지향해야 할 산업분야는 어떤 식으로 개척되어야 했을까.

중화학공업 분야로의 선택적 개발에는 막대한 자본 축적과 자원의 집약이 필요하다. 그보다는 기술 집약적(지식 집약적)이며 동시에 노동 집약적인 업종을 우선적으로 개발하는 것이 1960년대 후반부터 1970년대 초반에 걸쳐 한국경제에 있어서(또는 기업에 있어서) 우선적이고 중점적인 과제였다. 즉, 전자, 조선, 기계공업 부문의 개발과 추진이었다.

조선, 기계공업 부문은 잠시 제쳐두고 전자공업 부문에 대해서 살펴보자. 공업의 근대화에 있어서 기술은, 그것이 자주적으로 개발한 것이든 도입한 것이든, 또는 개량된 것이든 그 추진과 혁신은 산업구조와 취업구조, 그리고 인간의 의식구조, 나아가 경영풍토에 격심한 변화를 초래한다. 특히 전자공업 부문처럼 그 제품들이 가격은 물론이고 품질, 성능, 디자인, 고장 유무, 애프터서비스 측면 등에 있어서 우수한 경쟁력이 요구되며(가격과 비가격 경쟁 양쪽 측면에서의 우위성), 제품들이 매우 다양한 분야에서는 기술을 전개할 때에 항상 새로운 혁신이 요구된다. 가정용 기기에서 산업용 기기, 우주개발, 국방에 이르기까지 전자기술의 균형적이고 전반적인 수준이 전자공업 부문의 모든 기업에 요구된다. 동시에, 그 줄기를 이루는 우량 중소기업들의 계열화와 관련 산업인 금속공업, 응용화학공업 등 다른 공업과의 제휴도 있어야 한다.

의료기기(ME)를 예로 들어보자. 제4세대 의학이라고 알려져 있는 장기이식을 살펴보면 의료기기가 관련 산업의 최고기술과 얼마나 많은 협력을 해야 하는지 쉽게 이해할 수 있다. 인공장기 개발에는 의학은 물론이고 전자공업, 정밀기계공업, 고분자화학 등의 지원이 필요하고, 직접의료에 종사하는 의사들 이외에 수많은 과학자와 기술자의 협력이 있어야 한다.

종합의료행위는 전문화되고 세분화된 학문의 영역을 초월하여 모든 학자가 서로 협동하고 협력하여 하나의 주제에 몰두해서 보다 실효성이 높은 연구를 실시하는 것이다. 궁극적으로 인간의 복지생활에 질적인 충실을 도모하는 의료기기를 개발하는 데에는 이 종합의료행위가 특별히 요구된다. 의료기기의 개발은 전자산업 분야에 있어서 최고의 결정체라고 말할 수 있으며, 거기에는 고도로 집약된 기술의 전개를 볼 수 있다. 전자공업 부문이야말로 보다 높은 계열화가 필요하며 관련사업 부문과의 제휴도 도모해야 한다. 더구나 그 기술 전개는 국내적으로 고용 증대를 초래하고, 대외적으로는 우리나라 산업의 우위성을 유지하며 새로운 경제 발전의 포석이 된다.

이병철은 모든 조건이 열악한 상황에서 중화학공업화를 서두를 것이 아니라 가장 이상적인 산업 분야인 전자공업에 모든 힘을 압축, 새로운 화살을 당길 때라고 직감적으로 판단했다.

전자공업의 오늘과 내일

이병철이 당시 16개의 기업을 거느린 삼성그룹의 총수로서 전자공업 부문으로 진출하겠다는 결심을 했을 때, 기업 환경은 매우 혹독했다. 그러나 숱한 기복과 어려움을 극복해낸 그의 자신감에 찬 얼굴에는 한국의 국화인 무궁화와 비슷한 강인함이 배어 있었다. 불굴의 기업가정신이 넘치고 있었다. 한국비료헌납(1967년)이라는, 기업가에게 있어서 통한의 사건이 있었지만 결코 무릎을 굽히지 않고 즉시 새로운 사업의 구도를 그려내어 실행에 옮겼다. 1969년 1월에 설립된 삼성전자공업이 그것이다.

당시의 한국경제는 이미 설명했듯 제2차 경제개발 5개년계획이 진행중이던 시절로, 삼성그룹의 입장에서는 1960년대 초반의 관련사업 확장기에서 정체기로 접어들어 이 정체기를 벗어나려 하는 시기였다.

그러나 한국경제발전의 추진력인 삼성그룹에도 부정축재, 한국비료 국가헌납 등 잇따라 경영위기가 찾아왔다. 그것은 이병철의 두터운 신임을 얻고 있던 성상영(成尙永. 전 한국비료 사장)을 비롯한 몇 사람의 이탈이었다. 외부에서는 삼성그룹의 분열위기라고까지 떠들어댔지만 이병철은 이 위기를 의연한 모습으로 받아들이고 평소의 구상이었던 전자공업 부문으로 단숨에 진출했다. 그의 눈앞에는 기업 그룹의 모든 시스템을 동원하여 당시 국내외에서의 전자공업 현황과 미래의 전망을 정리한 조사보고서가 완성되어 있었다.

이 조사보고서에는 경제발전을 착실하게 진행하는 한편으로 가속화하기 위하여 전 국민이 노력해야 한다는 내용이 역설되어 있고, 국가 백년대계의 기초에 가장 현대적이면서 미래에 무한한 발전을 기대할 수 있는 전자공업의 구도가 그려져 있었다.

전자공업이 가장 현대적이며 유망하고 국가적이라고 말하는 이병철의 기업관과 소신을 엿볼 수 있는 것으로 1969년 6월 26일과 27일에 걸쳐 〈중앙일보〉에 기고한 '전자공업의 오늘과 내일' 이 있다. 아래에 전문을 소개해보기로 한다. 여기에는 이병철의 기업가로서의 탁월한 통찰과 자신감이 넘치고 있을 뿐 아니라 선진공업국들을 따라잡기 위한 전략, 우리나라

산업의 유리한 전개를 위한 개발전략, 구상과 수단 등도 남김없이 드러나 있다. 세계적인 시야로 분석을 시도하여 한국경제가 나아가야 할 방향을 시사하고 있다는 점에서 이병철은 그야말로 불세출의 기업가라고 표현할 수 있을 것이다.

경제발전의 가속화를 위해서 범국민적인 노력을 기울이고 있는 지금, 국가의 백년대계를 굳건히 하려면 현대산업의 건설이 무엇보다도 긴요한 과제라고 지적되고 있습니다.

지난 몇 년간 우리나라 경제는 후진국에서 유례없는 고도성장을 기록해 왔습니다. 그러나 아직도 많은 구조적 결함을 지니고 있으며, 여러 산업분야에서 후진적인 불균형을 탈피하지 못하고 있습니다. 따라서 앞으로 우리나라 경제가 건전하고 균형 있게 발전하려면 현대적이고 무한한 발전이 기대되는 산업건설이 요구되고 있습니다. 이런 점에서 최신과학기술의 산업화 추세에 발맞추어 선진국에서 현대산업의 총아로서 최근에 고도성장의 첨단을 달리고 있는 전자공업은 풍요한 한국경제의 미래상을 약속해주는 원동력이 될 것으로 믿어 의심치 않습니다. 전자공업은 헤아릴 수 없이 다양한 제품과 광범위한 용도, 그리고 연관 산업에의 파급 효과로 해서 무한한 개발과 발전이 예견되는 가장 새로운 성장산업입니다.

이 분야에서 미국은 지금 절대적 우위에 있습니다만 일본의 전자공업도 초창기인 1950년부터 1955년 사이에 연평균 110%라는 경이적 성장을 기록하고 그 후에는 오늘에 이르기까지 연평균 40%의 안정 성장을 지속하면서 미국을 뒤쫓고 있습니다.

1968년의 전자제품 생산액 51억 달러가 1969년에는 63억 달러까지 신장할 것으로 예상되고 있으며, 전자제품 수출액은 14억 달러에서 19억 달러로 36%가 증가하여 전체 수출액의 13%를 차지할 전망입니다.

일본 전자공업의 이러한 비약적 발전은 경영지도층의 지혜로운 투자선택, 과감한 선진기술의 도입과 저렴한 노임에 힘입은 것이며, 라디오 · TV 등의 가전제품, 소위 국민생활과 직접 관련이 있는 제품이 그 근간을 이루고 있습니다. 즉 가전제품의 왕성한 국내소비가 수출기반을 조성했으며 나아가 전자공업 전체의 발전을 가능하게 한 것입니다.

일본에 비교할 바는 못 되지만 우리나라와 같은 개발도상국인 대만에서도 일찍이 전자공업육성에 착안, 1966년에 이미 2천만 달러의 전자제품을 수출했고, 1969년에는 이것을 1억 달러로 끌어 올릴 계획입니다.

대만은 저렴한 노임을 바탕으로 전자공업에 유리한 투자분위기를 조성하고 외자유치 및 기술도입을 적극 지원하여 현재 내국인 또는 내외국인 합작투자공장 75개와 외국인 직접투자공장 50개를 각각 보유하고 있습니다. 이와 같은 대만의 전자공업의 발전은 정부의 점화적 역할에 크게 힘입은 것이라는 것이 여론입니다.

이에 비해 우리나라 전자공업은 1968년도의 모든 전자공업제품의 연간 생산액은 8,700만 달러이고, 그 중 이른바 가정용 전기제품의 생산실적은 4,800만 달러였으며, 수출액은 불과 2,000만 달러를 기록했을 뿐이어서 아직은 지극히 초보적인 단계에 머물러 있습니다.

지금 우리나라에서는 68개 내국인 기업과 4개 내외합작기업, 그리고 8개 외국인 직접투자기업이 전자공업에 종사하고 있습니다.

외국인 기업은 대부분이 저렴한 노임과 유치정책에 자극받아 진출하였고, 집적회로(IC)와 같은 부분품 생산에 주력하고 있으며, 내국인 기업은 주로 외국에서 대부분의 부분품을 도입, 가정용 전기제품을 사실상 조립하는 정도에 그치고 있습니다.

그러나 원자재의 과다한 대외의존은 제품의 가격증가 현상을 초래했고, 외국에 비해 노동력이 저렴하고 풍부하다는 이점을 활용하지 못하여 결과적으로 국제경쟁력은 취약한 형편입니다. 뿐만 아니라 외국인 직접투자기업의 진출도 우리나라 전자공업에는 이렇다 할만한 기여를 하지 못하고 있는 실정입니다.

다행히 정부는 이처럼 초보적 단계에 있는 전자공업을 육성하기 위해 1969년 1월에는 전자공업진흥법을 제정, 공포하고 이 법에 따라 지난 6월 19일에는 1969년부터 1976년까지의 8년 동안을 계획기간으로 하는 전자공업진흥 기본계획을 확정, 공고했습니다.

이 계획은 계획기간 중 국산화를 촉진하고 전자기기 및 부품의 계열화와 분산화를 확대함으로써 이 제품의 수출을 증대시킨다는 내용으로 되어 있습니다.

물론 전자제품의 대량수출이 실현되기에는 높은 금리를 비롯하여 상승일로에 있는 노임과 낙후한 기술, 그리고 숙련기능공의 부족 등 저해요인이 너무나 많은 것이 오늘의 현실입니다.

한국에 있어서의 지금까지의 전기제품 국산능력은 간단한 캐비닛 등 극히 한정된 부품생산에 그쳤던 것이라고 해도 과언이 아닐 것입니다.

그동안 선진 여러 나라의 전자공업계의 실태를 면밀하게 검토하여 본 결과, 한 개의 '콘덴서' 로부터 우주개발을 가능하게 한 초고도의 정밀전자 응용기기에 이르기까지 그 영역과 심도는 헤아릴 수 없을 정도로 넓고 우회적일 뿐 아니라 기술혁신의 속도 또한 다른 분야에 비할 바가 아니고 부단한 국제경쟁을 해야 하는 아주 어려운 사업이라는 것을 재삼 절감하였습니다.

그러나 이 분야의 제품은 무한한 세계시장을 가지고 있으므로 우리가 자본 · 기술 · 경영 등 여러 면에서 온갖 역량을 집중하여 과감하게 추진하여 간다면 전자제품의 국산화가 기필코 이루어지리라는 기대와 확신을 갖게 되었습니다.

삼성이 전자공업 분야에서 계획하고 있는 사업이 순조롭게 진전되면 지금부터 2년 후에는 연간생산액 7,000만 달러, 원화로 쳐서 210억원에 달하며 그 90%를 수출하게 될 것입니다. 이러한 생산액은 일본 전기업계에서도 20위 안에 드는 대규모에 속하는 업체인 것입니다.

또 그 수출액은 올해 수출계획 금액의 10% 가까운 것이기 때문에 이 정도의 대규모 공장이 열 개만 있으면 올해 수출목표 7억 달러는 전자제품만으로도 달성할 수 있다는 이야기가 되는 것입니다.

이러한 공장을 세우는 데는 2,000만 달러 내외면 족하고, 또 세계적으로 그 수요가 무한정하기 때문에 국내 기업인들이 적극 이 분야에 투자할 것을 저는 요망하는 것입니다.

전자공업은 금속공업 · 기계공업 · 응용화학공업과 나아가서는 군수산업 등 관련 공업의 유기적 발전을 가져올 수 있습니다.

종합공업으로서의 특성이 다른 어떤 분야보다도 짙은 전자공업은 무수한 중소 관련기업과의 계열화를 필요하고도 충분한 발전조건으로 하고 있습니다.

일본 경제발전의 비결이 중소기업으로 하여금 대기업과의 계열화를 통해 약진의 원동력이 되게 한 데 있었다고 한 독일전문지(슈피겔 · 5월 하순호)의 최근의 추적조사 결과는 전자공업처럼 계열화가 광범하고 불가결한 산업 분야에서 특히 주목할 만한 것이라 하겠습니다.

따라서 전자공업은 국내의 모든 기존기업들과 계열화, 또는 상호부조하면서 발전해 나가야만 새로운 분야와 신기술의 확산적인 동시개발을 가져올 수 있습니다.

이러한 기업 간의 공존공영은 일본이나 기타 선진 여러 나라에서는 이미 상례화되어 있는 현실이며, 그것은 사리의 당연이라고 할 것입니다.

우리나라 전자공업의 무한한 발전을 위해 수용자가 신뢰할 수 있는 우수한 품질의 제품을 생산하고 국제경쟁력을 배양함으로써 수출증대를 기하기 위해서는 이와 같은 동종 및 계열기업간의 협력관계가 무엇보다 긴요한 과제인데, 이러한 확대 개발효과는 경제의 질적인 심화와 우회생산의 확대를 가져올 것입니다.

우리가 아무리 선진국의 기술을 도입 개발하여 우수하고 저렴한 제품을 생산하려 해도 현재의 제반 어려운 여건들이 개선되지 않는다면 우리가 설정한 어떠한 목표의 달성도 불가능할 것입니다.

앞에서 이미 지적한 것처럼 국내 기업 환경은 높은 금리와 세제상의 문제 등 결코 소망스럽지가 못하고, 낮은 수준에 있다고는 하지만 해마다 약 20% 내지 30%씩 상승하고 있는 노임 추세도 경시할 수 없는 실정입니다. 노동력이 풍부하다지만 전자공업 부문의 기능공은 빈약하며, 낮은 수준의 노동생산성은 저렴하다는 노임의 이점을 사실상 상쇄하고 마는 것입니다.

따라서 정책상의 지도와 여건조성은 앞으로 전자공업의 성패를 좌우하는 관건이 됩니다. 다른 산업보다 초보적 단계에 놓여 있기 때문에 그 필요성은 더욱 절실합니다.

전자공업은 지금 또 하나의 성장산업으로 각광을 받고 있는 석유화학공업 이상으로 발전의 소지가 큰 산업입니다.

특히 전자공업은 거액의 투자가 필요한 장치공업이 아니며, 따라서 투자액이 적은 데 비해서 그 수익률이 높아 적은 자본투자로 무한한 성장을 기대할 수 있는 산업입니다. 그리고 전자공업에 대한 투자는 그것을 내구소비재의 생산을 위한 투자로 볼 것이 아니라 수출증대를 위한 전략투자의 관점에서 적극적인 투자유인의 조성이 절실하게 요청되고 있습니다.

국민경제가 기간산업은 물론 내구소비재산업에까지 여유 있게 투자할 수 있는 시기가 하루 속히 오게 하기 위해 먼저 '달러' 를 벌어들이자는 투자입니다.

오늘날 선진국의 전자공업은 시설자동화와 기계화공정의 촉진으로 이미 단순한 노동집약적 산업이 아니고 자본집약적 경향을 띠어가고 있습니다.

우리가 이렇게 새로운 단계로 발전을 거듭하면서 쉴 새 없이 혁신

해가는 선진국 전자공업의 뒤를 하루라도 빨리 따라갈 수 있는 길은 오직 정부 부문과 민간기업을 망라한 범사회적인 육성의욕과 노력에 달려 있음을 새삼 강조하고 싶습니다.

전자공업에 대한 정부의 점화적 · 선도적 역할은 다른 산업 분야에 있어서나 마찬가지로 필요하지만 수출액의 다과와 국산화 비율의 고저, 그리고 자기자본의 충실성 여부 등을 고려해서 이에 상응하는 정책상의 조정이 있어야 할 것입니다.

또한 저는 이 기회에 정부가 전자공업진흥 기본계획에서 상정하고 있는 수출계획을 보다 더 의욕적으로 확대 수정할 것을 제의하고 싶습니다.

기본계획의 1976년도 전자제품 수출목표 4억 달러는 보다 의욕적인 수준까지 확대되어야 할 것이며, 이와 같이 확대된 수출목표에 대응한 전자제품의 내수 수준의 향상을 위하여 정부와 업계는 통합된 노력을 계속 집중시켜 가야 할 것입니다.

그가 이상으로 여기는 전자공업 분야에서의 궁극적인 구도는 무엇인가. 물론 시장 원리에 근거한 자유경쟁 자체이기는 하지만 활기에 찬 경쟁사회에서 항상 국가의 신생과 국민의 향상을 첫 번째 과제로 삼으면서 각 기업이 나름대로의 경영자원을 기초 삼아 적극적으로 중점 지향을 강화하여 NICS(신흥공업국가들)의 기수로서, 나아가 선진공업국들과의 경쟁에 충분히 맞설 수 있는 첨단적 기술을 전개해 나가는 것이 아니었을까.

전자산업을 중심으로 삼는 기술의 전반적인 수준 향상, 거기에 전자공업 진출이라는 이병철의 결의가 깃들인 구도가 존재한 것은 아닐까. 첨단

분야의 기술개발에는 원자력, 우주개발, 국방력 강화뿐 아니라 의료 분야에서의 개화와 결실, 그리고 한국경제가 지향하는 분야가 이미 그려져 있었던 것은 아닐까. 그 구도에 바로 전자공업의 매력이 있으며 새롭게 성장할 수 있는 가능성이 있기 때문이다.

삼성전자공업

시점을 1969년 1월의 설립 당시로 돌아가 보자. 설립 당시, 국내에는 이미 몇 개의 전자기업이 있었고, 삼성이 이 분야에 참가하는 것에 대해 상당한 비판과 반대도 있었다. 또한, 삼성의 시장 참가에 의한 업계 혼란도 예상되었지만 삼성그룹이 총력을 기울인 결과, 삼성전자공업은 문자 그대로 삼성그룹 전자산업 분야의 모체로서 1월에 발족하기로 결정이 되었다.

수권자본은 6억 원, 불입자본 3억3천만 원. 6월에 수원단지에 개토식(開土式)을 거행했다. 같은 해 12월에는 현재의 삼성전기의 전신이었던 삼성산요를 설립했고(산요전기 三洋電氣와 스미토모상사 住友商事와의 합작), 이듬해인 1970년 1월에는 삼성전관(三星電管)의 전신인 삼성NEC(NEC와 스미토모상사와의 합작)을 설립했다. 이후, 선진공업 각국과의 제휴로 삼성산요파츠(1977년 5월 삼성전자부품, 1987년 2월 삼성전기로 상호변경), 삼성 코닝, 한국반도체 등의 계열회사를 잇달아 설립, 양산화 체제를 도모함과 동시에 부품생산의 완전계열화를 실현하여 기존의 소비재 중심 경공업에서 선박, 철강, 합섬과 함께 주요 수출품목이 되었고, 해외로 진출할 수 있는 강력한 기반을 이루었다.

제품들도 처음에는 라디오, 텔레비전, 에어컨 등 제작이 비교적 간단한 것에서 출발하여 점차 그 범위를 확대해 갔다. 연관 분야의 확대 및 다각화 모색과 함께 자본금도 삼성전자의 경우에는 1977년에는 불입자본금 45억 원, 수권자본금 60억 원이 되어 불과 몇 년 사이에 국내 100대 기업의 하나로 상승할 정도의 성장을 보였다.

수출실적에 대해서도 삼성전자의 경우, 설립 후 4년째인 1973년에는 1,500만 달러를 웃돌 정도의 성장을 보였다. 그 후, 기업이 발전함에 따라 텔레비전을 비롯한 그 밖의 간단한 전자제품은 그 부품의 완전한 국산화를 도모하기 위해 1973년 8월에 삼성전기의 전신인 삼성산요파츠를 설립했으며, 같은 해 12월에는 특수유리 제품의 생산을 시작하기 위해 미국의 코닝 사와의 합병을 통하여 삼성코닝을 설립했다.

삼성전자의 주요제품으로는 텔레비전, 라디오, 카세트테이프레코더, 스테레오, 앰프, 탁상전자계산기, 금전등록기, 전자시계, 냉장고 등 25종의 전자 및 가전제품을 생산하고 있다. 수출 대상도 미국, 유럽 이외에 세계 각국에 텔레비전과 음향기기 및 각종 전자제품을 수출하여 전자제품 수출에서 큰 비중을 차지하고 있다. 이 수출제품들 중에서 대표적인 제품인 텔레비전은 미국을 비롯한 서구 각국의 엄격한 품질규격에도 합격했다. 또, 설립 10여 년 후에는 삼성전자가 일본의 내셔널을 추월하여 세계 최대의 텔레비전 생산을 기록할 수 있었다.

또, 외국의 유명회사들도 삼성의 브라운관을 사용할 정도로 큰 발전을 이루었다. 그리고 미국에서 기존에 일본에 적용되었던 컬러텔레비전 수입 규제를 대만과 함께 한국에도 설정할 정도로, 세계 무역의 냉엄한 상황에서 선진국과 마찬가지의 수입규제를 받을 정도로 성장해 왔다.

삼성전자공업이 설립된 것은 1969년, 그 후에 관련 사업을 점차 확대한 한국의 수출사정을 돌이켜보자. 1960년대 초에 경제개발계획을 실시했을 때부터 공업의 근대화를 지향하는 국내 경제의 고도화와 아울러 수출증진이 그 기본적인 개발 방향으로 간주되면서 제1차, 제2차 경제개발이 추진된 1962-1971년 사이에 실로 연 평균 41.3%에 이르는 수출신장률을 기록했다. 이것은 놀라운 숫자다. 그리고 1976년에는 총액 77억 1,510만 달러의 수출실적으로 1962년도의 5,480만 달러와 비교할 때 약 140배나 되는 급격한 신장률을 보였다. 또, 수출상품의 구성도 크게 바뀌었다. 1962년에는 불과 20.7%에 지나지 않았던 공업제품이 1971년에는 86.3%, 1976년에는 88.0%에 이르렀다. 공업제품 중에서 중화학공업제품이 차지하는 비율도 1962년에는 5.5%였던 것이 1971년에는 14.2%, 1976년에는 26.1%로 상승했다. 동시에 수출대상국과 품목 수도 함께 확대되었다.

이것은 경제개발계획이 멋지게 성공을 거두었다는 사실을 잘 이야기해 주는데, 그 배후에는 추진력의 지렛대가 되어 수출제일주의라는 깃발 아래에서 최선을 다해 노력한 기업인들의 적극적인 노력이 존재한다는 사실을 간과하지 말아야 한다.

한국경제는 1960년대의 수출경공업 육성과 촉진을 중심으로 삼았던 단계에서 1970대의 수출기반 확충으로 계단을 올라섰다. 즉, 제2차 산업 중심으로 개선되어 수출규모의 확대와 함께 수출구조도 공업 중심으로 전환되었다. 특히 전자공업제품은 1977년도의 경우, 수출 10대 품목의 제2위에 랭크되어 1위를 차지한 섬유제품(31억 2,400만 달러/ 31.1%)의 뒤를 잇고 있다(8억 2,800만 달러/ 8.2%). 그 다음으로 선박, 신발류, 활어와 선어, 합판, 철강제품, 기계류, 여행용품, 시멘트 순이다.

한국 전자산업의 생산 총액은 1977년에는 17억 5,800만 달러에 이르러 과거 5년 동안에 생산한 총액은 8.5배나 신장되었다. 놀라울 정도로 빠른 성장이다. 전자공업제품은 특히 수출지향성이 강하여 과거 5년 동안(1977년까지)의 수출 비율이 70%이다. 그 대부분은 삼성전자의 주요제품들에서 찾아볼 수 있듯 가정용품이 차지하고 있는데, 1978년부터는 컬러텔레비전 생산이 급격한 증가를 보이고 있고, 기술 도입에 의해 컬러브라운관 생산도 시작되었다. 산업용 기기의 비중은 10%이지만 이런 전자공업제품들의 생산 증가에 영향을 받은 한국인들의 의욕은 매우 뜨거웠다.

삼성전자공업의 경우, 지금까지 국내외의 곤란한 조건 아래에서 보여준 급성장에는 모든 사원의 연구와 기술개발 및 품질관리, 품질개선을 위하여 열의와 성의를 기울인 정신을 엿볼 수 있다. 한국의 공업은 제로에서 출발한 것이며 그 대부분의 기술은 자본과 함께 도입되었지만 기술의 노하우뿐 아니라 생산관리, 경영관리의 원리까지 도입하여 오직 생산력을 증강시키기 위해 매진했다.

삼성전자의 경우에는 거기에 사업부제를 도입한 합리적인 경영관리를 통하여 경제의 합리성을 추구했다. 이런 일이 가능했던 요인은 한국인의 근면성, 높은 교육수준, 철저한 실력주의에 입각한 의욕과 향상심이다. 덧붙여, 다른 NICS(신흥공업국가들)처럼 중간층 부족 현상을 찾아볼 수 없다.

기술과 자본의 효율적인 도입과 흡수, 무서울 정도의 경쟁 시스템과 메커니즘, 개량과 향상을 끊임없이 추구하는 기술개발 등은 대부분 다양한 빅 비즈니스에 의해 추진되었다. 다만, 일본의 그것과 다른 점은 그 대부분이 독특한 경영풍토에 의해 추진되어 왔다는 것이다. 혈연, 지연을 중심으로 하는 집단의식, 동족간의 강한 단결심이 그것이다. 이런 단결심은 혈족을 중심으로 모이는 유교의 도덕에 뿌리를 내리고 있지만 오랜 세월에 걸친 인고와 굴욕, 고통을 함께 견뎌낸 동포의식이라고 설명하는 쪽이 더 어울릴 것이다. 새로운 산업분야에서도 이런 의식구조에 의해 지탱된 빅 비즈니스와는 달리 하루 빨리 근대화로 탈피하려고 노력한 것이 바로 삼성그룹이다.

삼성그룹은 기업경영의 중추에 친족, 동족을 앉혔을 경우에 발생하는 폐해를 간파하고 있었다. 유능한 라인과 스탭을 구성하여 독자적인 기술지향성을 높이고 다각적으로 성장산업에 진출, 참가를 도모했다. 한국에서 사원공개모집을 실시한 것은 삼성그룹이 처음이며, 그 기업집단은 엘리트들로 구성되었다. 한 기업집단의 새로운 시장 참가와 기술개발이라는 기업 활동이 한 국가의 산업구조, 취업구조, 그리고 사람들의 의식구조를 바꾸어놓았다. 동시에 기업 내부에 축적된 강인한 경쟁의식, 노사간의 협조와 근대화, 과학적 경영관리기술 도입, 개발과 보급이 서로 어우러지면서 변화에 적응하는 정신풍토로 멋지게 변화하여 1970년대에 이르러 꽃을 피우고 결실을 맺은 기업그룹이 바로 삼성이며, 그 추진력으로 작용한 것은 총수 이병철이라는 인물과 그 인물의 내면세계를 차지하고 있는 왕성한 기업가정신이다.

오일쇼크도 이겨내고

삼성전자공업의 본사 사무실은 삼성그룹의 총본산인 삼성 본관 20층에 있다. 사장은 강진구(姜晋求)로서, 설립 당시에 미8군 방송국과 KBS를 거쳐 동양텔레비전의 기술담당이사로 있던 그는 이병철의 간청을 못 이겨 입사했다. 당시에는 한국 제일의 텔레비전 기술자로서 높은 평가를 받았으며, 이 분야에서 제1인자로 공과대학 전자과를 졸업한 영재다. 종업원은 3,235명, 다른 기업과 비교할 때 종업원의 정착비율은 매우 높고 근로의욕도 왕성하다. 그를 중심으로 전원이 협력하여 생산성 향상에 매진하고 있다.

지금까지의 한국 기업들 중에서 경영자 대부분이 교양을 중시한 문과계열 출신자였던 점과 비교할 때 이색적인 점은 그가 이공계 출신자라는 것이다. 한국에서는 전통적인 문관지배를 중시해온 경영풍토 때문인지 당시에는 최고경영자들 중에 이공계 출신자가 별로 없었고, 임원 중에도 기술자의 비중은 매우 낮았다.

이병철은 전자공업 분야로 진출하겠다는 결정을 내리자마자 그에게 참가를 요청했고, 그를 중심으로 하는 조사그룹을 결성, 이 새로운 프로젝트에 착수했다. 강진구가 삼성전자공업으로 영입된 것은 양산체제가 진행되지 않아 품질과 디자인 면에서 문제가 발생, 그 결과 생산과 판매 양쪽에서 장애가 발생하고 있던 시기였다. 그는 이병철로부터 입사 요청을 받자마자 즉시 이 요청을 수락하고 그 이후 생산에 적극적으로 뛰어들게 되었다.

삼성전자의 첫 쾌거는 미쓰비시전기를 통한 미국으로의 텔레비전 수출이었다. 삼성전자는 5만 대 이상의 주문을 받아 납기일을 엄수, 품질 면에서도 우수한 제품을 생산했다. 한국경제가 해결해야 할 문제 중의 하나로, 개성적이고 자주적인 기술 개발과 함께 기업의 미시적인 기획을 실시해야 한다는 문제가 있었다. 현대사회의 기업 활동에 있어서 빼놓을 수 없는 요인은 최고경영자의 능력과 소질, 다음의 필수조건은 우수한 스탭과 라인의 결합에 의한 제품전략(가격 · 품질 · 디자인 · 서비스 등) 설정과 실시다. 당시, 신제품 기획이나 마케팅 사고가 부족했던 한국 기업들 중에서 삼성전자는 품질관리, 생산관리를 철저하게 실행해 나갔다.

유망산업의 선택과 자금 계획, 공장건설과 입지, 인재계획 등의 거시적 경영계획에 대응하기 위해 이병철은 완벽한 생산 시스템을 만들었다. 이 시스템 외에 주목해야 할 점은 판매방법이었다.

이 판매방법은 독특한 애프터서비스가 아닌 비포서비스(before service; 판매 이전의 서비스. 상품지식에 대한 철저함을 도모하는 것 등)였다. 약칭하여 BS작전. 대리점에서 소비자카드를 작성하여 제출하게 하고 1년에 두 차례 반드시 사원이 순회하면서 서비스를 하도록 했다. 제품에 문제가 있으면 즉시 수리하고 아무런 문제가 없으면 청소를 해준다. 돌아올 때에는 반드시 방문자의 명함을 두게 하여 역할과 책임을 명시하는 것으로 시장으로의 침투작전을 서서히 전개했다. 일종의 현장우선주의다.

삼성전자공업은 기존의 2개 회사에 이어 시장에 참가한 세 번째 주자, 이른바 후발기업이다. 기존의 라이벌과의 경쟁에 참가하여 기종 증가, 양산, 품질향상, 대리점 확대를 통한 시장 침투와 정착에는 삼성그룹의 이미지와 신뢰, 신용도 작용했지만 시장점유율 확대는 남모르는 기업의 노력을 바탕으로 구축된 것이다.

또, 1973년의 오일쇼크 때에도 삼성전자공업은 국내시장에서의 강세를 바탕으로 매출액이 줄기는커녕 오히려 전년도 대비 133%의 매출신장을 보였다. 오일쇼크를 멋지게 물리친 것이다. 당시, 한국에서의 텔레비전 보급률은 약 80%, 삼성전자공업은 1976년의 생산대수를 95만 대, 1977년에는 120만 대를 목표로 삼았다.

삼성전자공업은 1973년 전후에는 오일쇼크를 포함하여 경영적으로 매우 혹독한 환경에 놓여 있었지만 모든 사원들이 강인함과 근면성, 그리고 향상심을 바탕으로 훌륭하게 헤쳐 나왔다. 삼성전자공업에서는 최고경영자에서 현장 종업원에 이르기까지 오전 8시에 출근해서(한국의 일반노동자는 오전 9시에 출근하여 오후 6시까지 일하는 것이 표준이었다) 회의를 열어 그 날 분담할 일들을 결정한 다음에 작업에 들어간다. 퇴근할 때에도 역시 그 날의 성과를 서로 검토한다. 경영자에서부터 현장 종업원에 이르기까지 밤낮을 가리지 않고 노력하는 모습, 거기에서 한 기업의 배후에 깃들어 있는 한국경제의 젊음과 한 가지 목표를 향하여 매진하는 열정을 느낀다. 이 정신이야말로 경제적 합리성으로 유지되는 에너지이며, 이 에너지가 1970년대 한국의 기반을 만들었다고 말할 수 있다.

소비재 제조에서 중화학 분야로

이병철은 1970년이 되어 한국경제의 발전에 관한 여건을 검토했다. 그 결과, 중화학공업화 프로젝트를 구성하여 그 경제성과 기술적인 적합성을 신중하게 검토, 중화학 분야로의 진출을 도모하기로 결정했다. 용인자연농원 프로젝트를 실현하고 전자공업으로 진출을 할 때에도 우리나라 경제가 요청하는 규모와 방향, 국민생활과의 관련성, 기술, 자금, 시장성, 경제능력을 충분히 검토한 뒤에 발전 단계에 어울리는 분야로서 선택한 것이었다.

이병철은 항상 그 시대와 사회적 조건에 즉시 대응할 수 있는 산업을 삼성그룹 산하에 일으켜 왔다. 기술수준이 낮아 수입대체가 필요할 때에는 단순한 수입대체산업, 경제가 점차 발전하고 확대됨에 따라 그 단계에 적합한 수출산업, 중화학, 정밀공업으로의 단계적인 발전이 요청된다. 삼성이 제당사업에서 모직사업으로, 모직사업에서 비료사업으로, 비료사업에서 석유화학 · 기계 · 정밀공업, 항공 부분 등으로 점차 고도화된 업종으로 확대된 것도 이 원리를 따른 것이다.

이병철은, 한국경제가 소비재 제조공업을 통하여 1960년대까지 상당한 기반을 구축할 수 있었기 때문에 이제는 그 여력을 가지고 중화학 시대로 비약해야 한다고 판단했다. 1970년대에는 조선, 기계, 화학공업의 기반을 구축해야 했다.

그러나 중화학 분야로의 진출에 있어서 매우 신중한 태도를 보였기 때문에 외부사람들의 눈에는 국가의 중화학공업 정책에 협력하지 않는 것처럼 비쳤다. 그렇게 보인 이유는 이병철 특유의 경영이념을 바탕으로 추진되었기 때문이다. 이 부분에 대하여, 정부의 개발계획을 중심으로 살펴보자.

경제개발전략으로서 지속적인 생산 극대화를 추구하자는 슬로건이 내걸리면서 정부의 경제개발 5개년계획은 제1차, 제2차로 진행되었다. 중점적인 목표로는 경제의 고도성장 실현, 산업구조의 고도화, 수출 증진, 사회간접자본 확충 등이 제시되었고, 경제개발의 성과는 그런대로 거둘 수 있었다. 반면에, 높은 소비성향 유발, 무역수지 악화와 확대, 상당수의 부실기업 출현, 빈부의 격차(도시와 농촌의 격차, 농업과 공업의 불균형) 확대, 수송 부문의 협소화 등 해결되지 않은 과제가 남았다. 이어서 제3차 경제개발 5개년계획(1972-1976)이 작성되었다.

제3차 경제개발계획은 기본 목표로 중화학공업 진흥과 함께 수출의 획기적인 증대, 농어촌의 혁신적인 개발이 설정되었다. 특히 중화학공업의 진흥, 공업의 고도화 실현을 위해 과학기술의 향상과 교육시설 확충, 인재 개발, 고용 확대, 나아가 전력 · 교통 · 보관 · 하역 · 통신 등의 사회적 기반의 균형 있는 발전, 4대강 유역의 개발을 비롯한 국토자원의 효율적인 개발이 책정되었다. 또, 수출공업단지 등의 개발단지 조성에 의한 지역개발 촉진, 공업과 인구의 적정배분도 이 계획에 포함되었다. 그러나 부존자원을 비롯한 자본과 기술이 절대적으로 부족하다는 점에서 이런 목표를 실현시킨다는 데에는 상당한 의문과 불안이 깃들어 있었다. 특히 제1차, 제2차 개발전략의 악영향은 상당수의 부실기업을 만들어냈다. 부실기업으로는 정부가 정리대상기업으로 선정하여 정리가 진행되고 있는 것, 또는 정리는 끝났지만 정상적인 가동이 이루어지지 않고 있는 것, 1년 이상의 차관 대납이 지속되고 있는 것, 가동률 50% 이하인 것, 결손에 의해 자기자본이 감소한 것 등 상당수의 적자기업을 열거할 수 있다. 이런 기업들은 모두 외자도입을 서둘렀다거나 경영이 후진적이라는 데에 그 원인이 있었다. 이 원인에 의한 악영향은 1973년의 오일쇼크에 의해 엄청난 변동을 보인 세계경제 침체와 함께 여실히 드러났다.

이병철이 위대한 점은 부실기업을 만들어내지 않았다는 데에 있다. 기업을 통한 국가에의 공헌은 철저한 경제 합리주의를 바탕으로 실현된다. 이병철은 단 하나의 회사라도 부실기업을 만들어내지 않았다는 경영실적과 철학을 바탕으로 중화학 분야로의 진출을 신중하게 검토했다.

"나는 기업인의 가장 큰 책임은 기업을 견실하게 운영하고 확대재

생산을 지속하는 것이라고 생각한다. 경영을 잘못하여 부실기업을 만들어낸다는 것은 그야말로 범죄와 다를 게 없다. 기술혁신의 주도권을 잡고 보다 좋은 상품을 하루빨리 국내 시장에 내놓아 고용과 소득의 증대를 도모하고 경영을 합리화시켜 조금이라도 많은 잉여금을 발생시키는 것으로 기업을 확장할 수 있는 재원을 확보, 결과적으로 국가와 국민에게 봉사하는 것이야말로 기업가의 본분이며 사회적 의무다. 따라서 사회에 대한 기업가의 공헌도는 사업의 업종에 의한 것이 아니라 경영의 건실성과 혁신적인 창조성에 의해서만 평가받아야 한다고 믿는다."

기업가의 본령은 단순히 돈을 버는 것이 아니라 장래성 있는 사업을 계획하고 그것을 반드시 성취시키는 데에 있다. 안일한 현상유지를 이병철은 싫어한다. 다른 사람이 하지 않는, 하기 어려운 사업을 고난 끝에 일으키고 이것을 국제적 수준으로까지 올려놓는 데에 이병철의 흔들리지 않는 사업철학이 있다.

"항상 새로운 사업을 일으킨다는 철학은 그 사업이 시장성이 가장 낮은 수준에 있으며 더구나 매우 곤란한 환경에 놓여 있을 때에 빛을 발한다."

이병철은 이런 이념에 바탕을 두고 프로젝트를 구성했다. 여기에서 잠시 그의 기업 궤적을 밟아보자.

1970년대 초기의 삼성그룹은 1960년대 후반의 정체기, 즉 한국비료사건과 국가헌납이라는 고난의 시대에서 간신히 벗어나 내부합리화를 실시하기 위해 서두르고 있었다. 삼성전자, 삼성전기, 삼성전관이 잇달아 설립되었고 조업을 시작했다. 조미료 '미풍' 을 판매하면서 식품분야 시장에도 참가했고, 그 네트워크도 넓혀갔다. '엘리트' 라는 이름의 학생복으로 시장점유율 65%를 차지한 제일합섬이 설립된 것은 1972년. 대량소비시대에 대응하기 위해 봉제공장이 계획되었고, 인화단결(人和團結), 창의개발(創意開發), 성실봉사(誠實奉仕)를 슬로건으로 질 좋고 가격이 낮은 옷을 목표로 삼아 생산체제도 합섬화 비율 50%를 목표로 착실하게 확립되어 갔다. 기업의 미시적인 측면은 매우 충실했고, EDPS 도입 실시, 본사와 공장 사이의 종합경영정보시스템 확립, 컴퓨터컬러매칭을 통한 품질관리운동 전개, 사업부제 도입 등 실로 놀라울 정도의 내부합리화 체제가 정비되어 갔다.

이 1970년대 초에는 1967년의 제1회 한일정기각료회의 개최에 의해 그 이후의 경제협력체제가 급속도로 전개되면서 자본과 기술에서의 협력이 결실을 맺어갔다. 제3차 경제개발 5개년계획도 발족되었고, 신흥공업국으로서의 면목이 정비되었다. 즉, 한국경제가 소비재생산을 중심으로 삼던 산업구조에서 새로운 공업국가로 탈바꿈하는 단계를 맞이하고 있었다. 그 여력을 가지고 중화학공업 시대로 비약하기 위해 조선, 기계, 화학공업의 기반을 구축해야 한다— 이병철은 새로운 시대의 태동을 그렇게 감지했다.

당시는 조선업이 세계적으로 호황이었다. 제2차 대전까지는 영국과 미국이 세계 조선업계의 패권을 움켜쥐고 있었지만 1960년대에는 그 패권이 일본, 스페인, 그리스 등으로 이전되었다. 조선업은 노동집약적인 산업으로 이행하는 단계에 놓여 있었고, 일본은 구미의 절반 이하였던 노임을 바탕으로 경쟁력을 강화하고 있었다. 특히 1960년대에 붐을 일으킨 유조선 부문에서는 일본이 잇달아 새로운 기술을 개발하면서 세계 유조선

건조의 80%를 차지하기에 이르렀다. 그 배경에는 수에즈운하 봉쇄와 운임절약을 위한 대형 유조선의 필요성이라는 절실한 문제가 있었다.

이런 세계경제의 움직임 속에서 한국은 기술면에서는 미숙했지만 그 밖의 경제사정은 충분히 국제경쟁에 맞설 수 있는 요인을 갖추고 있었다. 한국의 임금은 일본의 3분의 1 정도에 지나지 않았다. 그 때문에 프로젝트 여하에 따라 가까운 장래에 일본의 조선공업을 따라잡을 수 있다는 전망이 나왔다.

그렇게 판단한 이병철은 즉시 1973년 5월부터 수차례에 걸쳐서 대형 유조선 건조에 있어서 최고의 노하우를 가지고 있는 일본 이시카와지마 하리마 중공업(IHI)의 다구치(田口) 회장을 만나 협의를 거듭한 결과 한일합작을 통한 삼성중공업 설립을 결심했다. 귀국하자마자 즉시 조선업에 관한 연구조사를 위해 전문그룹을 조직하고 본격적인 공사에 착수하려 했을 때, 불행하게도 오일쇼크가 발생하여 그 실현이 불분명해졌다.

이 해 9월에 개최된 OPEC 11개국의 석유장관회의에서 갑작스런 원유가 대폭 상승과 동시에 서유럽 제국이 소유하고 있던 석유회사의 국유화도 단행한다는 결의가 내려졌다. 이어서 10월 16일에는 원유가격을 일제히 17% 인상한다는 내용을 발표했고, 이틀 후인 18일에는 사우디아라비아가 미국에 대하여 석유전쟁을 벌이겠다는 선전포고를 했다.

이병철은 이런 일련의 사태를 상상조차 할 수 없었고, 오일쇼크가 처음 발생했을 때에는 그렇게 심각하게 받아들이지도 않았다. IHI의 다구치 회장과 협의를 벌이는 자리에서도 원유가격 인상에 의한 원유수송량의 감소, 유조선 건조 수주량의 감소 정도는 예측할 수 있었지만 그것은 아무런 장애가 되지 않았고, 프로젝트는 이미 합의를 끝내고 쌍방이 합작계획을 예정대로 진행하기 위해 준비를 갖춘 상태였다.

이병철은 이 약속에 필요한 수속을 끝내고 1974년 5월에 경제기획원으로부터 조선소 건설을 위한 합작투자 인가를 받았는데, 오일쇼크의 여파는 날이 갈수록 심각해지더니 세계경제는 불황의 늪에 빠지고 말았다. 세계경제의 장기 침체가 이어지면서 전 세계 유조선의 25%가 취항이 불가능해지는 사태를 보였다.

이런 시기에 조선소를 건설한다는 것은 명백히 무모한 행위였다. 조선공업을 통하여 한국경제를 한층 더 발전시키려 했던 이병철의 입장에서는 전혀 예측하지 못한 사태였다. 그는 이런 사태가 발생한 상황 속에서 조선소를 건설하는 것은 채산성이 없고 전망도 불투명하다고 판단, 일시적인 중단을 결정하지 않을 수 없었다.

"아무리 조선소가 국가적으로 중요한 사업이라고 해도 기업가로서 정상적인 가동을 할 수 없다면 일단 재검토해야 한다. 적자기업이 될 것을 뻔히 알면서 그대로 사업을 추진한다는 것은 사회에도 부담을 끼치는 행위이다."

이병철은 그렇게 판단하고 결론을 내렸다. 이것은 불행한 결과였지만 관점을 바꾼다면 국가적으로든 기업적으로든 오히려 다행이라고 말할 수 있다. 만약 투자를 계속 추진했다면 조선소 건설에 필요한 투자금액, 거대한 유휴시절, 막대한 금리부담 등 그 손해는 막대했을 것이다. 그 결과 은행은 부실기업을 인수해야 하고, 그것은 국민의 부담으로 이어져 국가적인 손실을 야기한다.

당시, 삼성 이외의 기업에서도 조선소를 건설할 프로젝트를 계획했는데, 그 기업들은 사태의 심각성에도 불구하고 설비투자를 결정, 사업 경영을 추진했다. 결과는, 이병철의 판단대로 시설을 놀리는 등 국가적 견지에서도 우려할 상태에 빠져버렸다.

방위산업에 착안한 이유

한반도 5천 년의 역사는 영광과 고난과 인고(忍苦)로 가득찬 세월이었다. 한반도는 그 지정학적 여건 때문에 불행하게도 끊임없이 강국의 침략을 받았다. 19세기 말부터 20세기 초에 걸쳐 청나라, 일본, 러시아의 이해관계가 대립되는 장소로서 불행이 찾아와 40년 가까운 일제 강점기를 거쳐 남북분단과 6 · 25전쟁에 의한 동족상잔의 비극은 민족에게 막대한 살상과 피해를 끼쳤고, 남북 간의 대립과 긴장은 민족의 에너지를 소모시켜 세계평화로 향하는 길을 막아버렸다.

이런 경우에 안전보장은 민족의 생존권을 표현하며, 그 어떤 가치보다 높이 평가된다. 국방력 강화는 민족의 과제이며, 안전보장은 가장 우선적인 사상이다. 긴장완화로 향하는 실마리를 모색하면서도 국방력을 강화해야 대립된 관계의 균형을 유지할 수 있다. 북한과의 냉엄한 군사적 대립 아래에서 제2의 6 · 25전쟁은 모든 정치적 자유와 경제발전의 성과를 단번에 원점으로 되돌릴 수 있다는 우려를 낳았고, 그 우려에 근거하여 정치, 경제, 외교, 군사 등 모든 면에 걸쳐서 민족의 '힘'이 집결되었다. 이것은 다른 나라 사람들은 이해하기 어려운, 6 · 25전쟁을 현실적으로 경험한 우리 민족만이 이해할 수 있는 역사적 현실이며, 사회의 중추를 형성하고 있는 바람이다.

세계정치의 모든 동향이 한반도에 영향을 끼치고 있는 현실에서 국가의 안전보장을 영구적으로 유지하려면 국방을 중심으로 모든 민족적 조치가 항상 정확한 정세판단과 그 대응책 안에 갖추어져 있어야 한다. 그것이 민족의 비원이기도 하며 의무이기도 하다. 이것은 초국가주의 논리와 심리에서 발생된 것이 아니다. 바로 여기에, 다른 나라와는 비교할 수 없는 한국만의 냉엄한 현실이 존재한다.

단순한 산업자본가로서가 아니라 민족의 한 사람으로서, 이병철이 그 경영이념의 첫 번째로 사업보국을 내걸었다는 사실은 지금까지 여러 번 지적했다. 그런 이병철이 방위산업에 착안한 것은 어찌 보면 당연한 일이다.

균형 잡힌 성장과 능률을 이념으로 삼는 제4차 경제개발 5개년계획은 1977년부터 시작되었다. 더구나 냉엄한 국내외의 정치 · 경제적 환경 속에서 3차에 걸친 경제개발 성과를 밟아 자립경제 확립, 사회개발 진전, 기술혁신과 능률 향상에 그 정책의 중점을 두었다. 그 중점적인 시책 안에 자주국방력 강화와 안보외교, 홍보활동 및 치안체제의 확립이 명확하게 제시되어 있다는 점에 주목해야 한다. 이병철은 산업가로서 이 과제를 생각하고 있었다.

1975년 봄, 베트남 전 지역이 공산화되었다는 사실을 그는 도쿄에서 알았다. 단기간에 한 국가가 멸망해가는 극적인 과정을 텔레비전과 신문을 통하여 생생하게 확인했다. 엄청난 난민의 비극과 불행, 의지할 곳 없는 참상을 보았다.

설사 외국의 막대한 원조를 받는다고 해도, 만약 그 민족에게 스스로 국가를 지킬 수 있는 능력과 의지가 결여되어 있다면 그것은 망국으로 향할 수밖에 없다. 통신위성을 통하여 중계되었던 사이공함락 상황과 피난민의 비명을 들으면서 이병철은 느껴지는 점들이 많았다.

물론, 한국은 6 · 25전쟁이라는 쓰라린 체험을 통하여 어떤 국가보다 철저한 반공사상을 가지고 있지만 그것만으로는 충분하다고 말할 수 없다. 정신적인 면에서의 고취뿐 아니라 물질적으로도 스스로 나라를 지킬 수 있는 능력을 갖추어야 한다. 결정적인 순간에 직면했을 때, 다른 나라의 지원이 있다고 해도 그것만으로는 부족하다는 사실을 이병철은 사이공함락을 통하여 다시 한 번 통감했다. 그런 생각에서, 국가를 위해 이 분야에서 나름대로 공헌을 해야겠다는 생각에 방위산업에 진출하자는 계획을 세웠다.

이 시기를 전후하여 전년도인 1974년, 한국의 기계류 수입표를 조사한 이병철은 그 수입금액이 20억 달러에 이른다는 사실을 알았다. 그런데도 한국에는 지금까지 장래에 기계공업을 어떻게 이끌어가겠다는 명확한 청사진이 없고, 이 문제를 진지하게 검토하는 사람도 찾아볼 수 없었다. 5개년계획의 일관된 전략 목표는 한국경제의 근대화(공업화) 추진이었다. 하지만 공업화 추진에 수반되어 신장세를 보여야 할 기계류의 수요는 2, 30%에 지나지 않았음에도 불구하고 이 사실에 착안하여 적극적으로 이 기계분야를 추진하려 하는 사람은 없었다. 다른 물자와 마찬가지로 기계류 역시 수입에 의존만 하고 있는 상태였다.

이런 현상을 우려한 이병철은 거국적인 노력을 통하여 기계공업의 개발과 건설을 촉진해야겠다고 생각했다. 그런 그의 구상에 박차를 가한 것이 사이공함락의 비극이었다.

귀국을 할 시간도 아깝다고 생각한 그는 일본에 체류하는 도중에 기회를 포착하여 전문가를 만나 그 의견을 청취하는 한편으로 교섭을 펼친 결과 일본의 방위산업 실태를 시찰할 수 있었다. 생산과정과 기술 등을 살펴보는 동시에 구미 각국의 군수산업 실정에 대해서도 극명하게 조사를 마쳤다. 그 결과, 기술을 도입하고 이것을 마스터할 수 있다면 한국에서의 방위산업은 실현이 불가능한 것만은 아니라는 확신을 가지게 되었다. 즉, 기반으로서의 기계공업 추진을 통한 방위산업의 실현은 청사진 단계에서도 가능하다는 판단이 내려진 것이다.

이병철은 귀국한 이후, 사내의 인재들을 동원하여 방위산업건설과 관련된 구체적인 기획안을 작성하도록 지시하고, 착실하게 준비를 진행했다. 한편, 이 생각을 정부 당국에도 상당히 오래 전부터 밝혀두었고, 다시 그 이후의 진척 상황을 전했다. 그런데 뜻밖에도 그 분야는 이미 다른 기업에 분담시켰다는 것이었다.

그러나 이병철은 방위산업 분야로의 진출을 단념하지 않았다. 마침, 당국으로부터 '한국기계'를 인수하라는 요청이 있었다. 또, 국산무기 생산에 협력하라는 제의도 나왔다. 이 제의를 주저 없이 받아들인 이유는, 후일에 방위산업에 도움이 되는 시설이라면 그만큼 시간도 단축될 것이라는 판단에서였다. 그는 즉시, 외국인 전문기술자를 초청하여 내용을 종합적으로 검토하게 했다. 진단 결과는 약간의 부문을 제외하면 전반적으로 시설이 진부하다는 것이었다. 이 공장의 주요 생산품목이 될 예정이었던 엔진제조 부문은 그 시설 대부분이 디젤엔진의 개발자인 독일기업과의 제휴에 의한 것이기 때문에 중형인데다 단가가 비싸서 국제경쟁력이 떨어질 뿐 아니라 현재는 국내외의 수요가 모두 매우 낮다는 사실이 판명되었다. 그래서 이 기업을 인수해야 할 것인가 하는 문제를 놓고 다양한 검토를 해보았다.

그러던 얼마 후, 정부 당국으로부터 다른 기업이 인수하게 되었다는 전달을 받았다. 그 밖에 피아트(Fiat; 이탈리아 최대의 자동차제조회사)의 국내 조립공장을 주체로 삼는 기업을 인수하라는 권유를 받았지만 공장 실태를 조사한 결과 방위산업에는 부적당하다는 진단이 내려졌기 때문에 당국의 제의를 사양하기로 했다.

이 사양에 대해 다시 이병철에 대한 비난이 집중되었지만 기업가인 그는 그런 세상의 비난을 이해하기 어려웠다.

이런 경위에서, 당초에 이병철이 품고 있던 방위산업의 청사진은 크게 후퇴했는데, 그 집념을 버리지 않고 다시 규모가 큰 업종을 검토, 다방면에 걸쳐서 조사한 결과, 항공기와 원자력 분야에 착안했다.

원자력산업은 군수산업일 뿐 아니라 평화산업으로서도 무한한 가능성을 가지고 있으며, 자원이 빈약한 한국경제의 입장에서는 매우 유망한 분야다. 이 점에 착안한 이병철은 핵연료 재처리공장 건설 계획을 세우고 우선 미국과 프랑스에 직원을 파견하여 사전조사와 교섭을 동시에 진행했다. 그러나 반 년 남짓 사전조사와 준비를 했지만 정치 · 외교상의 제약 때문에 이 개발계획은 빛을 보지 못하고 막을 내렸다. 이처럼, 방위산업에 일찌감치 관심을 가지고 있었음에도 불구하고 이런저런 이유에서 이 분야에의 참가는 계속 미루어졌다.

그런 상황에 놓여 있었지만 항상 미개척 분야에 도전하는 것이 이병철이었다. 그 후, 그에게 어울리는 분야가 기다리고 있었다. 항공기 부문을 향한 첫 걸음 ―제트엔진 생산계획이 그를 기다리고 있었던 것이다. 그것은 엔진 제작 부문의 명문인 영국의 롤스로이스, 그리고 미국의 GE와 휘트니사(社) 등과의 제휴였다. 이 제트엔진은 단순히 항공기뿐 아니라 발전, 고속선박, 군함, 헬리콥터 등 폭 넓은 분야에 필요하다. 선구적인 역할에 의욕을 불태우는 이병철의 입장에서는 그야말로 매력 있는 대상이었다. 이 밖에 로켓 생산 프로젝트에 대해서도 착실하게 구체화 전략이 진행되고 있었다.

여기에서, 삼성중공업에 대해 간단히 설명해 보자. 삼성중공업이 설립된 것은 1974년이다. 삼성중공업은 경상남도의 창원공업단지에 국제수준의 종합기계공장을 건설, 이미 320억 원을 투입하여 제1기 공사를 끝냈다.

이 창원공업단지는 이미 설명했듯 발전이 비교적 늦어지고 있는 중기계공업을 육성하기 위해 정부가 가장 중점을 두고 있는 공업단지로, 총 면적 1,416만 평, 전 세계에서 그 예를 찾아볼 수 없을 정도로 거대한 규모다. 공업지역은 597만 평, 나머지는 주거와 공공지역이 차지한다. 이 공업단지는 1974년에 착공, 1977년부터 입주가 시작되어 1981년까지 104개 공장이 입주했다. 삼성중공업을 비롯한 한국의 대표적인 기업이 집중되어 있는 상황이다.

삼성중공업은 1982년부터 가동을 시작하여 연간 강재(鋼材)처리능력 16만6,000톤으로 알려져 있다. 이와 함께 종합상사인 삼성물산의 자금과 조직능력을 이용하는 것에 의해 장기간에 걸친 플랜트의 해외수출도 본격화되었다.

삼성의 중화학공업

1980년대 한국의 비전을 전하는 '80년대의 한국' 이라는 보고서가 있다. 국내외에서 경제적으로 냉엄한 환경에 놓여 있는 한국이지만 1978년에는 1인당 GNP가 1,279달러에 달했고, 수출 총액은 127억 달러로 증가했다. 이미 공업화를 향한 준비단계를 끝내고 발전기를 향하게 된 것이다. 이 점은 높이 평가되어야 한다. 이 보고서는 그런 발전기로 향하는 전망을 요약한 것으로 1991년의 GNP 3,600억 달러, 1인당 GNP 7,943달러를 목표로 삼고 있다. 이것은 1980년대에 연평균 9%의 경제성장률을 바탕으로 전망한 내용으로 달러에 대한 환산율도 1달러에 480원에서 360원으로 절상한다는 계획이 세워져 있다.

1980년대를 전망한 이 보고서는 한국경제가 전망과는 별도로 필연적으로 선진공업국 대열에 참가한다는 사실을 의미하며 중화학공업을 향하여 본격적으로 접어드는 시기에서의 해외투자진출과 다국적화를 시사하고 있다. 그 발전 내용에는 고도경제성장의 지속, 전자 · 조선 · 기계 · 철강 · 비철금속 · 석유화학을 전략산업으로 발전시킨다는 전제조건이 깔려 있다.

중화학공업의 비율은 1991년에 65.7%라는 식으로 상당히 높은 추정치를 산출하고 있다. 1991년에는 세계 10위 안의 수출대국으로 세계적 공장으로서의 역할을 완수하겠다는 것이다. 공업입국을 향한 이런 장기계획에서는 장대한 의지를 느낄 수 있다. 불모지에서 출발하여 경제성장의 최단거리를 매진해온 한국경제의 입장에서 볼 때에는 매우 획기적인 계획이며, 그 강렬한 의욕을 충분히 엿볼 수 있다.

또, '80년대의 한국' 은 한국의 공업과 기술의 자립 · 자존을 강하게 주장한다. 단, 원자력연료의 국산화, 원자력 제철까지 중점 목표로 도입한 야심적인 계획은 높이 평가되어야 하지만 수준 높은 기술 쪽으로 하루 빨리 산업을 전환하려면 거액의 투자와 정밀하고 폭 넓은 기술 분야에서의 개발이 요구된다.

이병철은 자신의 기업 활동을 통해서, 또 산업자본가로서의 경영이념을 바탕으로 다음과 같은 구상을 품고 점차 발전의 기초를 구축해갔다. 그는 우리나라를 선진국 대열에 올려놓기 위한 삼성그룹의 중추적 역할을 생각했다. 비약을 향한 포석 중의 하나로 중공업과 동시에 석유화학공업을 향한 치밀한 계획을 검토했다. 그는 경제의 합리성을 존중하고, 경제의 상식을 중시했다. 사람, 자본, 시기의 3가지 요소가 성숙되었을 때에 다음의 발전단계를 모색하고 도약해 왔다.

중화학공업 부문 하나를 생각해도 거액의 투자가 필요하다. 더구나 자본의 회임기간이 길다. 이것은 사람이든 기술이든 마찬가지다. 기업적 노력과 함께 정부의 적극적인 지원과 지도가 필요하고, 장기적인 안목을 바탕으로 육성 계획과 발전대책이 실시되어야 한다. 1980년대에서 1990년대로 이행을 완료하고 공업입국으로서의 조건을 충분히 갖추려면 미시적 · 거시적 양쪽 면에서의 경제적 합리성을 추구해야 한다.

이병철은 1980년대를 전망함과 동시에 삼성그룹이 소화할 수 있는 범위 안에서의 신선하면서 수준 높은 기술 쪽으로의 산업전환과 중화학화를 도모했다. 일찍이 수입대체사업과 소비재공업 부문에서 한국경제의 발전을 주도한 삼성과 이병철은 한국경제의 발전단계에 즉각적으로 대응할 수 있는, 그리고 그 발전단계에 적합한 기업을 주도적으로 일으켜 왔다. 이병철은 국가에 기여할 수 있다는 판단이 내려지면 선택하는 업종에 구애받지 않았다. 1980년대의 삼성은 냉엄한 경제적 환경을 이겨내면서 독자적인 노력을 계속했다. 소비재, 생산재 부문의 구별 없이 기여가 크든 작든 생각하지 않고, 견실한 기업을 경영하기 위해 철저하게 신경을 쓰고 낮은 단가, 좋은 품질에 부가가치가 높은 제품을 국내외의 시장에 제공하기 위해 노력했다. 나약한 기반 때문에 발생하는 부실기업을 이병철은 생각하지 않았다. 어디까지나 각 단계에 상응한 발전을 생각했다.

삼성석유화학, 삼성중공업, 삼성조선, 삼성종합건설 등의 기업 활동에서 그런 이념을 충분히 엿볼 수 있다. 제휴를 통한 기술 도입과 개발, 인재육성, 공해방지, 시장조사를 비롯한 마케팅과 자금조달 등 활용해야 할 국가의 자원을 충분히 활용한다는 데에 이병철의 경영이념이 존재하고, 삼성그룹의 활력이 깃들어 있다. 이것은 한국에서 경제활동에 종사하는 사람뿐 아니라 다른 나라 사람들도 국적, 연령, 계층을 가리지 않고 원점에 서서 생각해보아야 할 문제다.

11 이병철의 기업가 정신

좌절을 이겨내는 것은
지속적인 꿈과 왕성한 사업의욕,
그리고 국가와 사회에 대해 봉사한다는 정신이다

기업 경영은 인간 경영

사람들은 이병철 회장에게 이런 질문을 자주 던진다.

"당신이 창업에 성공한 비결은 무엇입니까?"

그럴 때, 그는 반드시 이렇게 대답한다.

"인간 경영입니다."

몇 년 전, 기업에 관한 강연을 했을 때 했던 다음 말에 이병철 회장의 기업 경영철학이 잘 나타나 있다.

"지금 세상에서는 '돈이 돈을 번다' 거나 '권력으로 돈을 번다' 고 말하는 사람이 많지만 돈을 버는 것은 돈도 권력도 아닌 '사람' 입니다. 기업인으로서 50여 년에 걸친 저의 인생을 통하여 얻은 것이 있다면 그것은 이 세상 모든 일은 사람에게 달려 있다는 평범한 사실이 불변의 진리라는 점을 발견할 수 있었다는 것입니다. 예로부터 성현들은 '국가를 일으키는 것도 사람이지만 망하게 하는 것 역시 사람이다' 라고 말씀하셨는데, 기업에 있어서도 같은 말을 할 수 있다고 생각합니다."

삼성그룹의 경영 이념인 '인재제일' 이야말로 기업을 경영하는 기본구조이며, 그의 신조다. 금전으로 바꿀 수 없는 인재야말로 최대의 경영자산이다. 기업은 사람이고, 사람이 기업을 움직인다. 기업의 성패를 좌우하는 것은 사람이다. 그리고 그 사람을 만들어내는 것은 기업이다. 이병철의 가슴속에 각인되어 영원히 풍화되지 않는 신조, 이 신조를 각인시켜준 대상 역시 '사람' 이었다.

이병철의 조부모와 부모 형제들은 물론 문산정(文山亭; 이병철의 조부인 이홍석(李洪錫)이 세운 사설 학원)의 훈장, 서울에 재학해 있을 당시의 은사인 이호성(李浩盛), 도쿄에 유학했을 때의 학우들, 마산 시절의 공동경영자, 그에게 충고를 아끼지 않았던 친구들, 대구 시절의 양우회(釀友會) 멤버와 을유회(乙酉會) 동지, 서울에서 새로운 사업에 착수했을 때의 동향 친구를 비롯한 사원들, 전쟁 때문에 목숨을 걸고 대구로 피난 왔을 때 양조장을 지키면서 그를 맞이하여 재기하게 해주었던 부하 직원들. 그런 수많은 인물들이 그의 주위에서 그를 돕고 지탱해 주었다. 그들의 협력이 없었다면 오늘의 이병철은 없었을 테고, 오늘의 삼성은 존재할 수 없었을 것이다. 물론, 창업 동지들 중에는 인연이 없어서 삼성을 떠난 사람도 많다. 그러나 이병철을 흠모하고 덕을 존경하여 모여드는 인재는 더 많았다.

이런 사람들 중에서 특별히 언급해야 할 '사람' 이 있다. 중앙일보 홍진기 회장이다. 그는 오랜 공직생활 이후에 인연이 있어서 삼성에 입사한 이래 이병철을 도와 삼성그룹의 발전에 몸과 마음을 바친 성실한 인물이다. 이병철 회장이 가장 힘든 시기에 놓였을 때, 창업동지들의 줄지은 배신행위로 최대의 경영위기에 빠졌을 때에도 그는 결코 이 회장을 배신하지 않았다. 일찍이 지배인으로서 삼성상회를 단기간에 성장시킨 숨은 추진력이 되어주었던 도쿄 유학시절의 친구 이순근(李舜根)과의 교우나 신뢰관계 이상의 인간성을 홍진기와 이병철의 관계에서 엿볼 수 있다.

"그가 없었다면 지금의 나도 없다."

이병철 회장이 이렇게 표현하는 홍진기야말로 삼성그룹을 지탱해준 대들보다. "그의 내부에서 '인간의 마음'을 본다"고 표현하는 이병철 회장의 인생의 동반자이며, 사업의 반려자였다.

홍진기를 만난 사람은 누구나 그의 인품을 칭찬한다. 날카로운 두뇌를 부드러운 미소로 감싸면서 다른 사람의 말은 어떤 내용이든 무시하지 않으며 진심으로 귀를 기울이는 사람, 과묵함 속에서도 정확하게 문제의 핵심을 꿰뚫는 질문, 고개를 끄덕이며 조용히 메모를 하는 자세, 문제의 대소와 일의 경중을 가리지 않고 실무를 깨끗하게 정리해가는 진지한 태도에는 누구나 매료된다.

홍진기는 사심이 없는 사람이다. 사람은 일시적으로 사심을 버릴 수는 있지만 장기간에 걸쳐 '사심 없는 봉사'를 계속하기는 매우 어려운 일이다. 그러나 홍진기는 시간이 지날수록 그 인품이 다른 사람의 마음에 깊이 전달되어 사람들이 저절로 끌려 들어오게 만든다. 이병철과의 교우관계는 20년이라는 긴 세월에 걸쳐 이루어졌다. 그리고 이병철은 인척으로서, 친구로서, 협력자로서 최고의 인재를 얻었다고 술회하고 있다. 홍진기에 대한 자랑을 아끼지 않는 이병철의 얼굴에는 세상에서 정말 얻기 힘든 인물을 얻었다는 데에서 느낄 수 있는 최고의 만족감이 깃들어 있다.

"홍 부회장은 저를 만나 많은 고생을 했습니다. 저는 난세에 어울리는 경영자, 격동과 파란으로 가득 찬 시대를 살아온 경영자이기 때문입니다. 저는 늘 사업가로서 새로운 일과 어려운 일을 찾아 생각하고 이루어 내면서 살아왔습니다. 항상 도전하는 자세를 유지해 왔지요. 그것을 논리적으로 정리하고, 기업 내부 및 사회에 활용할 수 있도록 정착시키고, 체계를 세워 제가 하는 일이 순조롭게 궤도에 오를 수 있도록 눈에 보이지 않는 노력을 해준 사람이 바로 홍 부회장입니다. 그리고 그가 결코 만만치 않은 고생을 했다는 사실을 가장 잘 알고 있는 사람은 바로 나, 이병철입니다."

두 사람의 교우관계는 변하기 쉬운 세상과는 반대로 언제나 변함이 없었고, 흔들림이 없었다. 두 사람의 관계를 굳이 일심동체라고 부르지 않고 '일심이체(一心異體)' 라고 부른 데에서 그 깊이를 헤아릴 수 있다.

사람이 있기 때문에 기업이 존재한다. 홍진기 부회장과의 교우는 이병철의 주위에 모여드는 우수한 인물들 중의 한 예에 지나지 않는다. 그 많은 인물들 가운데 이병철 회장이 후사를 맡길 수 있는 인물로 신뢰했던 사람이 바로 홍진기였다.

기업은 역량이 갖추어져 있는 사람에 의해 움직이고 발전한다. 개인적으로든, 기업으로서든 인재의 혜택을 받지 못하면 그보다 불행한 일은 없다. 이병철은 이 원칙을 누구에게나 예외 없이 적용했다. 아들에 대해서도 마찬가지로 엄격하게 이 원칙을 적용했다. 기업은 사적 재산이 아닌 공적 재산이라는 이유에서였다. 따라서 개인적인 정은 일절 개입시키지 않았다. 또한, 그런 행위를 용서하지도 않았다. 적재적소, 그리고 노력하는 능력을 가진 인재를 높이 평가했다. 참을 수 있는 능력, 노력하는 능력을 높이 평가하는 것과 동시에 혁신적인 창조성을 중시했다. 인재를 적극적으로 육성한다는 것은 그의 평생사업의 하나였다.

기업에 필요한 것은 경영 능력이다. 그것은 삼성그룹 발전의 기둥이며, 현재의 삼성으로부터 10년 후, 20년 후의 발전을 추구하여 국민경제에 보다 큰 기여를 할 수 있는 기업을 경영할 수 있는 인재에게 요구되는 요소이다. 이것은 후계자 문제에 대해서도 마찬가지라고 말할 수 있다. 국가에 대한 공헌과 국민에 대한 기원을 포함하여 격동기에 어울리는 기업가로서 그가 걸어온 여정과 경험을 바탕으로 그는 이런 결심을 내보인 적이 있다.

> "저보다 위대한 후계자가 나타나기를 바라는 마음은 간절합니다. 그것은 저 개인의 이기적인 바람이 아닙니다. 만약 후계자가 삼성을 잘못 경영하여 몇 가지 사업을 잃는 일이 발생한다면 그 책임은 그런 후계자를 선정한 제가 져야 합니다. 몇 가지 사업의 조업이 단축되거나 중단된다면 그 사업이 사회에 제공해온 편리함을 사회로부터 빼앗는 결과를 초래할 뿐 아니라 수많은 사람들로부터 일자리를 빼앗아 그 사람들의 생계를 위협하는 결과도 초래하게 되기 때문입니다. 그리고 그것은 국민경제에서 삼성이 차지하는 비율을 낮추는 결과도 초래하게 됩니다. 그 결과는 삼성이 국가에 대해 파업을 선언하는 것과 같습니다."

삼성그룹의 경영에 위기를 초래하지 않으려면 자신 이상의 경영자가 필요하다는 점을 이병철은 냉정하게 생각하고 있었다. 한국경제가 혹독한 상황 속에 놓여 있는 당시의 상황에서 그는 한층 더 그 점에 대해 절실하게 생각했다.

이병철 회장을 보면 전문화되어 순조로운 기업 환경에서 활동하는 경영자와는 본질적으로 다른 점을 느낄 수 있다. 후계자 문제뿐만 아니라 한국경제의 미래 동향과 존재 위치 및 새로운 산업의 구도에 있어서도 그의 탁월한 고고함과 거대한 그릇 안에 들어 있는 계획, 통솔, 판단, 그리고 구상을 발견할 수 있다.

기업가 정신이란

기량(器量)이라는 말이 있다. 그릇(器)의 양(量)이라고 말해도 된다. 이 그릇이라는 말을 이병철은 매우 중요하게 생각한다. 그는 입버릇처럼 이렇게 말했다.

"사람은 각자 그릇이 다르다. 사장이 될 수 있는가 아니면 상무로 끝날 것인가 하는 문제는 그릇에 따라 차이가 있기 때문이다."

그릇은 타고난 것, 천성적인 소질에 의해 좌우되는 경우가 많다.

이병철에 의하면, 사장(또는 기업경영자)이 되는 조건에는 네 가지가 있다.

- 치밀한 계획능력이 있을 것.
- 통솔력이 있을 것.
- 판단력이 있을 것.
- 구상능력이 있을 것.

계획, 통솔, 판단, 구상. 모두 다른 사람 위에 서는 사람에게 엄격하게 부과된 조건이다. 사장은 기업경영자, 더구나 최고경영자다. 기업의 성장이나 쇠퇴를 좌우하는 톱매니지먼트의 요인에서 그 중심은 의사결정능력과 리더십 능력이며, 이 두 가지 능력의 중추는 말할 필요도 없이 사장(최고경영자)이다. 더구나 이 두 가지 능력은 항상 거시적, 미시적으로 동시에 작용해야 한다. 또, 인격적으로는 덕망, 관용, 포용력, 성실 등을 생각할 수 있다. 능력적인 측면으로는 결단력, 통찰력, 전체적인 조화를 이루는 능력, 친화력, 현상인식능력, 실행력, 그리고 건강(활력이라고도 말할 수 있다)을 들 수 있다. 인격적, 능력적인 각각의 요인이 융합되어 그릇이 완성되는 것이다. 그러나 그 그릇은 앞에서 열거한 네 가지 조건에 의해 결정된다.

우선 계획능력이다. 계획능력은 치밀해야 한다. 계획 자체의 정당성이 전제조건이 되기 때문이다. 거기에는 정당성에 대한 확신이 필요하다. 지식에 있어서든 사고방식에 있어서든, 그리고 태도에 있어서든 확신을 가져야 한다.

다음으로 통솔력. 통솔력은 덕에 의해 발생되어야 한다.

그리고 판단력. 판단력은 선견지명에서 발생된다. 현재 상황을 정확하게 파악하고 내일의 사업을 전망할 줄 아는 능력이 있어야 비로소 효과적인 판단력을 발휘할 수 있다.

구상능력은 아이디어를 현실적으로 실현시키는 능력이다. 이것은 비전이라고도 말할 수 있으며, 표현된 구상이나 구도가 다른 사람을 끌어들일 수 있는 매력을 가지고 있어야 한다.

국가가 존재하기 때문에

25세 되던 해 가을, 고향인 경남 의령군 정곡면 중교리를 떠나 그 이듬해인 1936년 사업을 향해 첫 발을 내디딘 이후 50여 년. 문자 그대로 삼성그룹의 총수로서 한국이 처해 있는 혹독한 조건 아래에서 그룹의 발전과 확대를 이루어낼 수 있었던 이유는 무엇일까. 한국경제의 일익을 담당하고 있는 그룹으로서 기업의 규모와 활력은 그야말로 한국경제를 지탱하는 원동력이라고 말할 수 있다. GNP의 5%와 수출의 8.1%를 차지하는 기업의 능력, 정부지정 종합상사 제1호로 불리는 높은 신뢰도, 국가의 세수 5.5%와 예산의 2.7%를 담당할 정도로 공헌하고 있는 비결은 무엇일까.

이병철이 한낱 청년의 신분으로 마산에서부터 50여 년에 걸쳐 밟아온 궤적은 그 자신의 인생의 여정임과 동시에 부국(富國)을 형성하기 위한 여정이기도 했다. 그것은 결코 한 개인, 일개 기업인으로서의 거부를 쌓기 위한 여정은 아니었다.

그의 여정은 8 · 15 광복을 계기로 크게 바뀌어 갔다. 광복 직후, 대구에서의 혼란기와 6 · 25 전쟁을 거치면서 이병철의 철학은 빛을 띠게 되었다.

"모든 것은 국가가 기본이다. 국가가 번영하고 강해지면 모든 것이 육성된다. 국가에 도움이 되는 것이 결국 사업에도 도움이 된다. 따라서 보다 거시적인 안목으로 기업을 발전시키고, 국가의 부를 형성하는 데에 공헌하겠다는 마음을 갖추어야 한다."

이병철은 일본의 패전 직후 참상을 보면서, 또 9·28수복 때에 중앙청 앞에서 본 펄럭이는 태극기 아래에서 '국가가 존재하기 때문에' 모든 것이 존재할 수 있다는 사실을 가슴 깊이 각인했다.

그러나 그의 이 말에서 국가주의를 엿볼 수는 없다. 이 말에서 의미하는 국가는 권력자가 자기 마음대로 움직이는 국가가 아니다. 그렇기 때문에 수많은 사람을 끌어들이는 기업가 정신이 존재할 수 있다. 국가에 도움이 된다는 것은 정부의 권력자에게 도움이 되는 것과는 다르다. 그 국가에 살고 있는 국민에게 도움이 된다는 의미다. 국가는 국민을 위해 존재한다. 국가에 도움이 되는 사업을 벌인다는 것은 국민을 위한 사업을 벌인다는 의미다. 더구나 사업경영을 통하여 국가와 국민에 봉사하겠다는 사상의 근저에는 항상 엄격하고 냉정한 자세로 경제활동을 하겠다는 마음이 깔려 있다. 이것은 단순한 미덕으로 실행할 수 있는 행위가 아니다. 거기에는 국가의 부를 형성하기 위해 마음을 다지는 산업자본가의 논리와 윤리가 존재한다. 그 논리와 윤리를 실천하는 장소가 삼성그룹이다.

기업으로서의 삼성그룹의 기초는 1936년 당시 일개 상인 이병철의 사업에 의해 구축되었고, 한국의 고난과 영광과 함께 그 역사를 펼치게 된다. 삼성그룹의 이력은 바로 한국경제의 이력이며, 국가의 성쇠는 역시 삼성그룹의 성쇠이기도 했다. 또, 앞으로도 그럴 것이다. 창업기에서 생성과 성장으로, 그리고 모체 생성과 중추 형성기로, 그리고 시련기를 거쳐 이윽고 관련사업 확장기로 충실하게 진행해 간다. 그 후, 정체와 내부 합리화 때문에 고난을 겪으며 도약기로 접어든다. 동시에 한국경제의 새로운 시련과 함께 새로운 과제에 도전하려 하고 있다.

항상 선도적인 기업을

"저는 오랜 세월 동안의 기업 경영을 통하여 기업에 대한 몇 가지 원칙을 터득했습니다. 그렇다고 해서 지금까지의 저의 기업 경영이 반드시 이 원칙을 따랐던 것은 아닙니다."

이병철은 조용한 말투로 한국의 장래를 걱정하며 이야기한다. 그의 기업 경영 원칙이란 어떤 것일까?

우선, 기업은 직접 창조해야 한다는 것이다. 다른 사람에게 의지하지 않고 자신에게 가장 적당한 기업을 생각하고 그런 기업을 창조한다. 그리고 시야를 넓혀 자신의 능력이 미치는 한 어떻게 하는 것이 역사의 흐름에 순응하며 인류의 생활 향상을 위해 필요한 것인지를 생각한다.

이병철이 제일모직과 제일제당을 창설했을 당시, 사람들은 그의 창업에 의문을 보이기도 했고 우려를 나타내기도 했다. 그 후, 성공했다는 데에 감탄도 했지만 시간이 경과하자 그의 그런 노력과 성과에 대해 과소평가했다. 하지만 이병철은 그런 중론에 대해서는 털끝만큼도 고려하지 않는다. 왜냐하면 당시 그는 다른 사람보다 한 발 앞선 기업을 일으켰고, 그 때문에 성공을 거둘 수 있었다는 점을 긍지로 여기고 있었기 때문이다. 만약 그 때 제철, 석유화학, 조선 등 규모가 큰 사업에 착수했다면 성공은 거두기 어려웠을 것이라는 사실을 잘 이해하고 있었다. 기업이란 '전망'과 함께 '현실'을 바탕으로 출발해야 한다는 사실을 이병철은 단 한순간도 잊지 않았다.

제일모직을 설립했을 때, 우리나라 경제는 모든 면에서 열악한 상태에 놓여 있었다. 자원, 기술, 자본, 생산력 등 거의 모든 면에서 미국의 원조에 의해 간신히 명맥을 유지하고 있다는 점을 그는 숙지하고 있었다.

경제는 1차 산업에서 2차 산업으로, 경공업 부문에서 중화학공업 부문으로 점차 산업구조가 전환되어 간다. 이것은 경제사가 보여주는 결과이며, 생산성 향상을 추구하기 위해 변화할 수밖에 없는 산업 활동의 당연한 귀결이기도 하다. 구조전환과정은 자본, 기술, 시장 등 모든 조건이 성숙함에 따라 단계적으로 이루어진다는 것도 알고 있는 사실이다.

이병철이 제일제당과 제일모직을 설립한 1953년 및 1954년은 전쟁의 불길이 거두어진 직후로 국민경제는 빈곤의 나락에서 허덕이고 있었다. 그는 이 때, 수입대체기업을 육성하기 위해 무역업에서 생산업으로 투자대상을 전환했는데, 이것은 그 단계의 요청일 뿐 아니라 절실한 국가적 요청에 따른 것이다. 그 단계에서 볼 때 중화학공업은 먼 장래의 구상에 지나지 않았다. 1980년대부터 1990년대로 넘어갈 때에는 국가의 발전과 함께 삼성그룹도 중화학공업을 지향하게 된다. 그러나 점진적인 발전과정을 거치지 않았다는 사실을 이병철은 잘 알고 있다. 그는 1970년대까지의 '순환이 없는 발전'의 한계를 인식하고 있었다. 그래서 1980년대 이후에는 그 양상을 바꾸었다. 앞으로 한국경제의 주축을 차지하는 중화학공업의 존립은 깊이 있는 사회의 경제적 기반 조성에 의존해야 한다. 거액의 자본 투자, 첨단 기술, 그 경제성과 기술적 적합성은 물론 국내외의 시장을 확보할 수 있는 경쟁력, 계열화된 각 분야 생산조직의 정비, 자원이 결핍한 국가의 안정적 자원 확보 정책 등이 모두 준비되어야 한다. 모든 것이 고도의 생산력 체계에 흡수되어야 하는 것이다. 그는 이 사실을 숙지하고 있었다. 반면 그 자신이 놓여 있는 여건, 부여 받은 능력의 한도도 잘 알고 있었다.

이병철의 두 번째 원칙은 가능하면 큰 기업을 만들어야 한다는 것이다. 소자본으로 대기업을 창설하는 것이 아니라 긴 안목으로 보아 장래에 발전할 여지가 있는 기업을 선택하는 것이다. 즉, 창업 당시에는 규모가 작더라도 노력을 통하여 크게 발전할 가능성을 갖추고 있는 기업이어야 한다. 일시적인 타개책이나 일시적인 수단에 의한 기업 확장은 바람직하지 않다. 기업을 확장하는 데에는 발전이라는 목표가 함께 동반되어야 한다. 제일제당의 창설과 비료공장의 창설 등이 모두 이 원칙을 증명해준다.

이와 관련하여 기업인에게 요구되는 것은 혁신과 합리성을 추구하는 정신이다. 또, 기업인의 자질을 좌우하는 것으로 이병철은 풍부하고 첨단적인 기술정보수집과 시장정보에 대한 정확한 판단력을 꼽는다.

1980년대 한국의 비전이 자주적인 기술개발을 추진하고 두뇌공업 육성과 수출, 시스템 기술의 개발촉진, 공업기술의 수출을 주요 전략으로 삼은 만큼 비교 우위를 차지할 수 있는 기술과 투자 대상의 현명한 선택은 기업과 국가의 운명을 좌우한다. 이병철은 국가가 세계경제에서 우위를 차지할 수 없는 투자정책을 선택하면 국민경제에 엄청난 희생을 초래한다는 점을 늘 경고했다.

이병철은 그 자신이 터득한 기업의 원칙에 근거하여 프로젝트를 설정할 때의 조건을 시사했다. 그 조건은 동원할 수 있는 각종 생산요소를 가장 적합하게 결합시키는 것이다. 그래서 그는 사람과 자본, 그리고 시기라는 3가지 요소가 적합하게 결합되었을 때에 신규사업에 착수했다.

그는 또 "나는 경영이론에 대하여 잘 모른다"며 겸손한 자세를 보이면서도 장기경영계획 입안, 성과 평가, 내부관리의 체계화, 판매조직에 이르기까지 80여 항목을 웃도는 각 기업에 대한 현대적 경영 기법을 대담하게 채택하는 한편 개인의 직감이나 임시방편 같은 방식은 배제했다.

여기에서 보다 중요한 점은 조직 관리의 체계화를 충분히 활용할 수 있는 혁신적이고 창조적인 결단이다. 기업인의 사고방식은 항상 신선하고 탄력적이어야 하며, 치밀한 계산에 바탕을 둔 과감한 결단이 요구된다. 거기에서 기업의 명암이 갈린다.

이병철 회장의 말을 다시 한 번 되새겨 보자.

"기술사회는 세계를 하나로 만들었다. 현재의 기술은 끊임없는 혁신, 비약적인 혁신을 이루고 있다. 그 때문에 기술 교류는 국경은 물론 이데올로기조차 뛰어넘어 세계를 하나의 경제사회로 만들었다.

폐쇄적이며 자급자족을 대명제로 삼고 있는 사회주의 국가들조차도 경제적 차원에서는 어쩔 수 없이 그 문호를 개방하기 시작했다. 러시아와 동유럽은 물론이고 중국, 북한까지도 눈길을 세계로 돌리게 되었다. 자본은 물론 기술교류와 상품교역은 세계를 하나의 경제권처럼 범위의 폭을 넓히고 있다. 한국경제에 몸담고 있는 기업도 당연히 그 수준을 국제적 규모의 기준에 맞추어야 한다.

경제인의 활동무대도 국가수준의 외교에 뒤지지 않고 국제화되어 가고 있다. 한국의 기업인들은 지금 선진공업국은 물론 아프리카와 중남미에 이르기까지 기업 활동을 추진해야 한다는 필요성에 의해 세계 도처에서 활약하고 있다.

이런 추세를 바라보면서 나는 새삼 감회를 느낀다. 전쟁의 상처조차 제대로 치유되지 않았던 시기에 일본 기계를 자력으로 도입하여 제당공장을 만든 것, 한국 역사상 처음으로 독일 기계시설을 제일모직에 도입하여 우리 기술진의 능력으로 가동시켰다는 것, 비료공장 시설의 차관을 받기 위해 독일, 이탈리아, 미국 등의 재벌들을 설득하여 마침내 그 승낙을 얻은 것 등 20여 년 전에 있었던 수많은 기억들이 뇌리를 스치고 지나간다. 그 뿐 아니라 초대 경제인회장으로서 회원 기업들의 대표들과 함께 각국의 기간산업을 시찰하기 위해 많은 국가를 순방한 일 등은 아직도 기억에 새롭다.

한일회담이 결실을 맺게 된 이후 급격히 신장한 외자 도입은 우리나라의 빈약한 투자재원을 보충한다는 의미에서 커다란 공헌을 했을 뿐 아니라 그와 동시에 새로운 기술이 도입되면서 오늘의 고도성장을 가능하게 해주었다고 생각한다.

이런 것은 모두 자연적인 추세에 의해 나타난 결과이며, 경제의 발전과정에서 당연히 발생한 인과관계였다고 말할 수도 있다. 그러나 내 입장에서는 이런 국제경제와의 연계를 추구하기 위해 처음에는 거의 혼자 고독을 맛보면서 뛰어다녔다는 점을 떠올리며 일종의 선구자적인 역할을 했다는 감회를 느낀다.

이른바 국제화시대에 진입한 오늘날, 내가 반드시 하고 싶은 말은 '국제화는 활동 영역의 국제화임과 동시에 경쟁의 국제화를 의미한다' 는 점이다. 국제화시대의 기업이 국제적인 경쟁에서 열세에 놓여 있는 기업 활동에 만족하거나 국가의 지원 등에 의지하여 경쟁력을 보완하려 하는 약체 기업은 국가나 국민을 위해 존립해서는 안 된다는 점을 몇 번이라도 강조하고 싶다.

인생은 짧다고 하지만 나도 벌써 고희를 맞이했다는 생각을 하면 마음이 우울해진다. 정미(精米), 토지, 양조(釀造) 등 한때는 젊은 혈기로 단순히 돈만 벌면 된다는 식으로 동분서주했던 시절도 있었다. 그런 내가 이른바 10월 폭동을 계기로 처음으로 깨닫게 된 정치와 사회 및 경제의 끊을 수 없는 상관관계에 눈을 돌리게 된 것이 30대, 그리고 4 · 19 혁명과 5 · 16 군사쿠데타 등의 체험을 통하여 정치적 안정이 없이는 경제 발전도 있을 수 없다는 신념을 가지게 된 것이 40대에서 50대의 일이었다. 이런 여정을 거치고 나름대로 체험을 쌓으면서 나는 마침내 인생과 사회와 국가에 대한 분명한 신념을 정립할 수 있게 되었다.

50대 후반 이후, 나는 기업 활동 이외에 '정도(正道)를 걷는 언론'을 목적으로 매스컴을 운영하는 한편 용인에 경제조림과 양돈(養豚)을 위한 모범단지를 만들었고, 문화재단을 통하여 도의(道義)와 민족문화의 진흥을 목적으로 삼는 사업을 펼쳐 왔다.

최근 15년 동안에 걸쳐 나의 머릿속을 차지하고 있는 생각은 인생의 궁극적인 의미는 봉사라는 것이다. 기업인이 굳이 언론기관을 운영해야 할 필요성은 없다. 그런데도 내가 굳이 그 일에 손을 댄 이유는 왜곡된 사회풍조를 올바르게 되돌려 정의를 선도하기 위해서였다. 이것은 사회에 대한 물질적 공헌을 생각하는 기업의 목적과는 그 의미가 일치하지 않을 수도 있지만 그 궁극적인 목적이 올바른 사회, 살기 좋은 사회의 건설을 추구한다는 점에서는 일치한다고 생각한다.

무엇을 위해 막대한 힘을 기울여 산에 경제수목(經濟樹木)을 심고 양돈사업에 손을 대었는가. 그것은 오직 좁은 국토를 잘 활용하여 장래에 우리나라의 농민들이 보다 풍요로운 생활을 할 수 있는 길을 만들어주고 싶다는 마음에서였다.

또, 세상에서는 기업인인 주제에 도의가 어떻다, 민족문화가 어떻다고 건방을 떠는 것은 무슨 행동이냐고 비난하는 사람도 많았다. 그러나 '도의'라는 기둥이 없다면 개인, 가정, 기업, 사회, 국가, 인류 등 그 어떤 것이라도 발전은커녕 존립 자체가 불가능해지지 않을까. 경제가 발전하여 세계가 하나로 통합되어 가는 이 시대를 살면서 우리의 도의적 규범이나 그 생활문화의 정도가 다른 민족, 다른 국가에 뒤지는 결과가 발생한다면 우리 민족은 결코 세계로부터 대우를 받을 수 없을 테고, 개인의 입장에서는 당연히 행복을 움켜쥐기 어려울 것이다.

이런 의미에서 기업인도 '도의'를 중시하는 태도를 갖추어야 한다고 생각한다.

나는 목숨이 붙어 있는 한, 죽을 때까지 쉬지 않고 도의를 강조하고 민족문화를 창달하며, 정도(正道)를 걷는 언론을 구현할 생각이다.

인생이란 어차피 봉사에 그 의의가 있다고 믿기 때문이다."

모든 비즈니스맨이 갖추어야 할 경영철학

1987년 11월 19일, 삼성그룹 이병철 회장이 갑작스럽게 세상을 떠났다. 회사로부터 이 회장의 서거 소식을 받은 순간, 나는 수화기 앞에서 할 말을 잃었다. 순간적으로 내 몸에서 한꺼번에 기운이 빠져나간 듯한 느낌이었다.

이 회장은 1년 전인 1986년, 둘도 없는 친구로 삼성그룹 부회장이며 중앙일보 회장이었던 홍진기(洪璡基)를 잃었다. 홍 부회장의 경우에도 갑작스런 죽음이었다. 그 때, 홍 부회장을 마음의 기둥으로 여기고 있던 이 회장의 슬픔은 이루 헤아릴 수 없었다. 이 회장은 자신의 모든 것을 잃은 듯한 기분이었을 것이다.

이병철 회장의 죽음은 한국의 입장에서 볼 때 엄청난 손실이다. 나는 이 회장을 한국 재계의 '어른'이라고 생각한다. 나처럼 보잘 것 없는 인물이 회장실(비서실을 통해서이지만)로 들어가 회장, 부회장과 기탄없이 대화를 나눈다는 것은 매우 어려운 일이다. 그러나 이 회장은 내가 마음에 들었는지, 서울을 방문할 때마다 나는 삼성본관 회장실에서 환담을 나눌 수 있었고, 이 회장이 일본을 방문했을 때에는 가스미가세키(霞關) 빌딩 31층에 있는 삼성저팬의 회장실에서 만나곤 했다.

나는 이 회장을 만나면서 그가 현재의 성공을 거두게 된 숱한 경험들에 관하여 자연스럽게 전해들을 수 있었다. 입이 무거운 그는 자신의 문제에 관해서는 거의 말을 하지 않는다. 그러나 함께 식사를 하다가 잠깐 틈이 날 때면 한두 마디씩 자신의 경험을 들려주는 경우가 있었다. 그때마다 나는 그의 경영철학에 관하여 깊은 생각에 잠기는 한편, 이 회장에게는 과거 일본의 경영자들에게 존재했지만 지금은 잊혀져버린 소중한 철학이 면면히 이어지고 있다는 사실을 깨달을 수 있었다. 일제 강점기와 6·25 전쟁에 이어진 혼란 정국 속에서도 그의 '사업보국(事業報國)을 지향하는 철학'은 전혀 흔들리지 않았다. 한 기업의 총수라는 입장을 초월하여 항상 국가의 경제번영, 선진국으로의 진입 같은 목표들이 실현되어야 정치적 민주화와 자유화가 가능하다는 신념은 한 치도 흔들리지 않았다.

1987년 대통령선거가 치러지는 상황에서 그는 만감이 깃든 기대를 품고 이 세상을 떠났다. 그가 죽고 나자 국민들은 그의 위대함을 깨달았다. 대통령 선거가 치러지는 혼란한 상황 속에서도 각 신문은 이 회장의 죽음을 1면 톱으로 실어 통한과 애석한 마음을 표현했다.

생각해 보면 이 회장은 앞으로가 사업의 중대한 고비라고 생각하고 있었던 듯하다. 남아있는 우리들은 이 회장의 거대한 꿈이 그의 손에 의해 직접 실현되기를 바랐지만 이 또한 이제는 덧없는 바람이 되어버렸다.

나는 이 회장의 인생에서 과거 일본의 경영자들에게 존재했지만 지금은 완전히 잊혀져버린 경영철학을 어떻게든 일본의 경영자와 비즈니스맨들에게 알리고 싶은 생각에 〈한국경제의 도전〉이라는 제목으로 그의 인생과 경영철학을 일본에 소개한 적이 있다. 그 책은 한국어는 물론 중국어와 영어로도 번역, 출판되었다.

하지만 그 책에 대해 이 회장은 결코 전적으로 기뻐해주지 않았다. 잘못된 부분이 많다는 이유에서다. 그리고 이렇게 말했다.

"보아야 할 장소를 좀 더 보고 오십시오."

그래서 삼성그룹 직원들도 방문한 적이 거의 없을 이 회장의 고향에서부터 출발하여 대구의 삼성물산 발상지, 그리고 이 회장으로서는 죽어서도 잊을 수 없는 한국비료사건이 있었던 울산을 비롯하여 부산, 마산, 창원 등을 돌아보았다. 또한 그의 꿈이었던 자연과 인간의 조화라는 철학에 의해 만들어진 용인자연농원(현 에버랜드)에서 여행의 피로를 씻는 한국여행을 몇 번이나 거듭했다. 그리고 〈중앙일보〉 편집국장 등의 도움을 빌리는 한편으로 분명하지 않은 부분은 이 회장에게 직접 질문을 하여 이 책을 탈고했다.

하지만 박정희 대통령 서거에 이은 정국혼란과 뿌리를 뒤흔들 정도의 경제적 파급효과를 낳는 정책변경이 이어졌고, 출판을 하기에는 시기가 적절하지 않았다. 그래서 이 회장 자신은 물론이고 나도 출판을 연기, 적당한 기회가 찾아오기를 기다렸다. 그런데 그 기회보다 먼저 이 회장의 죽음을 맞았다는 것은 견딜 수 없는 아픔이다.

1980년대로 접어들어 미국에서는 레이건 정권이 들어섰다. 한국의 대기업들은 첨단기술의 노하우를 얻기 위해 앞 다투어 일본에 손을 내밀었지만 일본의 기업들은 부메랑 효과라는 환상에 겁을 먹고 한국으로의 기술이전을 거부했다. 이 회장이 일본을 방문하는 횟수도 증가했고, 그는 반도체와 공작기계에서 카폰에 이르기까지 첨단기술을 이전 받기 위해 끊임없이 일본에 기술이전을 요구했다.

그는 도쿄의 회장실에서 만날 때마다 일본의 반도체에 대해서는 A사, 반도체프린트 기판(基板)에 대해서는 B사, VTR에 대해서는 C사, 음향기기에 대해서는 D사, 카폰에 대해서는 E사, 전자제품에 대해서는 F사라는 식으로, 자세한 이름을 거론하면서 첨단기술을 도입하기 위한 절충을 하고 있지만 그 일이 좀처럼 진행되지 않고 있다는 점에 대해 심각한 표정으로 내게 이야기했다.

한국의 다른 대기업은 일본으로부터의 기술이전을 일찌감치 포기하고 미국과의 합병계약을 맺어 착실한 성과를 올리기 시작하고 있었지만 이 회장은 완고할 정도로 일본 기업으로부터의 기술이전을 원했다. 그리고 언젠가, 문득 내게 이런 말을 했다.

"내가 일본과의 첨단기술 제휴에 얽매이는 이유는 일본의 경영방식이 마음에 들기 때문입니다. 서울 영빈관의 일부를 살리면서 호텔신라를 지을 때에도 수많은 사람들로부터 콘티넨털이나 힐튼, 쉐라톤 등으로부터 배우는 것이 어떻겠느냐는 충고를 받았지만 명실 공히 최고의 실력을 자랑하는 오쿠라 호텔과 제휴하는 데에 아무런 주저도 하지 않았습니다. 일본의 경영방식을 인정하는 이런 내 마음을 일본의 경영자들은 이해해주지 않는군요."

그 말을 할 때의 이 회장의 지친 모습을 나는 지금도 잊을 수 없다.

당시 삼성은 첨단기술 분야에서 이미 현대, 대우, 금성(현 LG) 등에 뒤떨어져 있었다. 그래서 그는 어쩔 수 없이 일본으로부터의 기술이전을 포기했다. 그리고 즉시 미국 현지법인 트라이스타를 실리콘밸리에 설립했다. 그것이 1977년의 삼성반도체통신이다. 삼성전자는 이미 1969년에 설립되었다. 그로부터 삼성반도체통신이 설립되기까지 약 10년의 세월이 걸렸다. 그 이유는 앞에서 설명했듯 미국과 협력하기보다는 어떻게든 일본과 협력하고 싶다는 그의 신념과 뜻을 받아들이지 못한 일본 기업의 어리석음에 기인한다.

미국 현지법인 트라이스타는 아이다호주(州) 보이시(Boise)에 있는 마이크로테크놀로지 사(社)로부터 기억유지에 필요한 64KD램, 256KD램, 1MD램 등의 기술도입을 실행했다. 또, 인텔 사로부터 마이크로컴퓨터 기술을 제공받았으며, 내셔널세미콘덱터 사로부터 '세미 커스텀' 반도체 기술까지 제공받았다.

이렇게 해서 삼성은 7, 8년이나 뒤진 격차를 2, 3년으로 좁혀놓았고, 1986년에는 현대를 제치고 재계 넘버원의 지위로 복귀했다. 그가 박정희 대통령 서거 후 정국 혼란기에 이 책의 출판을 미루자고 제의했고, 내가 그 제의를 받아들인 것은 결코 잘못된 판단이 아니었다고 생각한다.

한국경제를 이야기하는 것은 어려운 일이 아니다. 그러나 이병철이라는 한 경영자의 거대한 인생과 그의 경영철학을 이야기하는 것은 매우 어려운 일이다. 그가 어떤 인물인지, 그리고 어떤 경영자인지를 알기 위해 그 자신의 말을 빌리는 것이 어쩌면 더 정확할지도 모른다. 이병철은 그의 자서전 서문에서 다음과 같이 말하고 있다.

"과거를 돌이켜볼 때, 저는 제가 특별한 사람은 아니라고 생각합니다. 하지만 평범한 삶을 살아온 것 역시 아닙니다. 저는 원래 가만히 앉아 있는 성격이 아니었을 뿐 아니라 무슨 일을 하더라도 첫째, 최고, 최대가 아니면 직성이 풀리지 않는 성격이었습니다. 그래서 평생을 새로운 일, 어려운 일을 찾아 생각하고 이루어내면서 살아 왔지요. 세상 사람들이 어렵다고 고개를 돌려버리는 일에 굳이 손을 대서 기획하고 도전할 때에야말로 가슴속에 타오르는 의욕과 정열을 느낄 수 있습니다. '단호한 결단 앞에 실패는 없다' 는 말이 있는데 최선을 다 해 노력하면 불가능한 일은 없다는 것이 저의 생각입니다."

이병철 회장이 세상을 떠났다. 한국도 그가 얼마나 위대한 인물이었는지, 그를 잃은 것이 얼마나 큰 손실인지 깨달았다. 이런 시기에, 한국경제를 이야기하는 것이 아니라 이병철 회장 자신에 대하여(그 자신이 직접 이야기할 수 없는 부분까지 포함하여) 이야기하기 위해 나는 이 책을 출판하기로 결심했다. '이병철 전기' 를 쓴다는 생각으로 펜을 들었다. 지금도 그는 나의 꿈에 나타난다. 그는 내 마음속에서 오늘도 생기에 넘치는 모습으로 살아 있다.

한편, 삼성의 부회장 홍진기에 대해서 이야기하지 않을 수 없다. 그를 언급하지 않는다는 것은 이 회장 전기의 가장 중요한 부분을 제외한다는 의미이기 때문이다. 그 정도로 이 회장에게 있어서 '홍진기' 라는 존재는 큰 위치를 차지했다. 이 회장과 홍 부회장의 관계는 일심동체라기보다 일심이체(一心異體)의 완벽한 관계라고 말할 수 있을 정도다. 그러나 그 분들은 이제 세상을 떠났다. 그들이 활동했을 때의 모습을 떠올리면 내 마음도 복잡한 감회에 젖는다. 이 회장과 홍 부회장은 늘 모든 직원들의 번영과 행복을 추구했다. 삼성맨들은 두 사람이 남긴 뜻을 정확하게 파악하고 미래를 향한 창조와 발전의 발자취를 형성하기 바란다.

삼성맨이라면 '마(魔)의 오찬 모임' 을 실제로 경험했거나 입소문으로 들었을 것이다. 삼성 산하 회사의 사장이 회장실에 모인다. 이 회장이 한가운데에 앉는다. 그 옆에 홍 부회장, 때에 따라서는 새로운 사장이 앉는 경우도 있다. 이 모임에는 외부인이 참석할 수 없지만 나는 이 회장의 호의로 10여 회 정도 참석한 적이 있다.

이 회장은 언제나 메모를 해둔다. 이 회장의 메모에는 산하 각 회사의 실적과 문제점 등이 적혀 있고, 때에 따라 그 문제점을 해결하기 위한 회장 나름의 처방전이 덧붙여져 있다.

이 모임에서는 전치사나 형용사 등은 필요하지 않다. 이 회장은 해당 기업의 사장에 대해 준비한 자신의 메모를 바탕으로 질문을 퍼붓는다. 그 질문에 대해 해당 기업의 사장이 대답한다. 어정쩡한 대답은 용서가 되지 않는다. 만약 그런 대답을 하게 되면 이 회장의 빠르고 날카로운 질문이 날아간다. 이런 응답이 한 회사에 대해 20분을 넘는 경우도 드물지 않다. 해당 기업의 실적 저하에 대해, 또는 실적 향상이 이루어지지 않은 부분에 대해 해당 사장은 어떤 처방전을 가지고 있는가 하는 삼단 로켓 방식의 질문이 날아간다. 마지막으로 이 회장 나름대로의 해결 방법을 엄숙한 말투로 제시한다. 회장과 해당 기업 사장의 격론이 벌어지는 경우도 자주 있다. 이 회장의 억양이 한층 격렬해진다. 이 회장 옆에 앉아 토론 모습을 지켜보면서 귀를 기울이고 있던 홍 부회장이 중재적 발언을 한다.

"이렇게 하면 어떻겠습니까? 기회도 적당하니까 전력투구를 할 수 있는 분위기부터 만드는 것이 어떻겠습니까?"

이런 식이다. 질문이 끝났을 때 해당 사장의 얼굴에는 문자 그대로 안도의 표정이 깃든다.

이 회의에는 삼성 산하의 모든 사장이 참석하기 때문에 이른 아침부터 저녁까지 모임이 이어지는 경우도 자주 있다. 당연히 함께 점심식사를 해야 한다. 그런 점심식사를 하는 도중에도 각 사장에 대해 이 회장으로부터 질문이 날아든다. 질문이 끝난 기업의 사장도 질문을 받고 있는 다른 사장과 마찬가지로 긴장감을 늦출 수 없다. 사장들의 입장에서 보면 음식 맛이 느껴질 리가 없다. 그래서 언제부터인가 이 모임을 '마의 오찬 모임' 이라고 부르게 되었다.

오후 2시경이 되면 석간신문이었던 〈중앙일보〉가 회장과 부회장 이하 각 사장에게 배포된다. 회의는 중단되고, 전원이 지면에 눈길을 고정한다. 홍 부회장이 그 책임자다. 이 때에는 이 회장도 거의 말을 하지 않는다. 그 시간 동안, 각 사장들은 평온한 휴식을 취한다.

이 회의는 회장실에서만 이루어지는 것이 아니다. 삼성 산하의 호텔신라 로비에서 전개되는 경우도 있다. 그럴 경우, 그 장소에만 묘한 긴장감이 감돈다. 사업에 대해 이 회장이 진검승부를 펼치는 장소이기에 한 치의 방심도 허락되지 않는다. 회장 자신의 이념을 삼성맨 말단에까지 이르게 하겠다는 뜨거운 열기를 상대가 얼마나 진지하게 받아들이고 있는지 간파하는 이 회장의 감성은 정말 날카롭다.

이 회장과 홍 부회장에 의해 매달 이루어지는 이 진검승부의 자세와 말은 전 세계로 날개를 펼치고 있는 삼성맨들에 대한 두 사람의 유언이라고 나는 느꼈다. 그 생각은 지금부터 10년 전에 내가 펜을 들었을 때에도, 그리고 현재도 전혀 바뀌지 않았다. 나는 뜻있는 삼성맨들이 새로운 회장 아래에서 지금은 돌아가신 이 회장과 홍 부회장이 끊임없이 추구해온 장대한 기업의 청사진을 실현해주기를 진심으로 바란다.

그리고 이것은 단순히 삼성맨뿐만 아니라 모든 비즈니스맨들이 갖추어야 할 매우 중요한 경영철학이라는 생각으로 이 책을 출판하게 되었다. 독자 여러분이 나의 이런 의도를 이해해주기 바란다.

야지마 긴지(矢島鈞次)

이병철에게 듣는다

삼성경영철학

지은이 | 야지마 긴지(矢島鈞次) · 이봉구
옮긴이 | 이정환
펴낸이 | 박영발
펴낸곳 | W 미디어
디자인 | 이정애 · 정복기
등 록 | 제2005-000030호
초판 1쇄 인쇄 | 2006년 6월 15일
초판 1쇄 발행 | 2006년 6월 20일
주소 | 서울 양천구 목동 907 현대월드타워 1905호
전화 | 6678-0708 · 팩스 | 6678-0309

ISBN 89-91761-05-4
값 13,000원